기쁨은
여기서 시작된다

Joy Starts Here

Originally published in English under the title: *Joy Starts Here*
Copyright © 2013 by E. James Wilder, Edward M. Khouri Jr., Chris M. Coursey, Shelia D. Sutton
by Shepherd's House Inc. East Peoria, Illinois, U.S.A.
All rights reserved.

Korean edition ©2015 by Duranno Press, a division of Duranno Ministry
38, Seobinggo-ro 65-gil, Yongsan-gu, Seoul, Republic of Korea

This translation published by arrangement with Shepherd's House Inc.

본 저작물의 한국어판 저작권은 Shepherd's House Inc. 와 독점 계약한 두란노서원에 있습니다.
신저작권법에 의거하여 한국 내에서 보호를 받는 저작물이므로 무단 전재와 무단 복제를 금합니다.

기쁨은 여기서 시작된다

지은이 | 짐 와일더 외
옮긴이 | 윤종석
초판 1쇄 발행 | 2015. 1. 7.
2판 2쇄 발행 | 2024. 11. 1.
등록번호 | 제1988-000080호
등록된 곳 | 서울특별시 용산구 서빙고로65길 38
발행처 | 사단법인 두란노서원
영업부 | 02)2078-3333 FAX | 080-749-3705
출판부 | 02)2078-3330

책값은 뒤표지에 있습니다.
ISBN 978-89-531-4771-3 03230

독자의 의견을 기다립니다.
tpress@duranno.com | http://www.duranno.com

두란노서원은 바울 사도가 3차 전도 여행 때 에베소에서 성령 받은 제자들을 따로 세워 하나님의 말씀으로 양육하던 장소입니다. 사도행전 19장 8-20절의 정신에 따라 첫째 목회자를 돕는 사역과 평신도를 훈련시키는 사역, 둘째 세계선교(TIM)와 문서선교(단행본·잡지) 사역, 셋째 예수문화 및 경배와 찬양 사역, 그리고 가정·상담 사역 등을 감당하고 있습니다. 1980년 12월 22일에 창립된 두란노서원은 주님 오실 때까지 이 사역들을 계속할 것입니다.

기쁨은
여기서 시작된다

짐 와일더 외 지음
윤종석 옮김

두란노

추천의 글

기쁨의 비결은 우리 영혼의 연인이신 그분과 사랑에 빠지는 것이다. 아울러 가족과 친구와 교회와 공동체로 더불어 영적으로 사귀고 소통할 수 있음도 영광스러운 일이다. 이 책을 통해 아주 실제적이고 유익한 방식으로 기쁨을 경험할 수 있다. 공부 지침과 구체적 적용이 그 과정에서 훌륭한 모델이 되어 준다. 성령의 신비한 은사인 기쁨을 경험하기 원하는 모든 이들에게 진심으로 이 책을 추천한다.

클리프 배로우스_ 빌리 그레이엄 전도협회

저자들은 끊임없이 우리 앞에 승리와 기쁨과 샬롬을 비전으로 제시한다. 우리 영혼의 심연에서 주리고 목말라 있는 것들이다. 이 유익하고 실제적이고 긍정적인 자료에서 나는 많은 것을 배웠다.

브라이언 D. 매클래런_ 저자, 강사, 활동가

주님과 자신과 서로를 기뻐하는 것, 그것이 하나님이 계획하고 의도하신 기쁨이다. 이 기쁨을 발견하여 누리고 나누기 원하는 모든 개인과 그룹에게 이 책을 적극 추천한다.

패트릭 스튜어트_ Madonna House 훈련 책임자

이 책을 가족에게 읽어 주고 각 장 끝의 기쁨 연습을 실행에 옮기라. 그러면서 하나님이 당신 삶에 행하시는 놀라운 일을 지켜보라. 남편과 나는 인생모델을 통해 배

운 모든 논리적이면서도 체험적인 진리에 어떻게 다 감사해야 할지 모르겠다. 정말 기쁨은 여기서 시작된다!

벳시 스탤컵_ 힐링센터 인터내셔널 부총재

본래 우리 뇌는 기쁠 때 최고의 기량을 발휘하도록 되어 있다. 그 원리에 협력하는 게 변화의 지름길인데 이 책에 그 방법이 제시된다. 일상생활 속에서 그런 기술을 연습하면 누구나 정서적 성숙을 이룰 수 있다.

잰 존슨_ 《마음의 혁신 실습편》 공저

그리스도를 닮아 가는 영성 계발의 생생한 실체가 이 책에 펼쳐진다! 모든 목사가 이 내용을 읽고 그대로 적용하면 좋겠다.

조지 애크런_ Renovator 사역재단 총재

인생모델에서 내놓은 또 하나의 역작으로, 개인적으로 나에게 기쁨을 더 키우라는 도전일 뿐 아니라 공동체 전체가 기쁨을 통해 변화될 수 있는 기초를 제공한다. '늘 함께하시는 하나님'과 소통할 때 강한 자들이 연약한 자들을 돌보는 법을 배울 수 있다. 특히 제자를 삼으려는 교회 지도자들에게 유익한 책이다.

케네스 D. 스미스_ CityNet 제자훈련 코치

와일더 박사와 동료들은 각자의 상담, 교육, 중독 경험을 바탕으로 여러 학문 분야를 넘나드는 알차고 풍성한 정보를 탄생시켰다. 그들은 기쁨이 주로 관계 속에서 경험되며 건강한 삶의 필수라고 전제하는데 이는 과학 연구로도 뒷받침된다. 기쁨이 상실된 이유와 과정, 기쁨의 대용품으로 우리가 시도하는 많은 일들, 기쁨을 되찾는 최선의 방법 등을 보여 주는 소중한 자료다.

데이비드 레비_《의학과 신앙》저자

기쁨의 환경을 만들고 그 속에서 산다는 것이 무엇인지를 이렇게 실제적이고 투명하게 들여다보는 작가들은 흔치 않다. 교회에 다니는 평범한 그리스도인으로부터 성매매의 어두운 세계에서 망가져 현재 회복 중인 사람에 이르기까지 모든 사람을 위한 책이다.

얼레인 파칼_ 정신신경면역학자

이 중요한 책의 메시지를 지금보다 더 시급히 들어야 했던 때는 일찍이 없었다. 세상은 계속 의미와 깊이를 찾고 있는데, 우리가 줄 수 있는 거라고는 인위적으로 지어 낸 한낱 대용품들뿐인 것 같다. 여기 우리에게 절실히 필요한 도움을 구체적이고 철저하게 제공하는 길잡이들이 있다. 이 책을 통해 우리는 지성을 새롭게 하고, 관계를 재생시키고, 이 땅에 하나님 나라를 구현할 수 있다.

커트 톰슨_《영혼의 해부》저자

우리가 임마누엘 과정을 개발하다가 발견한 심오한 진리가 있다. 하나님이 설계하신 우리 뇌는 공동체 안에서 가장 잘 작동하도록 되어 있다. 이 책의 저자들은 그 진리를 확장시켜 두 가지를 가르친다. 우선 임마누엘 과정은 연약한 자들과 강한 자들이 다세대 공동체 안에서 함께 성장할 때 가장 잘 퍼져 나간다. 또한 성품이 변화되려면 하나님 및 사람들과 기쁨의 교류가 있어야 한다. 성품의 변화를 경험하고 건강한 공동체를 세우려는 모든 교회나 개인에게 요긴한 자원이다.

칼 리먼_《제 꾀에 넘어가다》저자, '임마누엘 접근'이라는 용어의 창시자 굉장히 귀한 책이다. 미성숙은 교회 안팎에서 지도자와 따르는 사람의 효율성을 해치고 무너뜨리는 큰 문제다. 고맙게도 이 책이 그 문제를 지혜롭게 건드린다. 개인과 단체의 성숙을 가꾸는 데 없어서는 안 될 참신하고 중요한 진리들이다.
댄 럼버거_ 심리학자, Deeper Walk 인터내셔널 이사

독자들이 시간을 투자하여 메시지를 소화하고 그 가르침을 적용한다면 가히 혁명적 잠재력을 지닌 책이다. 기독교 교계에서 이 책만큼 삶을 변화시킬 잠재력이 큰 자원은 별로 보지 못했다.
마커스 워너_ Deeper Walk 인터내셔널 총재

이 책은 의학, 신학, 심리학 등 다양한 학문 분야의 공통분모를 찾아낸다. 또한 인간의 마음을 현학적이지 않고 간단명료하게 설명한다. 덕분에 하나님의 사람들은 자신과 사람들과 하나님에 대해 배울 수 있다. 하나님을 더 기쁘시게 하고 가정과 교회와 공동체와 문화까지 변화시킬 수 있는 길이 제시된다. 기쁨이 당신에게서부터 시작되어 오순절처럼 퍼져 나가게 하라. 하나님께 영광을 돌린다!
킴 캠벨_ 셰퍼드하우스 이사

"기쁨은 평정심의 딸이다." A. J. 러셀의 기독교 고전 《주님의 음성》에 나오는 말이다. 단순하면서도 심오한 그 말 속에 이 책의 핵심이 다분히 들어 있다. 우리를 지탱시켜 주는 하나님의 기쁨은 그분의 샬롬과 맞물려 있다. 이것을 깊이 탐색하도록 도와줄 것이다. 이 여정을 떠나는 당신을 축복한다.
크리스토퍼 맥클러스키_ 전문 기독 코칭 연구소 총재

회복을 가장 잘 설명한 책이다. 누구나 이 책을 읽으면 정신적, 신체적, 영적으로 성장할 수 있다.
로버트 R. 퍼킨슨_ 키스톤 치료센터 임상 대표

Contents

들어가는 말   10

PART 1   가짜 기쁨에 취해 있는 세상이다

1. 우리는 기쁨의 능력을 잃었다   18
2. 기쁨은 연약함을 껴안는 즐거움이다   25
3. 기쁨의 대용품에 인생을 낭비하지 말라   70
4. 도피처에서 나와 변화의 현장으로 가라   96

PART 2   기쁨으로 돌아가는 길 1. 다세대 공동체
기쁨은 사람과 사람 사이에서 증폭된다

5. 공동체야말로 기쁨을 배우는 공간이다   134
6. 기쁨은 얼굴을 마주 대하는 교제에서 자란다   174

PART 3

기쁨으로 돌아가는 길 2, 임마누엘 생활방식

최고의 보호자이신 하나님의 임재를 연습하라

7. 하나님의 임재를 맛본 순간, 좌절감에서 해방되다   214
8. 기쁨을 찾을 수 없는 연약한 자들의 보호자가 되라   256

PART 4

기쁨으로 돌아가는 길 3, 뇌의 관계 기술

삶의 상처에서 기쁨의 자리로 복귀하라

9. 뇌에 기쁨의 기술을 새기라   302
10. 문제에서 벗어날 수 있는 기쁨의 능력을 익히라   342

부록 1   용어 설명   395
부록 2   온유한 보호자 기술   412
부록 3   성숙의 6단계   418
부록 4   인생모델 자료   424
참고도서   427

들어가는 말

우리는 모두
기쁨의 식탁에 초대받았다

기쁨은 잔칫상이다. 우리는 모두 그 식탁에 초대받았다. 식사 준비는 끝났고 맛있는 냄새가 진동한다. 그 냄새는 하나님과, 또한 사람들과 생명의 소통을 나누고 싶은 우리의 가장 깊은 갈망을 채워 준다. 이 식탁에는 예수님을 따르는 사람들과 그렇지 않은 사람들 누구나 앉을 자리가 있다.

교회에 다니든 그렇지 않든, 안에 들어와 있든 언저리에 있든, 연약한 사람이든 강한 사람이든, 우리 모두가 기쁨을 발견하도록 초대받았다. 우리는 모두 기쁨의 삶을 갈망한다.

기쁨은 잔칫상이다

　많은 독자들이 각자 그룹을 만들어 이 식탁의 기쁨에 동참하기를 바란다. 그룹이 성공하려면 자신과 타인의 연약함을 애정으로 대하기로 다짐해야만 한다. 그룹이 식탁에서 나누는 대화에는 언제나 그런 애정이 깔려 있어야 한다. 서로 비난하거나, 남의 접시에서 훔쳐 오거나, 약점이 있는 사람을 쫓아내거나, 남을 끼워 주지 않거나, 심지어 음식을 빼앗으려고 서로 덤벼든다면, 누구도 식탁의 진미에 동참할 수 없다. 연약함에 애정으로 반응해야 잔치가 즐겁고 누구든 잔치에 참여할 수 있다. 연회를 즐기기보다 남을 공격하기를 좋아하는 사람들은 스스로 식탁에서 제외된다.

　이 책에는 우리의 여정 중에 식탁을 공유했던 사람들의 사연이 많이 나온다. 그들의 이야기는 이 책의 핵심 요소들을 명확히 보여 주는 귀한 예화다. 사생활을 보호하고 식탁을 안전하게 하고자 가명을 사용했다.

　끝으로 배경과 관점이 각기 다른 다양한 집단의 귀빈들이 이 책을 검토하고 지지해 주어 더할 나위 없이 감사하다. 그들이 모두 잔칫상의 한자리에 앉는다면 당연히 삶의 이슈마다 의견이 일치할 수는 없을 것이다. 하지만 그래도 그들은 그런 차이에 대해 활발하고 흥미로운 토론을 즐길 것이다. 우리는 그들의 차이를 존중하고, 그리스도를 따르는 그들의 여정을 귀히 여기며, 신학과 관계한 모든 이슈에서 굳이 그들 서로 간에 또는 우리와 의견이 일치할 필요가 없음을 인정한다. 하지만 우리 앞에 차려진 기쁨의 식탁이 중요하다는 생각만은 모두가 똑같다.

기쁨을 시작하는 한 가지 단순한 방법

삶에는 기쁨을 시작하는 단순한 일들이 있다. 기쁨은 세대에서 세대로 전수될 수 있고 남녀노소가 함께 누릴 수 있다.

단순한 일이 공동체 내에 기쁨을 시작하는 데 큰 도움이 될 수 있다. 예컨대 우리는 연 날리기의 단순한 기쁨을 믿는다!

연은 문화적 장벽, 종교, 사회경제적 계층, 성별을 초월한다. 연 날리기는 누구나 배울 수 있고 공동체나 다세대가 함께 즐길 수 있다. 아무리 기쁨이 결핍된 공동체도 연에는 마음이 매료될 수 있다. 물론 연을 띄우려면 노력이 필요하다. 하지만 마침내 연이 뜨면 누구라도 기뻐하지 않을 수 없다. 주변 사람들의 눈에도 띈다!

연 날리기를 통해 우리는 하나님과 연합하는 느낌과 자유를 맛볼 수 있다. 연을 치솟게 하는 상향의 인력(引力)은 연줄을 잡고 있는 당신 얼굴에 틀림없이 미소가 번지게 할 것이다.

당신도 이 기쁨의 운동에 동참할 수 있다. 단순히 연을 날리면 된다. 주변 사람들과 함께 연을 날리는 기쁨을 경험하라. 그 경험을 가까운 공동체 구성원들에게 나누라. 어린 세대에게 연 날리는 법을 가르쳐 주라. 기쁨이 결핍된 공동체에 가서 연을 나누어 주라. 그리고 점점 만면해 가는 그들의 미소를 지켜보라. 사진도 찍으라! 많이 찍을수록 좋다! 연 날리기의 기쁨을 SNS를 통해 나누라. 친구들에게 문자를 보내라. 대문 사진으로 올리라. 당신의 이야기를 나누라. 기쁨을 나누라. 단순한 기쁨이다. 그러니 가서 연을 날리라. 진심으로 하는 말이다!

PART 1

가짜 기쁨에 취해 있는 세상이다

무서워하지 말라. 보라,
내가 온 백성에게 미칠
큰 기쁨의 좋은 소식을
너희에게 전하노라
(눅 2:10).

JOY STARTS HERE

　우리는 모두 진정한 변화를 원한다. 그냥 쇼핑이나 다니며 장밋빛 안경으로 세상을 보려는 게 아니다. 그래서 이 책을 '부담 없는 책'으로 만들 수 없다. 기쁨의 결핍이 불러온 심각한 피해를 무시할 수 없다. 그 피해는 한 세대에서 다음 세대로 퍼져 나간다. 차차 보겠지만 변화의 기쁨을 맛보려면 강할 때뿐 아니라 연약한 순간에도 삶을 애정으로 나누어야 한다. 탄광 속의 카나리아가 독가스의 존재를 알리듯이, 기쁨의 자녀들이야말로 우리 환경 속에 호흡할 만한 수위의 기쁨이 있다는 최고의 지표다. 지구상의 끝없는 전쟁에 대한 가장 좋은 해답은 충만한 기쁨이다. 지속성 있는 기쁨은 유해한 가해자의 발자국을 줄이고 대신 생명의 흔적을 남긴다.

　놀랄지 모르지만 기쁨을 시작하는 1부에만 모두 넉 장이 소요된다. 확실한 해법을 요구하는 현실을 정직하게 직시해야 하기 때문이다.

1부의 1장에는 기쁨의 운동, 2장에는 기쁨, 3장에는 기쁨의 대용품들의 문제점, 4장에는 기쁨이 결핍된 곳들을 변화시키는 방법이 나온다.

지속성 있는 기쁨을 이루는 인생모델의 기초는 다세대 공동체, 임마누엘 생활 방식, 뇌의 관계 기술 등 함께 보기 힘든 세 가지다. 셋 중 하나라도 없으면 기쁨의 수위가 금방 떨어진다. 기쁨은 변화를 낳는다. 하지만 그러려면 반드시 진정한 기쁨이어야 하며, 영속적 변화의 필수 요소들과 결합되어야 한다.

Chapter 1
우리는
기쁨의 능력을
잃었다

반갑다! 이 자리에 함께 있어 참 기쁘다! 간단히 우리를 소개하고, 기쁨을 시작하는 운동에 동참하도록 당신을 초대하고자 한다. 지금 손에 들고 있는 것은 책이다. 하지만 우리의 초대는 단순히 지면의 활자를 읽는 것보다 훨씬 크고 중대한 일이다. 부디 기쁨을 퍼뜨리는 일에 동참하기를 바란다. 지금이야말로 도처의 그리스도인들이 기쁨을 시작해야 할 때라고 마음을 다해 믿기 때문이다!

어디에 있든지 오늘 기쁨을 시작할 수 있다. 우리 중 하나가 기쁨을 시작하면 기쁨이 결핍된 세상의 한구석이 밝아진다. 기쁨이 결핍된 빈약한 곳들에서 각종 문제가 터진다. 그 사실을 얼마나 자주 인식하고 있는가? 우리가 모두 기쁨을 나누면 건강한 '지구 온난화'가 발생할 것이다. 세상에 기쁨을 가져다줄 목적으로 존재하는 집단이 하나 있으며, 사실 지구상의 세 사람 가운데 하나는 자칭 그 집단의 구성원이다. 이 책은 도처의 그리스도인들에게 기쁨을 시작하는 사람이 되라고 촉구하는 책이다. 도처의 그리스도인들이 기쁨의 사람들로 알려진다면 얼마나 좋겠는가? 예수님은 세상의 기쁨이셨다. 그분은 기쁨을 자신의 가르침의 이유로 꼽으셨다. "내가 이것을 너희에게 이름은 내 기쁨이 너희 안에 있어 너희 기쁨을 충만하게 하려 함이라"(요 15:11).

솔직히 우리 가운데 기쁨의 그리스도인은 생각만큼 흔치 않다! 우리 각자 개인적인 경험이자 단체적인 경험이며, 당신도 비슷할 것이다. 우리는 기독교의 타이태닉호에 승선해 있다. 기쁨을 가꾸고 지속하는 데 필요한 관계 기술이 캄캄한 바다 속으로 속속 가라앉고 있다. 기쁨이 결핍된 얼음장 같은 물이 당신에게도 느껴진다면, 기쁨에 대한 책에 빙산을 직설적으로 긴박하게 기술한 이유를 알 것이다. 당신의 귀에 대고 우리가 고함을 지르는 것처럼 느껴질지도 모른다. 하지만 어떤 사람들은 아직도 갑판의 의자나 정리하고 있다! 중요하게 알아야 할 것이 있다. 우리는 왜 가라앉고 있으며(문제), 왜 힘을 합해 의지적으로 세상에 기쁨을 전파해야 하는가(해법)?

기쁨은 관계적이다. 기쁨은 전염된다. 기쁨은 변화를 낳는다. 기쁨은 하나의 미소로 시작된다. 기쁨은 우리 뇌의 성장에 어떤 건강식품보다도 더 유익하다. 기쁨은 인체의 면역체계를 향상시키는 데 운동보다 효과적이다. 기쁨은 결혼생활을 보호해 준다. 기쁨은 자녀를 더 밝고 건강하게 성장시킨다. 기쁨은 재난을 겪은 후의 회복력을 키워 준다. 기쁨은 퍼져 나가 사람들의 삶을 변화시킨다.

이 책의 저자들인 짐과 에드와 크리스와 쉴리아는 나이 차이가 40년에 달하는 다세대 그룹이다. 신경과학자인 짐은 신경신학 분야에서 다른 저자들의 멘토다. 모두들 상담자요 교사이며 그 중 세 명은 목사 안수를 받았다. 모두 예수님을 사랑하며 신경과학, 신학, 변화를 낳는 교회 생활, 회복, 교육에 대해 관심이 높다.

이 책에는 강점과 약점의 사례로 우리 넷의 이야기가 나온다. 각자 가정과 학교와 교회 생활 중에서 이론에 부합한 예화만 부각시켰다. 사적 경험의 자초지종을 다 늘어놓지 않고 일부러 다음 두 부분만 골랐다. 하나는 결핍된 기쁨이라는 만연한 문제이고, 또 하나는 그 해법으로 가정과 학교와 교회라는 세 환경에서 기쁨의 수위를 높이는 일이다.

가정과 교회와 학교를 택한 것은 보통 공통적으로 경험할 수 있는 공간이기 때문이다. 더 중요하게, 기쁨은 그 세 환경 속에서 다음 세대로 가장 잘 전수된다. 당연히 직장에도 기쁨이 필요하며 이 책의 원리들은 직장에도 쉽게 적용된다. 다만 우리는 기쁨이 시작되어 다음 세대로 전수되어야 할 곳들에 집중하고 싶었다. 그래서 이 책의 논의는 가장 큰 일터인 교육계로 국한된다.

지난 10여 년간 신경신학이 발전하면서 수많은 사람들이 기쁨을 시작하고 있다. 그들은 변화를 낳은 기쁨의 위력에 매료되고 있다. 기쁨은 '누군가 나와 함께함을 기뻐하는' 관계적 경험이다. 이는 성경과 신경과학의 공통된 관점이다. 우리 삶에서 기쁨이 시작되는 곳은 가정이다. 혹시 성장기의 가정에 기쁨이 부족했다면 학교와 교회에서 다른 기회들을 얻을 수 있다. 이 책의 도움으로 당신도 기쁨을 시작하는 운동에 동참할 수 있다.

기쁨이 관계적 경험인 만큼 당신도 이 책을 그룹의 일원으로 공부하면 좋겠다. 연약한 사람과 강한 사람이 함께 모일 수 있는 공동체의 장은 기쁨을 퍼뜨리는 데 놀랍도록 중요하다. 개념이야 혼자 읽어도 얻을 수 있지만, 기쁨을 시작하기 위한 필수 과정은 혼자서는 실천할 수 없다. 기쁨에 대한 책을 혼자 읽으면 오히려 기쁨의 수위가 떨어지는 경향이 있다. '조이그룹'(Joy Starts Here)을 찾아내거나 새로 시작하는 데 도움이 되는 자원이 joystartshere.com에 나와 있다.

변화에 대한 대중 서적들은 대부분 우리 삶을 변화시킬 단 하나의 '특효약'을 내세운다. 이 책은 그렇지 않다! 기쁨이 워낙 중요한 사인인 만큼 다른 중요한 요인들도 빠뜨리고 싶지 않다. 우리의 정체성을 정립할 때 기쁨이 구멍 나 있다면, 구멍 난 비행기를 탔을 때와 마찬가지로 바닥으로 추락할 수밖에 없다. 하늘로 비상하고 싶다면 우리 삶을 지탱시켜 주는 요인들을 좀 더 심사숙고해야 한다.

지속성 있는 변화를 이루려면 여러 요인을 동시에 생각해야 한다. 예컨대 기쁨이 우리 삶과 공동체를 변화시키려면 다음 세 가지 조건이 갖춰져야 한다.

1. 연약한 사람들과 강한 사람들이 함께 교류해야 한다.
2. 연약함에 애정으로 반응하는 것이 규범이 되어야 한다.
3. 하나님과의 교류적 임재를 통해 샬롬이 유지되어야 한다.

실제 사례를 보면 이런 복합적 이슈들이 하나의 단순한 그림으로 보일 것이다. 얼굴을 마주 대하는 교류는 '함께해서 즐겁다'는 느낌을 불러일으켜, 기쁨을 상실한 공동체에 기쁨을 되찾아 줄 수 있다. 짐의 이야기를 들어 보면 어째서 그런지 알 수 있다.

짐의 이야기

나는 아담과 하와로 거슬러 올라가는 구닥다리 집안 출신이다. 부전자전이라는 말처럼 나도 시대에 뒤떨어진 구시대 사람이다. 지금 우리와 함께 살고 계신 아버지는 1차 세계대전 이전에 태어났다. 아버지가 어렸을 때는 말과 마차가 도시의 동력이었다. 아버지 집에는 전화나 텔레비전이 없었다. 라디오도 드물었다. 극장에 갈 때면 아버지는 피아노를 제일 잘 치는 극장을 골랐다. 영화가 무성(無聲)이었기 때문이다. 아버지는 시골에 살면서 전기 가설을 목격했다. 가게에서 아이스크림을 사면 집에 가는 길에 모든 이웃에게 한 입씩 나눠야 했다. 모두들 현관에 나와 앉아서 집 앞을 지나가는 행인들에게 이웃처럼 말을 건넸다.

나도 안데스산맥 고지의 골짜기에 태어나 살았으므로 전기가 처음 들어오던 때를 기억한다. 우리 집에 전화가 처음 가설된 것은 내가 열여섯 살 때였다. 텔레비전을 처음 보던 기억도 있다. 웬만한 데는 걸어 다니거나 말을 타고 다녔다. 아이들은 함께 놀았고 이웃끼리 다 알고 지냈다. 전화가 없었을 때도 내가 시내에서 사고라도 치면 부모님은 내가 집에 들어가기도 전에 벌써 그 사실을 알고 있었다. 유년기에 한시라도 내 주위에 사람들이 없었던 때를 상상하기 어렵다. 그들은 늘 열심히 교류했고 대개 두 세대나 세 세대가 함께였다.

    10년 전에 어머니가 치매로 돌아가신 뒤로 아버지는 우리와 함께 사신다. 그때 아버지는 90세였고 시력과 청력을 거의 잃은 상태였다. 우리가 사는 로스앤젤레스 지역에서는 사람들이 차고 안에 차를 세우고 곧장 집으로 들어간다. 대부분 이웃과 말을 해 본 적이 없었다. 그런데 아버지는 이곳에 온 지 석 달도 안 되어 주변 몇 블록의 사람들과 알고 지냈다. 아버지와 함께 동네를 한 바퀴 돌다 보면 거의 모든 집의 사연을 듣는다. 어떤 부인은 이란에 있는 가족들에게 문제가 생겼고, 어떤 남자는 지붕을 이는 작업을 직접 할 예정이었다. 아버지의 이야기 상대는 무슬림들, 장발을 가늘게 땋은 드러머, 천주교인인 식당 사장, 아보카도 나무가 통 자라지 않는다는 캄보디아 사람, 인공관절 수술을 받은 세 사람, 자전거 타는 사람, 흑인 육군 참전용사, 나이든 바텐더, 몇몇 아르메니아 가정, 개를 키우는 사람들, 게이 커플, 가석방된 사람을 감시하는 경찰관, 홈스쿨링을 하는 사람들, 개신교 신학교 교수, 그리고 그들의 자녀들과 손자손녀들이었다. 지나가던 차들도 다섯 중 한 대 꼴로 속도를 늦추거나 멈추어 아버지에게 인사를 건넸다. 손을 흔드는 운전자는 거의 백퍼센트였다. 아버지는 그들에게 일일이 미소로 인사하며 한순간이나마 함께했다. 그중 다수가 아버지의 아흔아홉 번째 생일 파티에 와서 자기들끼리 처음 만났다. 지금도 아버지는 이웃이 존재한다고 믿는다. 심지어 이곳 남가주에서도 이웃을 만들어 내는 재주가 있다.

    우리가 사는 이 시대는 전기, 텔레비전, 인터넷, 스마트폰 같은 첨단 기술 덕분에 실시간 의사소통이 가능해졌고 생활도 훨씬 간편해졌다. 하지만 우리는 얼굴을 마주대하는 의미 있는 교류를 지속하는 능력을 빠른 속도로 잃어 가고 있다. 진정한 기쁨은 그런 교류 속에서 자란다. 지금부터 우리는 발견의 여정에 올라 관계적 기쁨을 되찾고자 한다. 관계적 기쁨은 우리의 삶과 가정과 교회와 학교를 하나로 엮어 준다.

Chapter 2

기쁨은
연약함을 껴안는
즐거움이다

기쁨이란 누군가가 나와 함께함을 즐거워한다는 뜻이다. 진정한 기쁨의 특징은 누군가가 우리를 볼 때 눈빛이 생글거리고 얼굴이 밝아지는 것이다. 기쁨은 아빠나 엄마가 퇴근하여 집에 올 때 또는 할머니를 볼 때 껑충껑충 뛰는 아이들이다. 기쁨은 전쟁터에서 돌아오는 남편에게 달려가는 여자다. 기쁨은 함께 뒹굴고 낄낄거리며 노는 아이들이다. 기쁨은 함께 나눌 수밖에 없는 미소다. 기쁨은 아주 특별해서, 하나님은 사탕이나 보석이나 멋진 외모나 인기나 치아 미백이나 초고속 인터넷보다 기쁨을 자신의 상으로 내놓으신다. 하나님이 영생보다 기쁨을 더 자주 약속하시는 데는 그만한 이유가 있다! 요한복음 17장 13절에 예수님은 기쁨을 자신의 가르침의 이유로 꼽으신다. "지금 내가 아버지께로 가오니 내가 세상에서 이 말을 하옵는 것은 그들로 내 기쁨을 그들 안에 충만히 가지게 하려 함이니이다." 누가복음 6장 23절에도 예수님은 기쁨이 경건한 삶에 대한 보상이라고 말씀하신다. "그날에 기뻐하고 뛰놀라. 하늘에서 너희 상이 큼이라."

우리 뇌가 발달하는 방식을 잠깐 살펴보면 하나님이 왜 우리에게 기쁨을 상으로 주시는지 조금 알 수 있다. 엄마, 아빠, 음식을 먹여 주는 사람, 기타 주된 양육자와의 기쁜 교류가 뇌의 구조와 화학적 특성과 기능을 형성한다. 생후 1년 동안 기초로 다져지는 기쁨이 평생 우리의 정체성과 관계에 지대한 영향을 미친다. 기쁨이라는 기초가 없으면, 하나님께 받은 많은 선천적 능력이 발달하지 않고 강해지지 않고 유지되지 않는다. 유아기 때 사용되는 능력과 화학적 특성이 이후의 뇌를 지배한다. 인생을 두렵게 시작한 사람은 거의 모든 것에 불안을 느낀다. 다행히 뇌는 기쁨 쪽으로 편향되어 있다. 기쁨은 우리의 가장 간절한 갈망이다. 우리는 태어날 때부터 저절로 기쁜 교류를 찾도록 지어졌다. 기쁨을 얻지 못하면 애써 그 갈망을 속에 묻으려 할 수 있겠지만, 기쁨의 위력만은 결코 피할 수 없다. 하나님이 우리를 그렇게 지으셨다.

기쁨이 있기에 우리는 다른 사람들과 돈독한 사랑의 관계를 가꿀 수 있다. 우리는 기쁨에 대한 반응으로 사랑한다. 뇌에 우리 정체성을 관할하는 부위가 있는데, 기쁨이 그 부위의 성장을 자극한다. 가장 강하고 가장 안정된 정체성은 우리를 기뻐해 주는 사람들을 통해 형성된다.

기쁨은 뇌가 고에너지(High-Energy)인 상태다. 기쁨을 실행하면 뇌에 힘과 역량이 쌓여, 에너지와 창의력과 인내력을 가지고 삶에 임할 수 있다. 사실 삶의 모든 고생이나 역경을 헤쳐 나가는 뇌의 역량은 기쁨에서 생겨난다. 기쁨이 풍성한 사람은 회복력이 아주 좋다. 기쁨이 풍성한 공동체는 힘들 때도 활력이 넘치고 생산적이다. 기쁨의 힘으로 살아가면 고생과 고통을 견디면서도 대인관계를 고스란히 유지할 수 있다. 기쁨이 없는 사람은 문제를 '승리 아니면 패배'의 상황으로 본다. 문제를 해결할 때도 고통이 가장 적은 방법을 택하며, 대개 다른 사람들을 희생시킨다. 기쁨이 있는 사람은 양쪽 다 만족할 수 있는 창의적 해법을 찾아낼 여력이 있으며, 단지 창조할 수 있다는 이유만으로 창조를 즐긴다. 춤, 정원 가꾸기, 잔치, 축하, 놀이, 기타 무수한 좋은 일들이 기쁨에서 솟아난다.

　　기쁨은 삶에 좋은 모든 것들을 서로 주고받을 때 생겨나는 신바람이다. 기쁨의 생리를 간단히 살펴보자. 유아들은 누가 먹여 주고 안아 주고 어루만져 주면 거기에 기쁨으로 반응한다. 기분 좋은 냄새, 딱 맞는 온도, 미소, 다정한 말투는 모두에게 기쁨을 가져다준다. 아기들은 좋은 음식을 먹으면 기쁨으로 반응한다. 이렇게 음식을 받아먹는 기쁨은 본래 아기와 먹여 주는 사람 사이에 유대감을 길러 준다. 그런데 뭔가 일이 잘못되면 음식을 먹여 주는 사람 대신 음식 자체에 집착하게 된다. 그러면 음식이 기쁨의 대용품이 된다. 이 부분은 뒤에서 자세히 살펴볼 것이다.

　　확고한 정체성을 가꾸려면 기쁨이 반드시 필요하다. 치유도 기쁨이 있어야만 가능하다. 기쁨의 관계는 깨어진 삶과 가정과 교회와 사역 기관과 사역 팀과 학교와 동네와 문화를 변화시키는 위력이 있다. 에드는 5개 대륙 20개국에서 70개국 출신의 많은 지도자와 일꾼과 선교사를 가르치면서 기쁨이 삶과 관계를 치유하는 것을 목격했다. 에드 자신도 아내와의 관계, 가족들과의 관계가 기쁨을 통해 변화되었다.

에드의 이야기

브라질에 선교사들을 위한 중독 학교가 있다. 그 학교의 지도자가 공항으로 우리를 마중 나왔다. 아내와 내가 브라질에 간 것은 학생들과 사역 팀들을 도와 삶에서 기쁨의 치유력을 경험하게 하기 위해서였다. 본부에 가까워지자 풍경이 바뀌었다. 나는 자동차가 고장 나지 않기를 간절히 바랐다! 그 도시에 대해 들었던 경고의 말들이 생각났기 때문이다. 바로 그때 학교 지도자가 말했다. "에드, 우리 도시는 브라질 전국에서 가장 폭력이 심한 곳이고, 우리 학교는 이 도시 중에서도 최악의 동네에 자리하고 있습니다." 그는 씩 웃으며 말했다. "하지만 선교사들이 있어야 할 곳이 이런 데 말고 어디겠습니까?" 나는 그곳이야말로 기쁨을 키워야 할 최적의 자리임을 알았다.

내 삶이 시작될 때는 기쁨이 풍성하지 못했다. 나는 생후 첫 6개월을 수양 가정에서 지냈다. 나를 입양한 부모는 사랑과 긍휼이 아주 많았다. 그들과 함께 보낸 어린 시절은 좋은 기억들로 남아 있다. 엄마는 기쁨의 큰 원천이었다. 엄마의 미소와 반짝이는 눈빛을 보면 엄마가 나와 함께함을 기뻐한다는 것을 알 수 있었다. 지금도 그녀는 내가 가장 좋아하는 기쁜 관계 중 하나다. 아빠는 방바닥에서 나와 씨름하기를 좋아했다. 그러다 어느 날 우리 둘 다 생각보다 나이가 들었음을 알게 되었다. 내가 갑자기 아빠를 덮쳤는데 갈비뼈 두 대가 부러진 것이다. 그것으로 우리의 씨름 시대는 막을 내렸다. 때로는 끝내야 할 때를 알아야 한다.

교회와 학교는 둘 다 내게 큰 도움이 되었다. 우리 가족은 매주 교회에 나갔고, 나는 가톨릭 학교에 다녔다. 수업을 가르치던 수녀들은 꽤 무서웠지만, 젊은 수녀들은 친근하고 인간적이고 긍휼과 이해심이 많았으며 그중에 유머 감각이 뛰어난 분들도 많았다. 그들에게서 나는 하나님을 섬기고 사람들의 삶을 변화시키려는 진지한 헌신을 목격했다. 하나님께 온전히 헌신하고 사람들을 열심히 돌보는 일이 가능함을 보았다.

나는 몇 년 동안 복사(腹事)로 미사의 시중을 들었다. 일요일 밤 미사에서는 '포크 그룹'의 수녀들과 어른들과 함께 기타를 쳤다. 고등학교 때는 신부들이 거주하는 교구 사제관의 접수대에서 저녁에만 시간제로 일했다. 우리 교구의 루이스 주교는 내게 깊은 영향을 끼쳤다. 접수대는 그의 사무실 바로 옆에 있었다. 그는 늘 친절하고 따뜻하고 다정했다. 고민이 있을 때는 그에게 털어놓곤 했다. 교회와 학교에서 나는 점차 마음에 긍휼이 많아졌다. 나도 연약하고 힘들고 소외된 사람들을 돌보아 세상을 변화시킬 수 있겠다는 믿음, 그렇게 해야겠다는 믿음이 생겼다.

어느 날 밤 내가 사제관에서 일하던 중에 벌어진 일이 내 인생을 영원히 바꾸어 놓았다. 신부들이 다 외출한 사이에 한 여자가 울먹이며 사제관으로 전화를 했다. 여자의 말인즉 자신은 가톨릭 신자이며 이튿날 낙태를 하려는 참인데 누군가와 꼭 대화를 나누고 싶다고 했다. 그 괴로운 상황이 내 가슴에 깊이 다가왔다. 나는 연신 그녀에게 다른 교구들의 전화번호를 알려 주었다. 그때마다 그녀는 내가 준 번호로 전화를 건 뒤에 다시 울먹이며 나한테 전화했다. 한 신부는 그녀가 실명을 밝히지 않는다는 이유로 대화를 거부했고, 다른 신부는 그녀가 낙태를 미루지 않는 한 만나지 않겠다고 했다는 것이었다. 네 번째로 전화가 왔을 때 마침 성가대를 책임 맡은 수녀가 연습하러 왔다. 나는 얼른 달려가 상황을 설명했으나 어이없게도 수녀는 성가대 연습이 더 중요하다며 끝내 전화를 받지 않았다.

나는 다시 터덜터덜 위층으로 올라가, 아무도 돕지 않으려는 그 여자와 통화했다. 긍휼과 섬김과 기쁨은 연약한 자들을 위한 게 아니라 강하고 행실이 바른 자들만의 몫인 듯 보였다. 화가 났다. 하나님께 헌신했고 이웃을 사랑한다고 고백하는 사람들이 어떻게 이토록 절실히 도움이 필요한 여자를 애정으로 대하지 않을 수 있는가?

그때부터 나는 말로는 사랑한다면서 시간을 내지 않는 사람들에게 반항했다. 가정과 교회와 문화 속에 있는, 실패를 경멸하고 모욕하고 수모를 주는 듯한 메시지들에 반항했다. 나는 함께 살기 아주 힘든 사람이 되었다. 반항의 표출로 매우 과격한 단체들의 시위에 가담했다. 술과 마약과 그밖의 중독에도 미친 듯이 빠져들었다.

지금은 나는 중독을 '빕스(BEEPS)'라 부른다. 하나님 및 사람들과의 기쁘고 생명력 있는 관계를 밀어내고 그 자리를 대신 차지하는 행동, 사건, 경험, 사람, 약물(Behaviors, Events, Experiences, People, Substances)을 줄여서 빕스(BEEPS)라 한다(경고음이라는 뜻도 있다-옮긴이). 빕스

(BEEPS)는 도파민의 분비를 유발하며, 사람들과 기쁘게 교류할 때처럼 뇌의 쾌락 중추를 자극한다. 요컨대 빕스(BEEPS)는 우리 뇌에 기쁨의 대용품들이다. 당시의 내 삶은 많은 사람들에게 기쁨을 가져다주지 못했고, 많은 사람들도 나와 함께함을 별로 즐거워하지 않았다.

7장에서 보겠지만 예수님과 그분의 기쁨을 만나면서 내 삶이 확 달라졌다. 마침내 내게 술과 마약을 끊을 이유가 생겼다. 그때까지만 해도 술과 마약은 '당연히 끊어야' 하는 것이었을 뿐, 정말 설득력 있는 이유는 내게 없었다. 하나님 및 사람들과 기쁨의 소통이 이루어지자 그때부터 내게 정말 필요한 것들이 채워졌다. 그런 관계들이 내 삶의 빕스(BEEPS)를 서서히 몰아냈다. 기쁨은 나의 긍휼과 사람들을 섬기고픈 갈망을 다시 깨웠다. 몇 년 후에 나는 중독자들을 위한 그리스도 중심의 어느 지원 그룹에서 자원봉사를 시작했다. 그들은 가족들과 함께 어느 지역교회에서 모이고 있었다. 당시 나는 알코올 중독자들과 함께하는 것은 아주 즐거웠지만 실제적 기술이 매우 빈약했다. 교회 안팎에 개설되는 중독 상담자 훈련들이 도움이 되었다. 아내와 나는 상처받은 가정들을 섬기는 전임 사역에 소명을 느꼈다. 우리는 직장을 그만두고 사역 훈련 프로그램을 이수했다. 그로부터 1년 후에 나는 목사 안수를 받았다.

훈련을 받고도 내가 몰랐던 것이 있었다. 아직도 내게는 내 정체성과 가정과 사역의 아주 중요한 기초인 기쁨이 없었다. 첫째로, '함께해서 즐거운' 기쁨의 경험이 자연스럽게 생겨나는 것 같지만, 그래도 나는 아내나 딸과의 사이에 기쁨의 유대를 가꿀 줄을 전혀 몰랐다. 둘째로, 중요한 부분인 '기쁨을 회복하는 기술'이 내게 없었다. 아무리 긍휼이 많았어도 나는 실패나 격한 부정적 감정이 개입될 때는 소통을 유지할 줄 몰랐다. 경멸과 모욕과 수치심의 옛 목소리가 나를 따라다니는 통에 자신의 실수를 애정으로 대하기가 힘들었다. 셋째로, 아직도 나의 강력한 동기는 수치심을 피하려는 욕구에 있었다. 실패를 면하려고 뭐든지 잘하려다 보니 기쁨을 까맣게 잊고 있었다. 끝으로, 훈련받고 나서도 나는 각자의 상처와 문제와 부정(否定)을 찾아내게 하는 일을 도울 뿐이었다. 즉 회복력을 길러 주기보다 부정적인 면을 지적해 주는 데 더 능했다는 말이다. 나 자신에게 있지도 않은 것을 남에게 줄 수는 없었다.

이런 행위 지향적 사고방식 때문에 나는 점차 고갈되었다. 문제에 초점을 두니 나 자신이나 가족들이나 다른 사람들에게 생명을 가져다줄 리가 없었다. 다행히 나의 연약함에 애정으로 반응해 준 강하고 성숙한 멘토들과 복된 교류를 누릴 수 있었다. 그들의 도움으로 관계와 정체성에 은혜가 필요함을 배웠다. 특히 그중 한 멘토는 분노 중에도 타인과의 소통을 유지할 수 있는 강한 인간의 좋은 사례였다. 우리는 이것을 '분노에서 기쁨으로 복귀한다'고 표현한다. 나중에 뇌의 관계 기술을 다룰 때 살펴볼 것이다. 그 멘토는 내가 화나 있을 때도 나와 함께함을 즐거워했는데, 나에게 엄청난 도움이 되었다. 그와의 관계를 통해 나는 분노를 느끼고 표현하되 관계 속에서 애정으로 하는 법을 배웠다.

이런 진척에도 불구하고 나의 긍휼과 섬김과 책임은 위험한 덫이 되었다. 기쁨이 부족해서 내게 회복력이 없었기 때문이다. 결국 나는 뭔가 새로운 것을 간절히 찾기에 이르렀다. 교회와 세상에서 중독과 외상이 있는 사람들을 돕고 있었지만, 알고 보니 대부분의 노력이 내가 바라던 결과를 얻지 못했다. 내가 그토록 아끼고 사랑하던 수많은 사람들의 삶에 자꾸 문제가 재발했고, 그 결과로 관계가 깨지고 이혼과 외로움과 감옥과 에이즈와 죽음이 찾아왔다. 우리 대부분이 사용하던 각종 훈련과 프로그램과 기법과 전략은 생각만큼 효과가 없었다. 우선 나 자신의 삶에 기쁨을 가져다줄 뭔가가 절실히 필요했다. 그래야 예수께서 내게 주신 긍휼의 마음을 상처 입은 사람들에게 충분히 깊게 표현할 수 있을 터였다.

이전에 나는 고통스러운 만성 불치병의 결과로 중증 장애를 겪었고 결혼생활도 파경을 맞았다. 여러 해 동안 일을 할 수 없었다. 그러다 스페인에 선교 여행을 갔을 때 하나님이 더 이상 휠체어가 필요 없을 만큼 나를 치유해 주셨다. 마리차를 만난 것도 그때였다. 얼마 후에 나는 짐 와일더가 가르치는 인생모델을 들었다. 그는 기쁨을 설명한 뒤에 기쁨과 외상이 각각 뇌에 미치는 영향을 보여 주었다. 드디어 내 삶에 결핍된 부분이자 중독 및 외상의 회복에 결핍된 부분을 만났다. 기쁨은 위력이 있다. 기쁨은 누구나 배우고 연습하여 관계 속에 적용할 수 있다. 상처 입은 사람들을 기쁨으로 도와주면 깨어진 관계와 중독과 외상이 치유될 수 있다. 내 마음은 새로운 가능성과 아이디어와 구상으로 터져 버릴 것 같았다. 어서 이 새로운 치료법을 지원 그룹에 소개하고 싶었다.

더 중요한 것이 있다. 마리차와 나는 결혼할 때, 우리 삶과 관계의 기초로 기쁨의 유대를 함께 돈독히 다지기로 결심했다. 성장 훈련의

3개 과정을 모두 수료했고, 거기서 실습한 연습들을 통해 개인과 부부로서 기쁨의 정체성을 가꾸었다. 둘이 함께 의지적으로 기쁨을 연습했다. '함께 기쁨을 회복하는' 기술이 내게 결핍되어 있었는데 드디어 배울 수 있어 기뻤다. 기쁨이 내 정체성의 뿌리가 되니 더 이상 내 긍휼과 사역이 나를 고갈시키지 않았다. 기쁨의 기술이 우리 삶과 가정에 들어왔다. 덕분에 우리는 기쁨의 회복 메시지를 사람들에게 나누었다. 지금도 마리차와 나는 우리 자신의 변화된 삶으로 감화를 끼치면서 전 세계 많은 일꾼과 지도자와 선교사를 훈련하고 있다. 그들도 기쁨을 전파할 수 있도록 말이다. 기쁨은 나와 내 가정과 관계와 사역을 송두리째 바꾸어 놓았다. 이제 나는 날마다 의지적으로 기쁨을 시작한다. 내가 브라질에서 최악의 동네에 간 것도 바로 이 기쁨의 회복 때문이었다.

    짐과 나는 승리하는 공동체를 위한 커넥서스(Connexus) 프로그램을 만들었다. 이를 통해 교회와 사역기관은 기쁨의 수위가 낮은 모든 곳에서 기쁨을 시작할 수 있다. 커넥서스의 중심 원리들을 이 책에서 살펴볼 것이다.

연약함에 어떻게 반응하는가

    관계를 즐거워할 때 우리는 주변에 소속감을 창출한다. '소속감의 창출'이란 남들이 함께 소속할 수 있는 기쁜 곳들을 우리가 계속 만들어 낸다는 뜻이다. 에드의 엄마가 반짝이는 눈빛으로 그를 보며 미소를 지었을 때 에드가 느낀 것이 바로 소속감이다. 아빠와 씨름할 때도 그는 기쁨을 느꼈다. 소속감을 창출하면 우리의 기쁨이 다른 사람들을 끌어들인다. 그들도 함께 기쁨을 가꾸고 싶어진다. 기쁨의 소속감이 있는 사람은 다른 사람들을 찾아내 관계를 가꾼다. 상대방도 미소로 반응하면 소속감이 더욱 깊어진다. 소속감의 창출은 나이와 관계없이 성숙의 가장 확실한 지표다. 주변에 소속감을 창출할 때 우리는 기쁨의 관계망을 넓히는 것이다. 우리 '무리'는 기쁨으로 맺어져 있고 기쁨에서 동력을 얻는다. 또한 힘써 다른 사람들을 초대하여 기쁨을 함께 나눈다.

우리 무리의 구성원들은 반응 방식에 따라 세 부류로 나뉜다. 누구에게나 이 세 가지 면이 다 있을 수 있다. 첫 번째 부류는 보호자다. 기쁨이 풍성한 가정에서 외상 없이 자라는 사람들은 보호자가 되는 경향이 있다. 보호자는 기쁨의 정체성이 견고하여 다른 사람들을 환영하고 연약함을 애정으로 대한다. 보호자는 연약함을 악용하지 않고 오히려 취약한 구성원들의 기쁨이 더 커지도록 돕는다. 보호자는 역기능 행동을 조장하지 않고 연약한 사람을 신속히 보호한다. 우리 무리 안에 기쁨이 풍성하면 구성원들에게 보호자 기술이 강하게 개발되는 경향이 있다. 에드의 사례에서 보듯이 누구나 인생의 어느 단계에라도 보호자 기술을 배울 수 있다.

두 번째 부류인 가해자는 주로 두려움에서 반응 방식이 비롯된다. 우리 뇌는 본래 가해자로 반응하게 되어 있다. 훈련이 없다면 우리에게 있는 거라곤 가해자의 반응뿐이다. 온유한 보호자들이 연약함을 애정으로 대하며 우리를 훈련해 주어야 한다. 그렇지 않으면 우리는 가해자처럼 반응하여 남을 잡아먹는다. 가해자는 다른 사람의 연약함과 취약성을 찾아내서 악용한다. 남의 약점을 이용하여 먹이사슬의 우위를 쟁취하거나 유지한다. 가해자는 자신의 지위를 악착같이 지키며, 위협을 당하면 무리 중의 다른 사람들을 해친다. 또한 지위를 확보하려고 어떻게든 자신의 약점을 숨기고 강한 척한다. 가해자는 기쁨이 빈약한 무리의 가장 흔한 산물이다.

세 번째 부류인 피해자의 반응 방식도 두려움과 불안에서 비롯된다. 역시 기쁨이 결핍된 무리 중에서 볼 수 있다. 피해자는 무리의 우위를 점하지 않는다. 가해자에게 이용당하지 않으려고 피하는 게 주된 반응이다. 피해자는 대개 관계 속에서 이미 상처를 입었으므로 더 이상의 상처를 피하기 위해서라면 거의 못할 일이 없다. 최대한 자신의 약점을 숨기고, 피하고, 줄이고, 거두고, 감춘다. 기쁨이 결핍된 환경은 연약함과 취약성을 만들어 낸다. 피해자로서는 불행한 일이겠지만, 그런 약점을 감추기란 불가능하다. 먹이를 찾아 배회하는 가해자는 그런 취약성을 찾아내 악용한다. 그러면 피해자는 이용당한 기분과 수치심과 더 깊은 두려움을 느낀다.

기쁨이 풍성한 환경에서는 보호자들이 기쁨의 소속감으로 다른 사람들을 무리 안으로 환영한다. 보호자가 거의 없다면 이는 우리 무리의 기쁨 수위가 낮다는 징후다. 가해자들이 많아서 피해자들이 숨는다면, 기쁨이 이미 적을 뿐더러 틀림없이 더 적어질 것이다.

기쁨과 은혜와 샬롬을 알아보자

우선 중요하게 알아 둘 것이 있다. 기쁨과 은혜와 샬롬은 모두 한 집 식구들이다. 은혜와 샬롬은 기쁨의 두 자매이며, 이 셋은 서로 같지 않다. 세 식구가 워낙 끈끈한 사이이다 보니 자칫 그들의 정체성을 혼동하기 쉽다. 이 작은 성경적 가족을 이해하면 성경이 가르치는 기쁨과 은혜와 샬롬(평안)의 의미를 알 수 있다.

신약성경의 헬라어에서 기쁨과 은혜는 형태만 다를 뿐 같은 단어다. 은혜는 제3격 변화형이고 기쁨은 제1격 변화형이다. 기쁨은 은혜에 대한 반응이다. 대부분 은혜의 정의를 '자격 없이 받는 호의'라고만 들었기 때문에 그 연관성을 놓칠 수 있다. 그러나 은혜의 가장 좋은 번역은 '호의'가 아니라 '특별하다'는 단어다. 즉 은혜란 누군가에게 한없이 특별한 존재라는 뜻이다. '자격 없이'라는 말은 '행위로 얻어 내지 않아도 된다'는 뜻이다. 그러니까 우리는 행위로 얻어 내지 않아도 누군가에게 한없이 특별한 존재다. 아기가 가족들에게 받는 사랑이 바로 그것이다. 순전한 기쁨이다. 아기는 있는 모습 그대로 아주 특별하기 때문이다. 아기가 굳이 일하지 않아도 우리는 미소 짓고, 말을 걸고, 킬킬 웃고, 먹여 주고, 기뻐한다. 기쁨은 아주 특별한 존재가 된 데 대한 반응이다. 행위로 얻어 내지 않아도 되는 아주 특별한 존재는 순전한 기쁨과 늘 짝을 이룬다. 기쁨은 하나님의 은혜에 대한 우리의 반응이다. 시편에 보면 하나님은 그분의 은혜에 대한 우리의 반응으로 고에너지(High-Energy)의 기쁨을 바라신다!

기쁨은 고에너지이지만 기쁨의 자매인 샬롬은 차분한 저에너지(Low-Energy)다. 우리는 모두 연약한 편이라 고에너지 상태를 오래 지속할 수 없다. 기쁨을 경험할 때마다 휴식 시간이 뒤따라야 한다. 하나님이 우리 뇌를 그렇게 설계하셨다. 이는 끝없이 반복되는 사이클이다. 고에너지의 기쁨에 저에너지의 샬롬이 이어진다. 하나가 없이는 다른 하나도 존재할 수 없다. 자녀들이 방 안에서 정신없이 떠들 때 기분이 어떤가? 금방 약간의 안정을 원하게 된다. 샬롬은 다 괜찮다는 것을 알 때 찾아오는 깊은 안식이다. 아무것도 걱정할 게 없다. 나를 사랑하는 이는 내 품 안에 있고 나는 그 사람의 품 안에 있다. 기쁨이 언급될 때마다 거의 매번 하나님은 충성에 대한 상으로 샬롬을 주신다. 우리 뇌에서 못지않게 성경에서도 샬롬과 기쁨은 함께 붙어 다닌다. 이 책의 제2부에서는 기쁨을 훨씬 잘 알게 될 것이다. 샬롬은 제3부에 다룰 것이다. 일단은 그 둘이 함께 다니되 서로 같지 않다는 것만 알면 된다. 이번 장에서 살펴보겠지만 그 둘을 혼동하면 성경을 읽을 때 큰 과오를 범하게 된다.

왜 기쁨의 정체성에 연약함이 필수인가?

기쁨의 정체성을 정립하는 가장 좋은 방법은 연약함에 대한 애정을 기르는 것이다. 연약함을 섬김의 기회로 보면 애정에 찬 기쁜 반응이 나온다. 다음은 에드의 말이다.

> 나는 부모님에게서 긍휼을 보았다. 이는 내게 그 무엇보다 큰 선물이었다. 엄마의 이모가 뇌졸중으로 몸이 마비되고 정신장애를 입었을 때 엄마는 이모를 돌보셨다. 매주 그녀를 찾아가 선물을 건네고 보살펴 주는 가족은 엄마뿐이었다. 엄마는 병문안을 갈 때 즐거이 나도 데려갔다. 할머니도 회복기에 우리 집에 와서 살며 엄마의 도움을 받았다. 아빠가 저녁 식탁에서 아이티 빈민들에 대해 말할 때 아빠 목소리에 담겨 있던 고통과 긍휼도 기억난다. 1940년대에

아이티에서 미국으로 온 아빠는 그곳 삶이 얼마나 힘든지 잘 알았다. 아빠는 손재주도 좋아서 못 고치는 게 거의 없었다. 아빠는 저녁 때 나가서 동네 사람들이나 교구 신부들의 고장 난 세탁기나 텔레비전을 고쳐 주곤 했다. 엄마도 교회와 사제관에서 자원봉사를 했다. 이렇게 부모님이 실무를 맡아 다른 사람들을 도운 덕분에 나는 행동하는 긍휼을 볼 수 있었다. 나는 사람과 삶과 문화를 긍휼의 눈으로 보는 법을 배웠다. 나 또한 그런 변화를 일으킬 책임과 능력이 있다는 것도 배웠다.

애정은 다른 사람들의 연약함을 대하는 태도일 뿐 아니라 우리 자신의 연약함에 대한 반응이기도 하다. 연약함에 애정으로 반응해야 하는 이유는 무엇인가? 연약함과 짝을 이루는 것이 무엇인지 생각해 보라. 다음 세대는 언제나 어리고 연약하고 가녀린 아기들로 시작된다. 아기들은 연약하지만 그들이 가져다주는 기쁨을 생각해 보라! 과일이 많이 달려 있으면 나뭇가지가 연약해져 버팀목이 필요하다. 어느 부분을 막론하고 성장은 미약하고 취약하게 시작된다! 아름다움은 가냘프고 부서지기 쉽다. 식물의 일부를 잘라 내 병에 꽂을 때 우리는 가장 연약한 부분인 꽃을 택한다. 그 부분이 가냘프고 아름다워 보인다. 건강한 문화는 훌륭한 노인들을 귀히 여긴다.

팻(Pat)은 80세가 다 되었지만 40대 남자들보다 더 많은 일을 해내고 있다. 연약함을 대하는 그의 애정은 허리에 대수술을 받고 난 에드의 집에 말할 수 없는 복을 끼쳤다. 에드가 한동안 보이지 않자 팻은 마리차에게 "내가 도울 만한 일이 있겠소?"라고 물었다. 마리차가 보니 집에

장작이 떨어져 가고 있었다. 팻은 씩 웃으며 즉시 "나한테 장작이 좀 있소. 크기가 얼마만하면 좋겠소?"라고 물었다. 마리차의 답을 듣고 그는 곧 가져오겠다고 했다.

며칠 후에 팻이 다시 와서 함박웃음을 지으며 장작을 어디에 놓아야 할지 물었다. 마리차와 에드는 팻의 일을 덜어 주려고 그냥 문간에 두면 자기들이 쌓겠다고 했다. 하지만 팻은 직접 전부 쌓겠다고 했다. 잠시 후에 보니 난로에 땔 장작더미가 완비되어 있었다. 에드의 연약함을 향한 팻의 기쁨과 미소와 애정은 기쁜 복이었다.

연약함에 따뜻하게 반응하는 사람들이 곁에 있으면 기쁨의 수위가 올라간다. 나의 연약함에 위로의 반응이 있으리라고 예상되면 금방 도움을 청할 수 있다. 연약한 사람들이 안심하고 도움을 구할 수 있으면 문제가 걷잡을 수 없이 커지지 않는다. 이처럼 기쁨이 예상되면 적응력이 생겨난다. 반대로 예상하던 기쁜 반응이 없으면 수치심을 경험한다. 연약함 때문에 수치당할까 두려우면 문제를 숨기게 된다.

데비(Debbie)는 연약한 모습과 수치심을 내보인 덕분에 가정의 약탈 습성을 중단시킬 수 있었다. 에드에게 목회 상담을 받으면서 데비는 남편이 손찌검을 한다고 털어놓았다. 남편의 구타는 대개 아이들 앞에서 벌어졌다. 그녀는 두렵고 몹시 수치스러웠다. 에드와 데비는 가능한 대안들을 의논했다. 하지만 남편이 아이들을 때리지는 않았으므로 데비는 피해자 반응을 택했다. 아무런 조치도 취하지 않은 것이다.

하루는 데비가 울먹이며 에드를 찾아왔다. 십대 아들이 처음으로 남편처럼 자기를 밀고 때렸다는 것이었다. 그녀의 얼굴은 침울했고 수치심과 슬픔으로 덮여 있었다. 최악의 악몽이 현실로 나타났던 것이다.

그녀는 구타의 악영향으로부터 자녀들을 보호하려 했으나 이제 약탈의 습성이 아들에게도 전수되었다. 그녀는 어찌할 바를 몰랐다.

에드는 그녀의 고통과 슬픔과 수치심에 공감했고, 이렇게 그녀가 연약한 모습을 보여 주어 참 다행이라고 말했다. 데비는 서서히 에드에게 다른 대안들을 묻기 시작했고, 함께 난상토론을 벌인 끝에 행동을 취하기로 결심했다. 다음번에 만났을 때는 데비의 얼굴이 환해져 있었다. 그동안 그녀는 근처의 가정폭력 프로그램에 들어갔다. 여성 프로그램을 먼저 마친 그녀는 남편과 아들에게 다시는 어떤 형태의 폭력도 용납하지 않겠다고 선포했다. 그런 일이 다시 벌어지면 경찰에 신고하고, 법적 조치를 취하고, 집을 떠나겠다고 했다. 그녀는 또한 그들도 회복에 동참하도록 초대했다. 물론 자신도 회복 과정을 거쳤다. 그 결과 다시는 폭력 사건이 일어나지 않았다. 데비는 수치심을 무릅쓰고 연약한 모습을 내보인 덕분에 애정의 반응을 받았고, 많은 강한 사람들의 도움으로 가해자들을 중단시킬 수 있었다. 연약한 자와 강한 자가 함께 만나면 변화가 신속히 이루어진다. 그 변화가 좋은 쪽일지 나쁜 쪽일지는 연약함에 어떻게 반응하느냐에 달려 있다.

연약함을 품어 주면 보호자 정체성이 확산된다. 기쁨의 수위가 떨어지면 문화가 점점 부패하여 보호자 대신 가해자를 양산한다. 기쁨의 보호자 기술이 전수되지 않으면 모든 사람이 가해자나 피해자가 된다.

연약함이 나쁜 것이라면 누구나 자신의 연약함을 숨길 것이고, 연약함을 내보이는 사람들을 벌할 것이다. 그뿐 아니라 우리는 하나님까지 피하여 숨는다. 약자와 강자는 서로 적이 된다. 강자는 약자를 착취하여 계속 약자로 남게 하고, 약자는 어떻게든 강자를 약하게 만들려 한다. 너도 나도 복수를 일삼게 된다. 복수는 많은 폭력을 부채질한다.

가해자와 보호자를 가르는 것은 연약함에 반응하는 방식이다. 가해자와 보호자는 양쪽 다 다른 사람들의 연약함에 주목한다. 가해자에게는 그것이 상대를 덮칠 기회이고, 보호자에게는 약자를 쉽게 해 줄 기회다. 타인의 약점이 가해자에게는 뭔가를 뜯어 낼 기회이지만, 보호자에게는 뭔가를 베풀 기회다. 가해자의 습성이 우리의 정체성과 단체 문화와 국가 규범을 정의하기 시작하면, 우리는 연약함을 멸시하도록 사회화된다. 힘센 사람들의 주변에는 기쁨이 고갈된다. 사람들은 연약함을 이용하는 강자들을 두려워하고 멸시하면서도 한편으로 그들을 선망하고 미화한다. 섹시해 보이는 것이 새로운 '희망'이 된다. 우리도 가해자에 편승하여 세를 불리거나 가해자의 도움으로 최고의 가해자가 되려 한다. 짜릿한 사냥이 기쁨을 몰아낸다.

보호자는 어떻게 연약함으로 기쁨을 가꾸는가?

보호자가 연약함에 반응하여 기쁨을 창출하는 방법은 최소한 세 가지가 있다. 첫째로, 보호자는 기쁨이 조금이라도 보이면 그 기쁨을 증폭시킨다. 문제와 혼란스러운 마음을 증폭시키는 게 아니다. 그러면 빈약했던 기쁨이 점점 풍성해진다. 둘째로, 보호자는 사람의 피로를 알아보고 쉬게 해 준다. 연약함은 지치고 피곤하여 주저앉는 모습으로 나타난다. 보호자는 연약한 사람을 격려하여 좀 더 견디게 한 다음, 기쁨이 회복될 때까지 쉬게 한다. 노력과 휴식의 이런 사이클을 통해 신뢰와 평안이 쌓인다. 이 능력을 우리는 '샬롬'이라 부른다. 샬롬은 상대의 연약함을 존중하고 상대의 역량에 진도를 맞춘다. 보호자가 연약함에 반응하는 세 번째 방법은 연약함에서 발생한 고통을 함께 나누는 것이다. 고통을 보호자 자신이 유발한 경우라도 마찬가지다. 그 결과 고통에도 꺾이지 않는 유대가 형성된다. 이를 가리켜, 일이 잘못된 후에 '기쁨으로 복귀하는' 능력이라 한다. 연약함은 실패나 고통을 낳을 수는 있어도 약자와 강자를 떼어 놓지는 못한다.

'기쁨을 가꿈, 샬롬의 창출, 기쁨의 회복'이라는 세 가지 요소를 이 책 전체에서 살펴볼 것이다. 그 전에 간단한 목록을 통해 연약함에 반응하는 보호자의 모습을 정리해 보자.

보호자는 다음과 같은 일들을 한다.

- 놀이를 장려한다.
- 기쁨에 동참한다.
- 연약함을 통해 맺힐 열매에 대한 기대감을 잃지 않는다.
- (강한 사람들까지 포함하여) 모두를 쉬게 해 준다.
- 고통보다 기쁨을 더 증폭시킨다.
- 자신이 유발하는 고통까지 포함하여 모든 고통을 함께 나눈다.
- 문제를 관계보다 작게 유지한다.
- 자신을 잘 돌보면서도 연약한 사람에게 늘 초점을 맞춘다.
- 연약한 사람을 안정시켜 주면서 자신의 안정도 유지한다.
- 가해자의 접근을 막는다.
- 연약한 사람에게 보호자 자신을 포함하여 강한 사람들의 연약함을 지적해 달라고 부탁한다.
- 연약한 사람들을 격려하여 그들도 주변의 연약함을 대할 때 보

호자가 되게 한다.

사무엘상에 나오는 아비가일의 이야기는 연약함으로 기쁨을 가꾼 보호자의 훌륭한 사례다. 아비가일의 남편 나발은 많은 양떼를 소유했으나 미련한 사람이었다. 다윗과 그의 부하들은 근처에 살며 나발의 양떼와 종들을 잘 보호해 주었다.

하루는 나발이 잔치를 벌이고 있을 때 다윗이 부하들을 보내 먹을 것을 좀 달라고 했다. 나발은 그동안 보호자가 되어 준 다윗에게 감사로 보답하기는커녕 오히려 무례하게 조롱하고 모욕했다. 나발의 반응이 다윗에게 전해지자 그는 부하들과 함께 가해자로 변하여, 나발과 그 집안의 식구들을 전부 죽이러 갔다.

나발의 미련한 짓과 다윗의 분노를 아비가일이 들었다. 그녀는 얼른 자신의 보호자 기술을 십분 활용했다. 우선 다윗과 부하들에게 양식을 아낌없이 넉넉하게 보낸 뒤 직접 나귀를 타고 가서 다윗을 맞이했다.

다윗을 만난 아비가일은 얼른 그의 고통에 주파수를 맞추었다. 다윗의 말대로 자기 남편이 다윗 일행을 무시하고 미련하게 행동했다고 수긍했다. 이어 그녀는 다윗의 보호자 정체성을 상기시켰다. 그는 이스라엘의 차기 왕이자 하나님이 약속하신 인물이었다. 그녀는 다윗에게 나발을 죽이는 일이 다윗의 그런 정체성에 어울리겠는지 생각해 보라고 했다. 그녀의 말을 들은 다윗은 이렇게 대답했다. "오늘 너를 보내어 나를 영접하게 하신 이스라엘의 하나님 여호와를 찬송할지로다. 또 네 지혜를 칭찬할지며 또 네게 복이 있을지로다. 오늘 내가 피를 흘릴 것과 친히 복수하는 것을 네가 막았느니라"(삼상 25:32-33). 아비가일은 온유한 보호자 기술 덕분에 다윗의 고통에 공감할 수 있었다. 그녀의 도움으로 다윗은 기쁨을 회복하고 자신의 정체성을 떠올렸다. 결국 그녀는 집안의 온 식구를 살렸다. 아비가일은 관계를 문제보다 더 중요하게 지켰다.

창의적 해법을 모색하여 문제를 관계보다 작게 유지하면, 힘들 때도 자신의 정체성에 자부심을 느낄 수 있다. 샬롬을 찾아내고 유지하려면 다른 사람들이 감정을 조절하고 진정하도록 그들을 도와주면 된다. 이런 반응을 보이려면 영적으로 충분히 성숙해야 한다. 그래야 주변 사람이 힘들 때도 내가 하나님의 사랑과 계속 연결되어 있을 수 있다. 나 자신 때문에 주변 사람이 힘들 때조차 말이다. 이런 반응을 보이려면 두 사람 이상을 동시에 돌볼 수 있는 인간적 성숙도 필요하다. 현재의 연약함 덕분에 오히려 우리는 하나님의 임재와 그분이 지금 여기서 하시려는 일을 발견할 수 있다. 이에 대한 호기심과 열린 마음과 열정을 잃지 않으려면 어느 정도의 성숙이 필요하다.

세 가지 역량의 성장: 기쁨, 샬롬, 기쁨의 회복

기쁨과 샬롬과 기쁨의 회복은 영적, 정서적으로 성숙한 개인의 특징일 뿐 아니라 가정과 학교와 교회와 공동체 같은 그룹 정체성의 일면이기도 하다. 우리는 '기쁨과 샬롬과 기쁨의 회복'의 역량이 성장하기를 원할 뿐 아니라 세 가지를 모두 주변 그룹들로 퍼뜨리기를 원한다. 이 세 가지 역량이 없으면 우리는 죽고 죽인다. 여기서 복습해 보자. 기쁨은 관계적이다. 기쁨은 나를 볼 때 반짝이는 누군가의 눈빛이다. 기쁨은 굳이 내 행위로 증명하지 않아도 이미 내가 특별하다는 느낌이다. 연약한 사람과 강한 사람이 함께 있어 연약함에 애정을 보일 때 기쁨이 자란다. 우리 뇌는 본래 기쁨을 찾도록 되어 있다. 기쁨은 하나님이 우리에게 주시는 선물이다. 기쁨을 생각하면 자신의 가정과 학교와 교회가 떠오를 수도 있지만 그렇지 않을 수도 있다.

샬롬은 다 괜찮다는 아늑한 기분이다. 관계도 괜찮고 나의 정체성도 의미가 있다. 세상을 향한 나의 반응은 자신과 하나님을 기쁘게 한다. 샬롬은 모든 기쁨의 정체성과 기쁨의 공동체가 가진 주된 부분이다. 이를 평안이라 부르기도 하는데, 더 절절한 단어는 '조화'이다. 샬롬을 생각하면 자신의 가정이 떠오를 수도 있지만 아마도 그렇지 못할 것이다. 우리 뇌는 본래 조화를 선호하도록 되어 있다. 조화는 하나님이 우리에게 주시는 선물이다. 하나님께 가는 길을 잃고 그분과의 소통이 끊어지면 샬롬이 사라진다.

기쁨의 회복은 설령 일이 잘못되어도 우리가 고통 중에 버려지지 않으리라는 확신이다. 기쁨으로 복귀하지 않으면 공동체 안에 기쁨 대신 분노와 두려움과 자아도취가 자라난다. 기쁨이 회복되려면 사람들을 향한 강한 애착이 있어야 하고, 고통 중에도 확고한 정체감을 잃지 말아야 한다. 우리 뇌는 본래 기쁨으로 돌아가는 길을 갈망한다. 우리를 인도하여 기쁨으로 돌아가게 하심은 하나님의 선물이다. 기쁨의 회복에 대해서는 제4부에서 뇌의 관계 기술을 다룰 때 더 깊이 살펴볼 것이다.

기쁨이 빈약하면 거짓 기쁨을 탐하게 된다

삶과 뇌와 모든 관계가 최고의 기량을 발휘하려면 관계의 깊은 뿌리가 하나님 및 사람들과의 소통에 있어야 하고, 그 소통에 기쁨이 풍성해야 한다. 풍성한 기쁨이 기초가 되면 뇌는 도파민과 기타 신경전달물질들을 잘 조절하는 경향이 있다. 그래서 쾌락과 고통과 정서를 효과적으로 관리한다. 아울러 기쁨이라는 기초 덕분에 우리는 자신이나 상대가 괴로울 때도 상대와의 소통을 유지하는 법을 배울 수 있다.

안타깝게도 기쁨이 빈약한 삶을 경험하는 사람들이 많다. 우리는 기쁨이 없거나 미약하거나 제한된 가정에서 자랐다. 기쁨이 빈약한 환경에서는 뇌가 불안과 두려움을 중심으로 형성되어 무조건 고통을 피하려 한다. 그때는 기쁨의 부재와 불안의 존재가 그냥 정상처럼 보였다. 일이 틀어지면 금방 주저앉았고, 실망과 고통에서 회복되기가 힘들었다. 부정적 감정들의 덫에 빠진 기분이었다. 쾌락은 일순간으로 그쳤다.

기쁨이 만성적으로 빈약하면 적어도 네 가지 문제가 발생하여 우리를 관계적 기쁨에서 멀어지게 한다. 첫째로, 힘들 때 하나님 및 사람들과의 사이에 강한 기쁨의 유대가 없다. 둘째로, 기쁨의 관계를 맺고 유지하는 데 필요한 관계 기술이 부족할 수 있다. 셋째로, 관계를 깊은 의혹과 불신의 눈으로 보기 쉽다. 그래서 사람들을 대하기가 훨씬 힘들어진다. 어떤 사람들은 외부와 아예 담을 쌓고 지내는가 하면, 반대로 어떤 사람들은 너무 관계에 매달려 상대에게 다가가려다 상대를 숨 막히게 한다. 끝으로, 불안과 두려움이 강한 동기가 된다. 그래서 수치심과 실패와 실망과 거부를 무조건 피하려 한다.

삶이 무미건조하고 기쁨이 결핍되면 '기쁨의 대용품'을 탐하게 된다. 관계에 고통이 있을 때도 마찬가지다. 기쁨의 대용품은 일시적 쾌감을 가져다준다. 덕분에 내면의 아픔을 조절하고, 고통을 줄이고, 쾌락을 늘리고, 부정적 감정을 회피할 수 있다. 기쁨의 대용품은 진정한 기쁨의 관계와 똑같이 뇌의 쾌락 중추에 도파민의 분비를 자극하지만, 이는 한 순간으로 그친다. 기쁨은 영속적 만족과 안식의 '맛'을 주지만, 대용품은 목으로 넘기는 순간 다시 더 목이 탄다. 기쁨의 대용품이 남기는 욕구는 여간해서 물리치기 힘들다. 한 번만 먹어서는 양이 차지 않는다!

기쁨의 대용품들

기쁨의 대용품은 '거짓 기쁨'의 느낌을 자아낸다. 거짓 기쁨이란 기쁨의 인위적 감정으로, 기쁨의 대용품 때문에 도파민이 분비되어 뇌의 쾌락 중추가 자극될 때 생겨난다. 거짓 기쁨은 행동, 사건, 경험, 사람, 약물(BEEPS) 등에서 올 수 있다. 빕스(BEEPS)에 해당되는 것들로는 위안용 음식, 초콜릿, 성(sex), 일, 업무 실적, 인정받는 것, 병적 의존 관계, 흥분, 도박, 오락, 술, 마약 등이 있다. 짜릿한 쾌락을 가져다주는 것이면 무엇이나 해당된다. 음식과 성(sex)은 거짓 기쁨의 가장 흔한 출처에 속한다. 빕스(BEEPS)는 초콜릿, 음식, 성 같은 무해한 것들을 자칫 해로운 정서적, 관계적, 정신적, 신체적 중독으로 둔갑시킬 가능성이 높다. 기쁨이 풍성한 뇌는 저항력이 강해 빕스(BEEPS)에 대해 해로운 집착을 품지 않는다. 그러나 기쁨이 결핍된 뇌는 빕스(BEEPS)에 쉽게 놀아날 수 있다. 3장에서 더 자세히 살펴볼 것이다.

행복이나 흥분도 기쁨의 대용품이 될 때가 많다. 행복과 흥분은 쾌감을 주지만 관계적 기쁨과는 다르다. 예컨대 스포츠팬은 축구나 야구에서 자기 팀이 우승하면 극도의 행복을 느낀다. 좋아하는 배우가 멋진 신작 영화에 나오면 우리는 행복해진다. 컴퓨터를 좋아하는 사람이 컴퓨터가 수리되었을 때 행복을 느끼는 것은 당연하다. 이중 어느 것도 나쁘거나 잘못된 일은 없다. 하지만 관계와 무관한 외부 환경에 기초한 것이므로 이를 관계적 기쁨과 혼동하면 안 된다. 그나마 외부 환경도 늘 변하기 때문에 행복과 흥분은 거짓 기쁨의 확실한 출처조차 못 된다!

기쁨은 가정과 학교와 교회에서 시작된다

기쁨과 샬롬과 기쁨의 회복은 연약한 사람과 강한 사람을 하나로 묶어 준다. 그중 이번 단락의 초점은 기쁨이다. 이제 우리 모두는 기쁨을 시작하는 사람이 되고 싶다. 우리의 가정과 학교와 교회에 기쁨을 가꾸자. 지금은 전 세계 22억의 그리스도인들이 기쁨이 빈약한 이 땅의 많은 곳들을 지속 가능하고 전파될 수 있는 기쁨으로 변화시킬 때다. 우선 기쁨과 거짓 기쁨을 구별하는 법부터 알아보자. 그 차이를 아는 열쇠는 연약함을 대하는 방식에 있다. 가정과 학교와 교회에서 기쁨과 거짓 기쁨이 각각 어떤 모습으로 나타나는지 살펴보자.

기쁨은 가정에서 시작된다: 낸시의 경우

낸시(Nancy)는 자녀들을 사랑했다. 낸시와 조지(George)는 아이들이 태어나기도 전부터 아이들 방에 페인트칠을 했다. 집 안에 기쁨이 있었다. 낸시는 아기들을 안아 주고, 젖을 먹이고, 킬킬 웃고, 말도 걸었다. 조지는 아이들을 데리고 나가 놀아 주었다. 텔레비전에 꺼림칙한 내용이 나올 때면 그들은 늘 자녀들 곁에 함께 있었다. 집 안에 미소와 웃음이 있는 날이 대부분이었다. 매일은 아니었지만 그거야 어느 가정이나 마찬가지다. 부모가 강한 보호자인 덕분에 누구든 가정에서 안심하고 연약한 모습을 보일 수 있었다. 기쁨을 얻기가 쉬웠다. 안타깝게도 낸시는 아이들이 까다롭게 굴 때면 적잖이 스트레스를 받았다. 조지 때문에 짜증나고 속상하고 힘이 빠질 때면 낸시는 숨겨 둔 초콜릿을 조금씩 꺼내 먹었다. 차 안에서나 늦은 오후에 아이들이 소란을 피울 때도 아이들을 달래고 나서 단 것으로 위안을 얻었다. 특별한 일이 있을 때면 아이들에게도 단 음식을 주었다. 사탕을 주면 조용히 전화 통화를 하기에 아주 그만이었다. 비교적 정상적인 가정에서 아이들은 관계가 기쁨을 가져다줌을 배웠다. 하지만 관계가 힘들어질 때는 당분이 거짓 기쁨의 훌륭한 출처가 됨도 함께 배웠다.

기쁨은 학교에서 시작된다: 쉴리아의 경우

쉴리아는 기쁨의 힘을 활용하여 학생들에게 긍정적 변화를 가져다주는 교사다. 그녀는 기쁨이 관계에서 싹틈을 확신하기에 학년이 시작될 때마다 학생들과의 관계부터 다진다. 학생들끼리 의미 있는 소통을 가꿀 시간과 공간도 마련해 준다. 쉴리아는 학생들의 이름을 일일이 익힌다. 각자의 꿈과 고민과 가족들에 대해 물어 그들의 관심사를 알아낸다. 그녀는 학생들이 스스럼없이 함께 웃고 울 수 있는 환경을 일찍부터 조성한다. 학생들은 각자의 하루에 대해 재미있는 이야기도 하고 실망도 털어놓는다. 그러면 모두들 따뜻한 관심을 보인다. 쉴리아는 학생들이 서로 기쁨을 키우며 소속감을 느끼도록 도와준다. 교실에는 이름표가 가득하다. 학생들은 자신에게 중요한 상징들과 그림들로 이름표를 장식한다. 소그룹으로 모여 앉아 서로를 알아 간다. 그들에게 소그룹은 일단의 개인들이 교실에 아무렇게나 모여 앉아 있는 것과는 천지 차이다! 소그룹은 기쁜 소통의 장이며, 학생들은 그룹 구성원들을 '나의 사람들'로 인식한다.

보통 학생들은 하루에도 몇 번씩 거짓 기쁨을 찾아 거울을 보거나 불량 식품을 먹거나 첨단 기기를 자랑한다. 성취욕이 과한 학생들은 학과목을 너무 많이 택하거나 무조건 명문 대학에 들어가려 한다. 반대로 성취욕이 너무 적은 학생들은 기쁨 대신 폭력 조직이나 비디오게임에 빠져든다.

쉴리아가 가르치는 학생들의 경우는 기쁨과 관계와 소속감이 자라면서 성적도 함께 향상되었다. 학생들은 탐구 과제를 팀으로 할 때가 많다. 그렇게 협력하다 보면 에너지와 창의력이 만발한다. 함께함이 진심으로 즐겁기 때문이다. 기쁨의 역량이 자라면 공감도 커지므로, 누구 하나가 힘든 감정을 경험하거나 연약한 모습을 보일 때도 함께함이 즐거워진다. 쉴리아는 기쁨의 보호자로서 반응한다. 연약함으로 힘들어하는 학생에게 관심을 보이고 애정을 표한다. 따뜻한 위로를 나눈다. 그래서 학생들은 힘들 때 안심하고 도움을 청한다. 쉴리아의 애정과 공감과 이해 덕분에 학생들이 성장한다.

기쁨은 교회에서 시작된다: 수잔과 타이의 경우

수잔(Susan)과 타이(Ty)는 새로운 지역으로 이사하여 집 근처 교회에 한번 나가 보았다. 나이가 지긋한 안내위원들이 문간에서 얼른 둘을 따뜻이 반겨 주었다. 자기들을 보고 얼굴이 환해지는 안내위원들의 모습에 수잔과 타이는 놀라면서도 안심이 되었다. 젊은 부부는 안내를 받으며 마음이 편해졌다. 로비에는 다양성과 활기가 가득했다. 모든 연령 집단의 사람들이 교제를 나누고 있었다. 수잔이 어린이 부서에 대해 묻는 동안 로비의 탁자에 놓인 커피와 간식이 타이의 눈길을 끌었다. 그는 탁자로 가서 커피를 한 잔 집어 들었다. 타이는 교회가 이런 커피와 도넛을 대접한다는 사실에 감동했다. 커피도 그가 즐겨 마시는 고급 브랜드였고, 도넛도 맛있고 부드럽고 신선하기로 유명한 그가 특히 좋아하는 브랜드였다. 도넛을 몇 개 먹고 커피를 두 잔째 마신 뒤에야 그는 수잔에게 돌아와 함께 자리를 잡고 예배를 드렸다. 집에 가는 길에 수잔은 교회의 분위기와 사람들과 설교가 참 좋더라고 말했다. 반면에 타이는 커피와 도넛에서 헤어나지 못했다. 그들은 다음 주에도 그 교회에 가기로 했다. 하지만 타이는 사람들보다 커피와 도넛에 훨씬 더 매료되어 있었다. 교회에 기쁨이 충만하고 관계가 풍성했는데도 타이는 거짓 기쁨을 찾아 간식 탁자 쪽으로 더 마음이 끌렸다.

기쁨을 키우는 법

이번 장을 지나면서 독자들은 이렇게 물을 수 있다. "기쁨이 좋은 것이지만 기쁨을 키우는 법을 어떻게 배울 수 있는가?" 우리 자신이 피해자나 가해자처럼 느껴질 수 있다. 그러면 연약한 모습을 조금만 보여도 착취당하거나 불리하게 이용당할까 봐 두려워진다. 집에서 가족들 사이에 견고한 유대가 없다면 기쁨을 키우기가 특히 더 어려울 수 있다.

정말 기쁜 소식이 있다. 어디에서 시작하든 우리는 기쁨의 기술과 유대를 새로 습득할 수 있다. 물론 이미 누리던 기쁨의 유대를 더 강화할 수도 있다. 기쁨의 역량을 넓히고 내 기쁨을 다른 사람들에게 퍼뜨릴 수 있다. 지금부터 기쁨을 안전하게 키우는 데 도움이 되는 여러 유대와 관계를 살펴보자.

하나님과 함께 기쁨을 키운다. 일부 사람들이 기쁨을 키우기 시작하는 장은 예수님과의 관계다. 예수님은 자신의 기쁨과 샬롬과 즐거움과 생명을 우리에게 나누어 주기를 좋아하신다. 그분은 기쁨에 찬 온유한 보호자 기술에 탁월하시며, 언제나 우리와 함께함을 즐거워하신다. 예수님은 온전히 인간이 되셔서 2천 년 전에 기쁨이 결핍된 갈릴리에서 사셨다. 따라서 기쁨과 관련한 우리 각자의 고민들을 온전히 이해하신다. 그분은 홀로 버림받고 거부당하는 심정을 아신다. 우리의 실패와 연약함을 충분히 이해하시며, 언제라도 우리와 교류를 나누신다.

실제로 하나님은 우리와의 관계를 우리의 단점과 반항과 기형보다 더 크고 중요하게 여기신다. 우리의 문제보다 우리와의 관계에 더 높은 가치를 부여하신다. 그래서 어떻게든 우리와의 관계를 회복하려 하신다. 하나님과의 관계가 우리의 죄와 범과와 불의를 극복하는 기초임을 그분은 아신다.

예수님은 우리를 그분과의 관계 속으로 부르신다. 그 관계에 들어가려면 우리의 실패와 역기능을 그분께 인정해야 한다. 즉 우리 삶이 그분의 계획에 미치지 못함을 시인해야 한다. 죄란 우리가 하나님의 계획과 목적에 온전히 이르지 못한다는 뜻이다. 다시 말해서 죄란 우리의 역기능 상태다. 예수님은 우리가 역기능을 인정하면 우리를 회복시키기로 약속하셨다. 그러면 우리는 기쁨으로 그분과 연합하게 된다. 그분은 신실하고 의로우시므로 우리를 용서하고 깨끗하게 하여 우리와의 기쁜 소통을 회복하신다. 십자가가 이 모든 것을 가능하게 한다. 우리가 결코 직접 할 수 없는 일을 예수께서 대신 하셨다. 그분은 역기능의 문제를 해결하셨고, 우리에게 그분의 사랑과 기쁨과 즐거움을 알게 하셨다! 참으로 반가운 소식이다. 우리가 하나님과의 관계 속에서 기쁨을 키울 수 있다는 뜻이기 때문이다. 예수님과 소통하며 기쁨을 키우는 일에 대해서는 제3부에서 살펴볼 것이다.

양방향의 유대. 결혼한 사람들은 기쁨을 키울 수 있는 독특한 자리에 있다. 가족이나 친한 친구와의 사이에 견고한 유대가 있는 사람들도 마찬가지다. 양방향의 유대란 상대의 눈을 깊이 들여다보고, 상대의 생각을 알고, "너는 내 것이고 나는 네 것이다"라고 말할 수 있는 관계다. 양방향의 유대 관계는 아주 배타적이므로 기쁨의 유대가 끈끈해질 수 있는 옥토다. 불행히도 양방향의 유대는 그 끈끈한 속성 때문에 반대로 가해자에게 이용당하기도 아주 쉽다.

그렇다면 어떤 부류의 관계가 양방향의 기쁨 유대에 적절할까? 양방향의 유대 상대가 이미 나와 평생을 서로 헌신한 사이일 때 기쁨이 커진다. 기쁨은 우리가 하나님께 받은 관계들을 강화시킬 때 자란다. 배타적인 기쁨의 유대를 키울 수 있는 가장 확실한 관계는 자녀나 배우자와의 관계다. 부부는 이미 양방향의 유대가 있으므로, 기쁨의 기술을 함께 습득하고 실천하면 관계의 역동이 송두리째 변할 수 있다. 기쁨은 금슬 좋은 부부를 더 좋아지게 하고, 힘든 부부 관계에는 혁신을 가져다줄 수 있다. 레베카(Rebekkah)와 스티브(Steve)가 좋은 예다.

레베카는 기쁨의 위력에 대해 처음 들었을 때 회의적 반응을 보였다. 물론 자신의 삶과 결혼생활에 기쁨과 평안이 넘칠 수 있다는 생각은 솔깃했지만, 가능할지 의문이었다. 그녀의 삶은 대부분 두려움과 불안에 지배당했고 남편과의 관계도 마찬가지였다. 레베카는 많은 시간과 돈을 들여 자기계발 서적들도 읽고 세미나들에도 참석했지만 남은 것은 환멸뿐이었다. 아무리 애써도 남편과의 사이는 더 멀어져만 갔다.

결혼생활이 밋밋한 상태에서 레베카와 스티브는 함께 기쁨을 키워 보기로 했다. 매일 15분의 '기쁨 연습'으로도 변화가 나타나기 시작하자 그들은 놀라고 감격했다. 레베카는 기쁨과 평안 덕분에 불안이 누그러지면서 희망이 커졌고, 스티브도 점차 경계를 늦추고 생각과 두려움과 고민을 아내에게 털어놓았다. 기쁨의 유대가 깊어지면서 그동안 서로 받아치며 싸우던 성향이 줄어들었다. 기쁨의 교류가 텔레비전과 독서와 행사보다 더 재미있음을 깨닫고 둘 다 놀랐다. 가족들과 친구들도 그들의 변화를 알아보고 한마디씩 했다. 기쁨을 키우려고 취했던 작은 조치들이 부부 관계의 역동은 물론 각자 생활까지 바꾸어 놓았다.

관계가 좋으면 가족 간에도 그와 같은 성장과 변화가 가능하다. 강한 사람과 강한 사람 사이에는 힘든 일이 아니다. 부모와 자녀 사이는 이미 유대가 *끈끈한* 경우가 많다. 그 유대가 기쁨 성장의 기초가 된다. 형제자매 사이도 함께 기쁨의 기술을 연습할 수 있다. 하지만 친구와는 사이가 좋은데 가족과는 *끈끈한* 유대가 없는 사람들도 많다. 친구 사이도 양방향의 기쁨 유대를 기르는 장이 될 수 있다.

끝으로, 잘 모르는 사람과는 양방향의 유대 속에서 기쁨의 기술을 실천해서는 절대로 안 된다. 양방향의 기쁨 유대는 그 *끈끈한* 속성 때문에 부적절한 성적 관계로 비화될 가능성이 매우 높다. 배타적인 양방향의 유대에서 형성되는 부적절한 성적 관계야말로 공인들이 어이없이 몰락하는 주된 이유다. 예컨대 목사들과 지도자들이 이 부분에서 도덕적으로 실패하여 배우자와 교회를 떠난다. 이는 또한 회복 중인 사람들에게 재발을 유발하는 주된 요인이기도 한다.

세 방향의 유대. 세 방향의 유대는 기쁨의 기술을 키우고 실천할 수 있는 가장 안전한 관계다. 이것은 3인조의 역동이라서 양방향의 유대와 다르다. 세 방향의 유대는 세 파트너가 모두 기쁨의 보호자 기술을 습득하고 강화하기에 아주 좋은 관계적 장이다. 세 사람이 개입되므로 양방향의 유대만큼 강렬하지는 않지만, 반면에 성적 관계나 병적 의존 관계로 비화될 소지도 그만큼 낮다.

세 방향의 유대는 교회, 사역기관, 학교, 공동체에서 훈련 환경으로 사용하기에 좋다. 파트너와의 유대가 없는 사람이나 유대는 있지만 그 관계에 안심하지 못하는 사람에게는 이 방법이 적절하다. 부부도 함께 안심하고 기쁨을 키우지 못하는 경우가 적지 않다. 커넥서스 프로그램에서는 기쁨을 가꾸는 모든 연습을 3인조 그룹으로 실시한다. 가족처럼 안전하고 기쁜 유대를 형성하기 위해서다. 세 방향의 유대와 다세대 공동체에 대해서는 4장에서 살펴볼 것이다.

세 방향의 유대가 양방향의 유대보다 기쁨의 정체성을 정립하는 데 더 유익하다. 발달적 측면에서 볼 때, 아이들에게 확고한 정체성이 형성되려면 두 사람과의 *끈끈하고* 기쁜 유대가 필요하다. 그 두 인물과의 기쁜 유대가 *끈끈할수록* 아이들의 정체성은 세월이 흐르거나 일이 잘못될 때도 일관성을 유지한다. 확고한 양방향의 유대도 기쁨을 키우기에 아주 좋은 방법이지만, 세 방향의 유대만큼 우리 정체성을 굳혀 주지는 못한다. 양방향의 유대와 세 방향의 유대를 둘 다 가꾸어야 한다.

세 방향의 유대에서 기쁨이 가장 잘 자라려면 당연히 세 구성원이 모두 의지적으로 함께 기쁨의 기술을 실천해야 한다. 세 명 모두 가해자이거나 피해자이거나 그 둘만 섞여 있는 그룹에는 본질적으로 기쁨이 없다. 성공하려면 명확하고 구체적인 연습들이 꼭 있어야 한다. 그래야 기쁨의 기술과 온유한 보호자 기술을 습득하고 실습하고 발전시킬 수 있다. 바로 그 작업을 가정과 교회와 사역기관과 학교와 공동체에서 할 수 있도록 마련한 것이 인생모델 연습이다.

끝으로, 뜻밖일지 모르지만 세 방향의 유대를 키울 때 하나님이 3인조 중 제3의 구성원이 되실 수도 있다. 하나님은 세 방향의 유대에서 제3의 구성원으로 초대되어 기쁨에 동참하시는 일을 한없이 좋아하신다. 예수님을 동참자로 초대하면 놀랍게도 기쁨이 증폭된다. 커넥서스 프로그램의 인생모델 연습들로 훈련받는 참여자들은 서로 도와가며 다 함께 예수님과 교류하는 법을 배운다. 이런 임마누엘의 순간들은 우리 정체성을 훨씬 확고하게 해 준다. 하지만 말로는 하나님을 제3의 구성원으로 내세우면서 상대의 연약함과 취약성을 악용하는 가해자들을 조심해야 한다. 그런 관계는 폭력적이거나 부적절하거나 성적인 관계로 변질된다. 성과가 없다.

나는 어떻게 하고 있는가?

- 나는 언제 참된 기쁨을 추구하고 언제 대용품에 끌리는가?
- 나는 주변에 기쁨을 창출하고 있는가? 어떻게 아는가?

- 사람들과 함께하는 기쁨은 내게 안식을 가져다주는가? 어떻게 아는가?
- 내가 기쁨과 고통을 양쪽 다 나누는 대상은 누구인가?

기쁨인가 거짓 기쁨인가. 웬만한 사람들은 간단한 미각 시험을 통해 청량음료가 보통인지 다이어트용인지 구분할 수 있다. 마찬가지로 우리는 진정한 기쁨과 인위적 대용품을 구분할 수 있다. 진정한 기쁨은 관계적이고 샬롬과 안식을 가져다주어야 한다. 진정한 기쁨은 사람들을 하나로 모아 주고, 관계를 강화시키고, 영속적 소통을 이루어 낸다. 우리가 눈빛과 얼굴로 미소를 보내면 사람들은 자신이 특별히 주목받는다고 느낀다. 진정한 기쁨은 얼굴과 목소리와 몸으로 표현되는 따뜻한 초대다. 다른 사람들과 즐겁게 교류하는 일이 자연스럽게 느껴질 때 우리는 자신이 기쁜 줄을 안다. 기쁨의 대용품들은 우리에게 공허감과 외로움과 냉랭함과 불만족을 남긴다. 거짓 기쁨이 관계 속에 들어오면 그때부터 불안과 초조가 퍼져 나간다.

내 주변에 기쁨을 창출한다. 기쁨의 사람이 가진 또 한 가지 징후는 사람들이 그에게 보이는 반응이다. 주변 사람들을 통해 우리는 자신의 기쁨 수위에 대해 많은 것을 배운다. 기쁨은 사람들을 더 가깝게 끌어들인다. 기쁨의 사람들은 "네가 나한테 중요한 이유는 그냥 너 자신이기 때문이다!"라는 메시지를 전한다. 자신의 기쁨이나 두려움의 수위를 우리는 친구들과 가족들을 통해 계측한다. 나의 기쁨이 빈약하면 다른 사람들이 불안과 답답함과 억압과 고갈을 느낀다. 기쁨이 빈약하면 컴퓨터, 비디오게임, 텔레비전, 문자 보내기, 트위터 활동 등이 얼굴을 마주 대하는 교류보다 많아진다. 사람들을 다가오게 만들려고 행복한 척 해야 한다면 이는 기쁨이 빈약하다는 증거다.

안식을 허용한다. 기쁨의 사람들은 기쁨과 안식의 사이클을 유지하여 가정과 공동체 안에 신뢰를 창출한다. 안식하고 나면 기쁨을 더 키울 수 있다. 기쁨의 정체성이 확고한 사람은 연약한 사람에게 진도를 맞춘다. 내 쪽에서 힘으로 압도하면 상대가 보호받는다고 느끼기보다 오히려 방어하려 든다. 강자는 자신의 존재와 모범을 통해 약자를 지켜 주고, 관계를 다시 기쁨과 샬롬 쪽으로 이끈다.

타인의 고통을 공유한다. 우리가 기쁘면 사람들이 우리 쪽으로 끌린다. 자신의 고통과 문제까지도 스스럼없이 다 내보일 수 있다고 느끼기 때문이다. 참된 기쁨은 삶을 조율해 주고 새로운 기운과 활력을 가져다준다. 반면에 대용품은 관계와 무관한 전략으로, 겉보기에는 좋을 수 있지만 결국은 관계를 희생시켜 문제를 해결한다. 참된 기쁨은 서로 주고받는 것이다. 즉 우리는 서로를 즐거워하며 일부나마 하나님이 보시는 것을 본다.

기쁨에 대해 잘못 들었던 내용을 고치자

많은 그리스도인 아이들은 기쁨(joy)을 다음과 같은 머리글자로 처음 배운다.

J: 예수님이 첫째(Jesus first)

O: 다른 사람들이 둘째(Others second)

Y: 당신은 맨 나중(Yourself last)

이는 봉사를 가르치기에는 좋은 방법일 수 있으나 기쁨은 봉사가 아니다. 이 영향으로 대부분의 아이들은 기쁨에 대한 생각을 거기서 중단해 버린다. 이 머리글자는 기쁨의 의미를 놓칠 뿐만 아니라 불행을 낳는 공식이다. 예수님은 아이들을 즐겁게 반기시고 안아 주셨는데, 여태껏 우리는 아이들을 그런 즐거움에서 멀어지게 했다. 게다가 에드의 이야기에서 보듯이, 기쁨이 주는 충만한 능력이 없이 봉사에만 헌신하면 환멸과 탈진과 중독을 자초한다.

그리스도인들이 예로부터 알고 있듯이 기쁨은 행복이나 흥분이나 감정이나 쾌락이 아니다. 기쁨은 있다가 없어지는 변덕스러운 감정으로 축소될 수 없다. 그런 감정은 역경의 때에 우리를 저버리기 때문이다. 하지만 무엇이 기쁨이 아닌지를 안다고 해서 무엇이 기쁨인가에 대한 의문이 풀리는 것은 아니다. 우리 시대를 지배하는 철학은 '의지적 선택'을 '감정에 끌리는 삶'의 대안으로 제시한다. 기쁨에 대한 기독교 서적들을 잠깐만 살펴보아도 기쁨을 선택으로 보는 저자들의 시각을 알 수 있다. 기쁨을 안타깝게 놓쳐 버린 책들을 세 권만 생각해 보자.

케이 워렌(Kay Warren)의 《행복보다 기쁨을 선택하라》(*Choose Joy*)는 무엇이 기쁨이 아닌지를 그런대로 잘 알려 준다. 기쁨은 많은 재산, 내 기대에 부합하는 사람들, 올바른 성격 유형 등에서 오지 않는다. 워렌은 하나님을 기쁨의 참된 출처로 제시한 뒤, 인간은 "기쁨의 거짓된 출처"라고 덧붙인다. 우리는 그 말에 동의하지 않는다. 워렌의 결론을 이해하려면 기쁨에 대한 그녀의 정의를 보아야 한다. "기쁨은 하나님이 내 삶을 세세한 것까지 다 주관하고 계시다는 확고한 믿음이며, 결국 모든 일이 다 잘되리라는 고요한 확신이다. … 기쁨은 하나님에 대한 확고한 믿음이요 하나님께 두는 고요한 확신이다." 물론 모든 일이 잘되리라는 "고요한 확신"의 출처를 인간에게 둔다면 이는 큰 과오다. 거기까지는 우리도 워렌과 생각이 같다. 하지만 그것이 기쁨인가? 워렌이 묘사하는 기쁨은 사실 성경에 나오는 샬롬이라는 단어다. 샬롬은 모든 것이 올바른 관계 속에 있다는 고요한 경험과 확신이다. 워렌이 기쁨과 샬롬을 바로 알았다면 책 제목을 《샬롬을 선택하라》로 붙였을 것이다. 그녀의 가르침은 전체적으로 훌륭한 점이 많지만, 거기에 딱 어울리는 이름은 샬롬이다. 샬롬은 기쁨이 아니며, 어떤 면에서 둘은 굉장히 다르다. 이를 혼동하면 인간의 경험이나 성경을 바로 이해할 수 없다. 인간은 본래 기쁨을 찾도록 되어 있다. 기쁨은 고에너지 상태로, 우리의 힘을 북돋고 뇌 전반의 성장을 자극한다. 반면에 샬롬은 우리를 안정시켜 주는 저에너지 상태로, 모든 것이 제대로 되어 있어 우리가 안식할 수 있는 시간이다. 기쁨은 일을 처리해 내고, 샬롬은 우리를 가만히 있게 한다.

　기쁨과 행복이 서로 다르다는 워렌의 말은 옳다. 하지만 그녀가 기쁨의 참 정체성을 혼동하다 보니, 행복은 인간으로부터 얻는 것이고 기쁨은 하나님으로부터 얻는 것이라는 식의 말이 책에 자주 나온다. 행복이 기쁨과 다르다는 말에는 동의한다. 하지만 둘을 함께 얻을 때도 많이 있다. 네 살배기 줄리(Julie)가 부모와 함께 모닥불에 둘러앉아 마시멜로를 먹는다고 생각해 보라. 줄리는 행복하다. 마시멜로의 당분만으로도 아이를 행복하게 하기에 충분하다. 불가에는 미소 짓는 얼굴들과 애정 어린 눈빛들이 있다. 그것이 사랑과 기쁨과 행복을 가져다준다. 그때 갑자기 줄리가 뒤뚱거리며 뒤쪽의 불속으로 넘어지려 한다. 행복은 사라졌다. 아빠가 얼른 가서 잡아 딸을 넘어지지 않게 했다. 줄리는 무서워서 아빠의 목을 끌어안고 울음을 터뜨린다. 아빠는 진심으로 딸과 함께하며 딸을 위험에서 보호해 주었는가? 물론이다! 두 사람은 서로 부둥켜안고 마냥 좋아했는가? 물론이다! 이는 기쁨이다. 이 기쁨의 특징은 좋을 때나 궂을 때나 함께하는 즐거움이며, 그 즐거움은 진실하고 진정한 것이다. 그런데 사람끼리의 일이라는 이유 때문에 워렌의 말대로 '거짓된 기쁨'인가? 아니다! 부녀간의 이 순간이 진실하고 중요하다는 것을 우리는 안다. 그 순간 아빠가 남의 일인 냥 앉아서 전화기로 문자나 보내고 있었다면, 우리는 모두 그 아빠가 잡혀가기를 원할 것이다. 사람과 사람 사이의 기쁨도 진실하고 매우 중요하다. 하나님과 다른 부분이 있다면, 사람은 기쁨의 간헐적 출처인 데 반해 하나님은 상수(常數)라는 점이다. 기쁨의 출처로 양쪽 다 진실하며 꼭 필요하다.

앤젤라 토머스(Angela Thomas)의 《기쁨은 선택이다》(*Choosing Joy*)에는 때로 기쁨에 대한 서로 모순되는 말들이 뒤섞여 있다. 그녀는 기쁨의 관계적 속성을 놓쳤다. 그래서 어떤 때는 기쁨을 감정으로 보고 어떤 때는 감정과 무관한 행동으로 본다. 그녀에 따르면 "기쁨은 감정이며 행동이다. 하지만 기쁨에 찬 일상생활을 배우려면 감정과 무관하게 기쁨의 행동을 선택해야 한다". 그러나 기쁨의 관건은 바른 애착의 관계다. 즉 사랑하는 이들에게 기쁨으로 반응하는 관계다. 물론 우리는 고통 중에도 기뻐할 수 있고, 마음이 아플 때도 사랑하는 이들과 함께하기로 선택할 수 있다. 떨리는 마음으로 병실에 들어가 보지 않은 사람이 누가 있는가? 사랑하는 이와 함께하고 싶으면서도 눈앞에 펼쳐질 광경을 보기가 두려워서 말이다. 그러나 기쁨은 행동에 있지 않고 동기에 있다.

토머스는 인간에게 기쁨을 만들거나 키울 능력이 없다고 믿는다.

그래서 "나는 기쁨을 만들거나 더 크고 좋은 버전의 기쁨을 가꿀 수 없다"라든지, "기쁨이란 돈으로 사거나 우리의 사고로 만들 수 없는 것이다"라고 말한다. 돈으로 살 수 없다는 말이야 맞지만, 인간은 기쁨을 만들 수 있고 더 크게 가꿀 수 있다. 게다가 기쁨은 바로 우리의 사고에서부터 시작된다. 하나님이 설계하신 우리 뇌는 기쁨과 함께 성장하고, 기쁨에 반응하고, 다른 사람들 속에 기쁨을 창출하고, 기쁨을 증폭시키도록 되어 있다. 바울은 "즐거워하는 자들과 함께 즐거워하"라고 했다(롬 12:15). 그렇게 하면 늘 기쁨이 증폭된다. 아기를 보고 웃어 주면 직접 목격할 수 있다. 우리는 함께 기쁨을 만들 수 있으며 만들어야 한다.

계속해서 토머스는 "기쁨을 추구하는 일은 순종의 행위다. 기쁨을 선택하는 행위는 영적 성숙의 표지다"라고 했다. 기쁨을 선택하는 일은 아기에게 젖을 먹이기로 선택하는 일과 약간 비슷하다. 그 방법이야 우리가 선택할 수 있지만 젖을 만들어 내는 일은 우리 선택이 아니다. 엄마가 자리에서 일어날 기분이 아닐 때, 젖을 먹이는 행위를 아빠에게 선택하라고 해 보라. 결과가 어떻게 되겠는가? 기쁨 자체는 결코 선택이 아니다. 기쁨은 우리 안에 주어져 있는 반응이다. 우리가 내리는 선택들이 그 반응을 죽일 수도 있고 키울 수도 있다. 세례 요한은 예수께서 다가오시자 복중에서 기쁨으로 뛰놀았는데, 이는 요한의 선택이 아니라 관계와 사랑을 알아보고 거기서 나온 반응이었다. 성숙의 증거는 토마스의 주장대로 '기쁨을 선택하는 행위'에 있지 않다. 기쁨 자체가 성숙의 증거다.

댄 로드(Dan Lord)의 《기쁨은 선택이다》(*Choosing Joy*)는 기쁨의 관계적 속성을 모른 채로 기쁨에 대해 글을 쓰기가 얼마나 힘든지를 보여 주는 또 다른 예다. 처음부터 그가 하나님과 인간에게 양쪽 다 기쁨의 역량이 있다고 본 것은 옳다. 하지만 기쁨과 선택이 어떻게 맞물리는지에 대해서는 그도 역시 문제가 있다. 기쁨을 맛처럼 생각하기 때문이다. 하나님은 기쁨의 맛이 강하시지만 다른 것들은 맛의 강도가 떨어진다는 것이다. "어떤 사람이 비싼 담배를 피운다. 작고 단순한 행복에서 작고 단순한 평안과 만족을 얻는다. 경량급 기쁨이다". 여기서 로드는 평안과 만족(샬롬)을 기쁨으로 착각한다. 그러면서 "모든 그리스도인의 기쁨은 예수님 자신으로부터 온다"고 덧붙인다. 물론 예수님을 기쁨의 가장 확실한 출처로 꼽은 것은 옳은 일이다.

    로드는 계속 샬롬을 기쁨으로 착각한다. 그에 따르면 "기쁨은 하나님을 소유한 데서 오는 평안과 만족이다". 이는 샬롬의 정의로는 훌륭하겠지만 기쁨과는 다르다. 이어서 로드는 작은 기쁨들이 존재한다는 사실을 잊은 듯 이렇게 말한다. "기쁨을 얻는 유일한 길은 하나님의 뜻에 자신을 완전히 맡기는 것이다." 하나님의 뜻에 자신을 완전히 맡기지 말아야 한다고 주장할 사람이 누가 있겠는가? 로드의 과오는 하나님의 뜻만이 기쁨을 얻는 유일한 길이라는 주장에 있다. 이번 장 전체에서 보았듯이 기쁨은 하나님 및 사람들과의 관계적 경험이다.

    그뿐 아니라 우리는 하나님의 뜻에 완전히 어긋나는 기쁨도 키울 수 있다. 선량한 사람들도 기쁨의 수위가 떨어지면 남의 아내에게서 진실한 기쁨을 찾는 예가 많이 있다. 다윗과 밧세바를 기억하는가? 나의 기쁨이 빈약할 때는, 나를 보며 얼굴이 밝아지는 사람들이 눈에 들어오는 법이다. 내 것이 아닌 기쁨 때문에 탈선에 빠진 관계가 얼마나 많은가? 이런 비참한 결과는 그것이 거짓된 기쁨이어서가 아니라 내 것이 아닌 기쁨, 즉 하나님이 내게 허락하지 않으신 기쁨을 취했기 때문이다. 가해자는 늘 기쁨을 훔치려 한다. 비록 덤벼들 때마다 기쁨이 오히려 달아나는 것 같을지라도 말이다. 오직 하나님만이 기쁨을 주실 수 있다면 우리 모두의 고통이 한결 줄어들 것이다.

요컨대 첫 번째 오류는 기쁨이 우리의 선택으로 결정된다고 가르친다. 강한 사람들은 선택을 잘하는데, 연약한 사람들은 그냥 기뻐하기로 선택하지 못하여 고생한다는 것이다. 두 번째 오류는 기쁨을 '영적으로' 해석하여 하나님과의 사적인 사건으로 국한시킨다. 하지만 앞에서 보았듯이 기쁨이 풍성한 사람은 얼마든지 다른 사람들과 기쁨을 나눌 수 있고, 기쁨이 빈약한 사람도 하나님이 허락하신 주변 사람들과 이제부터 기쁨을 연습할 수 있다. 끝으로, 오직 하나님만이 기쁨을 주실 수 있다고 믿는다면, 방대한 영역의 연약함이 무방비 상태로 남는다. 사람은 누구나 기쁨이 조금 빈약해질 때가 있게 마련이고, 그럴 때는 자기 것이 아닌 기쁨을 취할 위험이 커진다. 기쁨을 가꾸기 위해 우리가 할 수 있는 일이 전혀 없다고 믿는다면 이는 정말 위험할 수 있다.

기쁨의 행동

가정: 가족들과 함께 나가 연을 날린다.

학교: 평소에 인사하지 않던 사람에게 먼저 인사를 건넨다.

교회: 미소 띤 얼굴로 누군가에게 나 자신을 소개한다.

기쁨에 대한 평가서

1. 나는 내가 좋아하는 것들과 좋아하는 사람들을 떠올리며 수시로 미소를 짓는다.

   전혀 아니다 0 1 2 3 4 5 6 7 8 9 10 **항상 그렇다**

2. 날마다 보는 사람들일지라도 나는 그들을 보기를 정말 고대한다.

   그들을 피한다 0 1 2 3 4 5 6 7 8 9 10 **모두를 정말 좋아한다**

3. 나는 감사를 자주 표현한다.

   전혀 아니다 0 1 2 3 4 5 6 7 8 9 10 **항상 그렇다**

4. 사람들은 문제에 대해 나와 대화하고 나면 희망과 활기를 느낀다.

   같이 우울해진다 0 1 2 3 4 5 6 7 8 9 10 **모두들 나에게 감사한다**

5. 나는 얼마나 기쁜가?

   기쁠 때가 없다 0 1 2 3 4 5 6 7 8 9 10 **항상 기쁘다**

6. 나의 가족들은 얼마나 기쁜가?

   기쁠 때가 없다 0 1 2 3 4 5 6 7 8 9 10 **항상 기쁘다**

7. 나는 쉽게 자족한다.

   불가능하다 0 1 2 3 4 5 6 7 8 9 10 **전혀 힘들지 않다**

8. 나는 일주일에 몇 번이나 다른 사람들과 즐거운 식사를 함께 하는가?

   0 1 2 3 4 5 6 7 8 9 10 **회 이상**

9. 아이들은 대개 나를 좋아한다.

   나는 아이들을 울린다 0 1 2 3 4 5 6 7 8 9 10 **아이들이 내게 몰려든다**

10. 가족들은 나를 믿어 준다.

    전혀 아니다 0 1 2 3 4 5 6 7 8 9 10 **모두 그렇다**

이 총점을 아래의 해당 지점에 표시한다

0 10 20 30 40 50 60 70 80 90 100   나의 총점 _____

기쁨의 정체성에 대한 성경공부

감사한 일을 한 가지 떠올리고 잠시 그 감사에 젖어 보라. 그 다음에 이 공부가 재미있게 해 달라고 하나님께 기도하라. 그러고 나서 복음서에서 다음 본문을 읽으라.

요한복음 15:9-20
본문에 따르면 하나님의 사랑과 우리의 기쁨은 어떤 관계가 있는가?

기쁨과 샬롬에 대한 질문:
1. 본문에서 기쁨은 함께하는 즐거움의 한 부분인가?
2. 기쁨과 하나님은 어떤 관계가 있는가? (요 16:22-24, 17:11-16도 참조하라)
3. 본문에서 기쁨은 어떻게 우리의 정체성을 형성하는가?
4. 본문에서 기쁨과 샬롬(모든 것이 합력한다)에 대해 무엇을 배울 수 있는가?

개인적 질문:
삶 속에서 하나님이 기쁨을 주시는 게 느껴졌던 때는 언제인가?

성경 전체에 대한 질문:
성경에서 기쁨에 대해 말해 주는 이야기들과 구절들은 무엇인가?

마무리 질문:
금주의 공부를 하기 전에는 몰랐으나 이제 새롭게 알게 된 것은 무엇인가?

성경공부의 다른 방법:
1. 개인이나 그룹으로 이런 본문을 공부할 때 각자 뇌와 정체성이 더 충분히 개입된 학습 방법을 활용하고 싶다면, 빌 세인트 시어(Bill St Cyr) 박사와 앰블사이드 국제학교(Ambleside Schools International)의 협력으로 www.joystartshere.com에 소개된 자료를 참고하라.
2. 설교 준비를 위한 자료나 더 깊은 연구를 원하는 목회자들은 www.joystartshere.com과 크리스 코시의 링크 Pastor's Weekly에서 자료를 더 얻을 수 있다.

인생모델: 나의 연습

아래의 각 연습을 마칠 때마다 당신의 몸에 어떤 느낌이 오는지 주목하라. 감사를 연습하는 도중과 이후에 어떤 변화가 생기는지도 잘 보라. "기분이 좋았다"고 답했다면 그것을 어떻게 아는지 자신에게 물어보라. 예컨대 "가슴이 후련하다" 또는 "호흡이 깊어지고 숨쉬기가 쉬워졌다"와 같이 구체적으로 답하라. 그룹으로 모인다면 이번 장의 개인적 연습들의 결과를 서로 나누라.

개인: 가정
1. 각 가족의 성격과 존재에 대해 당신이 감사하는 점을 세 가지씩 찾아내서 각자에게 구체적으로 말해 주라.
2. 가족들은 어떤 반응을 보였는가? 얼굴 표정이 변했는가? 변했다면 어떻게 변했는가? 예컨대 "연습을 시작할 때는 엄마의 얼굴이 긴장되고 심각해 보였는데, 지금은 주름살이 더 풀어지고 미소까지 지으려 한다." 이것이 "행복해 보이지 않던 엄마가 지금은 행복해 보인다"보다

구체적이다. 미세한 부분까지 예리하게 포착해 보라.

개인: 학교
1. 학생들은 세 명의 급우와 한 명의 교사에게 자신이 감사하는 점을 최소한 두 가지씩 표현하라. 교직원들은 세 명의 학생과 한 명의 동료에게 감사를 표현하라. 부모들은 자녀의 교사 중 적어도 한 명에게 자신이 감사하는 점 두 가지를 표현하라.
2. 급우나 교사나 동료에게 감사를 표현했을 때 그들은 어떤 반응을 보였는가?

개인: 교회
1. 교회 목사와 사역자들에게 감사의 쪽지를 보내라.
2. 쪽지에 그들의 존재와 사역에 대해 당신이 감사하는 점 두 가지, 성경 구절, 축복의 말을 담으라.
3. 교회 지도자들에게 감사를 표현하면 어떤 반응을 보이는가?

Chapter 3

기쁨의
대용품에 인생을
낭비하지 말라

내가 누군가의 눈빛을 반짝이게 하는 존재라면 상대방은 나를 볼 때 얼굴이 미소로 밝아진다. 그럴 때 우리는 기쁨을 느낀다. 태어나는 순간부터 기쁨은 우리 뇌의 구조와 화학적 특성과 성장을 형성한다. 평생 동안 관계와 감정과 고통과 쾌락을 얼마나 잘 감당할 것인가? 기쁨이 그 기초를 다져 준다. 기쁨은 시간이 지나도 흔들리지 않는 일관된 정체성을 만들어 낸다. 기쁨은 하나님 및 사람들에게 마음을 털어놓을 수 있는 자유를 준다. 우리가 기쁨의 정체성을 표현하면 다른 사람들에게도 소속의 장이 열린다. 기쁨은 나에게 가면 없이 살아갈 자유를 준다. 연약함에도 불구하고 사랑받음을 알기 때문이다. 우리는 취약한 면을 보이거나 속을 드러내는 게 두렵지 않다. 기쁨 덕분에 두려움에서 해방되어 예수님의 마음으로 살아갈 수 있다. 그런 사람이 될수록 즐거움은 더 커진다. 하나님은 우리가 그런 사람이 될 수 있음을 아신다.

아무리 건강한 가정에서도 내 감정을 다 표출해서는 원하는 결과를 얻을 수 없다. 대부분의 아이들은 생후 18개월부터 감정을 숨기기 시작한다. 자신의 생각을 혼자만 알고 있어야 할 때를 터득한다. 중학생 나이가 되면 대외적 이미지를 꾸며 친구들도 얻고 남들에게 영향력도 행사한다. 하지만 이런 이미지 관리에는 부작용이 숨어 있다. 시간이 가면서 사람들이 나를 좋아하는 건지 내 이미지를 좋아하는 건지 애매해진다. 왠지 이미지는 우리에게 늘 실제보다 강해 보일 것을 요구한다. 결국 성인이 되어서도 이미지 관리가 필요 없는 친한 친구나 그런 곳을 찾기가 어려워진다. 목사든 교사든 지도자든 누구나 마찬가지다.

그뿐 아니라 "너와 함께함이 즐겁다"라는 강하고 일관된 기쁨을 경험하지 못한 채 성장한 사람들도 많다. 기쁨이 들쭉날쭉하거나 약하거나 아예 없으면 만성적 두려움과 불안과 스트레스가 우리 뇌의 구조와 화학적 특성과 성장을 형성한다. 기쁨이 결핍되어 있으면 우리의 관계 방식과 정체감에 구멍이 뚫린다. 혼란스러운 감정에 대응하는 능력에도 이상이 생긴다. 이런 역기능은 머잖아 우리의 일부로 굳어져 완전히 정상으로 보이기 쉽다. 자신에게 약점이 있음을 혼자만 모르는 것이다. 어떤 사람들은 행위와 성공과 실력의 가면을 쓴다. 영적 가면을 쓰는 사람들도 있다. 자신의 약점이 몹시 두려운 사람들은 가면을 여러 개 써서 취약한 면을 가리고 더 이상의 고통을 피한다. 가면의 종류가 무엇이든 우리는 연약하다는 이유로 공격당하는 일을 피하려 한다. 창피당하는 일, 수치심, 비난, 혼란스러운 감정, 까다로운 사람을 두려워한다.

일단 이미지를 이용하여 결과와 직장과 연인과 친구를 얻어 내고 문제와 공격을 피하고 나면, 가면이 점점 두꺼워진다. 가면이 잘 통할수록 가면 자체에 더 의존하게 된다. 가면을 쓰면 실제보다 강해 보여야 하므로 점차 우리는 그런 인상을 유지하기가 피곤해진다. 모든 가면은 점차 기쁨을 죽인다. 가면이 통하고 있을 때도 마찬가지다. 기쁨이 없는 상태에서 두려움을 가면으로 가리면, 우리 뇌가 뭔가를 탐하게 된다. 진정한 기쁨이 없을 때 뇌가 탐하는 것들을 거짓 기쁨이라 한다. 뭔가가 기쁜 감정을 모방하여 뇌의 쾌락 중추를 자극하면 거짓 기쁨이 느껴진다. 거짓 기쁨은 인위적이고 일시적이며, 결코 뇌에 필요한 진정한 기쁜 관계를 대신할 수 없다. 이번 장에서 거짓 기쁨, 기쁨이 결핍될 때 찾아오는 고통, 빕스(BEEPS) 등을 살펴볼 것이다.

쉴리아의 이야기

나의 부모님은 고등학교를 졸업한 지 두 주 만에 결혼했다. 두 오빠 션과 루크 사이에 태어난 그레이스는 심장에 결함이 있어 19개월밖에 살지 못했다. 예쁜 공주를 잃고 아빠는 시름에 잠겼고 엄마는 끝내 거기서 헤어나지 못했다.

그레이스가 죽은 지 5년 후에 엄마는 쌍태를 임신했다. 이란성 여아 쌍둥이가 태어나자 아빠는 기쁨에 겨워 "주께서 하나를 데려가

시고 둘을 주셨다!"고 외쳤다. 하지만 엄마는 그레이스를 닮은 나를 보며 아픈 기억을 떠올렸다. 나를 한 번 쓱 보고는 좀처럼 정을 주지 않았다. 아마 불가능했는지도 모른다. 나는 숱이 적은 샛노란 금발에 옅은 색 눈동자까지 그레이스의 판박이였지만, 엘라는 흑갈색 머리칼과 큰 갈색 눈 때문에 적어도 외모만큼은 그레이스와 딴판이었다. 엄마가 내게 애착을 느끼지 못한 것은 그녀의 회복력이 부족하고 기쁨이 결핍되어 있었기 때문이라 생각한다.

할머니는 엘라와 내가 병원에서 처음 집에 오던 날의 이야기를 심한 남부 사투리로 들려주곤 했다.

"너희 둘은 생김새가 그렇게 다를 수가 없었단다. 쉴리아는 머리카락이 하나도 없어 다들 사내아이인 줄 알았지. 엘라는 머리카락이 수북한데다 이 할미의 아기 때 사진과 영락없이 똑같았다. 지금도 너는 이 늙은 할미를 쏙 빼닮았잖니. 다섯 살 난 루크가 너희를 처음 보던 날 엘라를 가리키면서 '나는 얘가 좋아' 그러더니 '형, 쟤는 형이 가져!' 그러더라."

모두들 그 말을 듣고 웃으며 루크에게 "아휴, 귀엽기도 하지!"라고 말했다. 할머니는 그 이야기를 하며 쾌감을 맛보았지만, 나는 그날의 사건을 들을 때마다 외톨이로 버림받은 심정이었다. 지금 생각하면, 루크도 나에 대한 엄마의 감정을 눈치 채고 그대로 따라했던 것 같다. 엘라는 받아들여졌지만 나의 가치를 보아 준 사람은 아무도 없었다. 그래서 나는 평생 사람들과 유대를 잘 맺지 못했다.

루크는 우리를 처음 보던 그날처럼 성장기 내내 나를 똑같이 대했다. 나를 이름 대신 뚱보라 부르며 놀렸다. 그는 아이스티를 가져다주면 뚱보라 부르지 않겠다고 했고, 나는 별명이 듣기 싫어 그 요구에 굴했다. 하지만 그렇게 고분고분 아이스티를 가져다줄 때마다 그는 "고마워, 뚱보야"라고 말했다. 엘라도 종종 루크 편을 들어 나를 놀렸고, 둘이 함께 "너는 너무 예민해서 탈이야"라고 말했다. 나는 스스로 늘 어딘지 모자라게 느껴졌고, 그런 생각 때문에 늘 두렵고 불안했다. 물론 루크와 엘라는 그래도 나를 사랑했지만, 우리는 아직 서로에게 사랑과 애정을 보이는 역량을 갖추기 전이었다. 보호자 기술을 익히지 못한 그 상태에서는 가해자와 피해자의 반응이 정상으로 보였다.

 엄마는 몸집이 작은 엘라에게는 땅콩이란 별명을 붙여 주고 나에게는 팝콘이라 불렀다. 루크는 내가 엘라와 반대로 통통해 보이는 것을 약점 삼아 나를 공격했다. 뚱보라 불리다 보니 나도 스스로 뚱뚱하다고 믿었다. 어른이 될 때까지 나는 별명이란 체구와 상관있는 것인 줄로만 알았다. 돌이켜보면 분명히 나는 정상적 체구의 어린 소녀였다. 하지만 루크의 놀림에 대한 내 반응은 음식 중독으로 발전했다. 엄마는 별로 요리를 하지 않았으나 일단 음식을 만들면 맛이 있었다. 나는 엄마가 전기냄비에 쪄 주는 치킨과 밥을 좋아했다. 하지만 할머니 집에서 먹은 것 외에 집에서 해 주는 음식을 먹은 기억은 별로 없다. 엄마는 우리를 초록색 차에 모두 싣고 패스트푸드점의 드라이브스루 창구에 가서 사 먹이는 쪽을 더 좋아했다. 나는 치즈버거와 감자튀김과 탄산음료를 주문해서는 대개 차가 주차장을 벗어나기도 전에 게걸스럽게 다 먹어치웠다. 치킨 집에 가면 닭가슴의 껍질을 벗겨 그것만 꿀꺽 삼키고는 흰 고기는 엘라에게 넘겼다. 지방질 부위만 잔뜩 먹고 정작 꼭 필요한 단백질은 놓친 셈이다. 나는 먹는 데서 큰 위안과 거짓 기쁨을 경험했고, 그러다 정말 '뚱보'가 되었다.

성인이 되어 텍사스에서 로스엔젤레스 지역으로 이사를 했다. 숨막히는 관계들로부터 벗어나야 했다. 음식 중독은 더 심해져 이제 나는 음식을 특히 남자들과의 친밀한 관계를 회피하는 수단으로 이용했다. 음식에 대한 애착이 사람에 대한 애착보다 훨씬 강했다. 나는 가족들로부터 2천5백 킬로미터나 떨어져 살면서, 일할 때를 제외하고는 대부분 혼자 지냈다. 패스트푸드점으로 달려가던 유년기의 버릇은 계속되었고 여전히 차 안에서 먹을 때가 대부분이었다. 일반 식당에 갈 때도 혼자였다. 책이나 일거리를 들고 갔기 때문에 아무도 혼자 먹고 있는 나를 주목하지 않았다. 극장에도 혼자 다니며 초콜릿과 다이어트소다를 게걸스레 먹었다. 캄캄한 극장 안은 나의 음식 중독을 숨기고 키우기에 안성맞춤이었다.

그런 삶이 좋았다. 무엇이든 내 마음대로 했고 내 마음대로 먹었다. 내가 만들어 낸 생활방식은 일종의 거짓 기쁨을 가져다주었다. 그때는 그게 자유인 줄 알았지만 사실 나는 외롭고 우울했으며 병적인 비만 상태였다. 이 모든 요인들이 어우러져 나의 외로움과 우울증과 체중 증가는 더해만 갔다.

나는 가정을 이루지 않고 교직에 삶과 자원을 쏟아 부었다. 교실에서는 나 자신이 성공한 사람처럼 안전하게 느껴졌고, 날마다 거짓 기쁨도 많이 경험했다. 통제권이 나에게 있었다. 모든 돌아가는 일을 훤히 알았다. 매일의 업무 덕분에 지독한 우울증을 잠시 잊을 수 있었으나 날마다 퇴근하려고 차에 타기만 하면 그때부터 우울증이 밀려왔다. 음식 중독과 일중독이 나를 삼켜 버렸고, 우울증 때문에 늘 외톨이로 고립되었다. 오랜 세월이 지나서야 알았지만 나는 진정한 기쁨이 무엇인지 전혀 몰랐다.

내 경우 기쁨과 소속감을 키우는 일은 교실에서 시작되었다. 나는 다음 세대 학생들에게 기쁨을 전파하는 데 주력했다. 상당한 시간과 에너지를 들여 우리 학교 교사들 사이에 기쁨을 가꿀 방도도 모색했다. 그러나 짐과 에드와 크리스와 협력하여 이 책을 개발하면서 나는 여태 무시해 왔던 내 삶의 영역들에 퍼뜩 깨어났다. 그전에는 나의 빕스(BEEPS)인 음식 중독을 해결하려는 노력이 거의 없었다. 드디어 나는 의사와 영양사를 만나 몇 가지 근본적 변화에 착수했다. 몸에 음식을 적절히 공급하는 법을 배웠고 새로운 식습관을 실천했다. '하나님을 향한 애착'이라는 짐의 강연도 들었다. 그의 말대로 우리는 본래 음식이 아니라 음식을 주는 사람에게 애착을 느끼도록 되어 있다. 음식에 대한 나의 애착이 하나님을 향한 애착으로 바뀌어야 했다. 이 변화에 임마누엘의 도움을 청했고 나 자신도 노력했다.

음식은 나에게 위안과 자위의 주된 출처였다. 이를 버리는 과정은 힘들었지만 그만큼 보상도 컸다. 마음이 힘들 때마다 이전처럼 과식에 의지하는 게 아니라 하나님께 의지해야 했다. 덕분에 내 몸이 달라졌다. 물론 그것도 유익이지만 진정한 구속(救贖)은 내게 음식을 주시는 하나님을 향한 애착이 깊어졌다는 것이다. 아울러 나 자신의 연약함을 애정으로 대하는 능력도 자랐다.

가면과 거짓 기쁨

쉴리아의 이야기가 예증하듯이, 애착의 확고한 뿌리가 기쁨에 있지 않으면 기쁨의 정체성을 가꾸기가 매우 힘들다. 외로움과 불안과 두려움이 관계의 규범이 되기 때문이다. 관계의 고통과 수치심 앞에서 쉴리아는 가면 쓰는 법을 배웠다. 자신의 고통을 숨기고 끝없는 비난과 괴로운 비교를 막기 위해서였다. 그녀는 사람보다 음식과 일에 애착을 두어 위안과 해방을 얻으려 했다. 하지만 쉴리아의 이야기가 예증하는 것이 또 있다. 우리 중에 기쁨이 결핍된 가정에서 자란 사람들도 자신의 연약함에 애정으로 반응하는 법을 배울 수 있다. 음식을 주시는 하나님께 주의를 집중할 수 있다.

가면은 자신의 치부와 약점과 취약한 면을 가리고 미래의 고통을 피하기 위한 것이다. 물론 가면을 쓰는 법을 배운 사람은 쉴리아만이 아니다. 풍성한 기쁨의 교류가 부재하여 관계적, 정서적 기초가 다져지지 못한 사람은 우리 중에도 많다. 확고하고 일관된 정체성을 정립하려면 그런 기초가 꼭 필요하다. 반대로 우리의 정체성은 두려움과 불안과 고통에 대한 반응으로 형성되었고, 자신의 약점을 감추려고 가면이 생겨났다. 가면의 종류는 사람마다 조금씩 다르겠지만, 남들 앞에 더 강한 모습을 보이려 하기는 모두 마찬가지다. 하지만 가면을 쓰면 길이 막힌다. 아무리 약점을 감추려 애써도 가면은 결코 기쁨을 가져다줄 수 없기 때문이다. 그 결과 우리는 모두 고통과 감정과 관계와 두려움을 처리하고자 거짓 기쁨을 탐한다.

가면을 쓰면 거짓 정체성이 형성되기 쉽다

우리 뇌가 건강한 정서적, 관계적 기술과 견고하고 안정된 정체성을 가꾸려면 기쁨이라는 기초가 꼭 필요하다. 그 기초는 기쁨이 풍성한 환경에서 온다. 그럴 때 우리는 성장하여 하나님이 지으시고 설계하신 본연의 사람이 된다! 기쁨이 결핍되어 있으면 정서적, 관계적 기술이 일부만 형성되거나 연약해진다. 그러면 정체성과 자아상에 일관성이 없어지고 불완전해진다. 관계적인 면에서도 하나님이 설계하신 삶에 미치지 못한다. 우리는 예수님의 마음으로 살아가는 법을 배우는 게 아니라 결핍된 기쁨 때문에 거짓된 정체성을 형성한다. 이 잘못된 정체성을 거짓 정체성이라 한다.

이런 거짓된 자아상을 의식적으로 선택하는 경우는 드물다. 기쁨이 결핍되어 있으면 뇌의 구조와 화학적 특성과 조직이 그냥 기형이 된다. 기쁨의 결핍은 관계적 애착 중추(타인과 유대를 맺는 부위)의 발육에는 물론 두려움과 불안 중추(삶과 관계와 주변 세상을 평가하는 부위)의 발육에도 손상을 입힌다. 뇌의 이런 필수 부위들은 철저히 의식의 이면에 존재하기 때문에 그중 어느 것도 우리가 직접 통제하거나 접근할 수 없다. 이런 뇌 부위들을 기초로 하여 정체성이 형성되고 정립된다. 기초가 잘못되어 있으면 안타깝게도 정체성은 기형이 되어 하나님이 설계하신 삶에 훨씬 못 미친다. 하나님이 주신 참된 정체성 대신 거짓 정체성이 자란다. 그렇다면 거짓 정체성과 거짓 기쁨은 어떻게 자라는가?

기쁨이 결핍된 환경은 두려움과 불안을 낳는다

우리 뇌에는 기쁨이 풍성한 환경이 필요하다. 고통과 쾌락과 감정을 내적으로 조절하는 법을 엄마와 아빠와 양육자가 가르쳐 주어야 한다. 기쁨이 결핍된 환경에서는 뇌가 내적으로 조절하는 법을 배울 수 없다. 기쁨은 하나님 및 사람들과의 관계에 적절한 가치를 부여한다. 기쁜 교류를 통해 우리 뇌는 관계의 역량도 개발하고 힘든 감정으로부터 회복하는 법도 배운다. 반면에 기쁨이 결핍된 환경은 우리를 막아 관계의 적절한 가치를 배우지 못하게 한다. 기쁨이 빈약하면 관계 기술을 개발할 수 없다.

감정을 조절할 줄 모르는 사람을 기쁨이 결핍된 가정에서 흔히 볼 수 있다. 기쁨이 결핍된 가정에는 두려움이나 불안이 흔하다. 기쁨이 동력인 부모나 양육자는 자녀와 든든한 애착을 이루지만, 기쁨이 결핍된 가정은 두려움과 불안으로 소통한다. 자신의 두려움은 사람에 따라 잘 보이지 않을 수 있지만 불안감은 더 쉽게 눈에 띈다.

기쁨이 결핍된 모든 환경에는 기쁨 대신 두려움과 불안이 퍼진다. 두려움과 불안이 우리의 정체성만 아니라 뇌의 구조와 기능과 조직과 화학적 특성까지 형성한다. 주요 감정들과 고통과 쾌락을 적절히 조절하려면 기쁨이라는 탄탄한 기초가 필요한데, 그런 뇌에는 이 기초가 없다. 게다가 이제는 뇌의 배선 자체가 바뀌어 사람들을 무시하거나 제압하거나 겁주지 않고는 소통하기가 어렵다. 그러니 사람들과 어떻게 어울려야 할지 막막해지고, 그럴수록 더 강한 인상을 주려고 무조건 가면을 쓴다. 기쁨이 부재하면 고통과 쾌락과 감정을 내적으로 조절할 수 없기 때문에, 뇌가 외부에서 오는 인위적 기쁨을 탐한다. 자체적으로 할 수 없는 일을 그렇게라도 대신하려는 것이다. 그래서 거짓 기쁨을 맹렬히 탐할 수밖에 없다.

애착의 고통

애착의 고통이란 불안정한 애착, 두려움의 유대, 누군가를 상실한 일, 깨어진 관계 등에 뒤따르는 외롭고 고립된 감정이다. 애착의 고통은 이루 말할 수 없이 고통스러우며, 인간이 경험할 수 있는 가장 깊은 차원의 괴로움이다. 쉴리아도 가정에서 이 고통을 겪었고, 그래서 자신이 늘 어딘지 모자라 식구들 틈에 낄 수 없다고 느꼈다.

애착의 고통이 주는 가장 힘든 특징 중 하나는 매사를 극단으로 몰아간다는 것이다. 그래서 이 고통을 인식하지 못하면 과잉 반응을 하게 된다. 이 고통은 무의식 속에 존재하기 때문에 그것을 읽어 내려면 훈련이 필요하다. 커넥서스 프로그램의 '소속' 과목에 그런 훈련이 들어 있다.

애착의 고통은 불가피하다. 우리가 사는 세상에서는 일이 틀어지고, 관계가 단절되고, 사람들이 멀리 이사 가고, 모두가 죽는다. 보호자나 가해자나 피해자 할 것 없이 누구나 살다 보면 애착의 고통을 겪게 마련이다. 기쁨의 정체성이 확립되어 있고 기쁨의 기술이 숙련된 사람들도 이 고통을 피할 수는 없다.

애착의 고통은 도저히 감당하기 힘들다. 특히 우리 뇌에 기쁨의 훈련이 부족할 때는 더하다. 이 고통은 여간해서 내적으로 조절이 안 된다. 또한 매사를 극단으로 몰아가기 때문에 아무리 거짓된 가면도 벗겨질 수밖에 없다. 이 고통 때문에 일부 가해자는 친절한 척하던 태도를 버리고 야만적으로 약자를 잡아먹는다. 애착의 고통이 심한 피해자는 자신의 취약한 면을 가면으로 가릴 수 없다. 피해자는 이 고통 앞에서 숨는다. 가해자의 먹이가 되기보다는 차라리 고립이 나아 보인다. 피해자가 계속 노출되어 있으면 불안이 가중되어 정서적으로 확 폭발해 버린다.

애착의 고통은 내적으로 조절하기 어렵기 때문에 거의 항상 강한 욕구를 낳는다. 이 고통이 있는데다 기쁨의 역량마저 낮으면, 뇌가 본능적으로 거기서 벗어나려 한다. 내적 괴로움을 조절해 줄 외적 거짓 기쁨을 뇌가 자동으로 찾아 나선다. 애착의 고통은 뇌의 심연 속에 존재하기 때문에 우리는 거짓 기쁨에 대한 자신의 욕구를 인식조차 못할 수 있다. 가해자와 피해자는 강한 욕구의 존재와 거짓 기쁨의 출처를 가면으로 가린다. 자신의 연약함을 내보이고 싶지 않은 것이다.

에드는 불량 식품 특히 탄수화물이나 과자나 당분이 당길 때면 애착의 고통 때문일 수 있음을 깨달았다. 식품점에 가면 거짓 기쁨을 찾는 자신의 욕구가 금방 눈에 띈다. 마치 사탕과 과자와 실속 없는 탄수화물이 장바구니 속으로 빨려드는 것 같다. 이런 욕구는 은근할 때도 있고 거셀 때도 있으나 대개는 아주 골치 아픈 애착이다. 에드가 발견한 사실이 또 있다. 감사의 수준이 높으면 애착의 고통, 몸의 통증, 거짓 기쁨에 대한 욕구를 다루기가 훨씬 쉬워진다는 것이다.

A형 외상과 B형 외상

특히 어렸을 때 겪은 외상을 해결하지 않으면 기쁨의 결손이 만성화되고 두려움과 불안의 수위가 높아진다. 삶과 정체성의 기초가 잘못 형성된다. 외상은 혼란스러운 감정을 조절하는 능력에도 큰 영향을 미친다. 외상의 기억을 본인이 인식하지 못하고 있으면 특히 더하다. 종류 여하를 막론하고 외상은 타인과 소통하는 능력을 손상시킨다. 외상은 기쁨을 죽이고, 가면으로 상처를 숨기게 만든다.

외상에는 A형과 B형 두 종류가 있다. B형 외상은 우리 역량으로 감당할 수 없는 나쁜 일들이다. 언어적, 정서적, 신체적, 성적 폭력 등 흔히들 외상으로 생각하는 모든 일이 여기에 해당한다. 추행, 따돌림, 때 이른 사별, 자연재해 등도 포함된다. 기쁨이 결핍된 환경에서 자란 사람은 B형 외상을 해결할 능력이 부족하다. 걸핏하면 자극받아 괴로운 감정 상태에 빠지고, 생명력 있는 관계를 잘 맺지 못한다. 두려움과 불안이 커진다. 그래서 고통을 감추려고 가면을 쓴다. B형 외상이 있으면 뇌가 무력해져 거짓 기쁨을 탐한다.

A형 외상은 건강한 정체성과 몸의 성장에 꼭 필요한 좋은 것들이 부재한 상태다. 성장기의 만성적인 기쁨 결핍 환경, 유기(遺棄), 방치, 영양실조, 적절한 신체 접촉의 결핍 등이 이에 해당한다. A형 외상은 강력하지만 본인이 인식하지 못할 때가 많다. 이 외상이 있으면 기쁨의 역량이 낮아지고, 감정이 조절되지 않고, 대인관계에 만족이 없어진다. 관계가 부실해지니 자연히 뇌가 거짓 기쁨을 탐한다. A형 외상이 있는 사람은 정상으로 보이려고 가면을 써서 결핍된 관계 기술을 가린다. 피해자는 '정상'이 무엇인지 몰라, 일단 부족한 기술을 가면 속에 숨긴다. 가해자는 가면을 써서, 자신에게 관계 기술이 부족함을 절대 아무도 알아차리지 못하게 한다.

가해자의 존재

관계 기술이 결핍되어 있으면 가해자가 될 수밖에 없다. 그러면 양의 옷으로 자신을 위장하거나 아니면 드러내 놓고 공격해야 한다. 먹이사슬의 꼭대기에 남아 다른 사람들을 지배해야 한다. 우리는 양의 가면을 쓴 가해자가 된다. 가면을 쓰면 친절해 보이고 호감과 신뢰감을 주기 때문에, 불순한 목적으로 남의 약점을 몰래 알아낼 수 있다. 그 약점을 이용해서 상대를 겁주고 위협하고 망신시키고 조종하고 통제하여 자신의 자리를 유지한다. 머잖아 우리는 다시 가면을 쓰고 새로운 먹이를 찾아 나선다.

존(John)이라는 지도자는 양의 옷을 입은 가해자였다. 언뜻 보기에는 따뜻하고 자상해 보였다. 겉으로는 연기(演技)를 잘했다. 자신이 아주 영적이고 믿을 만한 사람이라고 감쪽같이 사람들을 설복시켰다. 연약한 사람들은 잘 공감해 주는 그의 겉모습에 끌려 속내를 털어놓았다. 존은 이상적인 지도자처럼 보였다. 그러나 일단 속아서 그를 믿으면 그때부터 그는 전혀 다른 사람이었다. 존은 사람들에게 자신과 자신의 리더십에 대해 좋은 말만 할 것을 요구했다. 자기를 칭찬하지 않는 사람들에게는 격분을 터뜨렸다. 친구나 동료가 그의 잘못을 지적하려 할 때마다 그는 공격하고 벌하고 관계를 끊었다. 존을 믿었던 사람들은 결국 그의 분노가 두렵고 그의 폭발이 겁나서 어떻게든 그에게 거부당할 일을 피하려 했다. 존은 상대의 죄책감과 약점을 이용하여 자신이 원하는 것을 얻어 내는 데 달인이었다. 스스로 성주(城主)가 되어 연약한 구성원들을 짓밟고 올라섰다. 그들은 너무 두려워 존의 해로운 리더십 스타일에 대해 차마 직언을 하지 못했다. 피해자들의 이런 반응은 존의 권좌를 유지시켜 주었다.

존의 경우는 가해자의 본색을 감추어야 했지만, 어떤 가해자들은 워낙 위세가 등등하여 가면이 필요 없다. 그들의 살벌한 공격과 결핍된 긍휼을 '무리'의 모든 구성원이 알고 두려워한다. 공감 능력이 없는 그들은 보호자, 자기보다 약한 가해자, 피해자를 가리지 않고 열심히 괴롭힌다. 약자에게 본보기로 벌을 가하면서 이를 즐긴다. 이의를 제기하는 사람에게는 노골적인 경멸과 조롱과 모욕과 수모로 위협한다.

먹이사슬의 꼭대기에 군림하는 살벌하고 공공연한 가해자의 좋은 예는 출애굽기에 나오는 바로다. 그는 이스라엘을 잔인하게 노예로 부렸다. 모세가 노예를 풀어 주라고 도전하자 바로는 노골적인 조롱과 폭력으로 맞섰다. 그는 그 민족이 게으르다며 이스라엘의 십장들을 때렸다. 자신의 완벽한 통제권을 보여 주려고 전체 노동자들을 벌하고 작업량을 늘렸다. 수단과 방법을 가리지 않고 약자들을 짓밟았다. 하나님이 개입하시자 바로는 재앙만 그치면 노예를 풀어 주겠다고 모세에게 거짓으로 약속했다. 하지만 재앙이 그치자마자 약속을 어기고 다시 권력을 휘둘렀다. 홍해에서 궤멸되던 그 순간까지 바로는 위협과 폭력으로 통제권을 유지하려고 혈안이 되어 있었다.

가해자와 피해자의 역동은 분명히 누구에게도 기쁨을 가져다주지 못한다. 모든 부류의 가해자는 기쁨과 삶과 관계를 죽인다. 가해자는 항상 자기만 옳고 남들은 다 틀렸다고 믿는다. 가해자의 견해에 이의를 제기하는 사람은 먹히거나 무리에서 쫓겨나기 십상이다. 피해자는 피해자대로 약점을 숨기고 남의 눈길을 피해야 기분이 좋아진다. 아무도 서로 함께함을 즐거워하지 않으며, 무리의 구성원마다 자신을 보호하기에 급급하다. 결국 가해자나 그에게 먹히는 피해자나 다 거짓 기쁨에 애착을 두게 된다.

기쁨을 회복하는 기술의 결핍

거짓 기쁨을 탐하게 하는 마지막 요인은 감정이 혼란스러워질 때 기쁨으로 회복할 줄 모르는 것이다. 기쁨의 회복에 대해서는 제4부에서 자세히 배우겠지만 우선 중요하게 알아둘 것이 있다. 감정 때문에 대인관계에서 소통을 유지하지 못하면, 결국 거짓 기쁨을 탐하게 하는 강력한 요인이 된다.

관계 속에서 처리할 줄 알아야 하는 불쾌한 감정은 분노, 두려움, 슬픔, 수치심, 혐오감, 절망감 등 기본적으로 6가지다. 현재 경험 중인 감정을 처리할 줄 알아야 하고, 사랑하는 이들과의 관계에서 소통을 유지할 수 있어야 한다. 기쁨이 풍성한 환경에서는 이런 감정을 경험할 때 부모와 양육자가 도와준다. 아울러 그들은 우리와의 관계에서 계속 소통을 유지한다. 이런 교류를 통해 우리는 두 가지를 배운다. 하나는 기분이 나쁠 때도 사람들과의 소통을 끊을 필요가 없다는 것이고, 또 하나는 괴로운 감정이 오히려 사람들과의 기쁜 유대를 더 단단하게 다지는 기회라는 것이다. 관계 속에서 감정을 처리할 줄 알면 우리 뇌가 감정을 내적으로 조절하는 법을 익힌다. 따라서 거짓 기쁨을 탐할 소지가 훨씬 줄어든다.

그러나 기쁨으로 회복하는 기술이 없는 사람은 부정적 감정에 꼼짝없이 갇히기 쉽다. 그렇게 되면 설령 소통을 원한다 해도 관계적 뇌가 다른 사람들과의 소통을 끊어 버린다. 부정적 감정에 꼼짝없이 갇힌 데다 외부와의 소통까지 단절되면, 뇌는 극심한 고통에 빠진다. 기쁨을 회복할 능력이 없는 뇌는 무슨 수를 써서라도 고통에서 벗어나려 한다.

거짓 기쁨, 빕스(BEEPS)

앞서 말했듯이 빕스(BEEPS)는 행동, 사건, 경험, 사람, 약물 등 모든 종류의 거짓 기쁨을 지칭하는 용어다. 뇌는 내적인 괴로움을 조절할 수 없을 때 그런 것들을 이용해서 고통과 쾌락과 감정을 조절하려 한다. 빕스(BEEPS)의 종류는 무궁무진하지만 여기서는 인정받기 위한 행위, 병적 의존 관계, 음식, 성, 술을 포함하는 마약 등에 대해서만 살펴보려 한다. 커넥서스 프로그램의 '재출발' 과목과 '소속' 과목에 빕스(BEEPS)에 대한 설명이 훨씬 자세히 나와 있다.

인정받기 위한 행위

일, 행위, 인정, 완벽함 따위와 관계되는 빕스(BEEPS)는 거짓 기쁨의 중독성 출처가 될 수 있다. 이런 빕스(BEEPS)로 거짓된 가면을 쓰면 성공적이고 유능하고 존경받는 인상을 풍길 수 있다. 이런 빕스(BEEPS)는 가해자와 피해자를 양쪽 다 강해 보이게 하므로 누구나 자신의 연약한 모습을 숨길 수 있다. 부모, 교사, 목사, 사역 지도자, 고용주, 직원 등 누구든지 완벽해 보이면 취약한 면이 가려지는 법이다. 또한 더욱 안전을 기하여, 모든 '실세'에게 인정받으려고 열심히 노력할 수 있다. 행위를 통해 인정받으면 남에게 거부당하지 않을 수 있고, 기쁨 대신 긍정적 주목이라도 받을 수 있다.

오랜 시간 일하고, 실수를 삼가고, 일처리를 잘하는 것은 해로운 일이 아니다! 하지만 관계보다 결과가 더 중요해지면 피해가 발생한다. 빕스(BEEPS)를 통해 경험하는 거짓 기쁨은 가면의 산물이다. 인정받기 위한 행위는 일시적으로 욕구를 채워 줄 수는 있지만, 결코 우리 뇌에 필요한 진정한 기쁨을 가져다줄 수는 없다.

병적 의존 관계

병적 의존은 거짓 기쁨의 흔한 형태로, 상대를 조종하여 내가 원하는 바를 얻어 내려는 수법이다. 우리는 이를 '남을 돕는 행위'라 정당화한다. 병적 의존은 진정한 관계가 아니라 일종의 조종이다. 진정한 관계가 없이는 기쁨을 키울 수 없다. 병적 의존은 가해자와 피해자 양쪽 다에게 흔하다. 흔한 관계이지만 결과는 거짓 기쁨일 뿐이다. 병적 의존을 통해 가해자는 군림하는 기분을 얻고, 피해자는 자신이 안전하게 수용 받는다고 착각한다.

병적으로 의존하는 가해자는 타인의 행동을 적극적으로 조종하려 한다. 가정, 교회, 사역기관, 학교에서 권력의 자리를 이용하여 지시를 일삼는다. 은인 대접을 받으려고 "다 남들을 위해 하는 일이야"라든지 "최선의 방법을 나밖에 모르니까"라는 식으로 자신의 병적 의존 행동을 정당화한다. 자신에게 절대적 통제권이 있어야 질서를 유지하고 혼돈을 피할 수 있다고 착각한다. 그래서 '말을 잘 듣는' 이들에게는 상을 주고 그렇지 못한 이들에게는 지독한 수치심과 경멸을 안겨 준다. 그런 식으로 우리는 기쁨이 결핍된 삶을 만들어 내고, 이런 삶은 다시 빕스(BEEPS)를 부추긴다.

피해자는 소중한 관계를 잃지 않으려고 병적으로 의존한다. 상대방을 붙잡아 두려고 거짓 정체성을 꾸미고 비위를 맞추고 갈등을 피한다. 거부당하지 않을 수만 있다면 거의 못할 일이 없다. 상대를 고통에서 구해 주는가 하면, 긁어 부스럼을 피하려고 상대의 부적절한 행동이나 폭행까지도 두둔한다. 점점 피해가 커지는데도 병적 의존 행동 때문에 그 관계에서 헤어나지 못한다.

음식에 대한 애착

음식은 하나님의 참 좋은 선물이지만, 가해자와 피해자 양쪽 다에게 거짓 기쁨의 출처가 되기 쉽다. 음식도 빕스(BEEPS)에 대한 애착의 하나다. 음식의 역동을 여기서 다 다룰 수는 없지만, 음식이 거짓 기쁨의 출처라는 사실만은 짚고 넘어가려 한다.

하나님은 본래 인간을 만드실 때 음식을 먹여 주는 사람에게 애착을 느끼게 하셨다. 발육 중인 뇌는 미각과 후각과 시각을 통해 자신에게 음식을 주는 사람들과 점차 유대를 맺는다. 엄마는 신체 구조 자체에 우리에게 먹여 줄 음식이 갖춰져 있다. 엄마를 비롯하여 음식을 주로 먹여 주는 사람과의 유대는 굉장히 끈끈할 수 있다. 음식을 먹여 주는 사람이 기쁘게 나의 필요에 주목해 주면, 그 사람과의 사이에 확고한 유대가 다져진다.

하지만 음식을 먹여 주는 사람이 정을 주지 않으면, 우리는 나머지 쾌락의 출처 중 가장 강력한 것과 자동으로 유대를 형성한다. 바로 음식이다. 유대의 대상이 음식을 먹여 주는 사람이 아니라 위안용 음식이 된다. 음식에서 거짓 기쁨을 얻는 애착은 일찍부터 시작된다. 음식에는 지방과 당분과 염분이 있어, 쾌락과 위안의 출처로서 관계보다 훨씬 확실하다. 음식이라는 빕스(BEEPS)는 관계와 무관한 애착이다.

성(sex)에 대한 애착

성은 쉽게 거짓 기쁨으로 변질된다. 대화의 주제로는 불편하지만, 오르가즘 중에 분출되는 강력한 화학물질은 뇌의 쾌락 중추와 보상 중추를 강하게 자극한다. 오르가즘은 애착의 고통과 관계의 괴로움을 일시적으로나마 싹 잊게 한다. 배우자와의 기쁜 관계를 떠나서 자꾸 오르가즘을 경험하면 빕스(BEEPS)가 될 수 있다.

성은 가정, 교회, 사역기관, 학교에서 가해자와 피해자에게 갈수록 더 문제가 되고 있다. 인터넷 포르노가 출현하면서 중독성이 강한 거짓 기쁨이 생겨났다. 많은 사람들이 남몰래 거기에 빠져들고 있다. 포르노는 남녀 모두에게 일시적으로 괴로움을 덜어 주고 쾌락을 더해 준다. 은밀하게 접속하기가 너무 쉽기 때문에 가해자도 피해자도 이 약점을 감쪽같이 숨길 수 있다.

술과 마약에 대한 애착

술과 마약은 뇌에 기쁨이라는 기초가 결핍되어 있을 때 특히 문제가 된다. 이런 부류의 거짓 기쁨은 쾌락을 유발하는 강력한 화학물질을 뇌에 분비시킨다. 그 효과는 실제의 기쁨과 비슷하다. 우리 뇌는 도취감과 거짓된 행복감을 경험한다. 또 판단력이 흐려져 술이나 마약을 더 찾게 된다. 이런 상태에서는 연약함과 취약성의 고통이 마비되어 일시적으로 망각될 수 있다. 그뿐 아니라 이런 빕스(BEEPS)는 뇌를 아주 강력하게 자극하기 때문에, 지속적으로 사용하면 술이나 마약을 중심으로 한 거짓 정체성까지 생겨날 수 있다.

술과 마약도 흔한 빕스(BEEPS)이지만 처방약의 남용도 엄청나게 증가했다. 이 거짓 기쁨 때문에 목숨을 잃는 사람들이 점점 늘고 있다. 거짓 기쁨이 하나님 및 사람들과 소통하는 기쁨을 능가하면, 그때마다 우리에게 빕스(BEEPS)에 대한 위험한 애착이 생겨난다.

나는 어떻게 하고 있는가?

이쯤에서 던져야 할 질문들이 있다.

- 나의 기쁨은 어디서 오는가?
- 연약할 때도 강한 인상을 풍기는 것이 나에게 중요한 일인가?
- 나의 속사람과 겉모습은 똑같게 느껴지는가?
- 나는 마음이 혼란스러울 때면 괴로움과 불쾌감을 증폭시키는가?
- 이번 장에 다루어진 거짓 기쁨이나 기타 빕스(BEEPS)에 대한 나의 애착은 얼마나 강한 편인가?

내면 깊은 곳에서 우리의 가장 간절한 소원은 기쁨의 정체성을 키우는 일이다. 그 기쁨의 정체성이 우리의 가면과 거짓 정체성과 거짓 기쁨을 몰아낼 수 있다! 이 책을 통해 삶이 변화되기를 원한다면, 지금까지 당신의 정체성을 형성해 온 기쁨과 거짓 기쁨의 출처를 점검해 보라. 안전하다면 다른 사람들의 피드백을 들어 보라. 거짓된 가면을 쓰는 당신의 성향에 대해 토의하라. 친구에게 이렇게 물어보라. "네가 보기에 나는 거짓된 가면을 쓰고 있는가?"

기쁨의 행동

가정: 가족 중에서 나를 가장 잘 이해해 준다고 생각되는 사람에게 감사를 표한다.

학교: 나의 감사 제목이 담긴 사진을 학교에 가져가서 누군가에게 말해 준다.

교회: 자신의 약점이나 취약한 면을 기꺼이 표현했던 교인을 생각해 내서 그 사람에게 감사를 표한다.

거짓 기쁨에 대한 평가서

1. 나는 내 실수를 비밀로 덮어 두려 한다.

　　비밀이 없다　0　1　2　3　4　5　6　7　8　9　10　항상 그렇다

2. 우리의 식단에는 위안용 음식이 너무 많다.

　　훌륭한 식단이다　0　1　2　3　4　5　6　7　8　9　10　위안을 얻으려고 먹는다

3. 나는 부끄럽게 느껴지는 일을 몰래 계속할 때가 많다.

　　전혀 아니다　0　1　2　3　4　5　6　7　8　9　10　항상 그렇다

4. 우리는 돈을 너무 많이 쓰거나 쇼핑을 너무 많이 한다.

　　빚이 없다　0　1　2　3　4　5　6　7　8　9　10　큰 문제다

5. 나는 과거의 관계를 떨치지 못한다.

　　새로 시작할 수 있다　0　1　2　3　4　5　6　7　8　9　10　미련을 버리지 못한다

6. 가족 중에 특정한 행동을 비밀로 덮어 두려는 사람이 있는 것 같다.

　　우리 집에는 천사들만 있다　0　1　2　3　4　5　6　7　8　9　10　큰 문제다

7. 지난주에 나는 좋지 않은 것을 ___번 탐했다.

　　　0　1　2　3　4　5　6　7　8　9　10 회 이상

8. 가족 중에 과음하거나 권력을 남용하는 사람이 있는 것 같다.

　　아무도 없다　0　1　2　3　4　5　6　7　8　9　10　큰 문제다

9. 내게는 관계가 아주 혼란스럽게 느껴진다.

　　전혀 아니다　0　1　2　3　4　5　6　7　8　9　10　항상 그렇다

10. 나와 가까운 사람들 중에 처방약이나 마약이나 술을 남용하는 사람은 __명이다.

　　　0　1　2　3　4　5　6　7　8　9　10명 이상

이 총점을 아래의 해당 지점에 표시한다

0　10　20　30　40　50　60　70　80　90　100　　　　　　나의 총점 _____

나의 거짓된 가면에 대한 성경공부

감사한 일을 한 가지 떠올리고 잠시 그 감사에 젖어 보라. 그 다음에 이 공부가 재미있게 해 달라고 하나님께 기도하라. 그러고 나서 서신서에서 다음 본문을 읽으라.

에베소서 6:1-20
10절에 따르면 우리는 "강건하여"져야 한다(현재 수동태 명령형). 동사 "강건하여지다"의 시제는 마치 아이가 야구공에 맞듯이 우리도 하나님으로부터 힘을 받아야 한다는 뜻이다. 주 안에서 강건하여지는 것과 우리 스스로 강해지는 것은 본문에 어떻게 서로 비교되어 있는가?

연약함과 강함에 대한 질문:
1. 본문에서 연약한 사람과 강한 사람은 누구인가?
2. 하나님은 연약한 사람과 강한 사람 사이에 어떤 교류가 있기를 원하시는가?
3. 본문에서 기쁨과 샬롬(모든 것이 합력한다)에 대해 무엇을 배울 수 있는가?

개인적 질문:
연약함을 긍휼히 여기는 사람을 보면 하나님을 더 잘 이해할 수 있다. 그런 긍휼을 보았던 때는 언제인가?

성경 전체에 대한 질문:
성경의 이야기들과 구절들을 근거로 우리가 강하고 억세져야 한다고 주장하는 사람들이 있다. 그동안 들었던 그런 이야기들과 구절들은 무엇인가?

마무리 질문:
금주의 공부를 하기 전에는 몰랐으나 이제 새롭게 알게 된 것은 무엇인가?

인생모델: 나의 연습

아래의 각 연습을 마칠 때마다 몸에 어떤 느낌이 오는지 주목하라. 감사를 연습하는 도중과 이후에 어떤 변화가 생기는지도 잘 보라. "기분이 좋았다"고 답했다면 그것을 어떻게 아는지 자신에게 물어보라. 예컨대 "가슴이 후련하다" 또는 "호흡이 깊어지고 숨쉬기가 쉬워졌다"와 같이 구체적으로 답하라.

그룹 모임에 가기 전에 이 연습들을 먼저 마쳐야 한다.

개인: 가정

1. 각 가족과 공유하고 있는 추억 중에서 당신이 가장 좋아하는 것 세 가지를 일주일 동안 각자에게 말해 주라. 그 기억과 관련하여 각 가족의 성격 중 당신이 감사하는 부분도 함께 말하라.
2. 각 가족이 당신에게 얼마나 큰 의미가 있는지 표현해 주라.
3. 가족들은 어떤 반응을 보였는가?

개인: 학교

1. 학교 교직원들은 이번 한 주 동안 최대한 많은 동료(와 학생)에게 감사를 표현하라. 그들의 성격 중 당신이 감사하는 부분을 언급하면 좋다.

2. 감사를 표현했을 때 그들은 어떤 반응을 보였는가?

개인: 교회
1. 이번 한 주 동안 최대한 많은 교역자, 직원, 봉사자에게 감사를 표현하라. 그들의 성격 중 당신이 감사하는 부분을 언급하면 좋다.
2. 감사를 표현했을 때 그들은 어떤 반응을 보였는가?
   각자 연습한 결과를 그룹 모임에서 함께 나누라.

Chapter 4

도피처에서 나와 변화의 현장으로 가라

지금은 도처의 그리스도인들이 기쁨을 시작해야 할 때다. 물론 개개인에게는 기쁜 일들이 있다. 아기가 태어나고, 딸이 졸업하고, 방학을 맞아 가족들이 모인다. 하지만 밖으로 퍼져 나가는 기쁨은 변화의 현장에서 시작된다. 여기서 변화란 정체성의 변화를 말한다. 그 변화는 우리가 아무리 갈망해도 어디론가 달아나 버리기 일쑤다. 그래도 우리는 모두 변화의 순간들을 경험했다. 그중에는 오래가는 변화도 있고 다시 경험하고 싶은 변화도 있다. 좋은 쪽으로 변한 것도 있고 나쁜 쪽으로 변한 것도 있다. 변화를 갈망하고 선택하는 것만으로 부족하다. 하나님이 주신 본연의 정체성으로 변화되려면 하나님, 자기 자신, 다른 사람들과의 교류가 필요하다.

이번 장에서는 임마누엘 이야기와 이론 공부를 통해 변화의 현장을 배울 것이다. 그러면 기쁨이 어떻게 시작되고 전파되는지 알 수 있다. 임마누엘 이야기란 우리와 함께하시는 하나님을 의식하는 이야기다. 임마누엘 이야기를 나누면 우리의 이력과 정체성과 앞으로 나아갈 방향을 더 잘 알 수 있다. 아울러 변화에 필요한 조건을 알려면 이론도 꼭 필요하다. 인생모델의 이론을 적용하면 가정과 학교와 교회에 변화가 이루어진다. 어떻게 그런지 여기서 살펴볼 것이다.

변화에 요구되는 몇 가지 필수 조건이 있다. 이를 변화의 현장이라 부른다. 변화의 현장에서 살아가려면 자신의 임마누엘 이야기를 나눌 수 있어야 하고, 기쁨을 창출하고 유지하고 전파하기 위한 이론적 기초를 알고 이해해야 한다. 기쁨이 공동체나 모임을 변화시키려면 다음 세 가지 조건이 갖추어져야 한다.

1. 연약한 사람들과 강한 사람들이 함께 교류해야 한다.
2. 연약함에 애정으로 반응하는 것이 규범이 되어야 한다.
3. 하나님과의 교류적 임재(임마누엘)를 통해 샬롬이 유지되어야 한다.

기쁨을 낳는 변화의 현장을 지금부터 함께 발견해 보자.

크리스의 이야기

세 시간 전까지만 해도 나는 술집에 앉아 사람들의 웃음소리와 미소 띤 얼굴에 둘러싸여 있었다. 베키라는 여자가 다가와 나를 자기

집의 파티에 초대했다. 나만 있으면 모든 파티가 살아나는 것을 그녀도 알았다. 대학의 모든 사람이 나를 좋아하는 것 같았고 좋은 학점도 쉽게 나왔다. 나는 몇 종목의 스포츠에서도 여간해서 남에게 뒤지지 않았다. 그런데 베키의 파티에 가던 길에 나는 그만 음주 운전으로 체포되었다. 구치소에 앉아 보석으로 풀려나기를 기다리면서 뭔가 잘못되었다는 생각이 들었다. 고갈된 느낌과 패배감이 몰려왔다. 그때는 '결핍된 기쁨'이라는 말을 생각하지 못했겠지만, 누가 그렇게 물었다면 고개를 끄덕였을 것이다. 혼자서 이런 생각을 했다. '내 삶은 뭔가 잘못되어 있다. 그런데 그게 뭐지?'

나는 중서부의 평범한 기독교 가정에서 자랐다. 부모님인 릭과 샌디는 부지런히 일했고, 자녀들을 평균 이상으로 키우려 했다. 공립학교는 훌륭했고 할머니 할아버지도 근처에 사셨다. 엄마는 거의 매주 우리 형제들을 꼭 교회에 보냈다. 나는 승승장구하는 듯했다. 3남매 중 둘째였던 나는 야구와 농구 등 스포츠에 재능이 뛰어났다. 친구들도 많았고 집에서도 잘 도와주었다. 공부도 열심히 했고, 말썽도 피우지 않았고, 교회에 다녔고, 기도까지 했다. 스포츠나 친구들일로 바쁘지 않을 때면 여름성경학교와 교회 캠프에도 참석했다. 나는 강점이 많았고 개발할 기회도 많았다. 내 삶은 좋았다. 모든 부모가 자녀에게 주고 싶어 하는 그런 삶이었다.

그런데 대학 졸업을 앞둔 내가 구치소에 앉아 있었다. '내 인생은 끝났다'는 생각이 들었고 죽고만 싶었다. 그래도 나는 강한 청년이었는지라 며칠 후에는 이 상황을 최대한 선용하자고 마음먹었다. 운전면허증이 필요 없는 일자리를 얻었다. 외상을 겪은 사람들을 어떤 보호소에서 상담하는 일이었다. 나보다 기쁨이 빈약한 사람들을 도우며 내 인생을 추스를 수 있을 것 같았다. 연약한 사람들과 강한 사람들이 조우할 때 어떤 일이 벌어지는지를 나는 거기서 배웠다.

1. 연약한 사람들과 교류하다: 어린 나이에 성매매에 이용된 사람들을 나는 처음 보았다. 첫 사흘 동안 그곳 현실을 보면서 어디론가 달아나고 싶었다. 온갖 감정과 문제가 보호소를 온통 휘감았다. 불행한 감정은 전염되는 듯했고 순식간에 증폭될 때도 많았다. 직원들은 쉽게 헤쳐 나가는 것 같았지만, 나한테는 거기서 일하는 데 필요한 자질이 없었다. 관심이 없었던 것은 아니다. 나는 사람들에게 마음이 끌렸고, 그들이 겪는 참상을 보며 괴로웠고, 그들 모두가 회복되기를 바랐다. 하지만 직원들이 힘든 사람들을 위해 기도해 주는데도 나는 그냥 짐을 싸서 나올 작정이었다.

당시에는 이렇게 말로 표현할 수 없었지만, 알고 보니 고통당하는 이들을 기쁘게 하는 일은 파티의 흥을 돋는 재주와는 달랐다. 친구들과 나는 늘 사교성을 십분 발휘하여 서로 고통과 약점을 무조건 피하게 했었다. 그런데 이곳 사람들은 좋은 인상을 풍기는 재주마저 없었다. 그들의 고통이 밀려들 때마다 그들보다 나 자신이 더 연약하게 느껴졌다. 그 느낌이 싫었다. 이 악몽을 뒤로하고 도피처인 집으로 돌아가야겠다고 생각했다.

2. 임마누엘을 경험하다: 그날 밤, 짐을 싸기 전에 이 상황에 그리스도인답게 대처하자는 다짐으로 기도했다. 기도하는데 어떤 생

각이 떠올랐다. 당장 내게 별 의미도 없고 이해할 수도 없는 이상한 생각이었다. 그 별난 생각은 단어 하나와 숫자 하나로 되어 있어 왠지 성경처럼 느껴졌다. '이사야 61'이었다. 성경책을 꺼내 목차를 쭉 훑어 보니 이사야가 있었다. "61장이 있을 확률이 얼마나 될까?" 그런 의문이 들었으나 정말 61장이 있었다! 너무 놀라서 다른 성경책까지 확인해 보았다. 역시 이사야 61장이 있었다.

읽어 보니 깊은 변화에 대한 내용이었다. 기쁨이 결핍된 이 땅의 모든 곳에 기쁨이 회복된다는 내용이었다. 그 순간 더 놀라웠던 것은 하나님이 나와 함께하고 계심을 내가 알았다는 사실이다. 그 말씀을 읽고 생각하면서 나의 관점과 감정이 변했던 것 같다. 마음이 한결 평안해졌고, 이상하게 그 보호소에 계속 남아 있어야 할 것 같았다. 그때는 상상도 못했지만 그 뒤로 몇 년 동안 연약한 사람들과 함께 살면서 내 삶에 중대한 변화가 찾아왔다.

그때 터득한 내용이 곧 이 책의 핵심이다. 성품의 변화는 연약한 사람들과 강한 사람들이 서로 교류를 지속할 때에만 이루어진다. 당신 자신이나 어떤 지인의 성품에 현저한 변화가 일어났던 때를 잠시 떠올려 보라. 정확히 그 공식이 보일 것이다. 연약한 사람과 강한 사람이 삶 속에서 서로 부대껴야 한다. 그래야 둘 중 어느 쪽에든 영속적 변화가 일어날 수 있다.

강자와 약자 사이의 교류라 해서 모두 긍정적 변화를 낳는 것은 아니다. 사실 내가 만난 피해자들도 그전에 강한 사람들과 교류한 적이 있었으나, 그때는 오히려 상처를 입었다. 약자에게 상처를 주는 강자는 남의 약점이 눈에 띄면 보호자가 아니라 가해자처럼 반응한다. 우리 모두의 머릿속에는 본능적으로 가해자의 반응이 들어 있다. 따라서 누구나 가해자의 반응을 보일 수 있다. 하지만 반대로 보호자의 반응을 보이는 사람들도 있다. 그들은 연약함에 애정으로 반응한다. 기쁨은 보호자가 있을 때에만 자랄 수 있다. 가해자는 기쁨이 빈약한 환경을 만들어 낸다. 내가 그곳에서 금방 깨달았듯이, 연약한 사람들과 함께 살려면 자기 속에 있는 가해자의 반응을 직시해야 한다. 이 또한 기쁨이 시작되는 자리다.

지속적 교류가 없으면 강자도 변화되지 않고, 약자도 자기가 얻은 것을 지켜 내지 못한다. 당시 나는 내 도피처에서 한참 벗어나 있었다. 하지만 원한다면 언제라도 내 힘으로 거기로 돌아갈 수 있었다. 강자와 약자의 차이가 하나 있다. 약자는 도피처를 찾아내거나 거기에 남아 있을 수 없다. 비록 내가 연약함을 애정으로 대하긴 했지만, 그래도 뭔가 다른 요소가 없었다면 그곳에서 떨어져 나왔을 것이다.

하나님의 능동적 임재와 샬롬(평안)을 경험하고서야 비로소 나는 도피처를 떠나 변화의 현장에 남아 있을 수 있었다. 변화의 현장에 남아 있으려면 하나님의 임재를 의식해야 한다. 하나님의 도움으로 나는 사람들을 다르게 볼 수 있었다. 하나님이 임재하시니 나 혼자가 아니었다. 어쩌면 가장 중요한 것은 그 다음이다. 하나님의 도움으로 나는 나 자신이 굳이 강해지려 할 필요가 없음을 배웠다. 그때부터 나에게 그리스도인의 성품이 계발되기 시작했다. 이를 성숙이라 한다.

3. 짐을 만나 다세대 공동체가 어떻게 성숙을 북돋는지 배우

다: 보호소에 남아 하나님의 임재를 구하는 법을 배우면서 아주 효과적으로 남을 돕게 되었다. 어떻게 해야 되는지 잘 몰랐어도 배우려는 열정만은 뜨거웠다. 그 즈음에 나는 짐 와일더 박사의 가르침을 통해 인생모델을 처음 배웠다. 신경신학자인 그가 강사로 와서 기쁨의 중요성에 대해 강연했다. 셰퍼드 하우스의 대표인 짐은 인생모델을 개발하는 데 중추적 역할을 했다. 그는 내게 이론적 모델과 실천적 모델을 둘 다 알려 주었다. 이론적 모델을 통해서는 구치소에서 자문했던 "내 문제는 무엇인가?"라는 질문을 이해할 수 있었고, 실천적 모델을 통해서는 좀 더 성숙한 모습이 어떤 것인지 알 수 있었다. 이제 나의 연약함을 도와줄 더 강한 사람이 생겼다. 한 세대가 다른 세대를 돕고 있었다.

인생모델의 기초는 다음과 같은 원리에 있다. 우리와 함께하시는 임마누엘 하나님과의 교류적 임재 속에서 약자와 강자가 세대를 뛰어넘어 서로 도와야 한다는 것이다. 짐과의 관계를 통해 나는 기쁨이 더 풍성한 삶을 시작하는 법을 배웠다. 인생모델은 나에게 기쁨이 관계적인 것임을 가르쳐 주었다. 기쁨은 둘 이상의 사람이 서로 함께함을 즐거워하는 것이다. 사랑의 유대를 맺고 사람들을 애정으로 대할 때 기쁨이 자란다. 기쁨에 힘입어 사람들은 자신의 참 정체성을 발견하고, 끈끈한 유대를 가꾸고, 성품을 계발하고, 외상을 해결하고, 문제를 극복하고, 기쁜 관계 기술 즉 성숙을 가꾸어 나간다.

짐이 크리스에게 기쁨에 대해 가르친 내용: 이론의 도입

본래 모든 인간은 삶이 시작될 때부터 기쁨을 찾도록 되어 있다. 기쁨은 누군가 나와 함께함을 즐거워한다는 뜻이다. 우리는 기쁨을 아주 감정적으로 받아들인다. 기쁨의 결핍도 감정적으로 받아들인다. 사람들이 내 연약함과 부족함을 보고도 나를 돌보아 줄 때 기쁨이 자란다. 사람들이 나를 무시하거나 내 약점을 이용하면 기쁨이 사라진다.

대인관계 속에서 기쁨을 얼마나 경험하느냐에 따라 삶에 대처하는 정서적 역량이 달라진다. 뇌의 능력과 화학적 특성과 힘을 형성하는 요인은 유전 인자라기보다 온유한 보호자들을 통해 체득된 기쁨이다. 유년기에는 기쁨의 역량이 가족들에 좌우된다. 어린아이를 온유하게 대하고 서로의 약점을 보호하는 가족들은 기쁨이 풍성한 가정을 만들어 낸다. 그러나 서로 비난하고 힘을 남용하고 약점을 틈타 고통을 주는 가족들은 결국 기쁨이 빈약한 가정이 된다.

기쁨이 결핍된 가정에서 자라나는 아이들은 학교에 들어가면서 두 번째 기회를 얻는다. 가정에서 기쁨을 몰랐던 아이도 교실에서 기쁨을 발견하고 새 희망을 실현하는 경우가 왕왕 있다. 많은 아이들이 이전에 몰랐던 기쁨을 친구나 특별한 교사에게서 발견한다. 여기 나와 함께함을 정말 즐거워하는 사람이 있다. 여기 내 약점을 보고도 멸시하거나 이용하지 않고 오히려 나의 성장을 돕는 사람이 있다. 그런 아이들 중에 나중에 교사가 되어 다른 아이들의 재출발을 돕는 사람들도 꽤 있다.

인생의 세 번째 출발은 대개 교회에서 찾아온다. 그런데 희한하게도, 교회에 다니지만 기쁨이 결핍된 가정에서 자란 자녀들은 대개 교회에서도 기쁨을 얻지 못한다. 그러나 기쁨이 빈약하되 교회에 다니지 않는 가정에서 자란 사람들은 나중에 사랑의 하나님을 만나고 교회 가족의 환영을 받으면, 자신의 영혼이 평생 갈구해 오던 기쁨을 경험한다.

기쁨이 결핍된 가정이 교회에 꾸준히 다니는데도 계속 기쁨이 빈약하다면 뭔가가 잘못된 것이다. 가장 흔한 원인은 교회 안에 연약한 교인들과 강한 교인들 사이의 교류가 충분하지 못하다는 것이다. 그런 교류가 없으면 삶이 변화될 수 없다. 교회는 끼리끼리 모이는 도피처들로 갈라진다. 사람들은 연약함을 숨긴 채 자기와 비슷한 사람들과만 교류한다. 기쁨이 결핍된 가정의 자녀들은 결국 교회에 해답이 없다고 결론 짓는다. 어쩌면 나머지 교인들도 모두 똑같은 곤경에 처해 있을지도 모른다.

가정과 학교와 교회는 우리 삶에 기쁨을 가져다줄 가망성이 가장 높은 세 곳이지만, 그렇다고 틀림없이 기쁨을 가르쳐 주는 것은 아니다. 그래도 가정과 학교와 교회의 궁극적 성공을 결정짓는 가장 강력한 요인은 바로 기쁨이다. 나와 함께함을 즐거워하는 이들에게서 내가 기쁨을 경험하면, 그들도 자기와 함께함을 즐거워하는 나에게서 기쁨을 경험한다. 이런 기쁜 교류의 한 가지 징후는 얼굴이 미소로 밝아지는 것이다. 생후 3개월 된 아기는 모두 자연스럽게 기쁨을 시작한다. 기쁨을 시작하는 일은 우리의 천성이다. 우리가 손상된 인간만 아니라면 평생 기쁨을 키우고 전파할 것이다. 그러나 우리 중에는 상처를 입고 외부와 단절된 사람들이 많이 있다. 그 결과 기쁨이 결핍된 생활방식 속에 존재하느라 고생한다. 그렇다면 어찌할 것인가? 자신의 삶을 돌아보면 기쁨이 여기서 시작됨을 알게 된다.

크리스가 회고하는 자신의 삶

내게 변화가 시작되던 그때를 돌이켜보면 지금도 기억나는 게 있다. 나는 거기서 만난 귀한 영혼들을 보호해 주려는 깊은 갈망이 있었다. 그리스도인이란 강한 사람과만 아니라 연약한 사람과도 교류해야 함을 나는 처음 배웠다. 어찌된 일인지 가정과 교회와 학교에서는 배우지 못했던 것 같다. 연약함을 애정으로 대하는 마음이 나에게 있긴 있었다. 하지만 연약한 사람들을 애정으로 대하면서도 금세 깨달은 사실이 있다. 그런 태도를 일관되게 유지하기란 힘들다는 것이다.

나 자신이 강하게 느껴질 때는 보호자 역할이 즐거웠다. 하지만 상처받았을 때는 다른 사람들을 비난하고 공격하고 이용해서 내 기분을 달래고 싶은 가해자의 충동과 싸워야 했다. 또한 공격받는다는 기분이 들면 혼자 있고 싶어 피해자 노릇을 했다. 때로는 접촉을 유지하기가 몹시 힘들었다. 그러다 보니 기쁨의 수위가 나보다 낮은 사람들과의 관계에 긴장이 싹텄다. 더 잘하고 싶었지만 내 능력에 심한 한계를 느꼈다. 그곳 친구들의 기분이 상해 있을 때는 소통하고 위로하고 동참하기가 힘들었다. 남을 돕는 내 역량은 나 자신의 고통을 소화하는 능력 정도밖에 되지 않았다. 그 상태로 주저앉지 않도록 뭔가 변화를 달라고 하나님께 간구했다.

임마누엘이신 그분은 나를 신실하게 만나 주셨다. 그분이 반복해서 들려주신 "예수께서 너와 함께하심을 기뻐하신다"라는 말씀은 나를 즐겁고도 놀라게 했다. 나 자신의 연약함을 더 알아 감과 동시에 나는 임마누엘의 기쁨과 힘을 행동으로 보여 주는 강한 사람들과도 교류했다. 그러자 정말 변화가 나타났다. 내 힘이 배가되기 시작했다. 훨씬 창의적이고 유익하고 유능하게 사람들을 사랑하고 이끌고 섬길 수 있게 되었다. 약자를 섬기면서 강자와 교류하는 이 조합은 나의 희망을 북돋아 주었고 아주 요긴했던 복원력을 더해 주었다. 나는 더욱 성숙해졌다. 그토록 찾던 변화를 삶으로 경험하고 있었다. 진정한 관계적 기쁨을 갈구하는 내 마음이 그전까지는 온갖 분주한 활동과 파티와 행복한 가면 속에 가려져 있었다.

기쁨이 더해 감에 따라 그동안 숨기려 했던 내면의 익숙한 레이더망을 평가해 보았다. 평소에 나는 취약해 보이거나 정서가 불안해 보이는 여자들에게 늘 자석처럼 끌렸다. 강박적으로 그들과 관계를 발전시키곤 했다. 그들을 기분 좋게 하는 어휘들도 알고 있었다. 이런 여자들의 문제를 '해결해' 줌으로써 그들이 내 곁에 남아 주기를 원했다. 참된 보호자라면 그들의 약점을 보호해 주었겠지만, 나는 그들의 부족함을 공격하여 내 기분을 좋게 했다. 이런 가해자의 습성의 배후 동기는 두려움이었다. 나에게서 나오는 가해자의 반응을 성숙한 남녀들에게 솔직히 털어놓고 적절한 훈련을 받았다. 나에게 있는 힘으로 상대를 공격하지 않고 보호하는 법을 배웠다. 그렇게 상대를 보호해 주자 간절히 원하던 기쁨이 찾아왔다.

내게 보호자 기술이 자라 가면서 또 다른 반응이 표면에 떠올랐다. 알고 보니 나는 교류나 관계가 내 뜻대로 되지 않을 때는 기쁨으로 다시 돌아가지 못했다. 그럴 때면 피해자 반응을 보이며 바닥에 누워 죽은 척했다. 그중에서도 최악은 수치심인 것 같았다. 수치심에 부딪칠 때마다 내 머릿속에 테이프가 돌아갔다. "크리스, 너는 쓸모없는 인간이다. 아무것도 할 수 없다. 포기해라. 너는 실패자다." 노상에서 차에 치여 죽은 동물이라도 된 심정이었다. 잘못을 지적받거나 비판이나 실패에 부딪칠 때도 역시 늘 피해자 반응이 뒤따랐다. 나의 정체성은 그 부분에서 성장이 멎어 있었다. 기쁨을 회복할 수 있으려면 보호자 기술을 배워야 했다. 짐을 비롯한 성숙한 사람들에게 이런 연약함을 털어놓으면서 나는 실패가 곧 죽음은 아님을 배웠다. 기쁨에 힘입어 감정의 경중을 구분할 수 있게 되었다. 마음이 혼란스럽다고 해서 나 자신이 끝난 것은 아님을 배웠다.

2002년 현재까지 인생모델은 최고의 신학과 신경과학에 기초한 설득력 있는 설명 이론으로 남아 있다. 하지만 기쁨이 결핍된 사람도 기쁨의 기술을 배우면 기쁨이 풍성해질 수 있을까? 그때까지 이를 알아보려 한 사람은 아무도 없었다. 사람들은 나의 성장을 보며 힘을 얻었다. 하지만 나의 기쁨이 커질수록 찾아드는 의문이 있었다. 날마다 나는 상처 입은 사람들을 만나는데, 과연 그들에게 도움이 될 만큼 기쁨이 퍼져 나갈 수 있을까? 짐이 기쁨을 전파하는 실험을 제안했을 때 나는 얼마든지 도울 준비가 되어 있었다.

인생모델 이론의 실용화

짐과 크리스는 기쁨의 기술을 습득하고 강화하도록 사람들을 돕기 위해 일련의 연습을 개발하고 시험하기 시작했다. 이 연습들에 '성장 훈련'이라는 이름을 붙였다. 함께 배우고 연습할 파트너가 있는 대부분의 사람들에게는 연습의 결과가 즉시 나타났다. 그러나 그렇지 못한 사람들에게는 진척이 훨씬 느리고 복잡했다. 그들의 삶 속에는 꾸준히 곁을 지키며 그들과 함께함을 즐거워할 사람이 아무도 없었다. 안타깝게도 이는 기쁨이 가장 결핍된 사람들일수록 연습이 너무 어렵다는 뜻이었다. 그래도 이 연습들은 지도자의 자리에 있거나 가족이 있는 사람들에게 매우 유익함이 입증되었다. 이제 우리는 유년기에 기쁨이 빈약했던 사람도 기쁨이 풍성한 사람이 될 수 있음을 확인했다. 물론 기쁨이 아주 빠르게 퍼지지는 않았지만, 그래도 짐과 크리스는 기쁨을 키우고 양육하고 전파할 수 있다는 희망을 처음으로 품게 되었다.

인생모델의 기술 연습이 두 가지 범주로 나뉘는 것이 분명해졌다. 이 차이를 이해하는 게 중요하다. 한 종류의 연습에는 교사가 필요한 반면, 다른 종류에는 실습 파트너만 있으면 된다. 짐과 크리스가 부딪친 가장 흔한 오해가 있다. 기술은 누구에게나 있으므로 실습만 하면 된다는 가정이다. 이는 전혀 사실이 아니다.

인생모델의 관계 기술 연습에는 두 가지가 있다

기술을 배우는 첫 단계는 기술의 습득이다. 기술을 습득하려면 그 기술을 소유하고 있을 뿐 아니라 우리에게 기술을 가르쳐 줄 사람이 필요하다. 예컨대 헝가리어로 인사하고 싶다고 하자. 일단 누군가의 도움으로 배우지 않으면 인사를 시행할 수 없다. 기술 훈련의 두 번째 단계는 시행이다. 기술을 개발하고 강화하여 제대로 써먹을 수 있으려면 시행이 필요하다. 헝가리어 인사말을 배웠으면 이제 그 말을 실제로 사용해야 한다. 그래야 결국 내 것으로 만들어 사람들과 교류할 수 있다.

여기서 알아야 할 중요한 것이 있다. 기술의 학습과 시행은 서로 다르다. 기술을 처음 배울 때의 인지 과정과 그 기술을 시행할 때 개입되는 인지 과정은 매우 다르다. 즉 연습에도 두 종류가 있다는 뜻이다. 하나는 기술을 습득하기 위한 연습이고, 또 하나는 기술을 시행하기 위한 연습이다.

이런 연습들을 개발하는 과정에서 짐과 크리스의 목표는 단지 사람들에게 기술을 훈련시켜 혼자만 기쁨을 누리게 하는 게 아니었다. 혼자의 기쁨도 좋은 열매이지만, 그것으로는 기쁨이 결핍된 세상을 변화시킬 수 없다. 짐과 크리스가 추구한 기쁨은 훈련받는 사람들 너머로 퍼져 나가는 기쁨이었고, 그것도 자신들 둘이 여기까지 오느라 받았던 만큼의 많은 훈련이 요구되지 않아야 했다. 이를 가리켜 그들은 사람에게서 사람에게로 계속 퍼져 나가는 '자체 전파식' 관계 기술이라 불렀다. 자체 전파가 이루어지려면 단순한 기술 자체만 전수해서는 안 되고, 그 기술을 활용하는 데 수반되는 동기와 정체성까지 전수해야 한다. 예컨대 사람들에게 응원용 반짝이를 흔드는 법을 가르치기는 쉽다. 하지만 웬만한 남자에게 숙련된 응원단원이 되도록 동기를 부여하기는 훨씬 힘들다.

습득 연습

우리가 새로운 기술을 배우는 동기는 무엇인가? 동기를 전수하는 일도 기술 자체를 전수하는 일 못지않게 중요하다. 우리 중 많은 사람들은 성경 읽기와 기도에 필요한 기술을 배웠다. 그중에는 두려움이 동기인 사람들도 있고 사랑이 동기인 사람들도 있다. 사랑이 동기인 사람들은 그 기술을 활용하여 하나님과의 관계를 더욱 깊어지게 한다. 또한 그 기술을 다른 사람들에게도 즐거이 가르친다. 그러나 두려움이라는 동기를 전파해서는 하나님과의 관계를 낳을 수 없다.

좀 더 복잡한 예를 하나 생각해 보자. 자손을 보호하는 할머니가 되려면 뭔가 동기가 필요하다. 아기를 키워 본 사람은 알겠지만, 외출할 일이 있어 아기에게 옷을 입히고 시간 맞추어 나가려면 상당한 준비가 필요하다. 알다시피 아기는 중요한 행사일수록 꼭 기저귀를 적시는 경향이 있다. 또한 아기 옷에서 냄새가 덜 나게 하려면 옷을 잘 골라 입혀야 한다. 하지만 기저귀를 사용하지 않는 문화에서는 어떤 일이 벌어질지 생각해 보라. 모임에 나가거나 누군가를 만나거나 마트에 가려면 아기를 준비시켜야 한다. 그래야 아기를 업은 상태에서 엄마가 더러워지지 않는다. 이때 노련한 할머니에게는 간단한 해법이 있다. 아기에게 관장(灌腸)을 해 주는 것이다. 외출하기 직전에 할머니는 따뜻한 물을 입에 머금었다가 아기의 엉덩이에 살살 뿜은 뒤 똥을 깨끗이 씻어 낸다. 이 과정에서 몇 가지 다른 부분도 명심해야 하지만, 여기서는 별로 중요하지는 않다. 어쨌든 아기를 준비시켜 나가려면 일정한 정도의 기술이 필요하다.

하지만 동기는 훨씬 큰 문제다. 실제로 입으로 아기 엉덩이를 씻겨 주고 싶은 사람이 누가 있겠는가? 그 의식(儀式)을 생각만 해도 반감이 들기 때문에 기술의 동기 부분은 전파하기가 어렵다. 할머니로서는 자기 자손들이 모임에서 꼭 기쁜 대접을 받게 해 주고 싶다는 동기가 있다. 매번 성실하게 아기의 엉덩이를 씻어 줄 동기가 있다. 할머니는 그 일에서 자부심마저 느낀다. 아기를 씻어 주는 기술은 자손을 보호하는 할머니의 정체성의 일부다. 하지만 그 느낌을 전파하기란 물리적 기술 자체를 전파하기보다 훨씬 더 힘들다. 기술 자체만 아니라 이런 동기와 정체성에 대한 인식도 함께 전수되어야 한다.

　기저귀를 사용하지 않는 그 사회에 일회용 기저귀를 도입한다면 어떤 일이 벌어질지 생각해 보라. 기저귀의 판매로 다양한 경제적 이익이 발생할 것이고, 버려지는 기저귀는 환경을 파괴할 것이다. 그밖에도 위생상의 득과 실이 있을 것이다. 그러나 우리가 알아차리지 못하는 것이 있다. 동기와 정체성을 전수하는 3세대 간의 긴밀한 인격적 교류가 위협받는다는 것이다. 자손을 보호하는 할머니가 되려는 동기의 일부가 소멸의 위기에 처한다. 우리 입장에서야 그런 문화적 변화가 반가울 것이다. 입으로 관장할 일이 없어질 테니 말이다. 하지만 자손을 보호하는 할머니가 되려는 동기는 특정한 조건 하에서 대대로 습득되어 왔다. 기저귀 때문에 그 조건이 말살되기 쉽다.

　소녀들이 입으로 아기 엉덩이를 씻는 법을 배우지 못할까 봐 걱정하는 게 아니다. 소녀들이 동기를 잃는 것을 우려하는 것이다. 그 동기는 자손을 보호하는 할머니들을 통해 전수된다. 할머니라는 존재를 빚어내는 궁극적 동기와 성품과 정체성이 있고, 가족의 유대라는 장은 그것을 습득하는 데 필요한 조건을 제공한다. 병원에서 간호사들이 하는 관장을 관찰해서는 소녀들에게 동일한 결과가 나타날 수 없다. 이 예에서 보듯이, 우리 정체성의 아주 중요한 부분들이 전수 과정에서 떨어져 나가 불과 몇 세대 만에 소멸될 수 있다. 이 문제에 대해서는 10장에서 공부할 것이다.

강화 연습

무엇이든 자꾸 실습하면 속도가 빨라지고 정확성이 높아지고 힘이 붙는다. 이전만큼 정신을 집중하지 않아도 완수할 수 있다. 실습은 이미 할 줄 아는 일에 제격이다. 일단 다른 사람에게 배우고 나면 대부분의 기술을 혼자서 실습할 수 있다. 하지만 어떤 기술은 타이밍에 좌우된다. 따라서 시간에 민감한 기술을 개발할 때는 실습 파트너가 필요하다. 우리 뇌는 다른 사람들이 하는 일을 관찰하고 따라하는 능력이 있다. 그래서 생전 처음 해보는 일이라도 많은 일을 배울 수 있다. 자동차를 운전하는 학습이 다분히 그렇게 시작된다. 핸들을 잡아 보기도 전에 우리는 운전 방법을 많이 알고 있다. 반면에 비행기를 조종하는 법에 대해서는 생각이 훨씬 막연하다. 비행기를 조종 중인 사람을 본 적이 거의 없기 때문이다. 운전이든 비행이든 일단 시작하면 보기보다 힘든 일임을 알게 된다. 숙달되려면 실습이 필요하다.

인생모델의 관계 기술 연습들을 실습하면 '역량'이 쌓인다. 다시 말해서 그 기술들이 머릿속의 습관이 된다. 습관은 우리 뇌의 백색질 연접부를 변화시켜 속도와 정확성을 크게 향상시킨다. 실습과 역량이 늘수록 더 힘든 상황에서도 더 오랫동안 그 기술을 구사할 수 있다. 예컨대 운전을 자꾸 실습하면 교통 체증이 심할 때나, 눈이 내릴 때나, 차 안에서 누가 말을 시킬 때도 운전을 할 수 있다.

약자와 강자의 만남

크리스는 아내 젠과 함께 성장 훈련을 위한 인생모델 연습들을 계속 개발했다. 그들은 훈련의 효율성을 극대화하는 쪽으로 연습들을 구성했다. 그대로만 훈련받고 강화되면 인도자들이 각자의 공동체로 돌아가 자신이 배운 기술을 전파할 수 있다.

성장 훈련은 여전히 매우 효과적이지만, 이미 유대가 형성된 파트너들 사이로 국한된다. 따라서 훈련받고 각자의 공동체로 돌아간 사람들에게 여전히 남아 있는 문제가 있었다. 파트너가 없는 사람들을 어떻게 도울 것이냐 하는 문제였다. 그래서 커넥서스 프로그램이 개발되었다. 이를 통해 연약한 사람들과 강한 사람들이 가정, 지역교회, 공동체 내에서 함께 실습할 수 있다.

에드의 도움으로 짐은 인생모델의 이론적 답을 취하여, 아직 유대 깊은 파트너가 없는 사람들에게 맞추어 다듬었다. 그 결과로 나온 것이 커넥서스다. 이 연습들 덕분에 서로 잘 모르는 사람들도 세 방향의 유대라는 뇌의 역량을 구사하여 기쁨을 가꿀 수 있다. 세 방향의 유대를 활용하면 교회나 공동체에서 훈련받는 사람들에게 연습이 더 안전하고 덜 부담스럽게 느껴진다. 그 결과물이 '재출발' 과목인데, 이는 외상을 겪었거나 뭔가에 중독된 사람들을 도와 새로 기쁨을 가꾸게 하고자 제작되었다. '재출발'은 에드의 바람만큼 효과를 내긴 했지만, 변화의 현장을 충분히 경험하게 하지는 못했다. 지속 가능한 변화의 현장은 약자와 강자가 함께하면서 하나님의 임재를 의식하고 연약함에 애정으로 반응할 때에만 이루어진다.

그런데 우리가 알게 된 사실이 있다. 강한 그리스도인들은 하나님과의 교류적 임재를 경험할 수 있는 한에서만 변화의 현장에 머물려 한다. 강한 사람들도 하나님의 임재를 의식하는 데 어려움을 겪는다. 데이비드 테이클(David Takle)이 그 어려움을 연구했다. 그는 강한 그리스도인들이 하나님을 알고 변화되도록 그들을 돕는 데 헌신했는데, 이를 통해 인생모델 팀의 한 가지 중요한 문제가 해결되었다. 데이비드가 개발한 '형성' 과목의 도움으로, 사람들은 하나님을 앎으로써 변화될 수 있다.

'재출발'이 연약한 사람들에게 초점을 맞추었다면 '형성'은 강한 사람들을 대상으로 한 것이다. 이 두 가지가 개발되었으니 이제 약자와 강자를 양쪽 다 훈련할 수 있게 되었다. 하지만 양쪽을 함께 있게 하려면 애정의 반응을 장려해야 하는데, 그 일을 어떻게 할 것인가? 대부분의 상황에서 약자와 강자는 어떻게든 서로를 피한다. 그들은 같은 교회에 나가거나 같은 학교에 다니거나 결혼하여 한 가족이 되었을 수 있지만, 함께 있어도 기쁨이 거의 없다. 두 집단은 기회만 생겼다 하면 각자의 길을 간다. 이 문제를 해결하려고 에드와 인생모델 팀은 '소속' 과목을 개발했다. 이를 통해 연약한 사람과 강한 사람이 변화의 현장에 함께 모인다. 이로써 변화 현장의 3대 조건을 모두 갖춘 공동체 훈련의 환경이 처음으로 만들어졌다.

이렇게 가정과 교회를 위한 자료들이 마련되자 그때부터 쉴리아는 기쁨을 학교에 접목시켰다. 그녀는 인생모델과 성장 훈련을 이미 잘 알고 있었다. 교실에서 약자와 강자 사이에 교류를 촉진하는 일이 중요함도 알았다. 그녀는 기쁨이 빈약하기로 유명한 교육계에 기쁨을 퍼뜨리는 일에 헌신했다. 자신도 어렸을 때 어느 교사를 통해 변화를 경험했기에 학교의 다음 세대 아이들에게 열정적으로 기쁨을 전파한다.

기쁨을 교육에 접목시키는 일에 관심을 가진 교육자는 쉴리아만이 아니다. 빌 세인트 시어 박사와 그의 아내 메리엘렌은 샬럿 메이슨

(Charlotte Mason)의 옛 교육 방법과 새로운 신경과학 사이의 신기한 조화에 주목했다. 이들은 앰블사이드 국제학교를 설립하여 학교 전체를 기쁨의 학습 위에 세워 가고 있다.

인생모델은 전 세계의 대학과 신학교 등 고등교육계로 계속 퍼져 나가고 있다. 성장 훈련을 초기에 수료한 다브 스미스(Darv Smith) 박사와 그의 아내 캐럴(Carol)은 예수전도단(YWAM)의 열방 대학교에 중독회복 상담자훈련 프로그램을 만들고 이끌었다. 에드와 짐과 크리스도 예수전도단의 여러 학교에서 인생모델을 가르쳤다. 그 사이에 다브의 주선으로 인생모델의 첫 교재인 《예수님의 마음으로 생활하기》(*Living From The Heart Jesus Gave You*)가 화란어, 러시아어, 한국어, 포르투갈어로 번역되었다.

인생모델 전집

인생모델의 자료가 늘어나자 젠이 배급 체제를 정비했다. 이제 모든 훈련 자료가 '인생모델 전집'이라는 통일된 이름으로 제작된다. 덕분에 기쁨을 시작하는 사람, 인도자, 멘토, 그룹, 학교, 교회 등을 위한 자료 일체가 동일한 이론에 근거하여 동일한 어휘를 사용할 뿐 아니라 호환 가능한 훈련 방법들을 적용하게 되었다. 기쁨의 변화에 관심이 있는 사람들은 인생모델의 다양한 적용을 이 전집에서 한꺼번에 접할 수 있다. 더 자세한 내용은 웹사이트 joystartshere.com과 이 책의 부록4에 나와 있다.

기쁨은 왜 모든 곳으로 퍼지지 않는가?

이쯤에서 기쁨이 왜 그냥 모든 곳으로 퍼지지 않는지 의문이 들 수 있다. 왜 기쁨이 더 많지 않은가? 좀 더 생각해 보면 이런 의문도 들 수 있다. 외상과 가해자의 성격은 신속히 퍼지는데 왜 보호자를 찾아보기는 힘든가? 인간의 가장 깊은 갈망이 기쁨이라면, 누구든 자신이 원하는 게 기쁨임을 더 알아야 하지 않는가? 주변에 기쁨이 더 많아야 하지 않는가? 이런 의문들의 답을 이해하려면 잠시 멈추어 기쁨의 이론을 더 자세히 공부할 필요가 있다. 그래야 함께 인생모델을 활용하여 기쁨을 시작할 수 있다.

인생모델

알다시피 그리스도인을 향한 하나님의 계획과 목표는 기쁨, 샬롬, 성숙, 예수님을 닮은 성품 등으로 충만한 삶이다. 하지만 경건한 성품을 기르고 그 성품을 애써 표현하는 일은 말처럼 쉽지 않다. 한동안 시도해 본 사람은 누구나 안다. 인생모델은 신경과학에서 발견된 내용과 성경을 종합하여 이상적 모델을 제시한다. 평생에 걸친 인간의 성장과 발달을 설명하는 지침서인 셈이다. 인간의 성장에서 핵심이 되는 것은 참된 정체성의 문제다. 인생모델의 첫 교재에서 보듯이, 우리의 참 정체성을 형성하는 영적 DNA는 예수님의 마음에서 기원한다. 본래 우리는 지금처럼 기쁨이 결핍된 사람들이 아니다. 참 자아와 소명은 우리 모두를 예수님처럼 온유한 보호자가 되게 한다.

짐이 인생모델 자료에 사용한 '성숙'이라는 단어는 나이와 관계없이 모든 상황과 관계 속에서 온전히 자기답다는 뜻이다. 기쁨이란 "누군가가 나와 함께함을 즐거워한다"는 뜻이므로 '나'를 바로 아는 것이 굉장히 중요하다. 사람들이 내 가짜 자아를 좋아하고 참 자아를 멸시한다면 진정한 기쁨이 있을 수 없다. 무엇이든 우리의 정체성을 해치는 것은 기쁨의 수위와 성숙까지도 해친다.

성숙에 구멍이 뚫리면 기쁨이 빈약해진다
온전한 정체성을 가꾸려면 삶 전체에 새로운 역량들을 더해야 한다. 인생모델의 첫 교재인 《예수님의 마음으로 생활하기》는 승리에 필요한 다섯 가지 요소에 각각 한 장씩을 할애했다. 그 다섯 가지란 소속, 주고받기, 회복, 성숙, 예수님의 마음으로 생활하기 등이다. 인생모델은 출생부터 죽음까지 인간의 성숙을 단계별로 개괄한 종합 모델이다. 기쁜 성숙이 견고하게 이루어지려면 성숙의 단계별로 여러 가지 필요와 과제가 있다. 그 내용은 이 책의 부록3에 나와 있다.

성숙한 정체성이 없으면 분명한 징후들이 나타난다. 각 단계를 온전히 마치지 못하면 특정한 종류의 고통이 따른다. 발달 과정에서 두 가지 요인이 성숙한 정체성을 해칠 수 있다. 하나는 우리에게 벌어지는 나쁜 일들이고(B형 외상), 또 하나는 기쁨처럼 꼭 필요한 좋은 것들의 부재다(A형 외상). 《예수님의 마음으로 생활하기》의 결론처럼, 성숙한 정체성을 가꾸는 유일한 길은 연약한 사람과 강한 사람이 함께 삶을 나누는 것이다.

성숙한 정체성이란 연령대별로 하나님이 지으신 본연의 나 자신을 뜻한다. 그렇게 본다면 실제로 우리의 성숙은 꽤 수준 미달이고 이상에 못 미친다. 성숙한 정체성을 다 갖추었다면 우리도 예수님처럼 온유한 보호자여야 한다. 그런데 사실은 결핍된 부분들이 있다. 그 결핍된 부분에서 우리는 보호자가 아니라 가해자와 피해자가 된다. 온전한 정체성의 결핍된 부분은 누구에게나 있게 마련이다. 그래서 보호자의 정체성보다 가해자와 피해자의 정체성이 훨씬 쉽게 퍼진다. 평생 가해자나 피해자처럼 행동한 사람은 자신이 본래 보호자라는 사실을 믿기 힘들다. 그래서 스스로를 바라볼 때 하나님의 눈으로, 즉 임마누엘의 경험을 통해 보아야 한다. 기쁨이 시작되고 퍼지려면 공동체 내에도 임마누엘의 경험이 필요하다. 우리 각자 안에는 정말 예수님을 닮은 사람이 존재한다. 그 사실을 깨달으면 큰 기쁨을 얻는다. 잃어버린 우리를 하나님이 다시 찾으셨다!

보호자의 습성과 가해자의 습성은 전파되는 방식이 다르다

가해자의 정체성은 노력이나 도움 없어도 전파된다. 가해자를 만나면 우리는 피하여 숨거나(피해자) 장차 먹히지 않으려고 자신도 똑같이 된다(가해자). 이 둘을 배우는 데는 시간이 오래 걸리지 않는다. 인간은 누구나 가해자가 될 잠재력이 있으며, 우리 중 다수는 이미 가해자다. 가해자보다 보호자가 되는 데 시간과 에너지와 훈련과 인식이 더 많이 필요하다. 가해자의 방식은 계속 쉽게 자체 전파되지만, 보호자의 정체성은 더 복합적이며 훈련과 회복을 요한다. 보호자를 기르고 훈련하려면 기쁨이 필수 자질이다. 모든 보호자는 가정과 교회와 학교와 공동체에서 기쁨과 생명과 축복의 통로가 되어야 할 독특한 위치에 있다. 보호자가 연약함에 애정으로 반응하면 다른 사람들을 보호자로 훈련할 수 있다. 기쁨을 가꾸는 기술이 전수되려면 초라하고 연약한 모습을 안심하고 내보일 수 있는 장이 필요하다. 우리가 아무 일도 하지 않고 있으면 가해자의 특성이 자체 전파된다.

보호자와 음식의 연관성
우리 안에 아주 고질화된 가해자의 반응이 있다. 이를 살펴보지 않고는 변화의 현장에 대한 도입부를 마칠 수 없다. 상대를 추적하여 손에 넣고야 마는 가해자의 행동은 음식을 얻는 데 도움이 된다. 음식 자체도 하나의 보상이다. 음식에 사용되는 뇌 중추의 일부는 기쁨에 사용되는 부위와 동일하다. 가해자는 기쁨을 얻지 못하더라도 대신 음식을 얻는다. 가해자는 사냥과 사살과 포식 등 자신에게 전율을 가져다주는 모든 일을 기쁨의 대용품으로 삼는다.

보호자도 기쁨의 유대를 형성하는 데 음식이 큰 영향을 미침을 안다. 우리는 자신에게 음식을 먹여 주는 사람과 유대를 맺고, 자신이 사랑하는 사람과 아끼는 동물에게 음식과 음료를 구해다 준다. 한편 피해자는 가해자에게 먹이로 보이지 않으려고 죽은 척한다. 음식에 관한 한 가해자의 사고와 보호자의 사고 사이에 "나를 먹지 말고 내게 먹이를 달라"는 관계가 존재한다. 이를 잘 이해할 필요가 있다. 그 관계를 이해하면 음식의 욕구가 어떻게 결핍된 기쁨의 가장 흔한 증상 중 하나가 되는지 알 수 있다. 기쁨을 갈망하면서도 얻을 수 없다면, 뭔가 더 찾기 쉬운 것을 쫓아다닌다. 예컨대 초콜릿이 덮인 것이면 무엇이나 탐한다! 에드는 이런 욕구를 빕스(BEEPS)라 부른다.

하나님은 우리에게 먹여 주시기를 원하신다. 본래 그분은 음식을 먹여 주는 행위를 통해 두 인격 사이에 유대가 형성되게 하셨다. 성경에 언급된 최초의 죄는 음식을 주시는 그분 대신 음식을 선택한 일이다. 이렇게 사람 대신 음식을 선택하면 관계보다 음식을 중시하는 가해자의 논리가 활성화된다. 본래 우리는 보호자였는데 음식을 먹여 주는 사람 대신 음식에 애착할 때마다 가해자가 되었다. 다른 사람들을 향한 기쁜 애착은 그들을 먹을 때 생겨나는 게 아니라 그들에게 먹여 줄 때 시작된다. 이 책에서 음식을 주시는 하나님과의 유대를 어떻게 음식을 통해 회복할 수 있는지 배울 것이다. 아울러 하나님의 양들에게 음식을 먹이는 법도 배울 것이다. 그런 식으로 기쁨은 가정과 학교와 교회를 통해 세상으로 퍼져 나간다.

연약함과 강함에 대해 잘못 들었던 내용을 고치자

당신의 가정에서 연약함을 어떻게 생각했는지 잠시 돌이켜 보라. 가족 중의 누가 자신이 약하다고 말하면 엄마와 아빠는 웃음을 지었는가? 학교에서 경험한 일은 어떤가? 교실에서 연약한 사람이 되어서 좋았는가? 교사들은 연약함을 어떻게 대했는가? 서로 다른 반응이 있었는가? 이번에는 교회를 생각해 보라. 연약함에 대한 교회의 가르침은 우리 문화의 관점과 다를 바가 없는가? 우리의 공동체는 연약함에 애정으로 반응하는가, 아니면 오히려 연약함을 공격하는가?

일부 연약함은 나쁜 것이며 하나님의 도움으로 강해질 수 있다는 말을 가장 흔히 듣는다. 당신도 그런 가르침을 자주 들었는가? 기독교 지도자들은 우리에게 강해지라고 가르치면서 정작 자신들은 빈번하게 실패한다. 이를 어떻게 설명할 것인가? 하나님은 우리의 연약함을 통해 능력을 구사하신다. 이 책에서 다시금 살펴볼 것이다.

　　강함을 예찬하고 연약함을 싫어하거나 멸시하는 것은 인간 문화의 거의 보편적인 현상이다. 그러나 연약함이나 강함에 대한 정의는 문화마다 다를 수 있다. 한 문화에서 연약한 것이 다른 문화에서는 칭송의 대상이 될 수도 있다. 지금부터 이 책의 총 3부에 걸쳐 인생모델의 세 가지 특징을 살펴볼 것이다. 이를 통해 연약함을 보는 다른 관점들을 만날 것이다.

변화의 현장

　　목사들은 자신의 양떼가 긍휼을 베풀고 교회 생활에 참여하면 변화가 뒤따를 거라고 생각한다. 그래서 목사들은 혼신을 다해 사람들에게 동참을 설득하지만 성과는 제한적일 뿐이다. 우리도《예수님의 마음으로 생활하기》를 통해 사람들을 설득하려 했지만 성과는 제한적이었다. 그 책에는 연약한 사람과 강한 사람이 함께해야 할 설득력 있는 이유들이 나와 있다. 하지만 말과 논리만으로는 삶이 변화되지 않았다. 변화를 시도해 보려는 사람들조차 별로 없었다. 이미 연약함을 안고 살아가던 사람들은 격려를 얻었지만, 도피처에 있던 사람들은 대개 그 자리를 고수했다.

　　이번 장 첫머리에 말했듯이 성품과 공동체가 변화되려면 세 가지 조건이 동시에 갖추어져야 한다. 그래야 삶이 바뀌고 성숙이 깊어지고 기쁨이 퍼질 수 있다.

1. 연약한 사람들과 강한 사람들이 함께 교류해야 한다.
2. 연약함에 애정으로 반응하는 것이 규범이 되어야 한다.
3. 하나님과의 교류적 임재(임마누엘)를 통해 샬롬이 유지되어야 한다.

우리는 모두 이런 변화의 조건들이 기쁨을 가져다주는 것을 경험했다.

첫째, 가정의 변화 현장을 보자. 수많은 엄마들이 앙앙 우는 아기 때문에 보호의 마음보다는 짜증이 나곤 한다. 크리스의 아내 젠도 도무지 진정되지 않는 아기 때문에 수면 부족에 시달리고 있었다. 하나님께 도움을 구했더니 '아기를 왼쪽 옆으로 뉘어라'라는 생각이 떠올랐다. 그런다고 도움이 될까 싶었지만 순종했더니 결과가 즉각 나타났다. 아들은 금방 잠들었다. 젠의 기분은 짜증에서 하나님과 아기를 향한 감사로 바뀌었다.

둘째, 학교의 변화 현장을 보자. 제임스(James)는 5학년 때 학기 중에 전학을 왔다. 담임 교사는 제임스와 사물함을 자진해서 같이 쓸 사람이 있느냐고 물었으나 아무도 손을 들지 않았다. 급우들 앞에 서 있던 제임스는 얼굴이 빨개졌다. 크리스는 점점 더 곤란해지는 제임스를 보며 측은한 마음이 들었다. 그래서 사물함을 같이 쓰기로 자원했다. 잠자리에서 기도할 때 크리스는 이 사건을 예수님이 지휘하셨다는 느낌이 들었다. 누군가를 보호해 주니 기분이 좋았다. 먼 훗날 크리스는 음주운전으로 구치소에 갇혔다가 보석으로 나왔을 때 제임스에게 제일 먼저 전화를 걸었다.

셋째, 교회의 변화 현장을 보자. 팀(Tim)은 중고등부 전도사에게 자주 기쁨을 주는 부산한 십대 아이였다. 멕시코에 고아원을 지으러 가는 단기 선교에 그는 재미로 따라갔다. 그런데 가난한 아이들을 돕다 보니 그에게 변화가 찾아왔다. 굶주린 아이들을 보면서, 그들을 도우라는 하나님의 감화가 느껴졌다. 이는 팀의 내면에 공명을 일으켰다. 팀은 귀국하여 고아들을 위한 기금 마련에 나섰다.

기쁨의 변화가 일회성 사건으로 끝나지 않으려면 공동체 안에 변화의 현장을 만들어야 한다. 사람들을 변화의 현장에 들어와 거기 머물게 하려면 말 대신 잘 계획된 활동이 필요하다. 그 계획에는 변화에 필요한 3대 조건이 반영되어야 하고, 기쁨이 퍼져 나갈 수 있는 방법이 제시되어야 한다. 변화의 현장에 머무는 데 필요한 요인들을 이제부터 이 책의 나머지에 개괄할 것이다.

제2부에서는 성숙이 어떻게 다세대 공동체 안에서 이루어지는가에 초점을 맞추었다. 다세대 공동체는 인류가 이 땅에 거주한 역사만큼이나 오래되었지만, 지금은 상황이 급속도로 변하고 있다. 풍성한 기쁨을 이루려면 여러 세대가 협력해야 한다. 한때는 그 일이 저절로 되었으나 이제 의지적인 노력이 필요하다. 그래야 결핍된 부분을 보완할 수 있다.

제4부의 초점은 기쁨의 회복에 있다. 이미 손상을 입었어도 우리는 하나님과 교류하는 생활방식을 통해 기쁨을 되찾을 수 있다. 그분은 우리와 함께하시며 우리의 관계 역량을 회복시켜 주신다. 정신과의사 칼 리먼(Karl Lehman) 박사와 그의 아내 샬럿 리먼(Charlotte Lehman) 목사는 우리의 외상 중에도 늘 함께하시는 하나님을 체험하는 일을 '임마누엘'이라는 말로 표현했다. 리먼 부부는 인생모델 팀을 만났고 초기의 성장 훈련 행사에 많이 참석했다. 칼은 처음에는 이 모델을 누구보다도 비판

했으나 시간이 지나면서 오히려 전문 상담자들과 목회 상담자들을 위한 임마누엘 치유를 개발했다.

제4부에서는 기쁜 보호자로서 성숙을 가꾸는 데 필요한 뇌의 19가지 관계 기술에 초점을 맞추었다. 잃어버린 기쁨을 회복하는 데 그런 기술이 큰 역할을 한다. 하지만 더 중요한 것이 있다. 이런 기술은 가정, 학교, 교회 등 우리의 주변 세상으로 기쁨을 퍼뜨린다. 이런 보호자 기술은 이미 그것을 보유한 사람들을 통해 학습되며, 책이나 컴퓨터 등을 통해서는 퍼져 나갈 수 없다. 보호자 기술은 빠른 속도로 소멸의 위기를 맞고 있다.

우리는 기쁨의 보호자 기술을 보존할 수 있다고 믿는다. 신중한 공부와 하나님의 도움을 통해 가능하다. 기쁨을 시작하는 온 세상 사람들의 지원도 빼놓을 수 없다. 일단 보호자 기술을 보존하면 그때부터 자체 전파가 이루어진다.

기쁨은 여기서 우리로부터 시작된다!

나는 어떻게 하고 있는가?

변화는 변화의 현장에서 시작되므로 이렇게 자문해야 한다. 내가 가정, 학교, 교회에서 변화의 현장에 살고 있을 때는 언제인가?

- 나의 약한 곳과 강한 곳은 어디인가?
- 내가 애정으로 반응하기 힘든 연약함은 어떤 것들인가?
- 나 자신의 연약함과 다른 사람들의 연약함 중 나는 어느 쪽에 더 온유한 편인가?

- 새로운 시각을 얻기 위해 나의 연약함을 임마누엘 하나님에게 가져가는가?

우리는 도피처를 좋아한다. 변화의 현장에 들어가려면 나의 약점을 인정해야 하고, 사람들의 약점에 반응하는 방식을 고쳐야 한다. 그런데도 내가 변화의 현장으로 가려는 이유는 무엇인가?

기쁨의 행동
가정: 가정에서 나에게 거슬리는 문제를 하나 골라, 직접 밝은 얼굴로 해결한다.

학교: 학교에서 또는 교내 행사 때 혼자 있는 사람 옆에 앉는다.

교회: 나에게 거슬리는 교회의 어느 특정한 문제를 하나님은 어떻게 보시는지 그분께 여쭙는다.

변화를 위한 준비성에 대한 평가서

1. 나 자신의 발전을 간절히 원한다.

    전혀 아니다 0 1 2 3 4 5 6 7 8 9 10 변화의 필요성을 절감한다

2. 내가 있는 방 안에서 기쁨이 풍성한 사람들과 기쁨이 결핍된 사람들의 관계가 형성될 때가 많다.

    전혀 아니다 0 1 2 3 4 5 6 7 8 9 10 매주에 자주 그렇다

3. 매순간 함께하시는 하나님을 의식하며 감동할 때가 많다.

    전혀 아니다 0 1 2 3 4 5 6 7 8 9 10 항상 그렇다

4. 내가 꾸준히 돕고 있는 나보다 덜 성숙한 사람들은 ___ 명이다.

    0 1 2 3 4 5 6 7 8 9 10 명 이상

5. 나는 성품과 반응을 발전시키기 위해 아주 열심히 노력한다.

    전혀 아니다 0 1 2 3 4 5 6 7 8 9 10 대부분의 에너지를 쏟는다

6. 내가 꾸준히 접촉하고 있는 나보다 더 성숙한 사람들은 ___ 명이다.

    0 1 2 3 4 5 6 7 8 9 10명 이상

7. 실수하는 게 두렵지 않다.

    매우 두렵다 0 1 2 3 4 5 6 7 8 9 10 전혀 두렵지 않다

8. 내가 큰 투자를 해서 이미 우리 가정에 변화가 나타나고 있다.

    전혀 투자하지 않는다 0 1 2 3 4 5 6 7 8 9 10 이것이 우선순위다

9. 다른 사람들의 결점을 보면 그들을 돕고 싶은 따뜻한 열망이 차오른다.

    전혀 아니다 0 1 2 3 4 5 6 7 8 9 10 매번 그렇다

10. 모든 사람을 일체의 위협이나 경멸로부터 적극적으로 보호한다.

    개입하지 않는다 0 1 2 3 4 5 6 7 8 9 10 모두 다 보호한다

이 총점을 아래의 해당 지점에 표시한다

0 10 20 30 40 50 60 70 80 90 100   나의 총점 _____

연약함과 기쁨에 대한 성경공부

우리에게 위안과 웃음을 가져다주는 특별한 순간들, 사람들, 장소들이 있다. 거기서 오는 기쁨을 상기하면 감사에 젖게 된다. 감사한 일을 한 가지 떠올리고 잠시 그 감사에 젖어 보라. 그 다음에 이 공부가 재미있게 해달라고 하나님께 기도하라. 그러고 나서 복음서에서 다음 본문을 읽으라.

누가복음 1:26-56(또는 1:13-56)
본문에 따르면 하나님의 기쁨을 더 경험하기 쉬운 쪽은 연약한 사람인가 강한 사람인가?

연약함과 기쁨과 샬롬에 대한 질문:
1. 본문에서 연약한 사람과 강한 사람은 누구인가?
2. 하나님은 연약한 사람과 강한 사람 사이에 어떤 교류가 있기를 원하시는가?
3. 본문에서 기쁨과 샬롬(모든 것이 합력한다)에 대해 무엇을 배울 수 있는가?

임마누엘에 대한 질문:
1. 본문에서 '우리와 함께하시는 하나님'을 지각한 결과는 무엇인가?
2. 그룹 공부를 위한 활동: 하나님은 언제나 임재하시며 애써 더 분명히 깨우쳐 주신다. 지금 그룹 토의 중에도 그분은 우리가 이 본문을 깨닫도록 돕고 계신다. 이를 어떻게 지각하거나 짐작할 수 있는가?
   (주의: 하나님의 능동적 임재에 대한 생각이 처음에는 낯설게 느껴질 수 있다. 일반적으로 사람들이 현재를 관찰하기보다 과거를 더 화제로 삼기 때문이다. 간단히 답하라. 얼마든지 추측해도 좋다. 매주 이 작업을 할 것이다.)

개인적 질문:
당신의 삶 속에서, 기쁨을 가져다주시는 임마누엘(우리와 함께하시는 하나님)에 가장 근접했던 경험은 무엇인가?

성경 전체에 대한 질문:
하나님이 연약한 자들을 강하게 하시고 강한 자들을 연약하게 하시는 이야기들과 구절들은 무엇인가?

마무리 질문:
금주의 공부를 하기 전에는 몰랐으나 이제 새롭게 알게 된 것은 무엇인가?

인생모델: 나의 기쁨 연습

시작
10가지 감사의 기억을 떠올린 뒤 각각 한두 개의 단어로 제목을 붙여 보라.

개인
1. 10가지 감사의 기억 중 당신이 제일 좋아하는 것을 고르라. 그 특별한 기억을 3분 동안 회상하라. 당신에게 가장 의미 있는 부분들에 초점을 맞추라.
2. 그 감사의 기억 속에 예수님도 임재하셨다. 그 임재에 대해 그분이 무엇을 알려 주려 하시는지 여쭈어 보라. 떠오르는 생각이 있거든 거기에 주목하라. 잡념이 들거든 감사의 기억으로 돌아가 2단계를 다시 시

작하라.
3. 그 특별한 기억을 인해 예수께 감사하라. 그분과 공유한 생각이 있었다면 그것도 감사를 드리라.
4. 몸에 어떤 느낌이 오는지 30초 동안 주목하라. 좋은 느낌이라면 어느 신체 부위에 어떻게 경험되고 있는지 주목하라.

그룹

1. 모든 구성원이 각자 감사의 기억 중 제일 좋아하는 것을 고른다. 그 특별한 기억을 3분 동안 회상한다. 자신에게 가장 의미 있는 부분들을 세 단어로 표현해 보라. (예: 바닷가, 노을, 기념일)
2. 각자 감사의 기억에 붙인 제목과 세 단어를 서로 나누라.
3. 모든 구성원이 그 감사의 기억으로 다시 돌아가 가장 의미 있는 부분들에 3분 동안 초점을 맞춘다. 그 감사의 기억 속에 예수님도 임재하셨다. 그 임재에 대해 그분이 무엇을 알려 주려 하시는지 각자 여쭈어 보라. 떠오르는 생각은 물론 몸에 드는 느낌에도 주목하라.
4. 예수께서 주신 생각이 있다면 각자 간단히 나누고, 몸의 느낌도 짧게 설명하라. 한 사람당 2분이면 적당할 것이다.

PART 2

기쁨으로 돌아가는 길 1, 다세대 공동체

기쁨은 사람과 사람 사이에서 증폭된다

의인이 형통하면
성읍이 즐거워하고
(잠 11:10).

　　지속성 있는 기쁨을 이루는 인생모델의 기초는 다세대 공동체, 임마누엘 생활방식, 뇌의 관계 기술 등 여간해서 함께 보기 힘든 세 가지다. 셋 중 하나라도 없으면 기쁨의 수위가 금방 떨어진다. 기쁨이 자라나서 퍼져 나가기를 원한다면 노인과 아기, 숙련자와 초심자, 연약한 사람과 강한 사람이 다세대 공동체 안에 함께 있어야 한다! 왜 그런지 제2부에서 살펴볼 것이다.

　　기쁨이 지속되려면 적어도 3세대가 기쁘게 교류해야 한다. 4세대라면 더 좋다. 그러면 가장 나이든 세대가 어떻게든 함께 잘 놀게 할 것이다. 공동체의 관건은 지식이나 기술이나 교육이나 권력에 있지 않다. 공동체의 관건은 모두의 관심을 모아 무엇이든 선하고 사랑받을 만하고 칭찬받을 만하고 정직한 것을 증폭시키는 데 있다. 특히 연약하고 지친 사람들을 위해서 그렇게 해야 한다. 그래서 하나님은 우리를 가정과 씨족과 부족과 나라와 언어와 문화와 각종 그룹 안에 두신다.

    제2부의 5장에서는 기쁨의 공동체가 어떻게 자라는지 알아볼 것이다. 6장에서는 공동체가 다세대가 아니거나 공동체에 기쁨이 없을 때 어떤 비극이 발생하는지 볼 것이다. 희망으로 돌아가는 길을 함께 찾아보자.

Chapter 5

공동체야말로
기쁨을 배우는
공간이다

보통의 아이들은 세 종류의 다세대 공동체를 통해 다른 세대들과 교류한다. 아이의 첫 번째 다세대 공동체는 가정이다. 가정에는 조부모, 부모, 형제자매가 있고 때가 되면 자신의 자녀와 손자손녀도 태어난다. 다른 세대들과의 두 번째 만남은 교사, 직원, 부모, 학생이 교류하는 학교에서 이루어진다. 세대간 교류의 세 번째 장은 각종 공동체다. 그중 가장 오래되고 가장 널리 퍼져 있는 것은 종교 단체들이다. 그리스도인들의 경우 교회가 이에 해당한다.

그리 머잖은 과거에만 해도 동네라는 네 번째 다세대 공동체가 있었다. 동네의 어떤 이웃에게 물어도 나의 조부모에 대한 이야기를 들을 수 있었다. 어른들은 우리를 아들딸처럼 대했고, 대부분의 이웃들이 날마다 대화를 나누었다. 누가 아프면 이웃들이 돕고 음식을 챙겨 주었다. 아이들은 집에서든 밖에서든 함께 놀았다. 사람들은 연을 날렸다. 물론 동네에도 다른 다세대 공동체들과 똑같은 문제들이 다 있었다. 하지만 동네는 범위가 넓어서 삶의 모든 여가 시간을 교류와 관계로 가득 채워 주었다. 지금은 전 세계적으로 동네가 완전히 실종되다시피 했고, 인터넷의 가상현실로 대체되고 있다. 거기서는 소통이 가상이며 거의 일방적이다. 사람들은 자기가 좋아하는 가수에게서 개와 산책 중이라는 트위터 메시지를 받고, 게임 속의 마리오 형제가 어떤 결과를 낼지 예측한다. 그들은 특정 여배우가 이혼을 생각 중이라는 사실은 알지만 자기 이웃들의 이름은 모른다. 다세대의 모든 교류 공간, 곧 동네와 가정과 학교와 교회 공간의 일부 또는 대부분을 인터넷의 가상현실이 급속도로 잠식하고 있다. 이런 가상현실에서는 기쁨이 자랄 수 없다. 그 실제적인 이유들을 이 책 전반에서 살펴볼 것이다.

  기쁨은 관계적인 것이다. 나아가 기쁨은 사람과 사람 사이에서 증폭되고 세대에서 세대로 전수되는 능동적 과정이다. 사실 모든 감정은 관계적이며 증폭된다. 따라서 기쁨의 관계 기술이 있는 다세대 그룹은 기쁨을 증폭시키고 지속시키지만, 기쁨의 기술이 없는 그룹은 각종 고통과 두려움과 분노와 불행을 증폭시키고 지속시킨다. 알다시피 어떤 가정에는 기쁨이 넘치는데 어떤 가정은 원수처럼 서로 싸운다. 기쁨의 수위가 서로 다르기는 학교와 교회도 마찬가지다. 기쁨을 시작하고 싶다면 가장 중요한 출발점은 바로 남아 있는 세 종류의 공동체에 동참하는 것이다.

집의 이야기

나는 다세대 가정에서 성장했다. 부모님이 콜롬비아 안데스 산지의 선교사라서 친척들과 이역만리에 떨어져 지냈지만, 그래도 우리 집은 영적 공동체의 중심이었다. 어머니는 유머 감각이 없었다. 사람들을 무척 사랑했고 그들의 연약함을 깊은 애정으로 대하긴 했지만, 그녀의 관계 기술은 아주 제한되어 있었고 기쁨도 쉽게 바닥나곤 했다. 나중에야 알았지만 어머니는 선천적 결함 때문에 뇌의 크기가 정상의 절반밖에 되지 않았고, 관계를 관장하는 우뇌가 물로 대체되어 있었다.

앞서 기쁨을 설명할 때 말했듯이, 아기들은 생후 1년 동안 엄마의 우뇌 구조와 배선과 화학적 특성을 그대로 닮는다. 그 상태에서 기쁨의 기술과 정체성을 배운다. 그런데 나의 어머니는 우뇌가 있어야 할 곳에 물이 있었으니 나의 뇌도 기쁨이 매우 빈약해질 수밖에 없었다. 다행히 우리 삶 속에 다세대 공동체가 존재했다. 생후 1년 동안 카르멘이라는 아가씨가 어머니를 도와 나를 보살폈다. 카르멘과 함께 찍은 사진들을 보면 나는 늘 기쁨이 풍성한 아기였다. 게다가 기쁨의 사람들이 날마다 쉴 새 없이 우리 집을 들락거렸다. 당시는 콜롬비아 폭력 사태라 불리는 폭력의 시대였다. 내 인생의 첫 10년 동안에만 약 2십5만 명이 살상되었다(르완다의 경우와 비슷한 수치다). 그런 위험이 상존했기 때문에 어쩌면 만날 때마다 서로 함께함을 더욱 기뻐했는지도 모른다.

흥미롭게도 아버지는 아기 때 이웃들에게서 많은 기쁨을 받았다.

그의 부모는 모든 친척을 피하여 타관으로 가서 가명을 썼다. 할아버지가 아내와 다섯 자녀를 버리고 당시 16세이던 할머니와 함께 도망쳤던 것이다. 결국 둘 다 감옥에 갇혔다. 보석으로 풀려나자마자 그들은 법망을 피해 캘리포니아로 향했고, 중간에 자동차가 고장나자 그냥 그 동네에 눌러앉았다. 그들은 악극단의 극장 옆에 셋집을 얻었는데, 빌리 왓슨의 비프 트러스트(뚱뚱한 여자들로만 구성된 1920년대의 무용단-옮긴이)의 무용수들이 당시 어린 소년이던 나의 아버지와 함께 춤추기를 좋아했다. 다세대 공동체 안에서는 다양한 출처에서 기쁨이 오는 법이다.

나의 학교는 홈스쿨, 통신학교, 교실이 하나뿐이던 교사(校舍), 공교육 등을 두루 망라한다. 신체적, 정서적, 종교적 학대가 완비되어 있던 기숙사학교도 빼놓을 수 없다. 학창 시절의 내 성적을 대충 훑어보면 거기에 각 학교의 기쁨 수준이 정확히 반영되어 있다. 나는 기쁨이 빈약한 학교에서는 낙제점을 받았으나 기쁨이 풍성한 학교에서는 시험 점수가 전국의 상위 5퍼센트 안에 들곤 했다. 그래서 어렸을 때는 몹시 혼란스러웠다. 내가 공부를 못하는 실패자라는 사실이 기쁨이 빈약한 학교들을 통해 이미 밝혀지지 않았던가. 그래서 실제로는 내가 아주 멍청한데 기쁨이 풍성한 학교들이 알아채지 못한 줄로만 생각했다. 기쁨이 가장 풍성했던 곳은 교실이 하나뿐인 학교였다. 나는 호기심과 의욕이 왕성하여 나보다 몇 년씩 상급반인 학생들이 배우던 내용까지 다 배우려 들었다. 그 학교의 교사는 미스 릴리언(Lillian)이었는데, 할아버지가 된 지금도 나는 그녀와 매년 서신을 교환한다.

교회에는 내 인생의 굵직한 기복들이 가득하다. 기쁨이 가장 빈약했던 순간들과 기쁨이 가장 풍성했던 순간들이 이래저래 교회 공동체들과 연관되어 있다. 할머니는 이웃집 남자가 교회로 데려가 억지로 욕보이는 바람에 내 어머니를 가졌다. 나의 아버지는 젊었을 때 뉴욕 주에서 갱단의 일원이었는데 어느 나이든 여자가 그에게 관심을 보였다. 그녀의 보살핌 덕분에 그는 하나님의 사랑을 깨닫고 삶이 변화되었다. 퀘일(Quail) 부부가 모든 대학생에게 부모 역할을 해 주지 않았다면 나의 부모님은 결혼하지 못했을 것이다. 학생들은 그 부부의 집을 제집처럼 드나들며 특별한 식사를 대접받곤 했다. 아버지가 3백 킬로미터도 넘는 곳으로 어머니에게 청혼하러 갈 때는 그 부부가 자동차까지 빌려 주었다. 기쁨의 가정생활은 다분히 퀘일의 집에서 학습되었다.

부모님이 속했던 선교사 공동체는 모든 후원금을 공유했다. 모두가 '한 지갑'의 돈으로 생활했다. 우리는 후원 교회의 하나였던 프로스펙트 교회를 5년에 한 번씩 방문했다. 젊은 날의 아버지를 전도했던 바로 그 교회였다. 그런데 도심의 주민들이 바뀌면서 교회는 지역사회와 교류를 끊었다. 교회 안팎에서 연약한 사람들과 강한 사람들이 더 이상 만나지 않았다. 강한 사람들만 교회에 나왔고, 그들은 세월이 흘러도 늘 똑같았다. 사람들도 똑같고, 노래도 똑같고, 파이프오르간도 똑같고, 명확한 교리도 똑같고, 적어도 내가 보기에는 옷차림까지 똑같았다. 내가 알기로 그 교회에서는 30년 동안 단 한 사람의 삶도 변화되지 않았다. 강한 사람들이 끼리끼리 모여 그들만의 도피처를 이루었기 때문이다. 기쁨도 서서히 고갈된 듯했다.

우리는 어머니의 출신 교회에도 방문하곤 했는데 그곳에는 젊은 가정, 조부모, 어린이, 지역사회 등의 활동이 늘 섞여 있었다. 삶이 변화된 이야기는 대부분 힘든 사람들에게 다가간 결과로 생겨났다. 그들에게 다가간 방법은 주로 시골 교회들을 돕고, 지역사회의 필요를 채워 주고, 청소년들이 여름에 단기 선교를 가는 것 등이었다. 선교지에서 어려운 사람들과 교류하는 동안 청소년들은 다른 사람들의 연약함에 애정으로 반응했고, 그러면서 자신의 신앙과 성품의 연약한 부분을 자주 발견했다. 돌아보면 그 교회의 사람들은 평생 성품이 자라고 깊어졌다. 다세대 공동체의 지원을 받으며 연약한 사람들과 강한 사람들이 애정으로 교류했기 때문이다.

우리 동네에 '요란한 스피커' 교회가 있었다. 지붕 위의 음향 시설이 어찌나 대단하던지 교회 안에서 벌어지는 일이 온 동네에 다 들렸다. 나는 그 옆을 자주 지나다녔지만 안에 들어간 적은 없다. 하지만 그 동네에 우리가 운영하던 기독교 서점이 있어 요란한 스피커 교회의 교인들을 많이 알게 되었다. 혼란에 빠진 사람들이 그 교회에 몰려들었고, 혼란의 내막이 스피커를 통해 다 알려졌다. 교인들의 말을 들어 보니, 그들의 혼란스러운 내면은 하나님을 향한 열정과 함께 오랜 세월 답습되었다. 기쁨은 흥분에 가까워 보였고 폭풍처럼 왔다가 사라졌다. 그 뒤로 나는 비슷한 교회들에 가 보았는데 대다수 교인들의 연령 차이가 15년을 넘지 않았다. 이런 교회들은 이동이 잦아서 해마다 새로 오는 사람들 못지않게 떠나는 사람들도 많았다. 교인들은 열정은 많지만 지속적 성품의 변화는 찾아보기 힘들었다. 새로운 영적 체험들이 계속 흘러들다 보니 성품의 영구적 변화는 없었다.

기쁨의 다세대 공동체란 무슨 뜻인가?

기쁨의 다세대 공동체는 부모와 자녀와 조부모와 교사와 이웃과 친구와 교인이 서로의 특별한 점을 보아 주며 밝고 따뜻하게 인사하는 곳이다. 사람들이 함께 있기를 갈망하고 서로를 깊은 애정으로 품을 때 기쁨의 공동체가 자란다. 서로의 기쁨을 나눌 뿐 아니라 슬플 때도 떨어져 있을 수 없다면 그게 바로 기쁨의 다세대 공동체다. 강한 구성원들이 기쁨의 출처를 잘 보호하고 가꾸기 때문에 모두가 큰 즐거움을 누릴 수 있다.

기쁨의 공동체는 한 개인이나 지도자가 만들어 내는 게 아니다. 기쁨의 다세대 공동체를 이루려는 열망은 개인의 목표이자 또한 공동체의 목표다. 기쁨이 자라려면 나보다 성숙한 사람들과 관계를 맺고, 나와 비슷한 사람들과 함께 연습하고, 나보다 덜 성숙한 사람들에게 기쁨을 주어야 한다. 모든 사람이 개입되거나 적어도 그게 가능하다.

공동체는 기쁨의 환경을 창출하는 능력에서 자랄 수 있다. 기쁨의 환경에서는 약자와 강자가 서로 애정으로 소통하고, 성숙이 깊어지고, 소속이 풍성해진다. 잠시 멈추어 그동안 당신이 보았던 기쁨이 결핍된 자리들을 떠올려 보라. 거기서는 사람들이 담을 쌓고 방어를 높인다. 반대로 기쁨이 풍성했던 순간들도 떠올려 보라. 그 속에는 놀이와 자유와 창의력이 있고, 누구나 소속할 수 있는 자리를 만드는 사람들이 있다. 마음 깊은 곳에서 우리 모두는 기쁨의 공동체를 원하지 않는가?

이 책을 공부해 나가면서 더 분명해지겠지만, 주변에 기쁨을 창출하려면 다수의 관계 기술이 필요하다. 관계 기술은 이미 갖춘 본인 눈에는 잘 띄지 않는다. 애초에 그 기술이 자신에게 어떻게 생겨났는지도 모른다. 내게서 자연스럽게 흘러나오는 기술을 다른 사람들이 구사하지 못할 때, 우리는 당황스러워진다. 반면에 관계 기술이 없는 사람은 다른 사람들이 쉽게 주변의 호감을 얻어 내거나 자신의 성질을 제어하는 모습이 늘 신기하기만 하다. 사실 우리는 관계 기술을 학습된 능력이 아니라 각자 성격으로 생각하는 경향이 있다.

관계 기술은 우뇌에서 학습된다. 그런데 우뇌는 학습하는 자신을 관찰하거나 언제 어디서 무엇을 학습했는지 의식 속에 저장하지 않는다. 반대로 좌뇌는 대개 자신이 배우는 내용을 이야기로 남긴다. 따라서 지금 알고 있는 것을 어디서 어떻게 배웠는지 기억한다. 예컨대 읽고 쓰는 법을 어디서 배웠으며 학교에서 어떤 언어가 쓰였는지는 대개 누구나 기억한다. 미적분을 배웠는지 여부도 알고 있다. 아랍어를 배운 적이 없다면 자신이 아랍어를 읽지 못해도 놀라지 않는다. 좌뇌는 언어를 구사하므로 좌뇌로 배운 것들은 기억 속에 그 정황을 남긴다. 그러나 우뇌는 학습의 정황을 의식 속에 기록하지 않는다. 그래서 우리는 우뇌의 관계 능력을 '학습된' 것으로 간주하지 않는다. 사실은 학습된 것인데도 말이다. 우리는 내가 붙임성이 좋으니 다른 사람들도 다 그럴 수 있으려니 생각한다. 자신에게 붙임성이 없을 때 우리는 이렇게 생각하지 않는다. '저런! 가족들이 나에게 이 기술을 가르쳐 주지 않았군. 강습을 좀 받아야겠다.'

관계 기술이 있는 사람은 관계를 회복하지만, 관계 기술이 없는 사람은 다른 방식들로 문제를 관리한다. 일정한 기술이 결여되어 있으면 문제를 관리하는 방식들이 가정이나 문화를 경직시킬 수 있다. 물론 관계 기술을 잃을 때마다 기쁨은 더 빈약해진다. 우리는 기준에 미달하거나 '표적을 벗어난다.' 옛날에는 인간 이하가 된 인간을 말할 때 궁도(弓道)에 빗대어 그렇게 표현했다. 우리는 기쁨의 보호자가 되기는커녕 점차 가해자의 습성을 정당화하며, 자신의 기형을 정상적인 것이나 심지어 바람직한 것으로 전수한다. 주변 사람들과의 교류를 줄이고 인터넷의 가상현실 속에 들어가, 인간이 아닌 기계나 멀리 떨어진 사람들과 교류한다.

요컨대 기쁨의 다세대 공동체는 관계 기술이 실천되고 다음 세대로 전수되는 곳이다. 대부분의 구성원들은 기술이 실천되고 전수된다는 것조차 모르지만, 그런 관계 기술을 통해 기쁜 관계가 유지된다. 노인들은 관계 기술이 풍부하며 에너지보다 시간이 더 많다. 반면에 아이들의 관계 기술은 또래들과 어울려 노는 사이에 대충 급조된다. 다세대 공동체 내에는 그 두 집단이 반복적으로 교류할 기회가 있다. 나이 많고 힘 센 아이가 자기보다 약한 아이를 함부로 대하면, 어른들로부터 다른 사람을 대하는 법에 대한 교훈이 주어진다. 다세대의 삶에는 장애인들도 포함된다. 그들의 장애를 공동체가 이해하기 때문이다. 교류가 없이는 다세대 공동체가 존재할 수 없다. 다양한 연령대의 사람들이 같은 교회에 다닌다 해도 적어도 3세대 간에 기쁨의 관계가 없다면 그 자체는 별 의미가 없다. 꾸준히 이어지는 교류를 통해 우리의 그룹 정체성이 형성된다. 그룹 정체성의 기초는 우리에게 있는 관계 기술이다.

기쁨의 그룹 정체성이란 무엇인가?

서구인들은 흔히 정체성을 개인의 특성으로 생각하지만 집단 문화에서는 정체성을 그룹의 특성으로 본다. 뇌가 발육되면서 처음 12년간에는 개인 정체성이 형성되고 다음 약 12년간에는 그룹 정체성이 정립된다. 모든 인간의 뇌는 열두 살쯤부터 일련의 변화를 겪는다. 이를 통해 우리는 그룹의 일원이 되며, 그룹의 생존이 자신의 생존보다 뇌에 더 중요해진다. 부모는 양가의 그룹 정체성에 기초하여 아기의 개인 정체성을 찾아 준다. 이렇듯 뇌의 발육은 개인 정체성의 시기와 그룹 정체성의 시기를 거치며, 그 결과로 우리에게 두 가지 정체성을 모두 형성시킨다. 서구 세계에서는 그룹 정체성을 거의 생각하지 않지만, 그래도 우리는 개인만이 아니라 또한 네트워크다.

기쁨의 그룹 정체성은 약자들이 존중받는 곳에서 자란다. 기쁨의 그룹 정체성을 시험하는 최고의 기준 중 하나는 희망의 딸들(hopeful daughters)이 고도로 밀집되어 있느냐 하는 것이다. 온유한 보호자 기술 중에는 다른 어떤 방법보다도 딸들을 통해 다음 세대로 전수되는 기술이 가장 많다. 문화마다 아기와 여자와 아내와 어머니가 남녀 모두에게 대우받는 방식이 있다. 그 방식이 소녀들의 마음에 들면, 이 기뻐하는 소녀들은 자신이 자라서 기쁨의 가정을 이룰 날을 고대한다. 희망의 딸들은 기쁨의 세대와 기쁨의 그룹 정체성을 길러 낸다. 희망에 찬 소녀들을 알아볼 수 있는 방법이 하나 있다. 어른들은 자주 멈추어 소녀들의 말을 관심 있게 들어 주고, 소녀들은 미소 띤 얼굴로 어른들의 그런 대우를 의당 예상한다. 희망에 찬 소녀가 희망에 찬 가정을 이룬다. 소녀들의 기쁨의 수위를 보면 그 지역의 가정과 교회와 학교의 미래를 정확히 예측할 수 있다.

성경을 보나 세상을 보나 사람들은 가정, 부족, 도시, 나라, 언어, 문화에 소속되어 있으며, 그 안의 사람들은 서로를 어느 정도 '나의 사람들'로 본다. 이런 그룹은 우리의 정체성과 바람직한 행동과 소속을 말해 줄 자격이 있는 상당히 배타적인 그룹이다. 우리는 자기 팀이 이기면 의기양양해지고 자기 나라가 지면 의기소침해진다. 기억나지도 않는 고등학교 동창생을 25년 만에 만나도 얼굴이 밝아진다. 배우자를 찾을 때는 거의 언제나 '나의 사람들' 중에서 찾는다. 감히 이 규칙을 어기는 사람들은 그만한 대가를 치러야 한다.

그룹 정체성이 강하면 다른 사람들이 기뻐할 때 우리도 기뻐할 수 있다. 우리는 서로의 자녀, 승진, 업적, 미소, 애완동물을 즐거워한다. 기쁨의 그룹 정체성은 다세대의 관계를 견고하게 한다. 그룹 정체성 안에서 기쁨을 가꿀 때 나타나는 중요한 특징이 있다. 외부인들도 우리의 기쁨을 보고 미소를 짓는다는 것이다. 그룹에 기쁨이 풍성하면 외부인들도 우리 사이의 좋은 관계를 보고 정말 즐거워한다. 주변 친구들과 이웃들도 우리의 동고동락을 격려하고 응원한다.

뇌의 관점에서 볼 때, 다른 사람들이 함께 나누는 기쁨에 동참하면 뇌의 전전두피질에 세 방향의 유대 구조가 강화된다. 우연히도 전전두피질은 알베르트 아인슈타인의 뇌에서 가장 잘 발달된 부위의 하나였다. 세 방향의 유대를 맺는 역량은 안정된 정체성, 견고한 성품, 깊은 성숙 등을 이루는 기초가 된다. 세 방향의 유대를 맺으면 자신이 진정으로 삶 속의 모든 관계들의 일부로 느껴진다. 세 방향의 유대를 통해 우리는 중요한 일에 집중하고, 자신과 타인을 진정시키고, 마음이 혼란스러울 때 변화를 이룬다. 세 방향의 유대가 없으면 변화가 어렵고 한순간에 그친다. 세 방향의 유대를 가꾸는 일은 인생모델의 19가지 관계 기술 중 하나다.

그룹 정체성은 우리 뇌를 지배하여 개인 정체성을 결정짓는 위력이 있다. 그러므로 하나님이 이 문제를 언급하신 것은 놀랄 일이 아니다. 신약성경에 보면 다른 모든 그룹 정체성을 포괄하는 두 가지 전형적인 그룹 정체성이 나온다. 바로 세상과 하나님 나라다. 세상은 가해자들의 나라다. 가해자의 우두머리인 두루 다니는 마귀는 권력이 이긴다고 말한다. 하나님 나라는 기쁨이 풍성한 그룹 정체성이다. 그곳에는 보호자들이 넘쳐나며, 두려움이 우리를 지배하지 못한다. 권력을 위해 사는 사람은 패한다. 사랑에서 오는 기쁨이 두려움에서 오는 권력보다 크기 때문이다. 결국 기쁨이 이긴다. 기쁨이 결핍된 세상 모든 곳에서 당장의 현실은 그 반대일지라도 말이다.

가정과 학교와 교회는 배타적일 때가 많지만, 하나님 나라의 특징은 배타가 아니라 환영이다. 그래서 우리는 굳이 착해 보이거나 자신의 중요성을 입증할 필요가 없다. 기쁨의 그룹 정체성은 새로운 사람들을 안으로 초대하고, 변화에 적응하고, 약자를 존중하고, 고통과 괴로움으로부터 회복한다. 그 과정에서 우리는 예수님의 마음으로 살아가는 법을 배운다. 성숙을 이루고 기쁨에서 자라 간다. 우리는 서로를 도와 하나님이 지으신 최선의 모습을 표출하게 한다. 그러면서 동시에 연약한 부분들을 강화시켜 준다. 영적 가정인 교회는 이제 기쁨이 결핍된 곳들로 퍼져 나갈 수 있다.

하나님 나라가 우리의 부족(部族)과 민족이 되면 그 기쁨의 관계를 통해 모든 사람이 성장한다. 영적 성숙은 다세대 공동체인 영적 부모와 자녀의 멘토링 관계 속에서 깊어진다. 성품과 정서와 관계의 성숙은 영혼의 성숙과 분리되어 있지 않다. 정서적인 면과 영적인 면은 모두 그룹 정체성의 일부다. 영적 성숙에 다른 모든 면의 성숙이 포함된다. 그 내용은 이 책의 제3부에서 살펴볼 것이다. 일단 여기서는 영적, 정서적, 관계적 성숙이 모두 관계라는 장 속에서 깊어진다는 사실이 중요하다. 성숙이 가장 잘 무르익는 곳은 바로 기쁨의 다세대 공동체다.

인간의 공동체치고 죄와 불의로 인한 역기능이 없는 곳은 없다. 그러나 변화의 현장에서 살아가면 기쁜 성숙이 깊어지기 때문에 우리의 많은 기형을 바로잡을 수 있다. 두려움 자체는 물론이고 두려움으로 맺어진 관계가 줄어든다. 각자의 취약한 면을 점점 더 자연스럽게 내보인다. 그만큼 안전하고 존중받고 보호받는다고 느껴지기 때문이다. 강자와 약자, 사자와 어린양이 함께 안식할 수 있다. 보호자들은 자신의 기술을 다음 세대에 전수한다. 연약한 사람들도 용기를 얻어 소속감을 유발한다. 즉 다른 사람들을 위한 자리를 만들어 낸다. 기쁨의 관계는 '너와 함께함이 즐겁다'라는 생활방식을 촉진한다. 기쁨이 그룹 정체성의 중심이 되면 안식의 날들, 가난한 이들 돕기, 창의력, 너그러움, 근면함, 성숙, 정직함, 희망, 미래를 위한 투자, 훈련, 호기심, 놀이, 기타 덕목들이 모습을 드러낸다.

기쁨의 공동체도 다른 모든 그룹처럼 온갖 도전과 유혹을 경험한다. 하지만 기쁨의 그룹 정체성이 있으면 사람들이 서로를 즐거워하고, 고통 중에도 자신의 정체성을 기억하며, 좋을 때나 궂을 때나 본연의 가치관대로 살아간다. 그러다 사람들이 서로 함께함을 즐거워하지 않으면, 그때는 공동체가 잠시 멈추어 기쁨을 회복하고 문제를 해결한다.

가정과 학교와 교회에 기쁨이 빈약해지면 다른 그룹 정체성이 형성된다. 기쁨의 수위가 떨어지면 고통과 문제가 위세를 부린다. 고통과 문제를 중심으로 그룹 정체성이 형성된다. 두려움이 깊어지면 인간을 규정하는 기준이 하나님이 지으신 본연의 모습에서 인간의 행위로 바뀐다. 업무, 프로젝트, 시험 점수, 실적, 성취, 실패 등이 구성원나 지도자의 중요도를 가르는 주된 방법이 된다. 이웃들은 아이들을 가르칠 때 규율을 지키고 선행을 해야 수용과 칭찬을 얻는다고 가르친다. 학교는 시험 점수가 좋아야 기쁨과 만족을 얻는다고 가르친다. 성적이 나쁘거나 불순종하거나 그룹 정체성을 위반하면 수치와 거부를 당한다.

아기들이 한 살 반쯤 되면 자기다움보다 가식을 통해 더 좋은 결과를 얻어 낼 수 있음을 이미 터득한다. 물론 가식과 속임수에 숙달되려면 오랜 시간이 걸린다. 하지만 더 좋은 결과, 더 높은 점수, 더 섹시한 외모, 더 빠른 경주 기록을 얻어 내려고 가식과 속임수를 쓰다 보면 거짓 자아와 거짓 성숙이 싹튼다. 형편에 맞지 않는 물건을 사들일 때도 마찬가지다. 거짓 성숙으로 약점을 숨길 수 있지만 발각될 것에 대한 두려움도 뒤따른다. 거짓 성숙은 연약함을 늘 나쁘게 보기 때문에 당연히 기쁨의 수위가 떨어진다. 우리는 겉으로는 착하고 강하고 성숙한 인상을 풍기지만 사실은 두려움에 사로잡혀 있다. 심지어 영적인 인상을 풍기려고 결과, 힘, 정통성 따위에 매달리기도 한다. 무조건 영적 그룹 정체성의 배타적 요소를 내세운다.

사실 거짓 성숙은 '심안(心眼)'이라는 기술을 갖춘 사람에게는 '임금님의 새 옷'만큼이나 투명하다. 이 기술은 타인의 생각을 읽어 내는 게 아니라 타인의 진정한 감정을 간파한다. 심안을 통해 우리에게 그룹사고가 생겨난다. 다른 사람들의 감정과 반응을 알기 때문이다. 예컨대 아빠에게 특정한 표정과 말투가 나타나면 이는 '심각하다'는 뜻이므로 얼른 반응해야 한다. 이것은 심안의 한 예일 뿐 그밖에도 다른 기능이 많이 있다. 가장 단순한 특성은 우리 얼굴 속에는 사고가 있지만 얼굴을 찍은 사진 속에는 사고가 없다는 것이다.

심안은 역동적 과정으로, 상대의 얼굴과 몸의 미세한 표현들이 순간순간 변하는 것을 관찰할 때 생겨난다. 예컨대 영화는 음악, 효과음으로 삽입된 웃음소리, 음향 효과, 긴장감의 고조, 근접 촬영 등을 통해 우리의 심안을 속이려 한다. 가상현실의 일방적 메시지가 지닌 한계를 그런 식으로 극복하려는 것이다. 그런 가짜 메시지를 우리가 정확히 해독해내도, 가상현실은 우리의 그런 반응을 인식할 수도 없고 양방향의 교류도 할 수 없다. 매장에 가면 더욱 정교한 기계들이 매출을 높이려고 우리의 안구를 살펴 반응을 인식한다. 하지만 이는 약점을 이용하려는 가해자의 수법이다. 내가 사랑하고 신뢰하는 실존 인물들과 얼굴을 마주대하는 교류가 없이는 심안을 배울 수 없다. 여기에 대해서는 이 책의 제4부에서 살펴볼 것이다.

다세대 공동체의 원리

정체성을 형성하는 관계 기술이 어떻게 전수되는지 알려면 다세대 공동체의 원리를 생각해야 한다. 우선 한 세대부터 생각해 보자. 한 세대로 된 공동체에서는 모두가 또래다. 또래는 연습 상대로 좋다. 모두의 기술이 나만큼이나 형편없기 때문이다. 또래는 힘도 나 정도밖에 되지 않아 피해의 소지가 적다. 새끼 곰들이나 대부분의 작은 동물들은 하루 종일 서로 싸우며 놀아도 피해가 없다. 서구 사회에서 또래 집단은 점점 더 규범이 되고 있다. 그래서 토크쇼에 나오는 사람은 누구나 남들만큼 제법 아는 것으로 간주된다.

두 세대가 모이면 역량이 크게 달라짐을 대번 알 수 있다. 부모와 자녀가 함께 있으면 부모가 자녀를 안전하게 지켜 주리라는 강한 기대가 생겨나게 마련이다. 반면에 자녀가 성인을 보호하리라는 기대는 거의 없다. 두 세대가 만나면 항상 연약한 사람과 강한 사람이 공존한다.

3세대가 함께하면 역동이 크게 달라진다. 중간 세대는 권력이 가장 많고, 어린 세대는 에너지가 가장 많고, 노인 세대는 관계의 경험과 축적된 자원이 가장 많다. 여기서 우리는 노인 세대가 약점을 즐거이 공유하고 강화시켜 주는지, 아니면 약점을 이용하려 드는지 알 수 있다. 할머니 나이의 사람들이 약점을 비웃고 모욕하며 비난과 비판을 일삼는지, 아니면 하나님이 창조하신 잠재력을 보고 기쁨을 일구는지 알 수 있다. 나의 실수가 곧 나의 정체성으로 비화되는 건 아닌지 알 수 있다. 할아버지 나이의 사람들이 해맑은 어린 아이들을 성적 만족의 도구로 보는 건 아닌지 알 수 있다. 우리 그룹 노인들은 우리가 가해자인 것의 증거인가? 할아버지들은 모든 아이를 특별한 존재요 즐거움을 주는 존재로 보는가? 그리하여 진정한 기쁨을 표현해 주는가? 할아버지는 누구나 안전하게 놀 수 있는 세상을 만들어낼 것인가?

약자와 강자가 함께 놀 때 강자는 자신의 힘을 절제한다. 그래야 놀이가 지속된다. 이렇게 놀이 중에 자신의 힘을 절제할 줄 아는 강자들은 보호자의 습성을 익히고, 남에게 상처를 주지 않고, 격한 감정을 자제하고, 욕구와 충동을 다스리고, 아무에게도 피해를 입히지 않는다. 누군가가 상처를 입으면 우리는 그 고통을 함께 나눈다. 그 상처를 내가 유발했을 때도 마찬가지다. 다른 사람의 아픔을 함께 나누면 나 자신의 가해자의 충동을 다스릴 수 있다. 나 때문에 상처받은 사람과 함께 울어보면 남에게 상처를 주지 않도록 훨씬 더 조심하게 된다.

놀이의 여백을 마련하여 연약함을 품으면 우리 주변에 기쁨의 장이 생겨난다. 누군가가 나를 보호해 주고 즐거워할 때 우리는 주변 사람들을 소속시킬 수 있는 자신의 능력에 눈뜬다. 에드의 커넥서스 그룹에 속한 구성원들이 거의 하나같이 깨달은 사실이 있다. 자신의 기쁨이 부족하여 삶이 연약해진다는 사실이다. 그래서 그들은 기쁨의 역량을 키우려는 의욕이 대단했다. 에드와 마리차는 그룹이 함께 노는 시간을 정기적으로 마련했다. 한번은 야외에서 요리를 해먹고 모두 수영하러 갔다. 함께 물속에서 첨벙대며 웃고 놀고 있는데, 그룹의 한 여자가 에드를 보며 말했다. "아시는지 모르겠지만 이렇게 그룹 밖에서 함께 놀며 즐거워하는 시간들이 그룹 안에서 하는 어떤 활동보다도 저에게 더 큰 치유와 회복을 가져다주었어요." 연약함 중에도 그들은 함께함을 진정으로 즐거워하며 어울려 놀았다. 이를 통해 그녀는 기쁨이 삶의 능력임을 깨달았다.

어느 세대를 막론하고 다세대 공동체의 가장 필수적인 역할 중 하나는 모든 구성원들의 한계와 약점을 필히 존중하는 것이다. 이 일의 절반은 자신과 타인의 실패를 인식하고 보호하는 것이다. 가정이나 공동체의 성숙한 구성원들은 자신의 실패를 남들에게 털어놓는다. 성숙한 사람은 남들에게도 자신의 실패를 지적해 달라고 공공연히 부탁한다. 이렇게 성숙한 사람들부터 자신의 실패를 공개하면 누구라도 안심하고 연약한 모습을 내보일 수 있다. 실패를 인정하면 젊은 구성원들에게 이렇게 경고하는 효과도 있다. 그들의 정체성 속에 나쁜 본보기를 받아들여서는 안 된다는 것이다. 실패를 인정하는 곳에 자기정당화란 있을 수 없다. 성숙한 사람들은 약점을 공공연히 인정하며, 자신을 바로잡아 달라고 공동체에 청한다. 그 결과 성품이 변화되고 영적, 관계적 성숙이 깊어진다. 이는 우리의 기형이 다음 세대에 전수되지 않게 하는 방법의 하나다.

공동체 구성원들의 한계와 약점을 보호하는 일의 나머지 절반은 사람들의 성장을 순전히 즐겁게 지켜보는 것이다. 사람들을 즐거워하면 약점이 보호된다. 이것은 강자나 약자 할 것 없이 공동체 전체가 하는 일이다. 너무 어려서 남을 즐거워할 수 없는 사람은 없다. 아기들도 이 선물을 남에게 퍼뜨릴 수 있다. 내가 아무리 연약해도 공동체에 나의 기쁨이 필요 없는 것은 아니다. 남의 약점을 공격하면서 그것을 정당화해도 되는 사람은 아무도 없다. 자신이 상처를 받았더라도 마찬가지다. 누군가 나의 즐거움을 통해 자신의 보호자 정체성을 기를 수 있는 사람이 늘 있는 법이다.

다세대 공동체 안에서 살아가면 자신이 자라서 어떤 사람이 될지 알 수 있다. 연약함 중에도 기쁨을 가꾸는 일에 동참하는 한, 아무리 늙거나 약해져도 계속 성장한다. 우리는 서서 구경만 할 수 없다. 변화시키고 변화되려면 참여해야 한다. 알다시피 기쁨의 인력(引力)은 우리에게 동참을 촉구하지만, 연약함에 대한 두려움은 우리를 막아 변화의 현장에 있지 못하게 한다. 우리 세대에 뭔가 기쁨의 변화를 이루지 못한다면 그동안 길러 온 가해자의 정체성과 성품을 전수할 수밖에 없다.

연약함을 잘 돌보면 약자와 강자가 계속 함께 있을 수 있다. 즉 젊고 부족한 사람들이 최적의 관계적 환경 속에서 가장 강하고 성숙한 사람들에게 훈련받을 수 있다. 연약함을 애정으로 대하면 보호자의 정체성과 동기가 전파될 수 있는 조건이 제대로 갖추어진다. 이렇게 강자와 약자가 섞여 있으면 거기서 성장과 희망이 태동한다. 연약함과 강함이 입 맞출 때 변화가 이루어진다.

다세대 공동체 안에서 이루어지는 성숙

이쯤에서 기쁨의 다세대 공동체 안에서 성숙이 어떻게 깊어지는지 알아보는 게 좋겠다. 성숙이란 다름 아니라 나이에 맞게 온전히 발달된 상태를 말한다. 우선 아기부터 생각해 보면, 연령대마다 분명히 약점이 있으나 그 나이 때는 그것이 완전히 정상이다. 아기는 걸을 수 없다. 증조할아버지가 걸을 수 없다 해도 우리는 놀라지 않을 것이다. 그러나 성인의 체력과 유아의 사고가 만나면 비참한 재앙을 부른다. 다른 사람들이 온전히 발달되어 있으면 우리는 즐겁다. 성숙의 개념을 이해하면 다른 사람들이 현재 어떤 상태이며 앞으로 어디를 향해 갈지 알 수 있다. 우리 머릿속에 인간의 발달 과정에 대한 지도(地圖)가 들어 있기 때문이다.

인간의 성숙에는 여섯 단계가 있다. 처음 세 단계는 개인 정체성의 발달에 적합하고 나머지 세 단계는 그룹 정체성의 발달에 적합하다. 이

6단계는 우리 뇌와 몸의 기능에 나타나는 굵직한 변화들과 일치한다.

성숙의 6단계
1. 태아 = 잉태부터 출생까지
2. 유아 = 출생부터 4세까지
3. 아동 = 4세부터 12세까지
4. 성인 = 13세부터 맏이의 출생까지
5. 부모 = 맏이의 출생부터 막내의 13세까지
6. 노인 = 막내의 13세부터 죽음까지

자신의 정체성을 각 연령대의 이상(理想)과 비교해 보면 자신이 얼마나 성숙했는지 알 수 있다. 외상이 전혀 없다면 정확히 기준에 도달할 것이다. 그렇다면 기준은 무엇인가? 통계 모델에서는 표본 집단의 평균치를 기준으로 삼는다. 하지만 인생모델은 이상적 모델이다. 따라서 인간 본연의 모습에 대한 하나님의 말씀을 기준으로 삼고, 거기에 뇌와 정체성의 발달 과정에 대한 우리의 지식을 덧붙인다. 누구 삶에든 외상은 있기에 약점 부분은 결코 성숙의 이상에 이르지 못한다. 하지만 기쁨의 다세대 공동체 안에서는 자신의 한계와 결점과 기형을 인정함과 동시에 그리스도 안의 온전한 성숙이라는 고귀한 소명을 향해 함께 달려갈 수 있다. 우리는 막힘없이 표출되는 보호자의 성품을 추구한다. 모든 어린양을 보살피는 선한 목자와 비슷하다. 선한 목자의 성숙에는 인간이 이룰 수 있는 모든 관계적, 정서적 성숙이 포함된다. 물론 그리스도처럼 온전히 살아 있는 상태의 모든 영적인 면도 빼놓을 수 없다. 이런 성숙은 의와 샬롬과 기쁨으로 빛을 발한다. 성숙에 대한 완전한 설명은 이 책의 범위를 벗어난다. 성숙의 6단계에 대한 더 자세한 내용은 부록3에 나와 있다.

두 종류의 외상이 성숙을 막는다

연령별 성숙의 목표에 도달하지 못하는 사람은 기형이 된다. 고어로는 기형을 '불의'라 표현했다. 칼슘, 운동, 기쁨 등 성장의 필수 요소가 결핍되어 있으면 기형이 발생한다. 인생모델에서는 이런 필수적인 좋은 것들의 부재를 A형 외상이라 한다. 방치 상태라 부르는 사람들도 있다.

모든 외상이 필수 요소의 결핍에서 비롯되는 것은 아니다. 필요 없는 나쁘고 해로운 것들에서 비롯되는 외상도 있다. 이런 피해를 인생모델에서는 B형 외상이라 한다. 가해자는 B형 외상을 유발할 때가 많다.

모든 외상은 성숙을 저해하고 기쁨의 수위를 떨어뜨린다. 외상의 가장 만연한 징후는 사람들이 더 이상 주변 사람들을 소속시키지 않고 가해자와 피해자처럼 행동하는 것이다. 온 가정과 공동체와 문화는 A형과 B형 양쪽 모두의 외상 때문에 성숙을 잃을 수 있다. 성숙을 잃으면 기쁨도 잃는다. 수단은 25년 동안 내전의 폭력에 시달렸는데, 그 후에 남부의 한 원로가 와일더 박사에게 말했다. "북부 사람들이 총을 들고 왔었는데 이제는 총이 우리 머릿속에 있습니다." 가해자들이 북부에서 와서 외상을 가하자 남부 사람들도 그 외상을 겪으면서 가해자로 변했다. 현재 남부 사람들은 소속감을 유발하는 법을 기억해 내려 애쓰고 있다. 그들은 기쁨을 되찾아 퍼뜨려야 한다. 기쁨을 찾도록 그들을 돕는 것이 우리의 꿈이다.

거짓 성숙의 징후들

세대를 거듭할수록 뭔가가 잘못되어 소속이 '나의 가족,' '나의 종교,' '우리 부족,' '우리 부류'에게로만 좁혀질 가망성이 커진다. 그렇게 되면 가정과 학교와 교회와 전체 문화가 경직된다. 사람들은 연약함을 나쁘게 보고 강해지려 한다. 겉모습과 행동이 강해지면 성숙해 보이지만, 그 기초는 기쁨이 아니라 두려움이다. 또래 집단은 똘똘 뭉쳐 세를 불리고 약점을 숨긴다. 강압적 가해자들은 무력으로 그룹을 단속하고, 우호적 가해자들은 '그들'에게서 '우리'를 보호한다. 관계 기술, 외모, 돈, 권력 따위가 모자란 사람들은 약하다고 멸시받는다. 사람들은 약점을 구실로 다른 사람들의 자격을 박탈한다. 지도자들은 과잉충성을 부추기고, 사람들은 속을 들키지 않으려고 더 강한 척한다. 이런 거짓 성숙은 기쁨을 말살시킨다.

건강한 성숙의 징후들

성숙의 한 가지 척도는 정서적 역량이 높다는 것이다. 정서적 역량은 괴로울 때의 일관성과 회복력으로 나타난다. 정서적 역량이 높은 사람은 자신의 참 정체성을 금방 기억하고, 혼란스러운 문제 속에서도 선한 성품과 가치관을 발휘한다. 역량이 높은 뇌는 감정이 격해진다 해서 관계가 끝나는 게 아님을 이미 배웠다. 갈등, 비난, 협박, 위협, 위기, 오해, 악행 등은 격한 감정과 반응을 낳는다. 그러나 역량이 높은 뇌는 이미 배운 대로 고통 중에도 관계를 유지하고, 다른 사람들을 보호하고, 사건에 대한 이야기로 고통을 처리하고, 하나님이 보시는 것을 일부나마 보고, 기쁨과 샬롬으로 복귀한다.

정서적 역량이 낮은 뇌는 두려움에 짓눌려 관계와 무관한 전략으로 문제를 없애려 하지만, 정서적 역량이 높은 뇌는 고통 중에도 무엇이 중요한지 기억한다. 위기 중에 역량이 높거나 낮은 사람과 함께 있어 보면 그 차이를 느낄 수 있다. 성숙한 사람은 기쁨과 샬롬을 유지하며 문제의 한복판에서도 기쁨을 찾아낸다.

앞서 말했듯이 성숙한 공동체는 희망의 딸들을 길러 내고, 그들은 자라서 다시 기쁨과 희망의 자녀들을 길러 낸다. 여성의 뇌의 특수성 때문에 엄마가 기쁘면 아이의 뇌도 유난히 기뻐진다. 사실 공동체가 전략을 잘 쓰려면 생후 9개월째를 잘 활용해야 한다. 그때는 아기의 뇌가 가장 빠르게 성장하는 때다. 9개월째에 아기와 엄마에게 기쁨과 웃음을 실천하도록 격려해 주면, 평생 최고의 성장 조건 하에서 기쁜 역량의 성장을 자극하는 것이다. 기쁨을 키우는 이런 능력은 다분히 조부모가 부모에게 정서적, 재정적으로 안전한 환경을 조성해 줄 때 가능해진다. 이에 대한 보답으로 아이들은 조부모와 부모에게, 그리고 가해자의 공격이 없는 모든 이웃에게 도로 기쁨을 퍼뜨린다.

영적으로 성숙한 공동체의 진정한 표지는 풍성한 기쁨, 만연한 샬롬, 기쁨의 신속한 회복이다. 이 세 가지 요인을 이 책의 나머지 전체에서 살펴볼 것이다. 우선 성숙한 공동체에 대한 하나님의 이상부터 생각해 보자.

다세대 공동체는 성경적 목표인가?

기쁨의 다세대 공동체에서 나이든 세대는 젊은 세대의 멘토가 된다. 이런 멘토링 관계를 가리켜 성경은 "제자를 삼는다"라고 말한다. 사람들에게 예수님의 삶을 함께 경험하는 법을 가르친다는 뜻이다. 제자를 삼는 일은 성경의 명령이다. 관계적 진공 상태에서는 당연히 아무도 제자가 될 수 없다. 멘토링 자체도 하나의 관계이므로, 제자가 되려면 예수님과 인간 멘토의 도제가 되어야 한다. 하나님 및 적어도 한 사람과의 관계를 떠나서는 제자도가 존재할 수 없다.

멘토링을 한다면서 오직 '하나님과의 개인적 관계'를 가꾸는 데 필요한 기술과 도구만 가르치는 경우가 있다. 이는 잘못된 일이다. 그렇게 되면 제자도의 주목표는 '하나님과의 개인적 관계'가 된다. 명시적으로든 암시적으로든 도제가 멘토에게 그렇게 배운다면, 삶과 관계에 대한 성경의 원안이 심각하게 왜곡된다. 이런 사고는 모든 영적인 것들을 자기 본위로 생각하는 '나' 중심의 기독교를 낳는다. 모두 나를 위한 것이므로 내가 소비하면 된다는 식이다. 바울이 에베소서 4장에 말한 '그리스도의 몸' 안에서 우리는 예수님의 삶 속에 온전히 통합되어야 한다. 그런데 우리는 사람들을 볼 때 나 자신을 돕는 수단으로 보는 경향이 있다. 우리의 본분은 예수님의 삶을 영적 가족들과 함께 나누는 것이다. 그런데 안타깝게도 우리는 그 본분을 소홀히 한 채 나 자신을 위해 '좋은 것들'을 소비하는 가해자가 된다. 그렇게 고립되어 자신의 취약한 면을 숨기고 있으면 보호자가 될 수 없다. 성경에 나타난 하나님의 삶은 철저히 관계들로 이루어진다. 예수님의 삶을 다른 사람들과 온전히 나누려면 성경에 명한 공동체를 회복해야 한다. 젊은 사람들과 나이든 사람들, 연약한 사람들과 강한 사람들이 함께 있어야 한다.

에베소서 4장에 하나님 가족의 삶과 성장에 대한 그분의 청사진이 나와 있다. 바울은 이렇게 썼다.

> 그가 어떤 사람은 사도로, 어떤 사람은 선지자로, 어떤 사람은 복음 전하는 자로, 어떤 사람은 목사와 교사로 삼으셨으니 이는 성도를 온전하게 하여 봉사의 일을 하게 하며 그리스도의 몸을 세우려 하심이라. 우리가 다 하나님의 아들을 믿는 것과 아는 일에 하나가 되어 온전한 사람을 이루어 그리스도의 장성한 분량이 충만한 데까지 이르리니 이는 우리가 이제부터 어린 아이가 되지 아니하여 사람의 속임수와 간사한 유혹에 빠져 온갖 교훈의 풍조에 밀려 요동하지 않게 하려 함이라. 오직 사랑 안에서 참된 것을 하여 범사에 그에게까지 자랄지라. 그는 머리니 곧 그리스도라. 그에게서 온 몸이 각 마디를 통하여 도움을 받음으로 연결되고 결합되어 각 지체의 분량대로 역사하여 그 몸을 자라게 하며 사랑 안에서 스스로 세우느니라 (엡 4:11-16).

성숙한 보호 공동체의 개발에 대해 바울이 하는 말은 무엇인가? 한마디로 하나님의 영적 가정의 아름답고 다양하고 견고한 관계들을 떠나서는 하나님의 삶이 결코 온전히 발현될 수 없다는 것이다. 다양한 은사는 예수님을 따르는 모든 사람들을 돕기 위한 것이다. 덕분에 우리는 삶을 주고받고, 성숙해지고, 사랑을 배운다. 그 속에서 아이들은 어른이 된다. 연약함과 취약성이 존중되고, 성숙이 깊어진다. 모두가 사랑을 주고받는다. 그리하여 예수님의 삶이 현재의 실체가 된다.

11절의 "온전하게 하여"라는 단어를 잘 생각해 보라. 헬라어 원어

'카타르티스모스'는 흔히 "무장시켜"(NKJV)로 번역되는데, 이는 "제자 삼는 일"이 사역의 실무 훈련이라는 뉘앙스를 풍긴다. 그러나 이 단어의 어근인 '카타르티조'에는 훨씬 깊은 의미가 담겨 있다. '수선하다, 고치다, 회복하다, 시작하다' 등이 보태져야 의미가 더 완성된다. 다시 말해서 우리가 고쳐지고 준비되려면 반드시 관계가 필요하다. 하나님 가족의 다양성을 떠나서는 미성숙하고 불안정한 상태를 면할 수 없다. 제자의 특징이어야 할 사랑도 결여될 수밖에 없다.

성경의 다른 이야기들을 보아도 똑같이 분명한 사실이 있다. 하나님 가족의 연약한 지체들과 강한 지체들은 서로 의견이 다를 때도 끝까지 함께해야 한다. 초대교회 때 음식 법에 대한 논쟁 때문에 하나님 가족이 분열될 뻔한 적이 있었다. 양쪽 그룹 모두 분리를 해법으로 원했던 것 같다. 강한 자들은 연약한 자들에게 끌려다니지 않으려고 갈라지려 했고, 연약한 자들은 강한 자들로부터 스스로를 보호하려고 갈라지려 했다.

로마서 14-15장에 바울의 멋진 반응이 나온다. 일단 바울은 음식 문제에 대한 두 그룹의 명백한 이견을 인정했다. 하지만 바울은 연약한 자들과 강한 자들이 끝까지 함께하기를 분명히 원했다. 그는 음식에 대해 합의를 이끌어 내려 한 게 아니라 연약한 자들을 멸시하는 강한 자들의 성향(가해자의 행동)과 강한 자들을 판단하는 연약한 자들의 성향(피해자의 행동)을 지적했다.

바울은 양쪽 그룹 모두에게 상대편을 받아들일 것을 권면했다. 그의 말을 들어 보자. "먹는 자는 먹지 않는 자를 업신여기지 말고 먹지 않는 자는 먹는 자를 비판하지 말라. 이는 하나님이 그를 받으셨음이라.

남의 하인을 비판하는 너는 누구냐. 그가 서 있는 것이나 넘어지는 것이 자기 주인에게 있으매 그가 세움을 받으리니 이는 그를 세우시는 권능이 주께 있음이라"(롬 14:3-4). 바울이 보기에 그들에게는 강한 자가 약한 자를 멸시하고(가해자) 약한 자가 강한 자를 판단하는(피해자) 문제가 있었다. 그것이 그들의 빈약한 기쁨의 배후에 있는 진짜 문제였다.

바울은 또 이렇게 썼다. "믿음이 강한 우리는 마땅히 믿음이 약한 자의 약점을 담당하고 자기를 기쁘게 하지 아니할 것이라. 우리 각 사람이 이웃을 기쁘게 하되 선을 이루고 덕을 세우도록 할지니라. … 이제 인내와 위로의 하나님이 너희로 그리스도 예수를 본받아 서로 뜻이 같게 하여 주사"(롬 15:1-2,5). 강한 자도 약한 자도 기쁜 성숙을 가꾸는 데 소중한 역할이 있었다. 그들은 서로를 격려하고 굳건하게 하고 섬겨야 했다.

디모데와 디도에게 보낸 바울의 편지에 보면, 하나님 가족 안에서 다세대 공동체는 삶의 자연스러운 일부였다. 바울은 디모데에게 이렇게 썼다. "늙은이를 꾸짖지 말고 권하되 아버지에게 하듯 하며 젊은이에게는 형제에게 하듯 하고 늙은 여자에게는 어머니에게 하듯 하며 젊은 여자에게는 온전히 깨끗함으로 자매에게 하듯 하라"(딤전 5:1-2). 디도에게도 이렇게 말했다. "늙은 남자로는 절제하며 경건하며 신중하며 믿음과 사랑과 인내함에 온전하게 하고 늙은 여자로는 이와 같이 행실이 거룩하며 모함하지 말며 많은 술의 종이 되지 아니하며 선한 것을 가르치는 자들이 되고 그들로 젊은 여자들을 교훈하되 그 남편과 자녀를 사랑하며 … 너는 이와 같이 젊은 남자들을 신중하도록 권면하되"(딛 2:2-4,6).

바울은 디모데와 디도에게 연장자이거나 동년배이거나 연소자인 남녀들을 가장 잘 대하는 법을 가르쳤다. 3세대의 존재가 초대교회의 규범이었던 것으로 보인다. 베드로와 요한도 다세대 공동체에게 편지를 썼다. 바울의 교훈에서 분명히 보듯이 공동체의 나이든 구성원들은 젊은 구성원들의 멘토가 되어야 했다. 초대교회의 변화된 삶의 중심에는 약자와 강자가 연약함을 애정으로 대하던 다세대 공동체가 있었다. 오늘 우리에게 변화의 현장을 만들어 주는 것도 그런 다세대 공동체다. 오늘날 가능한 다세대 공동체는 세 종류가 있다. 다시 거기로 돌아가 가정과 학교와 교회에서 기쁨의 수위를 높이기 위해 우리가 할 수 있는 일이 무엇인지 알아보자.

다세대 공동체를 가꾸는 작업

가정에서 다세대 공동체를 가꾼다. 다세대 가정을 만드는 가장 간단한 방법은 음식을 통해서다. 가족들이 함께 식사하면 얼굴을 마주 대하는 교류를 배울 수 있다. 먼저 식사 중의 관계를 가족끼리 연습해야 한다. 그 다음에 다른 세대의 바깥 사람들을 식사에 초대할 수 있다. 일요일이나 특별한 날에 노인들과 젊은 사람들을 식사에 초대하면 된다. 끼니 때 마침 집에 와 있던 사람들에게도 함께 먹자고 하면 좋다. 짐과 키티(Kitty) 부부는 자녀들에게 손님을 응대하고 대접하는 법을 특별히 훈련시켰다. 그리고 주말이나 공휴일에 노인들을 집에 초대하여 함께 식사했다. 키티는 원래 요리하기를 싫어한다. 그러니 그 집에서 손님 대접이 얼마나 중요시되었는지 알 수 있다

음식은 조촐한 건강식으로 하면 된다. 푸짐하고 복잡한 식사는 오

히려 정신을 산란하게 한다. 우리의 목표는 기쁨과 유대와 교류의 질을 향상시키는 것이다. 우리가 사람들을 부르는 것은 음식을 먹기 위해서가 아니라 기쁨을 나누기 위해서다. 음식은 그 장을 제공할 뿐이다. 그 점을 염두에 두고, 이색적인 음식보다 풍성한 기쁨을 더 세심히 구상해야 한다. 가족끼리 시합을 벌여 누가 가장 색다른 방법으로 손님들을 기쁨으로 미소 짓게 만드는지 보는 것도 좋다.

자녀들도 친구들을 초대할 수 있다. 그러면 젊은 세대와 자연스럽게 이어지는 다리가 된다. 당신의 도피처를 벗어나 나이 든 친척들을 집으로 초대해 보라. 나이 든 친척들이 너무 연로하여 혼자 살 수 없을 때는 아예 한 걸음 더 나아가 당신 집에 들어와 살게 할 수도 있다. 기쁨과 지원이 있으면 이런 경험이 변화를 낳는다. 나이 든 부부들은 부모가 한쪽뿐인 젊은 가정들이나 수양 자녀를 기르는 가정들을 당연히 도와야 한다. 가족간의 저녁 시간, 일에 지친 부모를 위한 휴식 시간, 명절에 함께하는 시간 등을 마련해 주면 좋다. 목적은 관계되는 모든 사람의 기쁨의 수위를 높이는 것이다. 흔히 대가족 안에는 다세대가 부지런히 기쁨을 시작할 수 있는 기회가 이미 충분히 주어져 있다.

학교에서 다세대 공동체를 가꾼다. 이 책의 독자들은 대부분 부모일 것이다. 부모는 학교에 다세대의 기쁨을 가장 많이 줄 수 있는 사람이다. 자녀의 학교에 갈 때마다 부모는 드나드는 모든 아이를 웃음으로 반겨 줄 수 있다. 학교에 갈 때마다 교사, 보조교사, 수위, 영양사, 비서, 횡단보도 지도원, 직원에게 기쁨을 퍼뜨릴 수 있다. 기쁨을 퍼뜨리는 사람이 "이 반 학생들이 존의 할아버지를 만나면 참 좋아할 겁니다"라고 권하면, 금방 교사의 허락이 떨어진다. 사실 우리가 학교에서 늘 주변에 기쁨을 창출하면 교사들이 어떻게든 우리를 동참시킬 것이다. 때로는 교회가 동네의 학교와 결연을 맺어 방과후 개인지도도 해 주고, 학급과 취약한 학생들의 간단한 필요를 채워 주기도 한다. 학교와 신뢰를 쌓으려면 시간이 걸린다. 하지만 기쁨을 시작할 마음만 있으면 신뢰를 구축하는 과정도 즐겁다. 무엇보다 교사를 간과해서는 안 된다. 교사의 삶과 교실에 기쁨이 지속되도록 도와주면 그것이 엄청난 감사의 표현이 된다. 교사에게 감사를 표현하는 것이야말로 교사를 돕고 기쁨을 퍼뜨리는 최고의 도구다. 교사에게 사과나 한 알 가져다주는 것으로는 더 이상 통하지 않는다.

교회에서 다세대 공동체를 가꾼다. 다세대 강좌의 개설은 교회가 세대간 교류를 증진할 수 있는 한 방법이다. 다만 상당한 저항을 예상해야 한다. 그동안 우리는 연약한 사람들과 강한 사람들이 교류할 수 있도록 다세대를 결집시키는 방법을 다년간에 걸쳐 실험했다. 결론은 서로 협력하여 의미 있는 활동을 해야 한다는 것이다. 그래서 단기 선교나 작업 프로젝트에 다세대를 동참시키는 교회들이 많이 있다. 짐은 노인들을 만나 삶을 나누려고 일부러 노인 강좌를 가르쳤다. 아이들과 함께 봉사하거나 장애인 가정을 돕는 것도 좋다. 교회의 여러 가정과 부부와 독신자가 단체로 캠핑만 떠나도 기쁨이 자라날 수 있다. 캠핑 여행에는 다양한 연령대가 동참할 수 있을 뿐 아니라, 함께 지내면서도 필요에 따라 프라이버시를 지킬 수 있는 훌륭한 환경이 주어진다. 청년들은 양로원의 노인들에게 다윗의 춤을 가르쳐 줄 수 있다. 모든 연령대의 교인들이 노인들의 마당 일을 거들 수 있다. 몇 세대가 함께 모여 지역사회에서 기쁨이 결핍된 곳을 찾아낸 다음, '기쁨의 기습'을 계획해 보라. 산들바람이 부는 날 다함께 연을 가져가서 나누어 주는 것도 좋다. 조금만 더 계획을 짜면 사람들에게 연을 만드는 법과 날리는 법도 가르쳐 줄 수 있다. 그룹을 모아 놓고 교회 안에 다세대 공동체를 가꾸는 법을 묻지 말라. 그보다 이미 기쁨을 맛본 사람들을 모아 놓고 지역사회에 기쁨의 수위를 높이는 법을 물으라. 다 쓸 수도 없을 만큼 많은 아이디어들이 금방 쏟아져 나올 것이다.

나는 어떻게 하고 있는가?

이쯤에서 우리가 던져야 할 질문들이 있다.

- 삶의 이 시점에서 나는 얼마나 성숙해 있어야 하는가?
- 나의 정서적 기술은 얼마나 성숙해 있는가?
- 나보다 성숙한 사람들이 내 삶을 꾸준히 돕고 있는가?
- 나의 고민과 기쁨을 또래들과 나누고 있는가?
- 나는 후배들의 기쁨과 성장에 도움을 주고 있는가?
- 내가 가정과 학교와 교회에서 경험한 일들은 기쁨을 가꾸는 데 어떤 도움이 되었는가?
- 나는 가정과 학교와 교회에서 어떻게 다른 사람들을 위하여 기쁨을 시작할 수 있는가?
- 일상생활 속에서 나는 인터넷의 가상현실에 기쁨을 빼앗기고 있는가?

핵심 질문은 이렇다. 나의 삶은 이전의 한두 세대에서 이후의 한두 세대로 이어지는 기쁨의 흐름에 얼마나 잘 들어맞는가? 아무 일도 일어나지 않고 있는가? 정체되어 있는가? 불만과 불행을 전수하고 있는가? 가정과 학교와 교회에서 노인 세대의 자원이 잘 활용되고 있거나 낭비되고 있는 부분은 각각 어디인가? 거주지 근처에 기쁨의 수위가 낮은 곳은 어디인가? 문제나 문제의 해결에 몇 세대가 개입되어 있는가?

인생모델의 결론은 이렇다. 긍정적이고 영속적인 변화를 원한다면 3세대 이상이 서로 협력해야 한다. 그러면 세대에서 세대로 기쁨이 흘러갈 수 있고, 성숙을 쌓아 올리는 벽돌이 만들어진다. 알다시피 유아들은 당연히 관계 기술이 없지만, 나이가 든다고 해서 그런 능력이 보장되는 것은 아니다. 감정에 대한 우리의 태도는 여러모로 관계 기술과 직결된다. 뇌가 관계적으로 훈련되지 않은 사람은 감정을 불신하거나 회피하거나 심지어 정죄하는 경향이 있다. 이번 단락을 마치기에 앞서 그리스도인들이 감정과 성숙에 대해 품고 있는 몇 가지 보편적 신념을 생각해 보자.

감정에 대해 잘못 들었던 내용을 고치자

정서적 성숙이란 감정이 격해질 때 미련하게 반응하는 게 아니라 오히려 삶의 질을 높이는 반응이 개발되어 있다는 뜻이다. 이 책도 다른 많은 책들처럼 정서적 성숙을 영적 성숙과 경건한 성품의 중요한 일부로 본다. 정서적 성숙과 영적 성숙이 어떻게 맞물리는지는 여기서 논하지 않겠다. 그보다 감정에 대한 네 가지 보편적 신념을 생각해 보고자 한다. 이런 신념들 때문에 많은 기독교 공동체에서 성숙이 위축된다.

신념1: 모든 감정은 생각과 신념에서 기인한다

뇌의 감정에는 크게 두 종류가 있다. 좌뇌의 감정과 우뇌의 감정은 성격이 다르다. 그 차이를 분명히 알면 불필요한 이견을 없앨 수 있다. 좌뇌에서 주로 생성되는 감정은 생각과 신념에서 기인한다. 예컨대 모욕당한다고 생각하면 화가 날 수 있다. 자신이 어리석다고 믿으면 수치심이 들 수 있다. 이런 감정을 해소하는 한 가지 방법은 자신이 믿는 내용을 바꾸는 것이다.

반면에 우뇌의 감정은 삶에 대한 원초적 반응이다. 이런 반응은 믿는 내용을 바꾸어도 피할 수 없다. 누가 앞에서 토하면 생각할 겨를도 없이 역겨워진다. 어디서 갑자기 큰 소리가 나면 따져 볼 새도 없이 두려워진다. 이런 원초적 감정 반응은 신념을 바꾸어도 달라지지 않는다. 우뇌의 감정을 기쁜 관계에 힘입어 해소할 수는 있으나 사전에 막을 길은 없다.

좌뇌의 감정과 우뇌의 감정이 어떻게 다른지는 칼 리먼 의학박사의 책과 우리 인생모델의 많은 자료에 설명되어 있다. 그렇다면 양쪽의 차이가 왜 중요한가? 온유한 보호자는 우뇌에 감정이 일어날 때도 관계를 유지하는 기술을 이미 배웠다. 우뇌의 감정을 처리하려면 옳다고 인정하고 위로해 주어야 한다. 그러나 좌뇌의 감정은 대개 잘못된 신념에 기초한 것이므로 옳다고 인정해 주어서는 안 된다. 제대로 훈련되지 않은 사람은 우뇌의 감정이 아주 격해지면 관계를 끊어 버린다. 요컨대 우뇌의 감정을 해소하는 데는 관계와 기쁨이 필요하지만, 좌뇌의 감정에는 진실이나 행동이 필요하다. 우뇌의 감정을 처리하는 데 꼭 필요한 정서적 기술이 가정과 문화에서 사라지고 있다. 그러다 보니 우리는 무조건 생각을 바꾸어서 감정을 바꾸려고 더 안간힘을 쓴다. 하지만 그 방법은 감정의 절반에밖에 통하지 않는다.

신념2: 분노는 죄다

이미 짐작했겠지만 좌뇌의 분노는 대개 잘못된 신념에서 유발된다. 잘못된 신념에 기초한 분노는 죄다. 반대로 우뇌의 분노 반응은 사전에 생각할 겨를도 없이 발생한다. 우뇌의 분노는 앞에 위험이 닥쳤으니 막아야 한다는 신호다. 예컨대 개가 자녀를 공격할 때가 그런 경우다. 정서적으로 성숙한 사람은 심한 분노를 느끼면서도 동시에 아주 의욕적으로 관계와 타인을 보호할 수 있다. 이런 분노는 죄가 아니며, 이런 성숙한 기술은 아무에게나 있지 않다. 그러나 기쁨으로 복귀할 줄 모르면 어떤 감정이라도 죄의 행동을 낳을 수 있다. 분노 중에 타인을 보호할 줄 모르는 경우도 마찬가지다.

신념3: 수치심은 나쁜 것이다

수치심에도 좌뇌의 수치심과 우뇌의 수치심이 있으므로 그 차이를 알아야 한다. 좌뇌의 수치심은 대개 정체성에 대한 거짓말과 왜곡된 신념에서 비롯된다. 좌뇌의 수치심을 가려내는 좋은 시험이 있다. 수치심을 낳는 신념에 동의해 보는 것이다. 좌뇌가 수치심으로 반응할 때는 거기에 동의할수록 문제가 더 악화된다. 예컨대 "나는 쓸모없는 인간이라 무척 수치심이 든다"고 말하는 사람에게 "맞아, 너는 쓸모없는 인간이야"라고 반응하면 큰일 난다! 지금 상대하고 있는 것은 좌뇌의 수치심이다.

우뇌의 수치심은 사람들이 나와 함께함을 기뻐하지 않을 때 생겨나는 부끄러움이다. 자신의 정체성을 망각한 채 어이없는 행동을 하는 사람에게는 이 수치심이 매우 유익하다. 주변의 기쁨을 고갈시키는 원인이 무엇인지 알면 기쁨을 더 잘 시작할 수 있다. 예컨대 남의 깨끗한 옷에 함부로 음식을 흘리면 상대가 좋아하지 않는다. 코를 후비거나 방귀를 뀌며 돌아다녀도 사람들이 좋아하지 않는다. 그들은 기쁨 대신 6가지 불쾌감 감정을 하나나 여럿 느낄 것이다. 이때 우리는 기뻐하지 않는 상대의 표정을 보며 수치심을 느낀다. 그러면서 사람들을 기쁘게 하지 않는 일이 무엇인지 배운다. 수치심이 없다면 우리 뇌는 습성을 고치는 법을 배울 수 없다.

유해성 수치심은 나쁜 것이며 좌뇌와 우뇌에 따라 성격이 다르다. 좌뇌의 유해성 수치심은 우리의 정체성에 대한 모든 거짓말에서 생겨난다. 우뇌의 유해성 수치심은 기쁨을 되찾을 길이 막혀 있을 때 생겨난다. 관계가 결여되면 수치심에서 헤어날 수 없다. 기쁨으로 복귀할 길이 없으면 수치심을 몇 분만 느껴도 정체성에 손상을 입는다. 기쁨을 회복하는 기술을 어떻게 배우는지에 대해서는 이 책의 제4부에서 살펴볼 것이다.

<u>신념4: 기쁜 삶이란 매사에 긍정적이 된다는 뜻이다</u>

이 책에서 배우고 있듯이 기쁨이란 누군가와 함께함이 즐겁다는 뜻이다. 그런데 인간은 괴로울 때도 있고 행복할 때도 있다. 참 자아일 때도 있고 거짓 자아일 때도 있다. 가짜 자아로 있으면 참 기쁨을 누릴 수 없다. 마찬가지로 내가 가면을 쓰고 함께 있으면 아무도 참 기쁨을

경험할 수 있다. 이 땅에는 놀라운 일만 있는 게 아니며, 우리는 마치 그런 것처럼 행동할 필요가 없다. 기쁨은 관계적인 것이다. 따라서 결코 나 혼자가 아님을 알면 언제나 기쁨을 누릴 수 있다. '진짜 나'가 '진짜 너'를 찾아 나설 때 기쁨이 싹튼다. 그러면 이 순간의 고통과 행복과 무관하게 서로 함께 있을 수 있다.

텍사스의 여자들, 북유럽의 남자들, 아시아 사람들, 교사들, 부모들, 목사들은 진정한 자아를 내보이기가 특히 힘들다. 연약함이 공격의 대상이 되는 문화나 지역이라면 어디나 마찬가지다. 자신의 참 자아로 기쁨에 도달하는 일은 도전이다. 하지만 기쁨은 그리스도인의 핵이다. 그러므로 각양각색의 그리스도인들이 문화를 초월하여 함께 기쁨의 길을 찾아 나설 수 있다. 다음 장에서는 기쁨을 그룹의 작업으로 삼는 법을 살펴볼 것이다.

기쁨의 행동

가정: 한동안 인터넷의 가상현실을 떠나 가족끼리 연을 만들어 사람들에게 나누어 준다.

학교: 다른 세대의 사람을 학교 행사에 데려간다.

교회: 교회가 어느 학교에 또는 기쁨이 빈약한 환경에 기쁨의 연들을 가져다준다. 가능하다면 사람들을 도와 연을 날리게 한다.

환경적 거짓 성숙에 대한 평가서

1. 나는 종종 피곤해도 억지로 밀고 나간다.

    충분히 쉬고 있다 0 1 2 3 4 5 6 7 8 9 10 **항상 피곤하다**

2. 우리 집에서는 약점을 서로 숨긴다.

    훤히 다 안다 0 1 2 3 4 5 6 7 8 9 10 **아무도 모른다**

3. 꿈보다는 두려움이 내 삶을 지배하고 있다.

    꿈이 승자다 0 1 2 3 4 5 6 7 8 9 10 **두려움이 승자다**

4. 우리는 남들이 우리를 어떻게 생각할지에 대해 걱정이 많다.

    전혀 아니다 0 1 2 3 4 5 6 7 8 9 10 **항상 그렇다**

5. 내가 손을 놓을 때 벌어질 일을 생각해야 비로소 의욕이 생긴다.

    그런 걱정이 없다 0 1 2 3 4 5 6 7 8 9 10 **자신을 몰아간다**

6. 이곳 사람들은 행동이 거칠다.

    전혀 아니다 0 1 2 3 4 5 6 7 8 9 10 **모두에게 그렇다**

7. 나는 결정을 내릴 때 사람들이 나한테 화나지 않게 한다.

    걱정할 것 없다 0 1 2 3 4 5 6 7 8 9 10 **항상 그렇다**

8. 우리는 기분전환이나 오락에 많은 시간을 들인다.

    전혀 아니다 0 1 2 3 4 5 6 7 8 9 10 **대체로 그렇다**

9. 남들을 실망시킨다고 생각하면 불안해진다.

    전혀 아니다 0 1 2 3 4 5 6 7 8 9 10 **견딜 수 없다**

10. 우리 집에서는 모든 일이 늘 똑같은 한 사람의 책임이다.

    함께 책임진다 0 1 2 3 4 5 6 7 8 9 10 **항상 그렇다**

이 총점을 아래의 해당 지점에 표시한다

0 10 20 30 40 50 60 70 80 90 100   나의 총점 _____

나의 기쁜 성숙에 대한 성경공부

감사한 일을 한 가지 떠올리고 잠시 그 감사에 젖어 보라. 그 다음에 이 공부가 재미있게 해 달라고 하나님께 기도하라. 그러고 나서 서신서에서 다음 본문을 읽으라.

로마서 14:1-15:7
본문에 따르면 하나님은 우리가 어떻게 공동체를 보호하기를 원하시는가?

연약함과 기쁨과 샬롬에 대한 질문:
1. 본문에서 연약한 사람과 강한 사람은 누구인가?
2. 하나님은 연약한 사람과 강한 사람 사이에 어떤 교류가 있기를 원하시는가?
3. 본문에서 기쁨과 샬롬(모든 것이 합력한다)에 대해 무엇을 배울 수 있는가?

임마누엘에 대한 질문:
1. 본문에서 '우리와 함께하시는 하나님'을 지각한 결과는 무엇인가?
2. 그룹 공부를 위한 활동: 하나님은 언제나 임재하시며 애써 더 분명히 깨우쳐 주신다. 지금 그룹 토의 중에도 그분은 우리가 이 본문을 깨닫도록 돕고 계신다. 이를 어떻게 지각하거나 짐작할 수 있는가?

(주의: 하나님의 능동적 임재에 대한 생각이 처음에는 낯설게 느껴질 수 있다. 일반적으로 사람들이 현재를 관찰하기보다 과거를 더 화제로 삼기 때문이다. 간단히 답하라. 얼마든지 추측해도 좋다. 매주 이 작업을 할 것이다.)

개인적 질문:
당신의 삶 속에서, 연약함 중에 당신을 만나 주시는 하나님을 느꼈던 때는 언제인가?

성경 전체에 대한 질문:
하나님은 우리가 연약한 사람들을 어떻게 대하기를 원하시는가? 성경에서 그것을 알려 주는 이야기들과 구절들은 무엇인가?

마무리 질문:
금주의 공부를 하기 전에는 몰랐으나 이제 새롭게 알게 된 것은 무엇인가?

인생모델: 나의 기쁨 연습

아래의 각 연습을 마칠 때마다 당신의 몸에 어떤 느낌이 오는지 주목하라. 감사를 연습하는 도중과 이후에 어떤 변화가 생기는지도 잘 보라. "기분이 좋았다"고 답했다면 그것을 어떻게 아는지 자신에게 물어보라. 예컨대 "가슴이 후련하다" 또는 "호흡이 깊어지고 숨 쉬기가 쉬워졌다"와 같이 구체적으로 답하라. 그룹으로 모인다면 이번 장의 개인적 연습들의 결과를 서로 나누라.

윗사람에게 감사를 가꾸기

1. 당신의 삶 속에서 세 명의 윗사람을 떠올려 보라. 당신보다 성숙하고 인생의 경륜이 더 많은 사람들이다. 그들의 성품에 대해 당신이 감사하는 부분을 3-5가지 꼽아 보라.

2. 그 감사의 내용을 직접 만나거나 카드에 적어 알려 주라. 직접 만날 경우에는 상대가 당신의 감사를 어떻게 받아들이는지 잘 보라. 감사를 가꾸면서 당신의 기분이 어떤지도 주목하라. 카드를 쓸 경우에는 감사를 표현하는 기분이 어떤지 주목하라. 카드를 읽는 상대의 기분은 어떨지 상상해 보라.

동료에게 감사를 가꾸기
1. 당신의 삶 속에서 세 명의 동료를 떠올려 보라. 그들의 성품에 대해 당신이 감사하는 부분을 3-5가지 꼽아 보라.
2. 다음번에 만날 때 그 감사의 내용을 말해 주라. 상대가 당신의 감사를 어떻게 받아들이는지 잘 보라. 감사를 가꾸면서 당신의 기분이 어떤지도 주목하라.

아랫사람에게 감사를 가꾸기
1. 당신의 삶 속에서 세 명의 아랫사람을 떠올려 보라. 당신보다 덜 성숙하고 인생의 경륜이 덜한 사람들이다. 그들의 성품에 대해 당신이 감사하는 부분을 3-5가지 꼽아 보라.
2. 그 감사의 내용을 직접 만나거나 카드에 적어 알려 주라. 직접 만날 경우에는 상대가 당신의 감사를 어떻게 받아들이는지 잘 보라. 감사를 가꾸면서 당신의 기분이 어떤지도 주목하라. 카드를 쓸 경우에는 감사를 표현하는 기분이 어떤지 주목하라. 카드를 읽는 상대의 기분은 어떨지 상상해 보라.

Chapter 6

기쁨은
얼굴을 마주 대하는
교제에서 자란다

　　　　　　　　사회와 전 세계의 엄청난 문제들이 다세대 공동체를 위협하고 있다. 산업혁명 이후로 몇 가지 새로운 요인들이 상황을 훨씬 악화시켰다. 전쟁은 더욱 광범위해졌다. 원자재를 팔아 부유하긴 하지만 약탈 행위에 너무 바빠 복잡한 무기를 자체 개발할 수 없던 나라들도 대량살상 무기를 구입할 수 있게 되었다. 값싸고 빠른 대중교통 덕분에 많은 사람들이 일자리를 찾아 도시로 쉽게 이동한다. 그러나 정작 얻는 것은 기쁨이 빈약하기 짝이 없는 환경뿐이다. 노예제도, 성매매, 식민지주의, 파시즘, 공산주의, 약탈 자본주의 등의 여파가 여전히 전 세계적으로 약자들을 괴롭히고 있다. 게다가 빚진 돈의 이자를 버는 데 들어가는 시간도 있다. 이 때문에 많은 부모들이 집에 붙어 있을 새가 없다. 우리는 인격적 관계를 대중매체와 첨단 기기의 가상현실로 대체하고 있다. 그래서 문자는 보내지만 대화는 하지 않는다. 마약이 백 년 전보다 훨씬 많아졌고, 사람들은 계속 폭력을 오락으로 즐긴다. 다세대 공동체를 위협하는 이 모든 요인들은 기쁨의 수위를 떨어뜨려 악영향을 끼친다.

이번 장에서는 우리가 어떻게 기쁨을 파괴하며 가해자의 습성을 퍼뜨리고 있는지, 그리고 어떻게 기쁨을 다시 시작할 수 있는지 살펴보고자 한다. 기쁨의 수위를 높이고 기쁜 보호자 기술을 다음 세대로 전수하면, 수많은 위험 요소들의 파괴적 악영향을 줄일 수 있다.

쉴리아의 이야기

가정. 내가 자라난 텍사스 주의 휴스턴은 공기가 습하고 사투리가 심했다. 무더운 여름날에 할머니가 수박을 사 오면 우리는 앞마당에 스프링클러를 틀어 놓고 물보라 속을 뛰어다니며 서로에게 수박씨를 뱉었다. 함께 놀 사촌들이 아주 많아 아빠 쪽으로만 스물네 명이나 되었다. 모든 세대가 종종 기분 좋게 어울렸다. 기쁨을 배우는 훌륭한 장이 될 수도 있었다. 그러나 아빠는 그레이스를 아기 때 잃은 뒤로 영영 달라졌다. 그레이스가 죽은 지 10년째이자 나의 다섯 번째 생일이 되기 몇 달 전이었다. 아빠는 할아버지와 함께 유전에서 일했는데 퇴근길에 굽이진 길에서 픽업트럭이 바닥으로 굴렀다. 엄마와 션이 병원에 도착하기 직전에 아빠는 숨을 거두었다.

　엄마는 아빠의 죽음에서 헤어나지 못한 채 내 기억으로 밤낮없이 잠만 잤다. 엄마는 아침에 우리가 등교할 때도 누워 있었고, 오후에 우리가 스쿨버스에서 내릴 때도 잠들어 있었다. 그러다 밤늦게 일어나 야한 옷을 차려입고 근처의 술집으로 나갔다. 거기서 가해자인 사나운 남자들과 함께 춤을 추고 술을 마시고 데이트를 했다.

　당시 열세 살이던 션 오빠가 엄마의 일을 대부분 도맡았다. 그는 엘라와 나의 끼니를 챙겨 주고 우리에게 설거지와 빨래를 가르쳤다. 우리는 싱크대나 세탁기에 손이 닿지 않아 받침대나 의자를 놓고 올라서야 했다. 션이 우리를 안전하게 지켜 주고 밤에는 잠자리에 뉘어 주었다. 션은 소년 가장이 되어 엄마까지 보살폈다. 사실 우리 모두가 엄마를 수발했다. 엄마는 깨어 있을 때면 침대 머리판을 탕탕 치며 우리에게 우편함의 편지, 문간의 신문, 치즈 샌드위치, 아이스티 등을 가져오라고 시켰다. 특히 아이스티는 플라스틱 컵이 아니라 반드시 유리컵에 따른 뒤 레몬주스를 두 번씩 짜야 했다. 치즈 샌드위치를 가져다줄 때마다 나는 한 입 베어 먹고 엄마의 눈에 띄지 않게 그 자리를 냅킨으로 쌌다. 아마 화가 나서 그랬던 것 같다. 그래도 엄마는 늘 웃기만 했다.

　우리 집에는 나쁜 일이 자주 벌어졌는데, 그럴 때면 엄마는 아빠 대신 자기가 죽었어야 한다고 소리치곤 했다. 자살할 낌새가 있었고 실제로 몇 번 시도했다. 한번은 엄마가 차고 안에 차를 세워 놓고 시동을 켠 뒤 차 안에 가스가 차오르기를 기다렸다. 차고 천장의 구멍을 통해 집 안에까지 일산화탄소가 가득 퍼졌다. 루크 오빠가 엄마와 우리를 구했다. 이튿날 일어나 보니 머리가 지끈거리고 속이 메스꺼렸다. 훗날 엄마는 자살하려 했을 뿐 우리를 해칠 마음은 없었다고 했다. 또 한번은 엄마가 신경안정제를 과다 복용한 뒤 계부를 쫓아가려 했다. 계부는 엄마와 대판 싸우고 나서 차를 타고 어디론가 획 가버렸다. 그는 엄마가 술집에서 만나 급히 결혼한 사나운 가해자였다. 엄마는 차고에서 후진해 나오다가 나무를 치고는 다시 집의 측벽에 차를 처박았다. 당시 열다섯 살이던 루크 오빠가 달려가 간신히 엄마를 차에서 들어내 침대에 눕혔다. 오빠는 다시 뛰어나가 운전석에 살짝 들어가서 가속기를 확 밟아 차를 뒤로 빼냈다. 집을 떠받치고 있던 벽돌들이 지저분하게 바스러져 있었다. 나는 겁에 질려 그 광경을 지켜보았다.

아빠가 돌아가신 뒤로 우리는 주말마다 할머니 할아버지 집에 가 있곤 했다. 쉴 곳이라고는 거기뿐이었다. 그때는 그런 줄로 알았다. 내가 평범한 일상과 '안전'을 맛본 시간은 그때뿐이었다. 하지만 거기도 안전한 곳은 아니었다. 할아버지는 나를 성희롱했다. 하나님을 경외하고 교회에 열심히 다니는 사람이 그런 행동을 했으니 나는 혼란에 빠질 수밖에 없었다. 그래도 나는 그를 아주 좋아했으므로 그 일을 입 밖에 내지 않았다. 수십 년이 지나 할아버지의 장례식 때 사촌 언니를 통해 알았지만, 그는 집안의 다른 아이들도 성희롱했다.

교회. "얘들아, 일어나라! 교회에 늦겠다." 주말마다 할머니가 내지르는 소리가 복도를 지나 엘라와 내가 잠자던 방으로 건너왔다. 잠시 후에 루크가 불쑥 들어와서는 우리 침대 위로 폴짝 뛰어올라 노래를 불렀다. "해님이 중천에 떴어요. 풀이 무릎까지 자랐어요. 일어나, 쉴리아! 일어나, 엘라!"

"빨리! 벌써 '미스터 에드'(Mister Ed, 에드라는 이름의 말하는 말[馬]이 등장하는 1960년대의 텔레비전 시트콤-옮긴이)를 하고 있다고! 일어나!" 그는 침대의 이불을 홱 걷어치우며 소리쳤다. 엘라가 먼저 일어났다. 식탁에는 이미 따끈한 케이크와 시럽이 차려져 있었다. 엘라는 그 냄새에 끌려 일어났다. 꼴찌로 일어난 사람은 나였다. 내가 그나마 움직인 것은 순전히 "물론이지 물론이야" 하는 노랫소리 때문이었다. 말하는 말의 그 목소리는 서재의 텔레비전에서 울려 나오고 있었다. 나는 베개를 끌어안고 바닥의 내 자리로 갔다.

"얘들아, 어서 서둘러라. 아침 먹어야지. '지미 스왜거트(Jimmy Swaggart, 오순절 교단의 목사-옮긴이) 쇼'를 할 시간이다." 그 말은 주일학교에 늦지 않게 가려면 지금 떠나야 한다는 신호였다. 지미가 텔레비전 속에서 고함을 지르며 두 손으로 성경책을 탁 닫을 때 우리는 차고에 잠자고 있던 파란색 포드 링컨콘티넨탈로 향했다. 우리 셋은 차에 뛰어올라 쿵쿵 구르고 소리를 지르며 뒷자리에 앉았다. 그렇게 일요일 아침마다 우리는 할머니 할아버지와 함께 교회에 가서 말세와 짐승의 표와 휴거에 대해 들었다. 나는 의자에 앉아 몸을 흔들며 예언의 메시지를 학수고대했다. 말세에 대한 예언은 어김없이 등장했다. 엘라는 최후의 심판 따위에 아랑곳없이 시종 사탕을 먹으며 혼자 놀았지만 나는 앞으로 바짝 다가앉아 들었다.

할머니는 말세와 세상의 종말에 대해 불안으로 가득 차 있었다. 할머니의 두려움이 그대로 내 것이 되었다. 하지만 엘라는 할머니의 말을 한 마디도 믿지 않는다고 했다. 이미 일곱 살 때부터 내게는 내가 용서받을 수 없는 죄를 지었다는 확신이 있었다.

교회는 내가 기쁨을 배운 곳이 아니다.

학교. 학교에서 나는 교사들과 급우들에게 가정생활을 숨기기에 바빴다. 그러다 보니 어느새 만사형통인 척 연기하는 데 달인이 되었다. 나는 고분고분 말을 잘 듣는 '착한 아이'였으므로 학교생활에 적응하는 데는 문제가 없었다. 내가 규율을 잘 지킨 것은 기뻐서가 아니라 속을 들키고 싶지 않아서였다. 집에서 학대를 당하면서 내가 '못된 계집애'라는 확신이 싹텄다. 그래서 교사들에게는 내가 착하지 못하다는 걸 숨기고 싶었다. 나의 동기는 두려움이었다. 나는 '착한' 거짓 자아로 교사들의 호감을 사려고 열심히 노력했다. 그들에게 사랑받고 싶었던 것이다.

4학년 때 담임이었던 데이비스 선생님을 영영 잊지 못한다. 그녀의 교실에는 두려움이 들어설 자리가 없었다. 그녀 앞에서 내가 경험한 것은 수용과 사랑뿐이었다. 나는 먼저 가 있다 그녀를 맞이하려고 날마다 일찍 등교했다. 그녀는 기다리고 있던 나를 보며 얼굴이 밝아졌다. 그때는 그것이 무엇인지 몰랐으나 나는 기쁨을 발견했던 것이다. 데이비스 선생님은 일찍 교실 문을 열고 나를 안으로 들여 주었다. 나는 그녀의 조수 중 하나가 되었다. 덕분에 소속감과 내가 쓸모 있는 존재라는 느낌이 들었다. 그때는 몰랐지만 내게 그것이 절실히 필요했다. 쉬는 시간에도 시야에서 그녀를 놓치지 않았다. 그녀의 곁에 있고 싶은 마음이 간절했지만 친구들이 이상하게 볼까 봐 친구들과 함께 놀았다. 교사와 친해지려 하는 아이는 아무도 없는 것 같았다.

데이비스 선생님에게 집에서 벌어지는 일을 말한 적은 없다. 하지만 선물과 카드를 드리곤 했다. 한번은 사탕으로 목걸이를 만들어다 드렸더니 그녀는 포장을 뜯자마자 망설일 것도 없이 목에 걸었다. 그날 쉬는 시간에 놀이터에서 보니 그녀가 목걸이를 입 쪽으로 올려 사탕 하나를 입에 넣었다. 나는 기뻐 어쩔 줄 몰랐다. 그녀가 나의 선물을 정말 즐거워하고 있었던 것이다. 내가 순전한 기쁨을 맛본 것은 그때가 처음이다! 그날 나는 데이비스 선생님과 사랑에 빠졌다. 나도 나중에 커서 교사가 되겠다고 결심했다.

5학년에 올라가서는 마음이 어수선했다. 더 이상 데이비스 선생님의 반이 아니었기 때문이다. 더들리 선생님의 반에서 나는 말썽을 부리기 시작했다. 그녀는 나를 좋아하지 않았고 내 행동에 자주 벌을 주었다. 나는 아픔을 달래려고 데이비스 선생님에게 편지를 쓰곤 했다. 5학년이 끝날 무렵에 데이비스 선생님은 약혼하여 다른 데로 이사를 갔다. 그 후로도 계속 그녀에게 편지를 썼다. 그렇게 계속 연락하면서 애착의 고통을 달랠 수 있었다.

서른이 넘어서 나는 데이비스 선생님을 수소문하여 찾아냈다. 그녀는 켄트 여사가 되어 있었다. 그녀가 내 마음에 흔적을 남긴 일과 그녀 덕분에 나도 교사가 되었음을 말해 주고 싶었다. 그래서 전화를 걸었다. 전화를 받은 그녀에게 내 이름을 댔더니 그녀는 내가 누구인지 정확히 알고 있었다! 나는 내 이야기와 그녀가 나를 '구원한' 사연을 들려주었다. 그녀는 내가 열 살 때 우편으로 보낸 카드와 편지를 다 가지고 있다고 했다. 그러더니 잠깐 기다리라며 그것들을 가지러 갔다. 그중에 결혼 축하 카드에 쓴 나의 시를 읽어 주고 싶다고 했다. 2천5백 미터나 떨어진 곳에서 켄트 여사가 20년 만에 나의 글을 읽었다. "복숭아는 복숭아요 자두는 자두로되 혀가 빠진 키스는 키스가 아니다." 둘 다 자지러지게 웃었다. 그녀는 내가 원한다면 그 카드를 보내 주겠다고 했다. 나는 정중히 사양했다. "그건 선생님이 가지고 계셔야 될 것 같아요!" 어린 시절 나에게 부모의 감독이 없었으며 그 시를 어느 책에서 베꼈는지 통 모르겠다고 살짝 뚱겨 주었다. 38년이 지난 오늘도 켄트 여사와 나는 SNS의 친구다. 지금도 나는 딱 그녀처럼만 나이가 들어가고 싶다.

변화. 지금은 엄마와의 관계가 애정과 보호의 관계로 변했다. 몇 년 전에 엄마는 죽기 전에 나한테 용서받는 것이 유일한 소원이라고 말했다. 그때는 너무 어려운 일 같아서 엄마를 용서할 수 있을지 자신이 없었다. 얼마 전에 휴스턴의 교회에서 자정에 크리스마스이브 예배를 드릴 때였다. 엄마가 내 옆에 서 있었다. 엄마에게 눈길이 향하는 순간 긍휼 같은 게 느껴졌다. 엄마에 대해 알고 있던 사실이 모두 기억났다. 그녀는 술을 마셨고, 여러 남자와 동침했고, 결국 트럭 운전사와 눈이 맞아 달아났다. 그녀는 한때 술집에서 사교춤을 아주 우아하게 추어, 숱한 남자들이 다음번 파트너가 되게 해 달라고 졸랐다. 그녀는 독립 2백 주년인 1976년에 엘라와 내가 학교 행진에 나갈 수 있도록 밤새도록 고전 의상을 바느질하기도 했다. 또 내가 소프트볼 시합에 나갈 때마다 관중석에서 "번갯불이 나가신다! 모두 비켜라!"라고 외치기도 했다. 그렇게 응원하며 나의 재빠른 도루 실력에 힘을 실어 주었다. 예수님의 탄생과 엄마의 생애를 곰곰 생각하노라니 가슴이 벅차오르면서 눈물이 터져 나왔다. 어느새 나도 모르게 엄마에게 몸을 기대며 "엄마를 용서해요"라고 속삭였다. 엄마는 고개를 들었다가 눈물이 그렁그렁한 눈으로 나를 보며 끄덕였다. 그 뒤로 엄마를 향한 내 마음은 온통 애정뿐이다. 엄마와 나는 지금도 매주 대화하며 문자를 주고받는다. 하나님이 엄마를 본향으로 데려가시면 나는 엄마가 그리울 것이다.

무엇이 기쁨의 수위를 떨어뜨리는가?

지금부터 가해자와 가해자에 대한 두려움이 어떻게 공동체와 가정을 형성하는지 살펴보자. 우선 당연한 사실부터 지적한다. 우리는 본래 여러 모로 연약하다. 가해자에게 연약함을 숨기려면 실제보다 강한 척해야 한다. 그래서 우리는 최대한 강해 보이려고 자신을 부풀린다. 그렇게라도 호감을 사려는 것이다. 하지만 기쁨은 누군가가 '진짜 나'와 함께함을 즐거워할 때 찾아온다. 그런데 진짜 나가 너무 꼭꼭 숨겨져 있으면 아무도 찾아낼 수 없다. 한편 공동체는 가해자를 불러들이는 사람을 벌한다. 공동체는 연약함을 보이는 사람을 벌한다. 그 사이에 가해자는 수가 점점 많아지면서 모든 연약함을 닥치는 대로 이용한다. 기쁨의 수위가 떨어진다.

우리는 연약함을 기꺼이 성장의 발판으로 삼기는커녕 너도나도 실제보다 강해지려는 욕망에 이끌린다. 어떤 사람은 아무도 논박할 수 없는 굳센 이념을 만들어 내고, 어떤 사람은 남들 속에 깊은 두려움을 유발한다. 어떤 사람은 무조건 자기를 정당화하고, 어떤 사람은 격한 감정에 빠진다. 그런가 하면 극도로 섹시해지려는 사람, 완벽한 이미지를 애써 투사하는 사람, 최대한 냉담하게 초탈하는 사람도 있다. 이렇게 기만과 거짓이 판을 칠수록 기쁨의 수위는 떨어진다. 거짓 정체성, 거짓 기쁨, 거짓 성숙이 앞장선다. 기쁨이 빈약한 세상에서는 아무도 겉과 속이 같지 않다.

거짓 기쁨과 거짓 성숙이 심해지면 관계에 고통과 문제가 생겨나고, 이는 성장을 직통으로 가로막는다. 기쁨이 빈약하면 학교도 성공하기 힘들다. 기쁨이 빈약한 가정은 기쁨이 빈약한 자녀를 길러 내고, 그들이 자라 기쁨이 빈약한 어른이 된다. 거짓 기쁨은 가족간의 유대를 밀어낸다. 사람들이 빕스(BEEPS)로 삶을 영위하고, 감정을 조절하고, 고통을 달래기 때문이다. 무조건 더 크고 좋고 강하고 예쁜 것이 우리 몸, 가정, 자동차, 잔디, 교회, 스포츠 팀, 학교 등의 목표가 된다.

가해자는 남의 약점을 이용해 사리(私利)를 챙긴다. 리오(Leo)는 분명히 집중력과 의욕이 부족하다. 그가 작업 중에 산만해지면 델마(Thelma)는 으레 잔소리를 퍼부으며 '한심한 인간들'을 '모범 남편들'과 비교한다. 약점을 지적하고 구박이라도 해서 그에게 의욕을 불어넣기 위해서다. 하지만 그때마다 기쁨의 수위가 떨어진다. 한편 피해자들은 자신의 약점을 방패나 핑계로 삼아 꿈쩍도 하지 않는다. 교회 지도자치고 사람들에게 사역을 권했다가 "제가 뭘 할 줄 아는 게 있어야지요"라는 대꾸를 들어 보지 않은 사람이 있을까? 이런 일이 누적되면 결국 사람들은 자신의 약점은 물론 자기 자신까지 숨긴다. 그리하여 기쁨 대신 고통이 증폭된다. 빈약한 기쁨은 부식성이 있어, 사람들이 창의적으로 일하기보다 자신을 보호하는 데 에너지를 소모한다.

이런 사람들의 문제가 있다. 겉으로 강해지려면 속으로 자신을 죽여야 한다는 것이다. 거짓 자아를 만들어 내려면 참 자아를 형성할 때와 똑같은 뇌 부위를 써야 한다. 거짓 자아가 지배하면 그것이 뇌의 작용을 서서히 잠식한다. 외래종 생물처럼 거짓 자아도 참 자아의 생명력을 앗아 간다. 문제는 이렇게 강한 척 우쭐대는 자아가 자신의 망상적 거짓말을 정말 믿는다는 것이다.

설령 사람들이 내 거짓 자아의 새로운 가면을 좋아한다 해도, 기쁨은 여전히 막혀 있다. 사실 강한 사람들은 "남들이 정말 나의 모든 것을 안다면 나를 싫어할지도 모른다"라는 감정에 시달린다. 내가 실패해도 과연 사람들이 나를 똑같이 좋아할지 의문이 떠나지 않는다. 진정한 기쁨은 간 곳이 없다. 우리는 내 거짓 자아의 가면을 보호해 줄 사람들과만 어울려 지낸다. 그들은 '진짜 나'가 들통 나지 않도록 우리에게 무리한 요구를 삼간다. 심지어 우리는 사람들에게 이렇게 경고할 수도 있다. "너무 심하게 굴지 마! 나를 화나게 해서 좋을 것 없으니까!" 강한 사람들이 모일 때마다 그곳에는 반드시 거짓 자아가 고도로 밀집되어 있다.

감쪽같은 거짓 자아는 가정과 학교와 교회에서 각각 어떤 모습으로 나타날까? 거짓 자아로 모이는 사람들은 일종의 클럽을 만들어 자신들의 특성을 지지하고 칭송한다. 그들은 단체로 약점을 최대한 숨긴다. 그래서 기쁨은 피상적이 된다. 거짓 자아인 엄마는 이렇게 생각한다. "여보, 나는 늘 가족들 생각뿐이에요." 거짓 자아인 교사는 이렇게 믿는다. "나는 학생들에게 자상한 아주 좋은 교사다." 거짓 자아인 목사도 양 떼를 돌본다. 이들 중 누구도 완전히 틀린 것은 아니다. 대개 우리는 정말 자상한 사람들을 원한다. 다만 그들의 속에 당분, 권력, 성(sex), 인정을 탐하는 욕심이 감추어져 있을 뿐이다. 우리 자신도 정말 자상한 사람들이다. 다만 자신이 바라거나 믿는 것보다 더 천박해졌을 뿐이다.

기쁨을 위협하는 자기정당화

강한 자기정당화야말로 기쁨의 다세대 환경을 위협하는 가장 큰 요소다. 이 위협을 이해하려면 뇌의 기쁨과 수치심의 관계를 알아야 한다. 우리 뇌는 누군가 나와 함께함을 즐거워하면 기쁨이 증폭되도록 되어 있다. 하지만 상대가 나와 함께함을 즐거워하지 않으면 기쁨의 반대인 수치심을 느낀다. 누구나 실수로 주변의 기쁨을 빈약하게 만들 때가 있는데, 그때 우리는 건강한 수치심 덕분에 그 실수로부터 교훈을 얻는다. 이상하게 들리겠지만 적당량의 건강한 수치심은 주변 모든 사람의 기쁨을 보호하고 풍성한 기쁨의 환경을 유지하는 데 도움이 된다. 예컨대 쉴리아는 교실에서 학생들의 잘못을 지적해야 할 때가 종종 있다. 하루는 수업 시간에 학생들이 필기하고 있는데 헨리만 다른 책 속에 얼굴을 파묻고 있었다. 쉴리아는 헨리에게 필기를 잘하고 있느냐고 따로 조용히 물었다. 그 대목은 줄리어스 시저를 이해하는 데 아주 중요한 부분이었다. 헨리는 얼굴을 붉히며 즉각 사과했다. 그러고는 읽고 있던 소설책을 덮고 바로 필기를 시작했다. 헨리의 수치심은 그에게 수모를 안겨 준 게 아니라 당면한 과제로 돌아가도록 친절히 일깨워 주었다.

이처럼 우리는 건강한 수치심을 통해 교훈을 배울 수 있다. 그런데 온유한 보호자 기술이 없는 사람은 수치심의 메시지를 무조건 거부한다. 수치심의 메시지를 무조건 거부하려면 자기를 정당화하고 매사를 남의 탓으로 돌려야 한다. "내 이럴 줄 알았다. 둔감한 쪽은 오히려 당신이다. 교사라는 사람이 어떻게 이런 것도 모르는가? 그런데도 당신은 항상 자기가 옳다고 우긴다. 당신이 그렇게 나오지 않는다면 나도 이렇게 반응하지 않을 것이다." 자기정당화는 끝이 없다. 성경은 이 문제를 "목이 곧다"라는 말로 표현한다. 건강한 수치심을 받아들이는 사람들은 고개를 숙이는 데 반해, 자기를 정당화하는 사람들은 그 상황에서도 목을 뻣뻣이 세우기 때문이다. 요즘 말로 하면 자아도취가 된다. 자아에 도취된 사람에게 그 문제를 지적해 주면 안 된다. 그러면 그 사람이 가해자처럼 반응하여 우리를 물어뜯는다. 자아에 도취된 사람은 수치심을 보이기는커녕 오히려 자기를 정당화한다. 이런 자기정당화가 기쁨을 파괴한다. 자아도취에 빠진 사람이 건강한 수치심의 메시지를 피하려면 남의 약점을 공격해야 한다. 이는 연약함에 애정으로 반응하는 것과는 거리가 멀다. 자아에 도취된 사람은 그런 공격까지도 온갖 구실로 정당화한다. 그런 사람은 자기를 정당화하기에 바빠, 주변의 기쁨을 가꾸는 법에 대한 중요한 교훈을 배우지 않는다.

    자기정당화는 자신이 강해지려는 시도다. "나는 아무런 잘못도 없다"는 말과 같다. 거짓 힘이란 게 모두 그렇듯이, 건강한 수치심을 거부하면 기쁨이 죽고 성장이 중단되고 공동체가 파괴된다. 자기정당화를 일삼는 목이 곧은 사람은 연약한 구성원일 수도 있고 강한 구성원일 수도 있다. 어느 경우든 공동체는 파괴된다. 자아에 도취된 지도자들의 사례를 곧 보겠지만, 자아에 도취된 추종자들도 공동체를 보기 좋게 파괴하기는 마찬가지다. 변화의 현장에 머무르려면 공동체 전체가 다른 사람들의 연약함에 애정으로 반응해야 한다. 기쁨을 가져다주지 못하는 언행에 대해 건강한 수치심의 메시지를 듣고 배워야 한다.

자아에 도취된 사람은 다른 사람들의 연약함과 취약성을 등쳐먹으면서 자신의 연약함은 숨긴다. 리비아의 독재자였던 무아마르 카다피는 자아에 도취된 가해자였다. 그는 남녀 아이들을 강간하며 성노예로 부렸다. 여학생들을 더 밝힌 듯한 그는 피해자들에게 자기가 그들의 아버지요 오빠요 애인이라고 말했다. 다세대의 유대까지도 깨끗이 파괴하려 한 것이다. 자아에 도취되어 정부, 학교, 교회, 기업, 가정을 제멋대로 주무르는 사람들은 얼마든지 많이 있다. 대부분 발각되지 않을 뿐이다.

많은 경우에 자아에 도취된 지도자는 보상을 얻는다. 힘없는 사람들만 잔학 행위의 봉이 된다. 가해자는 권력을 거저먹으려 하다가 그게 잘 안 되면 조종과 카리스마와 약속과 심지어 무력을 이용해서라도 자기가 원하는 것을 얻어 낸다.

자아에 도취된 가해자에게 걸려든 쉴리아

내 인생이 좀 풀리려나 싶었는데 그때부터 오히려 더 꼬였다. 나는 열여덟 살 때 대학에 들어가 집을 떠났다. 우리 집에서 대학에 간 사람은 엘라와 내가 처음이었다. 엘라는 집 근처에 남았지만 나는 일부러 멀리 떠났다. 집에서 4시간쯤 걸리는 곳이었다. 새로운 도시에서 새 출발을 할 필요가 있었다.

할아버지와 계부에게 당한 성폭행 때문에 나는 우울과 불안에 짓눌려 있었다. 오랜 세월 그 일을 비밀로 했다. 쌍둥이인 엘라에게도 말하지 않았다. 고등학교에서 나는 활달한 인상을 풍기는 법을 배웠고, 공부도 지나칠 정도로 열심히 했다. 성공 가도를 달리는 행위

지향적 인간이 이미 완성되어 있었다. 나는 거짓 정체성, 거짓 기쁨, 거짓 성숙으로 잘 무장되어 있었다. 거짓으로 준비되어 있었다!

계속 가면을 쓰고 사는 게 상책이라는 생각이 들었다. 내 생각에 어차피 나는 용서받을 수 없는 죄인이었다. 그러니 하나님과 가까이 지내려면 이 땅에서나 그러는 수밖에 없었다. 나는 조부모가 다니던 교회와 같은 교단에 속한 지역교회에 나갔다. 놀랍게도 같은 기관에서 주관하는 캠퍼스 모임이 있었다. 아주 어색하고 이물스러웠지만 그래도 새로운 사람들도 만나고 매주 예배에도 꼬박꼬박 참석했다. 어차피 내가 천국에 갈 일은 없을 테니 여기서라도 열심히 하자는 생각이 들었다. 내가 경험할 '천국'은 내 생각에 그 모임뿐이었다.

W 목사 부부가 캠퍼스 모임의 공동 목회를 맡고 있었다. 처음에 나는 둘 중 누구에게도 끌리지 않았다. 하지만 그들의 예쁜 자녀들과 함께 노는 일은 즐거웠다. 그 덕분에 W 여사의 사랑을 받게 되었다. 그때부터 그녀는 나를 점심식사에 초대했고 나에 대해 많은 것을 물었다. 그렇게 긴 대화가 오갔다. 그때까지 아무도 나에게 그런 관심을 보인 사람이 없었기에 나는 주목받는 게 즐거웠다. 자신의 제자훈련 그룹에 들어오라는 W 여사의 권유를 받아들였다. 그녀는 나를 상대로 일대일 제자훈련도 시작했다. 거의 2년이 걸렸지만 이렇게 W 여사를 개인적으로 만나면서 내 마음이 녹았다. 나의 과거를 성폭행까지 자세히 털어놓은 것도 그 때문이다. 그녀는 신뢰와 안전과 수용의 분위기 속에서 나를 양육했다. 서로 점점 친해지면서 나는 그녀가 내게 '영적 어머니'의 역할을 하고 있음을 깨달았다.

내가 캠퍼스 모임에 더 열심을 낼 무렵, W 여사는 현역 목회를 내려놓고 대학원에 진학했다. 그녀는 자신이 다른 데서 다른 학생들에게 제자훈련을 하게 되더라도 우리의 관계는 계속될 거라며 나를 안심시켰다. 나는 W 여사에게 받는 특별 대우가 좋았다. 그녀는 내가 그토록 갈망하던 '어머니'였다. W 여사가 더 이상 여성 제자훈련 그룹을 인도할 수 없게 되자 W 목사가 내게 자신의 혼성 그룹에 들어올 것을 권했다. 내가 싫다는데도 그는 뜻을 굽히지 않았다. 내게 남성 역할모델이 필요하다며 자기를 믿어도 좋다고 역설했다. W 여사도 강하게 권해서 결국 나는 그 모임에 들어갔다. 동시에 W 목사는 나를 상대로 일대일 제자훈련 관계(양방향의 유대)를 시작했다. 나에게 남자들을 신뢰하는 법을 가르치고 남성 역할모델과의 건강한 관계를 알려 주는 것이 목표라고 했다. 그는 자신을 나의 '오빠'로 지칭하곤 했다. W 여사도 나만 좋다면 자기 남편이 '코치'처럼 도와줄 거라며 다독여 주었다. W 여사의 권유와 W 목사의 집요함 그리고 두 사람에 대한 나의 깊어진 신뢰감 때문에 그에게 내 속마음을 털어놓았다. 어렸을 때 성폭행과 구타를 당한 일도 말했다. 그는 나를 돕는 일에 극도의 관심을 보였다. 가해자가 자기를 정당화하며 나를 '보호하고' 있을 줄은 꿈에도 몰랐다.

성폭행 사실을 말한 지 한 달도 못 되어 W 목사는 "처음 만난 날부터 너를 사랑했다!"라고 고백했다. 그러면서 자신의 부부 관계에 아무런 문제도 없지만, 자신이 유부남만 아니라면 나와 결혼할 거라고 했다. 어느새 그는 나를 '기쁨의 출처'로 보고 있었다. 나는 당황스럽고 혼란스러웠지만 솔직히 우쭐한 기분도 들었다. 나는 W 목사를 남자로 생각해 본 적이 없었다. 그에게 조금도 매력을 느끼지 못했다. 하지만 그의 말은 빌 클린턴의 말처럼 부드럽고 달콤했다. 그때까지 나에게 사랑한다고 말한 남자는 아무도 없었다. 남자친구는커녕 데이트도 해 본 적이 없던 나였다. 어찌해야 좋을지 몰라서 나는 그와 연애할 마음이 없다고 솔직히 말했다.

W 목사도 아무 일 없을 거라고 말했다. 그 말이 보호자의 말처럼 들려 약간 안심이 되었다. 아마 그도 자신의 말을 믿었을지 모른다. 하루는 안전한 공공장소려니 생각하고 근처 공원에서 그를 만나기로 했다. 그는 다시 나에 대한 감정을 표현했으나 행동으로 옮길 수는 없다고 못 박았다. 나는 안도했다. 각자의 차 쪽으로 걸어가고 있는데 그가 "너에게 키스하면 너무 무례한 일이 될까?"라고 물었다. 내가 충격에 빠져 대꾸하기도 전에 그는 키스를 해 버렸다. 나는 얼굴을 확 떼면서 소리쳤다. "유부남이 왜 이러세요!" 내 속에는 수치심이 불타고 있는데 그는 전혀 부끄러운 기색이 없었다. 오히려 관계를 시작하는 키스가 아니라 이별의 키스였다며 자신과 그 행위를 정당화했다. 하지만 그 뒤에 벌어진 일은 그의 말과는 정반대였다.

W 목사는 나를 집요하게 쫓아다녔다. 내가 여러 번 끊으려 했는데도 머잖아 우리의 관계는 걷잡을 수 없게 되었다. 최대한 멀리 달아나야 했으나 나는 두려움에 얼어붙어 있었다. 그들 부부가 자주 나를 가족이라 불렀으므로 나도 그렇게 느껴졌다. W 여사나 그 집의 자녀들과는 정도 들었다. 게다가 나는 갈 데도 없었다. 물론 내 잘못도 없는 것은 아니다. 나는 W 목사의 관심에 심히 중독되어 있었다. 그것이 내 속의 빈자리를 채워 주었다. 본래 빕스(BEEPS)란 그런 것이다.

W 목사는 날마다 나에게 전화를 걸어 긴 유혹의 메시지를 남겼다. 아침마다 기숙사로 차를 몰고 와 내 창문 밑의 주차장에 차를 대고는, 내가 커튼을 걷고 손을 흔들어 줄 때까지 경적을 울려 댔다. 나는 그만하라고 했다. 공책을 가지고 다니면서 그의 부적절한 행동을 적기까지 했다. 나는 몇 번이나 그 관계를 끝내려 했다.

1년밖에 남지 않은 학교를 중퇴하고 싶었지만, 집에서 엄마와 함께 있으면 상황이 더 나빠질 게 뻔했다. 그래서 외부와의 접촉을 끊고 죽은 척했다. 캠퍼스 모임에서 맡았던 리더의 직분도 다 내려놓고 근처의 고등학교에서 교생실습을 시작했다. 서글프게도 내 '친구'라고는 W 목사뿐이었다. 출구가 없었다. 신입생 시절의 기쁨은 다 사라졌다. 우리의 신체 접촉은 점점 깊어졌다. 그의 거듭된 시도에도 불구하고 성관계만은 내가 거부했다. 내 몸에 손을 댄 사람들마다 다 폭행자라는 현실이 괴로웠다. 4개월이 지나자 자살 충동이 들었다. 내가 W 여사에게 알리겠다고 했더니 그는 비밀을 지켜야 한다며 맹세까지 시켰다. 다시 4개월이 지났다. 그러다 W 목사는 13주년 결혼기념일에 이야기를 각색하여 자기 아내에게 터뜨렸다.

W 여사는 나를 버렸다. 다시는 자기에게 연락하지 말라고 했다. 그녀가 교단의 지방회에 제소하여 이듬해 2월에 나만 빼놓고 청문회가 열렸다. W 목사는 청문회가 끝난 뒤에야 나에게 연락하여 결과를 통보했다. 그는 근신 처분만 받고 캠퍼스 목사로 유임되었고, 나는 캠퍼스 예배의 참석이 금지되었다. 우리 교회 목사도 나에게 더 이상 교회에 나오지 말라고 했다. W 부부가 같은 교회에 다녔기 때문이다. 그러면서 그는 나에게 함구령을 내렸다.

또 다시 비밀이 내 마음을 짓눌렀다. 죄책감과 수치심과 외로움과 절망감이 들었다. 3년 후에 나는 교단 총회에 서한을 보내 내 사연을 알리고, 성직자의 성희롱 사안을 처리하는 절차를 수정해 줄 것을 요청했다. 답신에는 "정식 사역자들을 위한 본 교단의 치리 및 회복 과정에 대한 귀하의 인식 때문에" 어려움을 겪은 것을 유감으로 여긴다면서, "어느 누구의 상처도 무시할 의도는 없으나 본 교단은 해당 사역자의 요청이 있을 시에만 개입할 권한이 있습니다"라고 적혀 있었다. 또 이런 말도 있었다. "그리스도 안에서 언제나 치유를 얻으실 수 있습니다. 그분은 언제라도 우리가 그분의 옷자락만 만져도 도와주십니다." 절차의 수정에 관한 언급은 전혀 없었고, 어떤 식으로든 나를 돕겠다는 제의도 없었다. 나는 네 살 때부터 그 교단의 교인이었다. 하지만 캠퍼스 사역기관과 지역교회와 교단은 하나같이 나를 보호해 주지 않았다.

나는 캠퍼스 목사, 지역교회 목사, 교단의 고위직 목사 등 세 명의 목사에게 농락당했다. 그리스도 안의 치유야 의심해 본 적이 없지만, 과연 교회 안에 치유가 있을지는 의심이 들었다. 가해자인 세 목사가 내 인생을 망쳐 놓을 뻔했다. 나는 거의 평생을 남자들과의 접촉을 피하며 지냈다. 그래서 하나님이 이런 외상을 어떻게 치유해 주실지 상상이 가지 않았다. 그런데 예수께서 특유의 인격적 방식으로 나를 인도하여 짐과 에드와 크리스와 함께 이 책을 쓰게 하셨다. 이런 귀한 일이 가능할 줄은 상상도 못했다. 내 쪽에서 하려고 한 일도 아니다. 현재 나는 이 세 목사의 놀랍고도 온유한 보호자 기술을 경험하고 있다. 하나님이 이들을 통해 나를 회복시키고 계신다.

쉴리아의 이야기를 듣노라면 누구라도 감정이 불편해진다. 숱한 교회의 각종 가면 뒤에 그런 이야기가 비일비재하다. 그런 이야기에 대한 자신의 감정 반응 때문에 우리는 각자의 도피처와 빕스(BEEPS)로 달아나고 싶어진다. 자아에 도취된 가해자의 가면을 벗기려면 나에게 여러 가지 감정이 들 수밖에 없다. 멀쩡한 척하는 피해자의 가면을 벗길 때도 마찬가지다. 그런데 우리는 그런 감정을 상대하고 싶지 않다. 관계를 유지하기보다 상대를 비난하며 피하는 쪽이 더 쉽다. 게다가 가해자나 그를 옹호하는 기관이 무조건 자기를 정당화하면 우리 쪽에서 가해자의 학대를 폭로하기가 더 어려워진다. 그런 반응이 두려워 우리는 피해자로 변한다. 그럴수록 가해자의 행동은 거침없이 퍼져 나간다.

자기를 정당화하는 가해자에게 대처하는 법

자아도취를 지적해 주는 일은 뜨거운 난로에 손을 대는 것과 같다. 손에 화상을 입어 다시는 그럴 마음이 없어진다. 옛사람들은 "차라리 새끼 빼앗긴 암곰을 만날지언정 미련한 일을 행하는 미련한 자를 만나지 말 것이니라"(잠 17:12)고 했다. 자아에 도취된 사람은 비난과 수치심을 주요 무기로 자신을 보호한다. 그 결과 그룹 내의 기쁨이 급격히 고갈된다.

반면에 기쁜 지도자가 인도하는 공동체는 자유로이 질문도 하고 잘못도 지적한다. 그리하여 구성원과 지도자 양쪽 모두의 필요를 채워 준다. 우리에게 위로가 되는 하나님의 리더십 유형을 이사야서에서 볼 수 있다. "그는 목자 같이 양 떼를 먹이시며 어린 양을 그 팔로 모아 품에 안으시며 젖먹이는 암컷들을 온순히 인도하시리로다"(사 40:11).

자아에 도취된 지도자는 잘못의 지적이나 비판을 용납하지 않는다. 그러니 치유와 변화와 성장의 문이 열릴 수 없다. 자아에 도취된 사람들은 조종과 위협과 억압을 통해 수치심의 메시지를 회피한다. 또한 엄청난 에너지를 들여 약점을 숨기고 강자의 가면을 쓴다. 그들의 행위만 보면 성숙한 인상을 풍기지만, 사실은 두려움을 이용하여 다른 사람들을 휘어잡고 통제한다. 이를 그냥 두면 교회가 관계와 기쁨 대신 행위와 봉사를 정체성으로 받아들이게 된다.

브라이언(Brian)은 남들을 해로운 악순환에서 벗어나게 하려다가 자신의 결혼생활이 끝장날 뻔했다. 그는 성공한 사업가로 지역사회에서 존경받았고, 사람들이 자기를 알아볼 때마다 자부심도 느꼈다. 사업에 성공한데다 지역사회의 신망도 두텁고 해서 그의 교회 지도자들은 안심하고 그에게 회복 프로그램을 맡겼다. 평소에는 누구라도 그와 함께 즐겁게 지낼 수 있었다. 그의 기분이 좋고 마음껏 재량을 발휘할 수 있는 한에는 그랬다. 하지만 그의 삶에는 한 가지 큰 맹점이 있어, 그것 때문에 주변에 깨어진 관계를 많이 남겼다. 그는 특권 의식에 젖어 있었고 수치심에서 기쁨으로 복귀할 줄 몰랐다. 그런 냉혹한 면 때문에 아내가 겁을 먹고 직원들이 위축될 때가 많았다. 일이 뜻대로 안 풀리면 그는 남들에게 이래라 저래라 하며 과격하다 못해 비열해지기까지 했다. 심지어 회복 그룹의 자원봉사자들도 이를 알아차렸다. 그는 걸핏하면 자기 뜻을 관철시키려고 언성을 높였고, 교회 장로들이 개입하려 하면 회의 도중에 뛰쳐나가 버렸다. 잘못을 지적받아도 마치 성역인 냥 선을 긋기 일쑤였다. 교회 지도자들이 우려를 표하면 그는 '내 사람들'과 자원을 다 철수시키고 교회를 떠나겠다고 위협했다. 머잖아 교회 지도층과 회복 그룹은 그를 심히 두려워하게 되었고, 그럴수록 그의 통제권은 더 커졌다. 그는 연약함을 멸시했기 때문에 끝내 도움을 받지 않았다. 교회 지도자들은 피해자가 되었다. 브라이언 때문에 기쁨이 빈약해지고 있는데도 더 이상 그에게 건강한 수치심의 메시지를 보내지 않았다.

모든 문화와 약자는 연약함을 싫어한다

약점을 폭로하여 우위를 점할 수만 있다면 너도 나도 그 일에 나서는 것 같다. 여기 남을 이기고 조종하고 복수할 길이 있다. 치고 빠지고, 본때를 보이고, 똑같이 갚아 줄 길이 있다. 약자라고 남의 약점을 가해자만큼 맹렬히 공격할 수 없다고 생각한다면 이는 큰 오산이다.

고통을 가해서 권력에 이를 수 있다면 약점보다 만만한 고통의 출처는 없다. 연약함과 취약성은 대개 금방 드러난다. 대부분의 사람들은 약점을 숨기고 살아간다. 그래서 약자들은 남들에게도 숨겨진 약점이 있다고 생각한다. 딱히 증거가 없을 뿐이다. 게다가 이것은 누구나 할 수 있는 일이다. 심지어 기쁨에 대한 가르침을 이용해서도 남의 약점을 만들어 낼 수 있다. 허비(Herbie)는 원하는 게 있을 때마다 자기 목사의 집무실에 들르곤 했다. 목사가 열 일 제쳐두고 즐겁게 그의 소원을 들어 주지 않으면 허비는 이렇게 말했다. "당신은 목사로서 기쁨에 대해 가르치면서 나를 보아도 기쁘지 않은 것 같습니다! 그러니 날더러 어쩌라는 겁니까? 모범을 보여야 할 당신이 나를 귀찮아하는 것 같으니 말입니다." 허비는 남의 결점을 지적하는 데 능했다. 특히 자기가 부당대우를 당한다고 느껴질 때는 더했다. 허비는 다른 사람들의 연약함을 멸시하는 것 이상으로 자신의 연약함을 혐오했다. 그는 대개 기분이 나빴고, 자신이 못됐다고 생각했고, 남들도 그렇게 생각하는 것 같아 화가 났다. 분명히 그는 웬만한 사람보다 약점이 많았다. 그는 가족도 적었고 내세울 만한 업적도 거의 없었다. 예술적인 표현력도 부족했고, 모험에 나서는 일도 드물었고, 친구도 별로 없었다. 당연히 사람들에게 칭찬받을 일도 없었고, 그리스도인으로서 봉사한 일을 꼽으려 해도 몇 안 되었다.

기쁨이 결핍된 공동체에서는 연약함이 멸시받고 조롱당한다. 제시카(Jessica)는 기쁨이 결핍된 학교에서 4학년 반을 가르치고 있다. 부모들은 자녀의 성적이 못마땅하면 꼭 제시카를 탓한다. 직원들과 다른 교사들도 하나같이 '호구'를 찾아내 그 사람에게 혐오와 멸시를 퍼붓는다. 그 사람이 저조한 성적 따위로 학교의 수준을 떨어뜨린다는 것이다. 제시카의 학교에는 기쁨의 수위가 계속 낮아지고 있다.

사람들은 이런 모든 문제와 연약함을 보면서, 강해지는 것이 해답이라는 엉뚱한 결론을 내린다. 하지만 연약함은 제거해야 할 게 아니라 모든 영속적 변화의 필수 요소다. 왜 그런지 지금부터 생각해 보자.

연약함은 어째서 필수인가?

연약한 사람이 나 자신일 때는 연약함에 대한 애정이 당연히 유익이 된다. 하지만 최고의 유익은 남의 연약함을 애정으로 대할 때 찾아온다. 강(Kang) 박사는 존경받는 치과의사다. 하지만 그는 자신을 변화시킨 요인으로 치과의사라는 신분을 꼽지 않는다. 그는 5년 동안 떠돌이 노동자들을 치료해 주면서 보호자가 되는 법을 배웠다. 가난한 사람들에게 치과의사가 되어 주는 일은 이상(理想)에서 시작된 게 아니라 부득이한 사정 때문이었다. 유익한 치과 기술을 배울 때보다 비누 한 장도 살 형편이 안 되는 사람들을 도우면서 그는 더 하나님의 사람이 되었다. 변화는 약자와 강자가 함께 있어 연약함을 애정으로 대할 때 이루어진다. 약자에 대한 애정이 없으면 강자는 재물을 보호하는 쪽으로 자신의 보호 성향을 낭비한다. 이는 기쁨에 이르는 길이 아니다.

기쁨의 다세대 공동체에는 연약함이 필수다. 취약한 면이 있어야 서로 기쁨의 유대가 이루어진다. 자기보호에 급급한 사람들은 기쁨의 공동체를 가꾸지 못한다. 그런 사람들로 이루어진 공동체는 그 뿌리가 기쁨이 아니라 두려움에 있다. 두려움으로 맺어진 유대는 삶을 고갈시키며, 실력이 뒤처지는 사람들을 죽이고 배제하고 거부한다. 이는 종교적 행위와 바리새인의 위선을 기르는 온상이다. 진정한 돌봄은 진정한 기쁨에서 비롯된다. 앞서 말했듯이 우리의 거짓 자아는 진정한 자아가 형성되어야 할 뇌 부위에서 만들어졌다. 약점을 감추려고 자신의 참 정체성을 속인 결과다. 진정한 성품은 연약한 사람들과 더불어 기쁨을 가꿀 때 성장한다. 연약한 사람들과의 기쁜 유대가 충분히 견고하면, 강한 사람들도 자신에게 약점이 있음을 깨닫는다. 드디어 모두에게 변화가 시작될 수 있다.

공동체에 연약함이 필수인 까닭은 그래야 개인 정체성과 그룹 정체성이 더 강하고 견고해질 수 있기 때문이다. 이런 정체성은 모든 사람을 품는다. 연약함을 돌보지 않으면 공동체 안에 가해자의 특성이 많아진다. 성경적으로 말해서 공동체는 과부, 고아, 나그네, 가난한 사람 등의 약자를 받아들이고 돌보아야 한다. 이는 참된 신앙의 목표일 뿐 아니라 참된 신앙이 성품을 변화시키는 방편이기도 하다.

물론 참 자아로 살아가면 피해를 입기 쉽다. 가해자는 할 수만 있다면 여전히 물어뜯을 것이고, 회복 중인 가해자도 욕구가 동하면 여전히 덤벼들 것이다. 거짓 자아의 가면은 거부를 낳고, 경멸은 고통을 낳는다. 약자는 약자대로 강자의 약점과 서로의 약점을 찾아내며 우쭐댄다. 목사라면 누구나 증언할 수 있겠지만, 목사의 약점을 들추어내는 데는 강자와 약자가 똑같이 뛰어나다. 약자와 강자가 같은 교회 안에 있을 때는 많지만, 대개 시간이 다르거나 모이는 자리가 다르다. 대부분의 사람들은 자신이 위협받으면 남의 약점을 지적하려 한다. 이런 만남에는 기쁨도 없고 성품의 성장도 없다. 약자와 강자가 함께 있는 것만으로 부족하다. 모든 참여자가 연약함을 애정으로 대할 수 있어야 한다.

반드시 약자와 강자가 양쪽 다 연약함에 애정을 품어야 한다. 흔히 교회와 학교의 방침은 구성원들을 연약함이 넘쳐나는 세상에서 강자가 되도록 지도하는 것이다. 하지만 지도자와 참여자가 연약함을 내보이면 그런 방침이 금방 무너진다. 어떤 지도자는 자신의 약점에 대해서는 누구의 지적도 받아들이지 않으면서 상대의 약점을 지적한다. 보호자들은 그런 할퀴고 물어뜯는 행위를 중단시키려 한다. 하지만 기쁨이 없다면 머잖아 사람들은 애정의 마음을 가꾸기보다 각자의 상처를 싸매고 있을 것이다. 대부분의 선의의 노력은 그런 식으로 불행하게 끝난다.

약자와 강자의 교류를 성숙한 보호자의 성품을 지닌 사람이 이끌면, 그 교류를 통해 양쪽 다 많은 것을 깨닫게 된다. 우선 강자는 관계와 삶을 나누기 시작하면서 자신의 연약한 부분을 발견한다. 그동안은 자신의 강점으로 도피처를 만들어 그 안에 있었지만, 일단 거기서 벗어나면 새로 성장할 부분이 눈에 띈다. 약자는 자신에게도 강자에게 나누어 줄 강한 부분이 있음을 발견한다. 그동안은 상대가 너무 강해 나의 도움 따위는 필요 없는 줄로만 알았었다. 사람이란 약할 때 강하기도 하고 강할 때 약하기도 하다. 모두가 비로소 그것을 깨닫는다. 살다 보면 나보다 강한 사람들이 필요할 때도 있고, 실력이 엇비슷한 동료들과 함께 기술을 연마해야 할 때도 있다. 하지만 무엇보다도 공동체의 연약한 구성원들을 도와 온전히 살아나게 해주어야 한다.

연약함을 통해 우리는 그룹의 사람들을 아끼고 보호하는 법을 배운다. 이웃들은 지진, 홍수, 정전, 폭설 등 서로 도울 일이 있을 때 가까워진다. 가족들은 병중에 서로 의지하고, 교회는 회복 중인 사람들에게 음식을 가져다준다. 이런 물리적 연약함을 좋은 본보기로 삼아 우리는 다른 종류의 연약함에 대해서도 동일한 태도를 취해야 한다.

기쁨의 정체성을 퍼뜨리려면 공동체 내의 연약함이 드러나고 환영받아야 한다. 연약함을 기쁘게 나누면 연약함이 공동체의 구성원들을 변화시킨다. 연약함을 애정으로 대하는 교회 공동체는 아직 영적 가족의 일원이 아닌 사람들까지도 안으로 받아들일 수 있다. 주변 사람들을 소속시키려면 약자와 강자가 함께 협력해야 한다. 요컨대 우리의 관계가 기쁘면 연약함이 진정한 공동체를 낳는다.

빈약한 기쁨과 빕스(BEEPS)와 두려움을 고치자

보다시피 누구나 한순간 가해자가 될 수 있고, 자기를 정당화할 때가 있다. 우리 모두의 관계에도 피해자가 있고, 우리도 다 남에게 숨기는 약점이 있다. 솔직히 어떤 약점은 자신이 보기에도 정말 싫다. 게다가 우리는 애정으로 잘 반응하지도 못한다. 시대의 문화와 집안의 내력을 잘 보면 나의 약점이 보이고, 약점을 대하는 나의 방식에 영향을 미친 많은 요인들이 보인다. 아마도 가장 힘든 부분은 자신의 불의에 솔직해지는 일일 것이다. 나의 그룹이나 가정은 그런 기형을 강점으로 착각하고 애지중지할 수 있다. 그런 기형 중 일부는 특정한 기독교 유산에서 왔다. 우리가 생각하는 그런 강점은 과연 기쁨을 키우고 다음 세대로 전수하는 데 도움이 될까? 우리는 그런 질문을 던질 용기가 있는가?

기쁨은 가정에서 시작된다

1990년대 초반까지만 해도 에드의 인생은 술술 잘 풀리는 듯했다. 그는 96개 병상의 알코올 및 약물남용 치료 프로그램을 감독하는 치료자였고, 일주일에 2-3일씩 지역교회에서 그리스도 중심의 지원 그룹도 인도했다. 그런데 무릎 부상을 치료하려고 수술을 받은 뒤로 그는 반사성 교감신경 위축증(RSD)이라는 매우 고통스러운 병에 걸렸다. 이 병 때문에 감각신경이 극도로 민감해져, 천장의 선풍기 바람만 무릎에 닿아도 마치 고문을 당하는 듯한 시린 통증에 시달려야 했다. 무릎에서 시작된 이 병은 턱부터 발까지 모든 관절로 퍼져 나갔다. 에드의 직업과 사역은 갑자기 끝나 버렸다. 주의력과 집중력이 떨어져 업무는커녕 일상생활의 간단한 일들조차 할 수 없었다. 어느새 그는 만성적으로 기쁨이 결핍된 상태에서 살았다. 건강과 직장과 관계에 심각한 타격을 입었고 중증 우울증이 뒤따랐다.

머잖아 에드는 바나나넛 머핀과 아이스크림이라는 맛있는 거짓 기쁨을 찾아냈다. 머핀과 아이스크림으로 병이 호전된 것은 아니지만, 이것에 함유된 당분을 통해 잠시나마 통증을 잊고 즐거움을 얻을 수 있었다. 에드는 그 시간이 기다려졌다. 머핀은 오전과 오후를 살아 낸 데 대한 보상이었고, 아이스크림은 또 하루를 견뎌 낸 데 대한 보상이었다. 위안용 음식이 늘면서 당연히 그는 살이 쪘고, 기쁨이 결핍된 상태도 계속되었다. 몇 년 사이에 체중이 27킬로그램쯤 늘면서 제2형 당뇨병까지 얻었다. 위안용 음식은 그에게 일시적 위안을 주었을 뿐 뇌의 가장 깊은 갈망인 진정한 기쁨을 채워 주지는 못했다.

10년 후에 에드와 마리차 부부는 캐나다의 메디신햇이라는 도시에서 열린 외상 학회에 참석했다가 크리스를 만났다. 기쁨에 대한 짐의 가르침도 그때 처음 들었다. 기쁨에 대한 가르침을 듣자마자 에드는 자신이 진지하게 기쁨을 시작해야 함을 깨달았다! 또한 오랜 세월 목격해 온 중독과 외상의 과정을 기쁨과 거짓 기쁨이 뇌에 미치는 영향으로 설명할 수 있음도 처음 깨달았다. 그의 사생활에는 물론 전문 치료자로서의 삶에도 기쁨이 결여되어 있었다.

에드와 마리차가 깨달은 것이 또 있다. 기쁨을 이해하는 것만으로 부족하고 관계 속에서 함께 기쁨을 경험하고 가꾸어야 한다는 것이었다. 그래서 둘은 성장 훈련에 참석하여 며칠 동안 집중해서 크리스에게 배웠고, 여러 실습을 통해 부부 관계에 기쁨의 기초를 다졌다. 집에 돌아가서도 기쁨 연습을 계속 실천하여 둘 사이에 기쁨의 유대가 깊어졌다. 기쁨의 역량이 커질수록 서로를 향한 감사가 깊어졌고, 그러자 관계에 점점 활력이 넘쳐났다. 이들의 관계는 모든 면에서 점차 달라져 마리차의 아들들을 대하는 방식까지 변했다. 하나님과 아내로 더불어 기쁨을 나누는 삶은 에드에게 한없는 만족을 주었고, 위안용 음식보다 건강에도 훨씬 좋았다.

기쁨은 학교에서 시작된다

쉴리아는 자신의 학교 전체에 기쁨을 키우고 싶어 '기쁨을 가꾸는 모임'을 만들었다. 그녀가 작성한 짤막한 사명 선언문은 이렇다. "우리는 기쁨과 신뢰의 분위기를 가꾸는 데 집중한다. 방법은 '이야기하기, 잠시 멈추기, 감사를 연습하기'다. 간단히 한다." 쉴리아는 모임이 잘될지 자신이 없었지만 모임을 하고 싶었다. 시간이 가면서 그룹이 커지리라는 비전을 품고 일단 시작했다. 잘 받아들일 만한 여섯 명의 교사에게 초청장을 보냈다. 그녀는 교사들의 점심시간을 기쁘게 만드는 데 모임의 중점을 두었다. 기쁨의 그룹 정체성의 뿌리는 문제나 두려움이 아님을 잘 알았기 때문이다. 첫 초청장을 받은 교사들이 전원 참석했다.

교사들이 실내에 들어올 때 쉴리아는 일일이 마이크를 건네는 시늉을 했다. 모두 그녀를 따라 아주 활기찬 노래를 립싱크로 합창했다. 웃음보가 터졌다. 결핍에 관한 짤막한 비디오를 시청한 뒤에 교사들에게 각자의 반응을 말할 기회를 주었다. 안심하고 결핍된 모습을 보일 수 있었던 때에 대해서도 서로 나누었다. 불과 몇 분 만에 깊은 소통이 이루어졌다. 재미있으면서도 애정에 찬 분위기였다.

지금도 이들은 매달 한 번씩 점심시간에 모이고 있고, 두 달에 두 명씩 신입 회원을 그룹에 초대한다. 인원이 많아지면 언젠가는 학교 강당에서 모여야 할 것이다. 그것이 쉴리아의 비전이다.

기쁨은 교회에서 시작된다

에릭(Eric) 목사 부부는 성장 훈련에 참석한 뒤로 기쁨에 깊이 매료되었다. 기쁨의 효과에 감동한 그는 즉시 두 번의 기회를 찾아내 일요일마다 교인들에게 기쁨을 퍼뜨렸다. 첫 번째는 사람들이 교회 문간에 들어선 직후의 중요한 7초간이었고, 두 번째는 교인들이 일어나 서로 인사할 때였다. 우선 그는 안내위원들을 준비시켜 사람들이 도착할 때 기쁨을 창출하게 했다. 에릭 목사는 성장 훈련에서 배운 19가지 기술 중 두 가지를 활용하여 안내위원들을 훈련했다. 첫째로 얼굴과 목소리로 기쁨을 표현하게 했고, 둘째로 상대가 부담스러워할 때를 알아차리게 했다. 특히 새로 나온 사람들은 교회에 들어설 때 부담을 느낄 수 있다. 이때 안내위원들이 적절하게 기쁨이나 샬롬을 베풀 수 있다. 이렇게 안내위원들이 기쁨을 퍼뜨린 지 몇 주쯤 지나자 사람들 사이에서 이런 말들이 나오기 시작했다. 교회에 오면 마치 '재미있는 가족 모임'처럼 활기와 새 힘을 얻는다는 것이었다.

에릭 목사는 회중의 인사 시간에 찬양 팀부터 기쁜 인사를 나누어 교인들에게 모범을 보이게 했다. 아울러 교인들의 이해를 돕고자 몇 주 동안 기쁨을 주제로 설교했다. 그는 교인들에게 가정과 교회에서 기쁨을 연습할 것을 당부했다. 또한 교회를 마친 후에 다른 사람들을 점심식사에 초대하도록 권했다. 새로 나왔거나 힘들어 보이거나 혼자 앉아 있는 사람들을 찾아내 말을 걸라는 당부도 잊지 않았다.

에릭 목사는 교회의 분위기가 달라지는 것을 보며 즐겁고도 놀라웠다. 사람들의 얼굴이 환해졌다. 그들은 대화하고 기도하고 교류했다. 부둥켜안고 울고 웃었다. 기쁨이 교류의 기초가 될 때마다 에너지의 수위가 몰라보게 높아졌다. 연약한 사람들과 강한 사람들이 이렇게 한데 섞이자 그의 교회는 점차 변화의 현장으로 변했다.

우리는 어떻게 하고 있는가?
- 우리는 자아에 도취된 지도자들에게 어떻게 반응하고 있는가?
- 우리 공동체는 자기를 정당화하는 사람들을 어떻게 대하는가?
- 우리 문화는 연약함을 어떻게 대하는가?
- 나는 약할 때 강한 편인가, 아니면 강할 때 약한 편인가?
- 내가 사람들에게 숨기고 있는 특정한 약점이 있는가?

나의 다세대 환경을 파괴하는 요인은 무엇인가? 여기에 대해 뭔가 조치를 취할 마음이 있는가?

기쁨의 다세대 공동체에 대한 결론

지금까지 에드와 쉴리아와 크리스와 짐을 만나 보았다. 출신 배경은 다르지만 모두 기쁨이 결핍될 만한 이유는 많이 있었다. 우리 모두가 도달한 결론이 있다. 본래 우리는 기쁨을 시작하고 사람들에게 퍼뜨리도록 되어 있다. 확신컨대 기쁨을 시작하는 일은 우리가 꿈꾸는 삶의 핵심이기도 하다. 지금까지 보았듯이, 기쁨을 시작하려는 단순한 열망에 다음 네 가지가 더해져야 한다. 첫째로, 우리는 피해자처럼 누워서 뒹굴 수 없다. 히틀러 치하의 그리스도인들처럼 되어서는 안 된다. 우리는 가정이나 학교에서 피해자가 되어서는 안 된다. 불량배나 자아도취에 빠진 사람 앞에서도 마찬가지다. 정치적 공정성이나 인기도 이유가 될 수 없다. 둘째로, 기쁨을 시작한다는 말은 가해자를 그냥 내버려두지 않는다는 뜻이다. 예수님은 당대의 종교적 가해자들에게 신랄하게 도전하시며 그들을 위선자, 뱀, 독사라 부르셨다. 셋째로, 자녀들을 통해 가해자가 재생산되지 않게 하려면 온유한 보호자 기술을 회복해야 한다. 넷째로, 지금 내가 있는 자리에서부터 기쁨을 시작하고 퍼뜨려야 한다. 우리는 연장자, 동년배, 연소자에게 기쁨을 퍼뜨린다. 이는 다세대 환경을 보존하기 위해 누구라도 할 수 있는 일이다. 제3부에서는 기쁨을 시작하려는 우리를 하나님이 어떻게 도우시는지 살펴볼 것이다.

기쁨의 행동

가정: 가족끼리 식사하면서 우리에게 음식을 주시는 하나님께 감사를 드린다.

학교: 한두 명의 파트너를 찾아내 학교에서 기쁨을 가꾸는 방법을 함께 모색한다.

교회: 나와 함께 기쁨을 시작할 만한 사람을 우리 교회에서 한두 명 골라 이 책의 내용을 나눈다.

환경적 자기정당화에 대한 평가서

1. 나는 수모나 비판이나 상처나 판단을 받지 않으려고 자신을 보호한다.
    비판을 청해 듣는다 0 1 2 3 4 5 6 7 8 9 10 항상 조심한다

2. 나는 지도자의 약점이나 실패를 본인에게 말해 주기가 껄끄럽다.
    전혀 문제가 못 된다 0 1 2 3 4 5 6 7 8 9 10 매우 위험한 일이다

3. 내 조언을 따른다면 사람들이 더 잘될 것이다.
    나도 조언이 필요하다 0 1 2 3 4 5 6 7 8 9 10 대개 내가 옳다

4. 이곳의 우리는 많은 문제를 감추고 있다.
    숨기는 게 없다 0 1 2 3 4 5 6 7 8 9 10 큰 문제다

5. 나는 꼭대기에 올라서서 주관하려 한다.
    내 권한 밖이다 0 1 2 3 4 5 6 7 8 9 10 내가 나서야 일이 된다

6. 내가 여기서 털어놓는 내용이 나중에 나에게나 다른 사람에게 불리하게 작용할 것이다.
    그럴 리가 없다 0 1 2 3 4 5 6 7 8 9 10 필시 그럴 것이다

7. 내 생각이 대개 옳기 때문에 다른 사람들의 말을 듣기가 힘들다.
    나는 즐겨 경청한다 0 1 2 3 4 5 6 7 8 9 10 내 입장을 피력한다

8. 일이 잘못되면 내 탓이 될까 봐 늘 걱정이다.
    전혀 아니다 0 1 2 3 4 5 6 7 8 9 10 평생 그렇다

9. 나는 비판적 태도나 부정적 의견이라면 무조건 반대다.
    상관없다 0 1 2 3 4 5 6 7 8 9 10 비판은 금물이다

10. 나는 아랫사람들에게 내 성격의 결함을 지적해 달라고 부탁한다.
    다들 스스럼없이 지적한다 0 1 2 3 4 5 6 7 8 9 10 다들 침묵으로 일관한다

이 총점을 아래의 해당 지점에 표시한다
0 10 20 30 40 50 60 70 80 90 100   나의 총점 _____

우리의 기쁨의 정체성에 대한 성경공부

감사한 일을 한 가지 떠올리고 잠시 그 감사에 젖어 보라. 그 다음에 이 공부가 재미있게 해 달라고 하나님께 기도하라. 그리고 나서 지혜서에서 다음 본문을 읽으라.

욥기 29:7-25
욥은 어떻게 성품을 보여 주고 기쁨을 다음 세대로 전수하는가?

연약함과 기쁨과 샬롬에 대한 질문:
1. 본문에서 연약한 사람과 강한 사람은 누구인가?
2. 하나님은 연약한 사람과 강한 사람 사이에 어떤 교류가 있기를 원하시는가?
3. 본문에서 기쁨과 샬롬(모든 것이 합력한다)에 대해 무엇을 배울 수 있는가?

임마누엘에 대한 질문:
1. 본문에서 '우리와 함께하시는 하나님'을 지각한 결과는 무엇인가?
2. 그룹 공부를 위한 활동: 하나님은 언제나 임재하시며 애써 더 분명히 깨우쳐 주신다. 지금 그룹 토의 중에도 그분은 우리가 이 본문을 깨닫도록 돕고 계신다. 이를 어떻게 지각하거나 짐작할 수 있는가?
(주의: 하나님의 능동적 임재에 대한 생각이 처음에는 낯설게 느껴질 수 있다. 일반적으로 사람들이 현재를 관찰하기보다 과거를 더 화제로 삼기 때문이다. 간단히 답하라. 얼마든지 추측해도 좋다. 매주 이 작업을 할 것이다.)

개인적 질문:
다른 세대의 누군가를 통해 당신의 기쁨이 더 커졌던 때는 언제인가?

성경 전체에 대한 질문:
당신이 꼭 만나고 싶거나 피하고 싶은 성경 인물들은 누구이며, 그 이유는 무엇인가?

마무리 질문:
금주의 공부를 하기 전에는 몰랐으나 이제 새롭게 알게 된 것은 무엇인가?

인생모델: 우리의 기쁨 연습

다음 연습 중에서 시간이 허락되는 대로 많이 골라서 하라.

그룹: 감사
1. 오늘 하루에 대해 감사한 것을 각자 세 가지씩 돌아가면서 나누라.
2. 감사할 때 기분이 어떤지 토의하라. 모든 사람이 마친 후에 3분간의 조용한 시간으로 마무리하라.
3. 지난 한 주간에 감사한 것을 각자 세 가지씩 돌아가면서 나누라.
4. 감사할 때 기분이 어떤지 토의하라. 모든 사람이 마친 후에 3분간의 조용한 시간으로 마무리하라.
5. 하나님의 속성에 대해 감사한 것을 각자 세 가지씩 돌아가면서 나누라.
6. 감사할 때 기분이 어떤지 토의하라. 모든 사람이 마친 후에 3분간의

조용한 시간으로 마무리하라.
7. 각 구성원을 위해 기도하고 마치라. 각자를 위한 축복 기도도 빼놓지 말라.

그룹: 기쁨의 이야기
1. 지난 한 해를 돌아보며 각자 제일 좋아하는 기쁨의 추억을 몇 가지씩 돌아가면서 나누라. 이야기 하나 당 3분을 넘기지 않도록 하라.
2. 3분간의 조용한 시간으로 마무리하라.

그룹: 음식
1. 음식과 음료가 각자의 삶에서 차지하는 역할을 토의하되 기쁨의 수위, 고통의 처리, 혼란으로부터의 회복 등과 연관시켜 말해 보라. 이 토의를 그룹의 기쁜 식사 중에 하는 것도 좋다.
2. 당신이 생각하는 위안용 음식이란 어떤 것들인가? 왜 그런가?
3. 음식으로 기분을 달래면 어떤 대가가 따르는가?
4. 음식과 음료는 당신의 가정, 학교, 교회에 위안을 가져다주는 데 어떤 역할을 하는가?
5. 음식을 먹을 때 어떻게 하면 함께 "떡을 떼는" 경험을 통해 서로 및 하나님과 더 가까워질 수 있겠는가?
6. 토의 중에 드러난 서로의 연약함과 씨름을 위해 기도하라.

PART 3

기쁨으로 돌아가는 길 2, 임마누엘 생활방식

최고의 보호자이신 하나님의 임재를 연습하라

주 안에서 항상 기뻐하라.
내가 다시 말하노니 기뻐하라.
너희 관용을 모든 사람에게 알게 하라.
주께서 가까우시니라

(빌 4:4-5).

지속성 있는 기쁨을 이루는 인생모델의 기초는 다세대 공동체, 임마누엘 생활방식, 뇌의 관계 기술 등 여간해서 함께 보기 힘든 세 가지다. 셋 중 하나라도 없으면 기쁨의 수위가 금방 떨어진다. 기쁨이 자라나서 퍼져 나가기를 원한다면 가족이나 친구들이 줄 수 없는 다른 무엇이 필요하다. 왜 그런지 제3부에서 살펴볼 것이다.

전쟁, 외상, 범죄, 학대 등 많은 악이 인간 공동체들을 기형으로 만들어 놓았다. 그래서 인간 공동체들은 더 이상 약자에게도 강자에게도 기쁨을 가져다주지 못한다. 이는 노벨상이라도 탈 만큼 새삼스러운 발견이 아니다. 손상을 입은 곳마다 삶이 회복되고 다시 시작되어야 한다. 결핍되었거나 죽었거나 부상당한 부분이 소생되어야 한다. 그래야 기쁨에 필요한 모든 조건이 우리 삶과 정체성 속에 갖추어진다. 문제를 바로잡으면 샬롬이라는 안식이 찾아온다. 지속성 있는 샬롬은 모든 것이 평화롭게 조화를 이루는 상태로, 장기적 기쁨의 필수 요소다.

제3부의 7장에서는 임마누엘(우리와 함께하시는 하나님)이 어떻게 우리와의 교류를 통해 우리의 정체성을 되찾아 소생시켜 주시는지 살펴볼 것이다. 8장에서는 임마누엘 하나님이 혼자 일하지 않으시고 늘 그분의 사람들과 함께 일하심을 알아볼 것이다. 샬롬과 기쁨과 회복은 가정과 학교와 직장과 교회에서 공동체로 실천해야 할 일이다.

Chapter 7

하나님의 임재를
맛본 순간,
좌절감에서 해방되다

우리 모두는 정체성이 발육되다 말았으며 솔직히 일그러져 있다. 아무리 창의력과 순발력이 뛰어나다 해도 우리의 행동은 자신의 능력이나 바람에 못 미칠 때가 많다. '더 잘할 수 있었는데!' 그런 생각을 한 적이 얼마나 많던가. 행위는 비판하기 쉽지만 정체성은 훨씬 더 까다로운 문제다. 우리 뇌에 실제로 입력되는 정체성은 내가 원하는 모습이 아니라 사람들의 눈에 비친 모습이기 때문이다. 이번 제3부에 제시하려는 내용은 단순하다. 사람들이 우리의 정체성을 잘못 설정해 놓았다 해도 하나님이 얼마든지 우리와 교류하여 우리의 정체성을 재설정하실 수 있다.

에드의 이야기

나는 어려서부터 하나님과 소통하고 싶었다. 일찍부터 가정과 가톨릭 학교에서 하나님에 대해 배웠기 때문에 그분이 중요하신 분이고 사랑이 많으신 분임을 알았다. 그분과의 소통이 어떤 것인지 알고 싶었다. 밤에 부모님이 함께 기도하고 우리를 자리에 누이고 불을 끄고 나가시면, 나는 조용히 자리에서 나와 기도하곤 했다. 하나님이 나를 사랑하시며 기도를 들으신다는 확신이 있었다. 하지만 그분과 소통하는 법은 전혀 몰랐다. 가끔씩 지금의 표현으로 하나님의 기쁜 임재와 평안을 조금 맛볼 때가 있었지만, 매번 '행복한 우연'처럼 보였을 뿐 눈에 띄는 일정한 모형은 없었다. 그런 일은 어머니의 미소와 기쁨을 보고 있을 때, 명절에 가족들이 모였을 때, 음악을 들을 때, 간혹 교회에 있을 때 더 자주 일어나는 듯했다. 나는 임마누엘을 꾸준히 경험하는 법을 몰랐다.

임마누엘의 순간을 참 좋아했지만 그것 때문에 나의 정체성이나 자아상이 크게 바뀌지는 않았다. 나는 엄마 아빠의 사랑을 많이 받았지만, 동시에 가정과 학교와 교우 관계에서 기쁨의 결핍과 고도의 행위 지향적 환경도 경험했다. 실패는 곧 수치와 모욕과 경멸로 통할 정도였다. 먹히지 않으려면 가능한 한 약점을 숨기고 피하는 게 상책이었다. 설상가상으로 저학년 때 수녀들에게 배운 종교 수업은 죄의 결과와 지옥에 초점이 맞추어져 있었다. 그들은 엄격하기 짝이 없었고 기쁨이 없어 보였다. 수녀가 화재와 수재(水災)로 끔찍하게 죽은 사람들의 이야기를 들려주던 날이 지금도 기억에 선하다. 순전히 그들이 불순종했기 때문이라고 했다. 우리를 두렵게 하는 게 그녀의 목적이었다면 결과는 성공이었다!

이런 두려움은 내 삶에 불의를 불러들였고, 이는 다시 나의 정체성에 막강한 영향을 미쳤다. 나는 사랑의 하나님에 대해 들었고 어머니의 미소 속에서 그분을 보았다. 그래서 간절히 그분과 소통하고 싶었다. 하지만 그분은 주변의 많은 사람들만큼이나 요구 조건이 까다롭고, 유머와 기쁨이 없고, 벌과 비난과 수치를 가하는 존재처럼 보였다. 살아남으려면 나의 연약함과 취약성을 속에 숨기고 겉으로 강해 보이는 게 상책이었다. 그래서 나는 사람들의 마음에 들도록 최대한 완벽하게 행동하려 했다. 나의 정체성을 형성한 강력한 요인은 실수와 실패 때문에 창피와 모욕과 수치를 당할 것에 대한 두려움이었다. 매번 나는 "다음에는 더 잘하자"고 결심하곤 했다. 임마누엘의 사랑과 수용을 간절히 경험하고 싶었다.

하나님의 임재를 맛보는 순간은 시간이 갈수록 더 뜸해졌다. 나는 불가능해 보이는 기대치에 부응할 수 없었고, 실패는 당연히 수치심과 자괴감을 안겨 주었다. 점차 그런 무력감이 나의 삶과 정체성을 지배했다. 더 잘하고 더 강해 보이려는 결심이 굳어질수록 분노와 좌절과 탈진도 더해 갔다. 나는 반항했다. 대학에 들어가면서부터 술과 마약과 온갖 빕스(BEEPS)를 즐기기 시작했다. 그런 식으로 압박감을 털어 내고, 감정을 처리하고, 두려움과 불안 없이 남들을 대하려 했다. 빕스(BEEPS)는 일시적 안도감을 주었으나 더 큰 부작용을 피할 수 없었다. 게다가 빕스(BEEPS)에 빠져 있을 때의 내 행동은 나 자신의 가치관에도 어긋나 수치심과 공허감만 더욱 깊어졌다. 빕스(BEEPS)가 만들어 내는 거짓 샬롬은 내가 어렸을 때 맛보았던 사랑의 하나님의 평안한 임재도 아니었고, 어머니의 반짝이는 눈빛 속에서 느껴지던 그 기쁨도 아니었다.

드디어 '갈 데까지 간' 나는 그리스도인 친구들과 하나님께 도움을 청했다. 예수님의 도움을 구하는 순간 하나님의 놀라운 임재와 기쁨과 사랑이 내 안에 물밀 듯이 밀려왔다. 평생 동안 찾던 그 임재가 나를 에워싸고 따뜻하게 품어 주는 느낌이었다. 사랑의 하나님이 더 이상 멀리 느껴지지 않았다. 그분은 나와 함께하시는 임마누엘 하나님이시며 사랑과 기쁨과 샬롬으로 충만하신 분이었다. 성경을 읽고 예배하면서 임마누엘의 임재와 평안을 더 많이 경험했다. 새로운 성경 모임에서 사랑이 많은 친구들과 새로 관계를 가꾸어갈 때도 마찬가지였다. 임마누엘 하나님과 기쁜 교류를 나누면서 동시에 모임 속에서 친구들의 기쁜 얼굴을 대하자 나의 자아상이 서서히 변했다. 친구들의 사랑은 내가 임마누엘의 임재를 더 잘 알고 이해하는 데 아주 귀한 역할을 했다.

임마누엘의 평안과 임재를 더 사모할수록 그분을 더 많이 경험했다. 하지만 새 친구들에게는 여전히 내 약점을 숨기고 강해 보이려고 열심히 노력했다. 어떻게 해야 "그리스도 안에서 성장하여 그리스도인답게 살아갈" 수 있을지 알아내려고 무척 애썼다. 내가 "그리스도 안의 새로운 피조물"임을 알면서도 여전히 이전과 똑같이 상처가 깊은 사람으로 느껴졌다. 강해 보이려고 안간힘을 쓴 것도 그래서였다. 교회 지도자들과 새 친구들을 둘러보면 그들은 다 행복해 보이는데 나만 뭔가 결여된 것처럼 느껴졌다. 그리스도인다워지려고 열심히 '노력할수록' 오히려 하나님의 임재 의식이 희박해짐도 깨달았다. 돌이켜보면 하나님은 나를 즐거이 만나 주셨고, 특히 내가 고민을 솔직히 내보일 때 그러셨다. 하지만 내가 기계처럼 위선을 부릴 때는 그분이 나를 만나시는 데 전혀 관심이 없으셨던 것 같다. 성경 모임이 추하게 분열되고 새 친구들마저 갈라지면서 나의 좌절은 더욱 깊어졌다.

몇 년 후에 다른 교회에 다닐 때 한 장로가 하나님의 음성을 듣는 법에 대한 강좌를 열었다. 내가 고대하던 바로 그 주제 같았다! 나는 임마누엘의 임재를 생활방식으로 알고 싶었고, 이번 강좌를 통해 그 꿈이 실현되리라는 희망을 품었다. 강좌에서 3-4주의 준비 기간을 거쳐 드디어 하나님의 음성을 듣는 시간이 왔다. 나도 그분의 음성을 들었다! 놀랍고도 두려운 경험이었다. 그전까지는 최선을 다해 성경을 공부하고 적용하여 삶의 결정을 잘 내리려 했었다. 그런데 실습을 통해 깨닫고 보니 이제 하나님의 음성을 듣는 대로 전부 실행할 책임이 있었다. 좋은 소식만은 아니었다. 이미 나는 수치와 고통과 실패를 면하려고 악착같이 행위에 매달리고 있었기 때문이다. '하나님이 원하시는 일'이 추가로 더 많아진다고 생각하니 덜컥 겁이 났다. 내가 실패할 게 뻔했기 때문이다. 게다가 그 강좌의 실습은 하나님의 임재의 기쁨과 즐거움과 사랑을 실제로 경험하기보다 하나님의 음성을 듣는 기교에 초점을 맞춘 것 같았다. 물론 내가 간절히 원한 쪽은 전자였다. 마치 반쯤 정체불명인 음성을 듣는 법을 배우는 것 같았다. 내가 부응할 수 없는 규율만 더 많아진 셈이다. 임마누엘의 임재를 기쁘게 만날 줄로 알았는데 막상 강좌를 들어 보니 두렵고 답답하고 공허한 경험이었다. 나의 정체성은 여전히 두려움과 수치심에서 헤어나지 못했다.

1980년대에 사역 훈련에 들어서면서 변화가 나타났다. 그때부터 성경을 더 꼼꼼히 읽었고 '기다리는 기도'도 배웠다. 이 기도에서는 하나님과의 대화도 중요하지만 그분의 임재를 경험하기까지 기다리는 일도 강조된다. 놀랍고 기쁘게도 임마누엘 하나님의 기쁜 임재를 꾸준히 실감했다. 나는 점점 나의 일상과 생각과 예수님의 생각에 대해 그분과 대화하는 법을 배웠다. 예수님은 무엇에 관한 대화든 늘 정말 기뻐하시는 것 같았다! 그뿐 아니라 내가 실패하고 일을 망치고 큰 실수를 했을 때도 임마누엘의 즐거움과 기쁨과 사랑에 대한 의식이 떠나지 않았다. 임마누엘의 임재를 더 경험할수록 예수님의 기쁨이 수치심과 두려움과 불의에 기초한 나의 낡은 정체성을 조금씩 허물어뜨렸다. 여전히 실패가 두렵긴 했지만, 하나님의 임재와 은혜에 반응하여 나의 정체성이 변하기 시작했다.

긴 세월 직장과 사역에서 많은 열매를 맺던 내가 앞서 말했듯이 부상을 계기로 몹시 고통스러운 병에 걸렸다. 병이 진전될수록 나는 아프고 외로웠고, 일이나 사역도 할 수 없었고, 기쁨이 심히 빈약한 상태로 살아가야 했다. 삶과 관계를 비롯하여 매사에 엄두가 나지 않았다. 삶과 관계가 무너지면서 나의 정체성에 맞닥뜨렸다. 그 정체성의 기초는 약점을 피하려는 행위에 있었다. 삶이 그 지경에 이르자 더 이상 나의 명백한 약점을 숨기려 애쓸 기력초차 없었다. 그러면서 걷잡을 수 없는 수치심과 패배감이 밀려왔다. 그나마 남아 있던 나의 정체성마저 무너져 내렸다.

시간이 지나면서 점차 몸 상태가 안정되었다. 그동안 많은 시간을 들여 나의 삶과 고통과 경험에 대해 하나님과 대화했다. 연약한 모습 그대로 하나님과 교류하니 그분의 임재가 더 잘 느껴졌다. 다른 어느 때보다도 내 삶이 가장 연약해진 그 순간에 하나님의 기쁨과 즐거움이 더욱 일관되고 생생하게 내 안에 임했다. 눈앞의 상황 자체는 중요해 보이지 않았다. 나는 임마누엘을 찾기 시작했고 어디서나 그분을 만났다! 예수님은 나를 부끄러워하지 않으셨고 한 번도 모욕이나 멸시로 반응하지 않으셨다. 예수님은 나와 함께함을 즐거워하셨다. 나의 정체성이 점차 변하면서 어느새 나는 임마누엘 생활 방식을 경험하고 있었다!

병원에 있을 때 하루는 너무 기운이 없어 침상에서 나오기조차 불가능했다. 낙심천만이었다. 그런데 놀랍게도 갑자기 임마누엘의 사랑의 임재가 병실을 가득 채우는 것 같았다. 예수님의 긍휼과 기쁨과 샬롬이 생생하게 느껴져 깜짝 놀랐다. 그분의 음성이 내 영혼에 분명히 들려왔다. "에드야, 네가 기운이 없다는 걸 나도 안다. 그래도 괜찮다. 그냥 네게 있는 것을 붙들면 된다." 임마누엘의 임재 의식이 내 평생 가장 깊은 샬롬을 가져다주었다. 감당할 수 없는 기쁨을 알고 나니 두 뺨에 기쁨의 눈물이 흘러내렸다. 내 평생 가장 연약해진 그 시점에 나는 예수께서 나를 사랑하시고 즐거워하시고 이해하시고 귀히 여겨 주심을 알았다.

예수님과의 그 만남을 생각하면서 뭔가가 근본적으로 달라졌음을 깨달았다. 깊고 영속적인 샬롬이 떠나지 않았다. 내 연약함에 대한 수치심과 혐오감과 두려움 대신 내가 절대적으로 완전히 수용되었음이 느껴졌다. 그동안 나의 정체성을 형성했던 것은 불의와 두려움과 수치심과 행위의 욕구였는데, 내 평생 가장 연약해진 그때에 예수께서 나에게 연약해도 정말 괜찮다고 말씀해 주셨다. 그분은 나의 연약함 속에 임재하셨다. 이를 통해 나는 앞으로 절대로 강해지거나 약점을 숨기거나 행위를 내보이려 할 필요가 없음을 깨달았다!

예수님과의 관계에서 시작된 그 변화는 사람들과의 관계에서도 자라 갔다. 나는 마리차를 비롯한 다른 사람들을 대할 때도 기쁨을 발견하고 키워 나갔다. 내 정체성의 변화는 더욱 뚜렷해졌다. 하나님과 사람들의 도움으로 나의 정체성이 형성되었고 내 안에 예수님의 마음이 회복되었다. 그때 시작된 기쁨의 임마누엘 생활방식이 지금도 다른 사람들에게로 퍼져 나가고 있다!

나의 정체성은 어떻게 되었는가?

생후 2년 동안 가정과 문화는 복잡한 대면 과정을 통해 아기에게 정체성을 전수한다. 뇌의 화학적 특성과 구조와 연접부는 물론 어떤 유전자가 활성화될지도 이때 결정된다. 아기는 첫 2년간 입력된 기술들을 가지고 인간이 된다. 신생아는 활성화될 수 있는 잠재 능력을 많이 갖고 있지만, 그중 사용되는 능력만 자신의 것이 된다. 나머지 잠재 능력은 4세와 12세 이후에 다분히 소멸된다. 그러므로 여기 나쁜 소식이 있다. 형성기에 소속 집단에서 사용되는 기술만 아이의 뇌에 발육된다. 미처 발육되지 못한 기술과 능력도 많이 있지만, 가정이나 문화의 누구도 그 사실을 모른다.

그렇다면 조금만 생각해도 나오는 결론이 있다. 뇌에서 뇌로 정체성이 다운로드되는 생후 2년 동안, 최대한 완벽한 조건을 갖추어 주면 좋다는 것이다. 그런데 컴퓨터에 업로드를 해 본 사람은 알듯이 흔히 발생하는 문제들이 있다. 그중 가장 큰 것 두 가지는 1)전송이 중단되는 문제와 2)손상된 파일이 다운로드되는 문제다. 첫째로, 전송이 중간에 끊기는 문제는 대개 전쟁, 질병, 사고, 일, 여행, 가족의 죽음, 범죄, 폭동, 기근, 빕스(BEEPS), 투옥, 가정폭력, 근친상간, 학대 등 외적인 문제다. 형성기인 생후 2년 동안 삶을 큰 혼란에 빠뜨리는 사건이라면 무엇이든 다 해당된다. 겉으로는 아이가 정상적으로 발육되는 듯 보이지만 그 과정에서 하나나 그 이상의 온유한 보호자 기술이 누락된다.

둘째로, 우리를 기르는 사람들의 정체성 '파일'에 어떤 기술이 결여되어 있을 수 있다. 에드의 경우, 자상한 아버지로부터 일을 탁월하게 해내는 덕목은 배웠으나 필수적인 기쁨의 관계 기술은 아버지의 정체성에 결여되어 있었다. 그들의 관계에서 동기가 된 것은 기쁨이 아니라 두려움과 수치와 멸시와 모욕이었다. 안타깝게도 그의 아버지의 마음이나 의도는 그게 아니었다. 에드의 아버지는 기쁨의 관계 기술이 부족했고, 행위와 일과 두려움을 중심으로 정체성이 형성되어 있었다. 이것은 그의 윗세대로부터 내려온 것이다. 에드의 위쪽으로 적어도 3대의 삶에서 그런 특성을 볼 수 있다.

세대와 세기가 바뀌면서 관계적 정체성 기술이 종종 상실되곤 한다. 전쟁, 역병, 기근, 지진, 홍수, 대량 학살 따위로 인해 한 세대가 몽땅 바뀔 수도 있다. 피난이 불가피한 경우 새로운 난민촌에는 사람들이 용케 가져온 기술들만 남는다. 이처럼 문화 속에 집단적 균열이 생기면 특이한 성격 유형이 나타날 수 있다. 이런 결여된 기술은 가정, 종교, 민족, 지역, 나라의 특성이 되어 그룹 정체성을 형성한다. 성질이 불같기로 소문난 가문은 어디인가? 논쟁을 일삼는 집단은 어디인가? 전쟁이 빈발하는 지역은 어디인가? 음주량이 많은 나라는 어디인가? 거짓말하는 단체는 어디인가? 수치심을 피하는 문화는 어디인가? 사람들은 자기에게 없는 기술을 그런 식으로 일반화하곤 한다. 하지만 어차피 인간의 모든 공동체에는 균열이 있게 마련이다. 가정마다 결여된 능력이 있으며, 사람마다 전송 과정 중에 손상된 정체성을 받았다.

종교적 신념은 특정한 기술을 억압한다. 유행하는 자녀 양육 방법은 종종 자녀 세대 전체를 바꾸어 놓는다. 똑같은 기술이 주변 모두에게 결여되어 있다면, 나의 정체성이 잘못되어 있어도 알 도리가 없다. 반대로 나만 기술이 결여되어 있는 것 같다면, 자신의 가치에 대해 깊은 회의가 싹튼다.

뇌에는 정체성의 발달을 관할하는 관계 회로가 있다. 이 회로의 기능은 정체성의 전송 과정을 통해 형성된다. 정체성에 하나라도 오류나 결핍이 있으면 뇌의 관계 회로가 기능 장애를 일으킨다. 그래서 더 이상 자신의 정체성과 관계를 본래 하나님이 의도하신 대로 이해할 수 없다. 관계 회로의 기능을 회복하려면 하나님을 지각할 줄 알아야 하고 사람들과 교류해야 한다. 에드의 유해성 수치심은 손상된 관계 회로의 파생물이었다.

이런 문제는 인류 역사에 늘 있었지만, 특히 지난 백 년간의 극심한 변화는 관계 기술을 소멸의 위기로 몰아가고 있다. 어떻게 그런지 제3부에서 살펴볼 것이다. 그전에 먼저 생각할 것이 있다. 죄, 불의, 범과,

재앙, 기근, 인신매매, 박해, 역병, 약탈, 위험, 칼 등이 오랜 세월 인류를 유린해 왔다. 이런 상황에서 우리는 어떻게 기쁨의 정체성을 회복할 것인가?

하나님의 기쁘신 임재가 우리의 정체성을 회복시킨다

우리의 능력 중 많은 부분은 영영 개발되지 않는다. 아무도 활성화시켜 주지 않았기 때문이다. 신앙생활이 우리 뇌에 끼치는 유익 중 하나는 자칫 상실될 수 있는 정체성의 부위를 활성화시켜 준다는 것이다. 모든 주요 종교는 각기 다른 방식으로 그런 역할을 한다. 모든 주요 종교는 소속을 증진시킨다. 유교 철학은 다세대 공동체, 예의, 충절, 과거의 가치 등을 매우 강조한다. 불교는 마음을 다스리는 기술을 실행한다. 이슬람교와 유대교는 그룹 기술을 활성화시키고 회복시킨다.

세계 최대의 종교인 기독교는 기쁨의 정체성을 회복시킬 수 있는 최대의 잠재력을 지니고 있다. 그런데도 역사 속에서 그 일을 잘 해내지 못했다. 그리스도인들의 숫자 자체만도 결코 사장되어서는 안 될 힘이다. 예수님은 충만한 기쁨이 자신의 가르침의 이유라고 말씀하셨다. 그 말씀에 그리스도인들의 엄청난 숫자를 결합해 보라. 기쁨을 시작하라는 명령을 받은 사람들이 자그마치 20억이나 된다. 지속 가능한 기쁨의 회복은 그리스도인의 사명과 딱 들어맞는다.

예수님은 사람들이 풍성한 기쁨으로 그분과 유대를 맺고 하나님의 기쁨을 퍼뜨리기를 바라셨다. 기쁨이 곧 보상이다. 그리스도인은 주변의 모든 사람들과 특히 기쁨이 결핍된 원수들에게 기쁨을 아낌없이 베풀어야 한다. 전에는 서로 보아도 기쁨이 없던 사람들이 새로운 정체성을 배워야 한다. 그 정체성에서 소속과 사랑이 나온다. 특히 주목할 것이 있다. 하나님 나라에서는 언제나 약자를 가장 소중히 여겨야 한다. 그래야 가장 요긴한 곳으로 기쁨이 흘러들 수 있다.

하지만 막상 그 일을 실행하는 데는 처음부터 문제가 있었다. 그리스도인들은 성경에 묘사된 기쁨의 특성을 늘 온갖 행위의 기준으로 변질시킨다. 우리는 기쁨이 결핍된 상태에서 그 기준에 부합해야 한다. 하지만 행위의 기준은 연약함을 용납하지 않고 거짓 자아의 발달을 부추긴다. 이는 에드의 삶에서 중대한 이슈가 되었다. 그래서 그는 빕스(BEEPS)에 빠졌고 거기서 회복되는 데 오랜 세월이 걸렸다.

하나님은 우리의 정체성이 아직 싹트기도 전부터 그 정체성을 아신다. 우리의 각 부위는 깨어나라는 신호를 기다리고 있다. 가정과 공동체는 그중 일부를 활성화시켰을 뿐이며, 오히려 일부는 변질시키고 일부는 싫어했다. 그들은 우리가 보인 행동이 곧 우리의 참 정체성이라고 말했다. 우리 모두에게는 아직 발견되지 못한 부분이 많이 있으나 본인은 그게 무엇인지 전혀 모른다.

심지어 그리스도 안에서 새 생명을 받고 하나님 나라의 삶에 들어가도 아직 우리에게는 그리스도인의 특성 중 많은 부분이 결여되어 있다. 누구나 자신을 정직하게 보면 알 수 있다. 한 예로 우리는 원수를 사랑하지 못할 때가 많다. 어린아이처럼 하나님 나라에 들어간다는 말은 기꺼이 이전과는 다른 존재가 된다는 뜻이다. 그리스도인의 영혼 안에는 이미 그런 존재가 깨어나 있다. 그런데 우리 뇌가 볼 수 있는 자신의 정체성은 기존의 존재를 벗어나지 못하고, 누군가 이미 활성화시켜 둔 그 역량을 벗어나지 못한다. 우리는 뭔가 더 나은 상태를 원하지만 스스로는 그 일을 행하거나 이루어 낼 수 없다.

새로운 자아를 깨우는 방법에는 두 가지가 있다. 하나는 예수께서 내 영혼을 깨워 주시는 것이고, 또 하나는 더 강한 선배 그리스도인이 자기 안에 벌어지는 일을 내 안에서 발견해 주는 것이다. 에드의 경우 새로운 정체성이 자라 가는 데 하나님과의 교류도 필요했고 가족, 친구, 멘토, 동료와의 교류도 필요했다. 임마누엘과의 교류는 기쁨의 정체성을 되찾는 변화의 원천이었다. 여러 해 동안 훌륭한 멘토들의 영향도 에드에게 큰 복이 되었다. 에드의 자아상은 그들을 통해서도 근본적으로 변화되었다. 우리도 다 하나님과의 교류와 사람들과의 교류를 통해 새로운 자아로 깨어날 수 있다. 우리의 정체성 중 미답(未踏)의 부분은 예수님과의 교류를 통해 드러나고, 다세대 공동체 안에서 연습을 통해 강화된다. 성숙한 사람들은 우리 안에서 하나님이 보시는 것을 본다. 동료들은 우리의 새로운 정체성과 기술을 실제로 가꾸어 준다. 나보다 어리고 연약한 사람들 속에서 우리는 하나님의 계획을 본다. 사실 인생모델의 연습은 바로 그 목적을 달성하기 위한 것이다. 모든 연습의 열쇠는 우리와 능동적으로 교류하시는 하나님께 있다. 그분의 도움으로 우리는 자신의 진정한 정체성을 발견할 수 있다. 하나님은 언제나 우리와 함께 하신다. 그래서 이를 임마누엘 생활방식이라 부른다.

임마누엘 생활방식이란 무엇인가?

임마누엘 생활방식이란 예수님이 살아가시는 방식에 점점 더 눈

뜨는 삶이다. 그분의 초대에 응하여 그분과 함께하고 그분을 즐거워하는 삶이다. 하나님과의 교류적 임재를 점점 더 의식하면 그 의식이 우리의 대인관계, 일상생활, 자녀 양육, 업무 수행, 자동차를 운전하는 방식에까지 들어온다. 하나님의 임재와 관점을 의식하고 있을 때는 순간의 삶 속에 깊은 평안이 있다. 애써 관찰하지 않아도 그냥 눈에 띈다. 샬롬은 하나님이 모든 것을 합력하여 선을 이루고 계시다는 인식이다. 설령 우리가 그분의 방법을 잘 모를 때라도 말이다. 하나님이 염려하지 않으시니 우리도 근심할 이유가 없지 않은가? 그런 인식이 바로 샬롬이다.

임마누엘 생활방식은 성경적 생활방식이다. 우리에게 "쉬지 말고 기도하라"고 명하셨기 때문이다. 이는 "모든 일에 대해 하나님과 대화하라"는 뜻이다. 앤트원(Antwan)이 자라난 문화에서는 특히 성인 남자와 어린아이의 교류가 없었다. 그는 외국에 갔다가 깜짝 놀랄 광경을 목격했다. 네 살짜리 아이가 아빠와 함께 차를 타고 가면서 눈앞의 모든 일에 대해 말하고 질문했다. 그러자 아빠는 대답해 주었다. 우리도 똑같이 깜짝 놀랄 만한 사실이 있다. 하나님은 우리가 눈앞의 모든 일에 대해 그분께 말씀드리고 질문하고 뭔가를 배우기를 원하신다.

또 하나 단순한 사실이 있다. 샬롬이 사라지면 하나님의 능동적 임재에 대한 의식도 사라진다. 가장 극단적인 예가 B형 외상이다. 즉 나쁜 일이 벌어질 때다. 그런 고통 속에 있으면 홀로 고립된 느낌이 든다. 칼리먼 박사는 이런 외상이 있는 사람들의 회복을 돕는 법을 광범위하게 연구하다가 거기에 임마누엘 과정이라는 이름을 붙였다. 이는 하나님이 늘 우리와 함께해 오셨음을 발견하는 과정이다. 인생모델의 많은 자료에 임마누엘 과정이 조금씩 들어 있다. 외상에서 회복되는 이 방법은 개인과 그룹에 두루 활용될 수 있다. 임마누엘 경험은 기적적 치유라기보다 하나님과 그분의 사람들 사이에 정상적인 기쁜 유대가 회복되는 과정이다. 이 유대 속에서 우리는 자신과 세상을 똑바로 보고 그 결과로 샬롬을 얻는다.

 컴퓨터를 잘 알수록 동기화(同期化)가 중요해진다. 네트워크가 원활하게 돌아가려면 동기화가 필수다. 우리 뇌의 신경계에도 정확한 동기화가 필요하다. 꼭 있어야 할 것이 적시에 정량으로 있어야지 그렇지 않으면 문제가 생긴다. 그렇다면 이런 생각이 든다. "하나님이 분명히 성경에 동기화에 대해 말씀하셨을 것이다." 하지만 그분이 사용하신 단어는 무엇인가? 흔히 평안으로 번역되는 샬롬이라는 단어다. 샬롬은 모든 것이 바른 관계로 제자리에 적시에 정량으로 존재하여 하나님이 기뻐하시는 상태. 그러니 우리 힘으로는 그 기준에 도달할 수 없음이 분명하다. 하나님의 주요한 속성 중 하나는 모든 것을 동기화하시는 능력이다. 그래서 선이 이루어져야 할 곳에 모든 것이 합력하여 선을 이룬다. 우리 입에서 "와, 이렇게 풀리는 거였구나!" 하는 말이 절로 나온다. 모든 것이 잘 들어맞는다. 들어맞는 방식이 우리 힘으로 설명이 안 될 때도 있는데, 이를 지각에 뛰어난 샬롬이라 한다. 우리도 그분과 함께 동기화를 회복해야 한다. 예수께서 "샬롬을 만드는 사람은 복이 있나니"라고 하셨기 때문이다.

 기쁨의 임마누엘 생활방식의 징후 중에 이런 것이 있다. 하나님 및 사람들과의 유대가 점점 돈독해지고, 상황이 힘들 때도 하나님과 소통을 유지하는 역량이 점점 자라 간다. 그렇다고 하나님이 유무선의 전화처럼 연결되어 있어, 우리에게 늘 지시가 들리거나 영상이 보인다는 뜻은 아니다. 우리 뇌 안에는 의식적 생각보다 더 빨리 작동하는 사고 공유 상태가 장치되어 있다. 이것은 깊은 유대가 형성되어 있는 대상에게만 국한된다. 사고 공유 상태에서는 어떤 한 생각이 내 것인지 상대의 것인지 둘의 것인지 금방 가려 낼 수 없다. 바로 이 사고 공유 상태에서 우리 정체성의 새로운 면이 활성화되고 형성된다. 사고 공유 상태는 매우 관계적이며 '우리의 사람들'에게로 국한된다. 그들은 이미 나의 신뢰를 얻어 나의 정체성을 재정의할 권리가 있는 사람들이다. "그리스도 예수의 마음(사고)"도 바로 그 상태로 우리 안에 거할 수 있다. 그래서 우리는 자신이 변화될 것을 확신할 수 있다.

하나님과 함께 기뻐하는 사고 공유 상태는 하나님의 사람들끼리의 기쁨에도 기초가 된다. 바울이 빌립보 교인들에게 준 교훈에 그 과정이 나와 있다. 그는 우선 "마음을 같이하여 같은 사랑을 가지고 뜻을 합하며 한마음을 품"으라고 말한 뒤, "너희 안에 이 마음을 품으라, 곧 그리스도 예수의 마음이니"라고 말을 맺는다(빌 2:2,5).

하나님과의 사고 공유 상태는 우리를 새 사람이 되게 할 뿐 아니라 하나님이 세상과 특히 우리 주변 사람들을 어떻게 보시는지 알게 한다. 대상을 하나님의 눈으로 보는 이 능력을 우리는 '하나님 시각'이라 부른다. 하나님 시각을 배우는 일은 힘든 작업이다. 이 변화는 소심한 사람들에게는 어울리지 않으며, 기쁨이 없이는 결코 이루어질 수 없다. 많은 신학자들이 여러 문서와 이론을 연구하여 종교의 체계를 갖추려 하지만, 하나님 시각은 그것과 전혀 다르다. 하나님 시각은 하나님과의 샬롬의 삶에서 온다. 샬롬의 삶은 우리의 연합과 평안을 어지럽히는 모든 것을 예의주시한다. 하나님 시각이 자라려면 그분과의 소통이 가장 좋은 상태로 돌아가야 한다. 또 삶의 특정한 부분이 평안을 앗아 가고 하나님과의 유대를 깨뜨릴 때, 그분께 그 이유를 가르쳐 달라고 해야 한다. 예컨대 옆집 사람이 쓰레기통을 몇 날 며칠이고 길가에 놓아둔다고 하자. 쓰레기통이 넘어져 내용물이 그 집 앞에 다 쏟아져 버리면 좋겠다는 생각이 내게 든다면, 나의 샬롬은 하나님 시각과 함께 사라진 것이다. 이때는 하나님과의 유대를 회복하고 나의 정체성을 회복해야 한다. 왜 나의 정체성까지 문제가 되는가? 아직도 나에게 복수와 이웃의 고통을 고소해하는 마음이 있기 때문이다. 이는 내 안에서 역사하시는 그리스도의 마음일 리는 없다.

  기쁨의 역량과 하나님 시각과 사고 공유 상태가 자란다고 해서 고통과 도전과 문제가 없이 마냥 행복하게 살아가는 것은 아니다. 옆집 사람은 여전히 쓰레기통을 일주일씩 그냥 둔다. 백화점에서 사람들은 내가 기다리던 주차 공간에 여전히 무례하게 차를 들이민다. 가족들은 나를 화나게 하는 일을 여전히 되풀이한다. 기쁨의 역량과 하나님 시각과 사고 공유 상태가 자라면 고통이 없어지는 게 아니라 기쁨의 강도가 높아진다. 그래서 우리는 고통을 잘 감당할 수 있다. "고통을 잘 감당한다"는 말은 삶의 고통을 겪으면서도 하나님 및 사람들과의 관계와 소통을 유지하는 역량이 있다는 뜻이다. 덕분에 우리는 나쁜 일이 벌어져도 그 고통 속에서 시종 관계적 사람으로 남아 있을 수 있다. 예수님도 그러셨다. "그는 그 앞에 있는 기쁨을 위하여 십자가를 참으사 부끄러움을 개의치 아니하시더니 하나님 보좌 우편에 앉으셨느니라"(히 12:2). 기쁨 때문에 예수님은 십자가와 수치를 견디시고 주변 사람들과 구속(救贖)적으로 교류하실 수 있었다. 기쁨 때문에 우리도 삶의 고통 속에서 예수님 및 사람들과 소통을 유지할 수 있다.

가정의 임마누엘 샬롬

로드리고(Rodrigo)는 루프(Lupe)가 친정집에 시간과 돈을 너무 많이 들이는 문제로 또 부부싸움을 했다. 적어도 로드리고가 보기에는 그랬다. 그는 자기가 힘들게 일하고 있고 빠듯한 재정으로 자녀들도 길러야 함을 지적했다. 집 안이 더 깨끗했으면 좋겠다는 말도 했다. 그러자 루프는 남편이 최근에 시동생을 도와준 일과 요즘 친정어머니가 몹시 피곤해한다는 사실을 지적했다. 집안일을 거들면 어디가 덧나느냐는 말도 했다. 이쯤 되면 굳이 자초지종을 듣지 않아도 둘 중 어느 쪽에도 샬롬이 없음을 알 수 있다. 당연히 기쁨의 수위가 떨어졌다. 둘은 가해자처럼 서로의 약점을 맹공격했다. 로드리고가 잘 살폈더라면, 대화를 시작하기도 전부터 자신의 샬롬이 사라졌음을 알았을 것이다. 둘 중 하나라도 잘 살폈더라면, 대화 내내 자신들에게 샬롬이 없었음을 감지했을 것이다. 둘 다 그리스도인으로 자처하겠지만, 누구도 싸우는 내내 하나님의 임재나 창조력이나 대안을 전혀 의식하지 못했다. 본인들은 자기네가 싸우는 게 아니라고 말할 것이다. 이런 식의 대화를 통틀어 '기쁨 도둑'이라 할 수 있다.

기쁨이 없이 방 안에 들어간 로드리고는 인터넷에 빠지고 싶은 충동과 싸웠다. 대신 그는 자신의 기도 파트너에게 전화를 걸었다. 친구는 그에게 이 중요한 순간에 하나님의 임재가 느껴지느냐는 질문부터 했다. 아니라는 답이 나오자 둘은 먼저 그 문제부터 해결하기로 했다. 처음에는 마음이 내키지 않았지만 친구의 도움으로 그는 하나님이 가깝게 느껴지던 때를 몇 가지 떠올렸다. 딸이 아팠을 때 하나님의 도움에 감사했던 일이 생각났고, 자녀들의 웃음소리에 담긴 기쁨도 떠올랐다. 그것만으로도 벌써 샬롬이 더 많아졌고 곁에 계시는 하나님이 느껴졌다. 그래서 그들은 루프와의 이 상황 속에서 하나님이 어디에 계시는지 보여 달라고 기도했다. 뭐라고 설명할 수는 없지만 로드리고에게 떠오르는 감화가 있었다. 예수님은 그의 가정이 얼마나 중요하며 그가 얼마나 열심히 일하고 있는지 아셨다. 그래서 성장기 때처럼 혼돈 속에 살아갈 마음이 그에게 없다는 것도 아셨다. 그는 예수께서 자기를 이해해 주시고 자랑스러워하심을 정말 실감했다. 그때 또 다른 생각이 들면서 사춘기 시절의 루프의 모습이 그림처럼 떠올랐다. 그녀의 어머니가 중병을 앓던 때였다. 루프는 겁에 질린 어린 소녀처럼 보였다. 그 모습을 보니 그의 눈에 눈물이 맺혔고, 모두에게 정말 더 잘해 주고 싶다는 고백이 절로 나왔다. 아내와 대화하기 전부터 깨달았더라면 훨씬 좋았겠다는 생각이 들었다. 임마누엘이 그와 함께하고 계셨다. 그래서 그는 아내를 찾아가 다시 대화했다. 이번에는 마음속의 샬롬으로 아내를 보호해 주면서 아내의 연약함을 애정으로 대했다.

학교의 임마누엘 샬롬

초등학교 2학년인 라티샤(Latisha)는 반의 여자아이들이 자기를 좋아하지 않는다고 느꼈다. 같이 놀자는 아이도 없었다. 그래서 집에 올 때 속상해 있을 때가 많았다. 엄마가 다른 엄마들과 대화해 보니 그 반의 여학생 중 절반 이상이 라티샤와 똑같이 느끼고 있었다. 라티샤는 그 말을 듣고도 기운이 나지 않았다. 마침 임마누엘 샬롬을 배운 엄마는 속상해 있는 딸에게 교실에 함께 계시는 예수님이 느껴지느냐고 물었다. 딸은 아니라고 했다. 엄마는 함께 앉아 딸을 꼭 안아 주면서 슬픔을 인정해 주었다. 또 딸이 제일 좋아하는 과일인 배를 권했다.

딸이 안정되어 얼굴이 밝아졌을 때 엄마가 지금 여기서는 예수님이 느껴지냐고 물었다. 딸은 그렇다고 했다. "예수님이 너희 교실의 어디에 계시는지 그분께 여쭈어 보자." 라티샤에게 보인 그분은 라티샤의 책상에서 색칠을 하고 계셨다. 엄마가 그분이 속상하신 것 같으냐고 물으니 딸은 아니라며 그분은 행복하시다고 했다. 엄마는 같이 놀지 않으려는 친구들에 대해 예수님이 뭐라고 말씀하시느냐고 물었다. 딸은 금세 웃으며 그분께 들은 말을 전했다. 라티샤가 먼저 친구들에게 같이 놀자고 청하라고 하셨다고 했다. 엄마가 그렇게 할 수 있겠느냐고 묻자 딸은 고개를 끄덕이며 즐겁게 배를 먹었다. 며칠 후에 라티샤는 예수님이 학교에 함께 계셔서 참 좋다고 말했다. 비록 반의 여자아이들끼리 더 친해졌다는 증거는 없었지만 라티샤는 샬롬을 되찾았다.

교회의 임마누엘 샬롬

캐런(Karen)은 교회 소그룹의 임원으로 뽑혔다. 당연히 모임을 그녀가 이끌어야 했다. 그런데 구성원 중 연장자인 리자가 매사를 주관하려 들었고, 그러면서도 자기 일이 너무 많다고 불평했다. 구성원들은 리자와 그녀의 지나친 통제에 넌더리를 내며 캐런에게 불만을 토로했다. 캐런은 뭔가 손을 써야 한다는 부담을 느꼈다. 리자가 그룹을 자기 마음대로 이끌려 했으므로 캐런은 리자를 생각만 해도 샬롬이 사라졌다. 뇌의 관계 중추가 동기화(同期化)를 잃어 짜증이 났고, 막연히 자신이 뭔가 잘

못하고 있다는 기분이 들었다. 캐런이 전에 '소속' 과목에서 배웠듯이, 이런 신호는 그녀의 샬롬이 사라졌으며 하나님의 임재를 느끼지 못하고 있다는 뜻이었다. 얼른 점검해 보니 정말 그랬다. 리자를 생각할 때는 하나님이 가깝게 느껴지지 않았다. 캐런은 자리에 앉아서 그동안 하나님이 자기에게 행하신 일을 떠올렸다. 마침내 감사의 마음이 들자 그녀는 리자와 관계된 상황을 하나님의 눈으로 보게 해 달라고 기도했다. 곧바로 샬롬에 이르지 못할 때는 교회의 누군가를 찾아 도움을 청했다. 교회의 임마누엘 생활방식에 중요한 부분이 있다. 자신의 혼란에 대해 상대와 대화하기 전에 먼저 샬롬을 찾아야 한다는 것이다. 사람들을 상대로 난관을 해결하기 전에 반드시 하나님과의 관계부터 화목하게 하는 것이 중요하다.

기쁨은 왜 임마누엘 생활방식의 핵심인가?

기쁨은 하나님과 견고한 유대를 맺는 기초다. 우리 뇌는 기쁨의 유대 관계 안에서만 새로운 정체성을 견고히 가꾸도록 되어 있다. 새 사람이 되고 싶다면 우뇌에서 '기쁨의 아버지'와 새로운 유대를 맺어야 한다. 우리가 배워야 할 모든 속성이 그분께 있다. 기쁨은 정체성 중추의 한가운데에 있는 뇌의 관계 회로를 활성화시킨다. 그래서 우리는 하나님이 나와 함께하시며 내 사고와 교류하심을 지각할 수 있다. 기쁨은 감사의 마음에서 자란다.

임마누엘 생활방식의 핵심인 기쁨의 유대는 하나님의 과분한 사랑과 은혜에 대한 반응이다. 하나님이 만일 우리가 착해지려고 필사적으로 노력할 때만 우리와 즐거이 함께하신다면, 기쁨은 철저히 조건적이며 행위에 근거한 것이다. 하나님이 우리를 먼저 사랑하시기에 우리는 그분의 은혜를 기쁨으로 받아들일 수 있다. 이런 유대는 우리가 연약할 때 새 힘을 주고, 하나님의 기쁨을 다른 사람들에게 나누게 한다.

연약함은 어째서 필수인가?

모든 거짓 정체성에는 연약함이 숨어 있다. 이는 의수나 의족처럼 진정한 나의 일부가 아니다. 그러므로 하나님이 지으신 진정한 나에 대해 그분께 처음 여쭐 때, 대개 우리에게 연약함이 존재한다. 자신의 연약함을 느끼며 하나님께 "여기에 대해 제가 알아야 할 것이 무엇입니까?"라고 여쭙는 것은 참 지혜로운 물음이다.

참 자아로 살아가는 사람은 내면에 샬롬이 있고, 남들과 조화를 이루려 하며, 감사를 느낀다. 이런 샬롬을 삶 속에 실천하는 방법이 골로새서 3장 15절에 나와 있다. "그리스도의 평강이 너희 마음을 주장하게 ['브라뷰오'-심판이 되게] 하라. 너희는 평강을 위하여 한 몸으로 부르심을 받았나니 너희는 또한 감사하는 자가 되라." 즉 우리는 하나님의 샬롬을 심판으로 삼아야 한다. 샬롬이 사라질 때마다 시합을 멈추고 샬롬부터 되찾아야 한다. 다른 일은 다 그 다음이다. 샬롬은 우리가 부르심에 합당하게 참 자아로 살고 있는지를 일러 주는 지표(심판)다. 나아가 샬롬에는 언제나 감사가 따라온다.

제인은 교회 주차장에 쓰레기를 버리는 청년들 때문에 심기가 불편하다. 그녀는 샬롬 가운데 있는가? 도나는 4학년 학생들에게 조용히 줄서는 법을 한 달 동안 가르쳤는데, 두 번째 벨소리를 듣고도 조용히 줄을 서지 않는 그들 때문에 좌절감이 든다. 그녀는 샬롬 가운데 있는가? 아서는 엄마가 세 번이나 말했는데도 순종하지 않는 아들 때문에 마음이 동요된다. 그는 샬롬 가운데 있는가? 아니, 이들은 모두 무력감과 좌절감을 느낀다. 그래서 모두 더 강해질 방법을 궁리하고 있다. 상황을 힘으로 통제하려는 것이다. 그들의 좌절 속에는 하나님의 샬롬이 빠져 있다. 그래서 심판이 호루라기를 불고 있다.

우리를 양육한 사람들이 하나님께 샬롬을 구하도록 가르치지 않았다면, 우리는 마음이 혼란스러울 때 사람을 의지한다. 사람의 목을 잡고 샬롬을 내놓으라고 다그친다. 이것은 병적 의존이자 기형적 성격(불의)이다. 기형의 특징은 샬롬을 가져다주지 못한다는 것이다.

우리가 강점으로 여기는 많은 것들이 사실은 우리 삶의 완고해진 부분이다. 우리는 그것을 이용하여 약점을 가린다. 모든 괴물과 초인(超人)은 샬롬 없이 살아간다. 아무도 필요 없다는 터프가이도 그렇고, 지나친 성취욕에 불타 남들을 이용하는 사람도 그렇다. 그들은 삶을 지탱하기 위해 더 강해지려 한다. 그리스도인만 그런 게 아니라 인간은 누구나 마찬가지다. 하나님과 가까워질수록 샬롬이 더 확고해진다. 반면에 자기정당화를 고수하려면 실제의 나보다 더 강해 보여야 한다.

자기정당화를 일삼는 가해자이든 아니면 피해자의 가면을 쓰고 자기혐오에 빠진 사람이든 결과는 똑같다. 샬롬은 사라졌다. 내 모습 중에서 내 마음에 들지 않는 부분은 감추어야 한다. 약점은 그런 숨겨 둔 부분에서 생겨난다. 우리 삶에서 '관계와 무관한' 부분이기 때문이다. 하나님의 임재가 느껴지지 않는 부분도 바로 거기다. 그래서 샬롬을 시험하는 또 다른 기준은 하나님의 임재가 느껴지느냐는 것이다.

요컨대 임마누엘 생활방식은 골로새서 3장 15절의 세 가지 시험을 통과해야 한다. 살아가는 매순간은 물론이고 기억 속의 모든 순간에 대해서도 마찬가지다. 세 가지 시험은 다음과 같다.

1. 나는 샬롬을 느낀다.
2. 나는 하나님과는 물론이고 내가 아는 그분의 사람들과도 조화를 이루고 싶다.
3. 나는 감사하고 있다.

모든 거짓된 힘은 남에게 받은 상처를 숨기는 데서 시작된다. 그래서 우리는 관계로부터 보호받으려 하고, 관계를 위해 보호받으려 한다. 애착의 고통이 있으면 혼자 힘으로 살아가고 싶어진다. 하지만 애착의 고통을 치유하려면 바른 애착이 회복되어야 한다. 그래야 스스로 강해지려는 욕구에서 해방될 수 있다. 우리에게 필요한 것은 하나님과의 교류다. 우리와 함께하시고, 우리를 좋아하시고, 우리를 위하시는 하나님을 삶 속에서 누려야 한다.

연약함을 애정으로 대하면 보호자의 정체성이 확산된다. 보호자는 샬롬을 구하기 때문이다. 보호자는 강해지려 하거나 행위에 힘쓰거나 자신을 정당화하지 않는다. 샬롬은 모든 상황 속에 하나님의 능동적 임재를 들여놓는다. 하나님의 마음을 보는 사람은 혼란에 빠지는 게 아니라 애정으로 보호하는 법을 배운다. 약자와 강자가 공존할 수 있는 비결은 바로 연약함을 돌보는 마음과 샬롬이다. 이것을 우리의 일상 속에 실현해야 한다. 그러려면 마음이 동요될 때마다 샬롬, 감사, 기쁨, 하나님 시각을 배우는 훈련을 받아야 한다. 이것은 인간의 직관에 반하는 일이다. 본래 우리는 거짓 자아를 강화하고 진정한 자아를 숨기도록 단련되어 있다.

하나님은 어떻게 연약함으로 샬롬과 정체성을 가꾸시는가?

바울의 말대로 우리의 낡은 거짓 자아는 해체되고 있고 새로운 참 자아가 지어지고 있다. "너희가 서로 거짓말을 하지 말라. 옛사람과 그 행위를 벗어 버리고 새사람을 입었으니 이는 자기를 창조하신 이의 형상을 따라 지식에까지 새롭게 하심을 입은 자니라"(골 3:9-10). 그런데 우리 뇌가 아는 자아는 낡은 거짓 자아뿐이다. 그 자아는 온갖 기형(불의)과 선하지 못한 것(죄)으로 가득 차 있다. 오랜 세월 우리는 그것이 자신의 정체성이라고 생각해 왔다. 우리 모두의 자아는 잘못 조립되어 있었다. 여기저기 부품이 빠져 있었고, 내 것이 아닌 특성들이 끼어 있었다. 이런 결함 하나하나가 곧 약점이 된다. 그래서 하나님이 연약함에 대해 맨 먼저 하시는 일은 우리 정체성 속의 결함을 찾아내시는 것이다. 그 다음에 우리를 회복시키신다. 물론 그러려면 우리가 자신의 결점을 인정해야 한다. 우리가 아파하는 이유도 사실은 그런 결점 때문이다. 우리의 낡은 정체성과 삶은 하나님이 창조하신 본연의 나와 맞지 않는다. 그래서 거기서 고통이 생겨난다. 잘못 조립된 우리를 하나님이 보살펴 주실 때 우리는 그분이 알아주시는 특별한 존재가 된 느낌이 든다. 우리가 아파하는 이유마저도 특별하다. 뭔가 더 좋은 것을 사모하고 있다는 증거이기 때문이다. 또한 하나님은 한 사람의 강점을 통해 다른 사람의 약점을 치유하신다. 그래서 우리 삶의 연약한 부분과 강한 부분은 하나님 나라 안에서 양쪽 다 목적을 얻는다. 그 목적이란 곧 기쁨이 풍성한 환경을 가꾸는 것이다.

과거에 그리스도인들은 바른 애착의 논리가 아니라 서구 교육의 논리로 낡은 거짓 자아와 새로운 참 자아를 이해하려 했다. 중세기에는 애착의 논리가 알려져 있지 않았다. 따라서 그들의 결론에 따르면, 경건한 사람은 철저히 논리적인 반면 감정은 우리를 타락시키는 약점이었다. 소위 성인(聖人)은 최소한 남들 앞에서라도 의지력으로 감정을 억제하는 사람이었다. 그래서 성인일수록 집에서 함께 살기 힘든 사람이 많았다. 의지가 강하고 결의가 경건한 사람일수록 능히 자신의 정열과 감정과 욕망을 억제할 수 있어야 했다. 힘과 정신력이 있는 한 가능했다. 그러나 안타깝게도 시대가 바뀌어 감정을 억제하는 능력이 쇠퇴하면서 치명적 결과가 뒤따랐다. 기독교는 감정을 약점으로 간주하는 종교가 되었다. 즉 감정은 죄를 유발하는 약점이다. 관계 때문에 인간이 감정과 죄에 빠진다고 보았으므로 관계도 거룩한 삶을 위협하는 요소가 되었다. 영적으로 성숙하려면 감정을 없애고 가능한 한 관계까지도 없애야 했다. 정서적 성숙과 관계적 성숙을 가꾸는 일은 낡은 거짓 자아를 되살리려는 영적이지 못한 일로 간주되었다.

참된 영적 성숙에는 감정과 관계의 모든 면이 수반된다. 다만 그 모든 것을 임마누엘의 새로운 눈으로 본다. 하나님이 지으신 우리 뇌는 구체적 감정을 느끼도록 되어 있다. 또한 뇌는 기쁜 관계 속에서만 잘 성장한다. 뇌의 설계만 보아도 알 수 있듯이, 감정이란 본래 사랑의 관계를 통해 조절되는 것이다. 우리에게 필요한 것은 새로운 정체성이다.

그래야 사람들을 하나님의 눈으로 볼 수 있고, 그들에 대한 느낌도 하나님의 느낌처럼 될 수 있다. 우리가 정의하는 영적 성숙이란, 하나님과의 교류가 깊어짐에 따라 힘든 상황에서도 그분의 임재를 점점 더 의식하여 결국 우리의 정체성과 관계와 감정이 더욱 그리스도의 성품을 닮아 가는 것이다.

정서적 성숙과 관계적 성숙은 영적 성숙의 일부다. 우리는 타인과의 관계 속에서만 성숙해질 수 있다. 따라서 나의 모습 중 타인이 아는 부분만 깨어날 수 있다. 임마누엘 하나님이 우리의 성숙을 주도하시면, 그분은 자신이 설계하신 우리 안의 모든 요소를 깨우실 수 있다. 인류 역사 속에서 상실되었거나 기형으로 변한 부분까지도 되살리실 수 있다. 여기 소멸된 것을 회복하는 길이 있다.

하나님은 우리에게 연약함 뒤에 숨어 있는 것을 보도록 가르치신다. 그러면 샬롬이 느껴지고, 기쁨이 우리의 관계를 지배한다. 하나님은 우리가 연약함을 끌어안기를 원하신다. 하나님께는 연약함이 문제가 안 된다. 본래 우리는 그렇게 설계되었다. 우리는 연약하고 하나님은 강하시다.

가정에서 임마누엘 생활방식을 가꾼다

버트(Burt)와 메리앤(MaryAnn)은 또 싸웠다. 메리앤은 아무리 노력해도 버릇처럼 매사에 20분씩 늦었다. 버트는 직장 상사와의 중요한 저녁식사가 있으니 저녁 7시에는 떠나야 한다고 하루 종일 몇 번이고 상기시켰다. 하지만 그는 7시 20분에 차 안에 앉아 씩씩거리고 있었다. 마침내 아내가 차를 타자 버트는 "도대체 왜 시간을 못 지키는 거요?"라며

8년 묵은 불만을 쏟아냈다. 그에게 돌아온 것은 눈물과 원망과 "다음에는 잘할게요"라는 약속뿐이었다. 버트는 회의적으로 말했다. "다음이라고? 당신이 이렇게 계속 정신을 못 차리고 내 인생을 망친다면 다음이란 없어요." 이들 부부는 상처와 분노와 침묵 속에서 저녁 시간을 보냈다.

이튿날 아침 경건의 시간에 버트는 아내에게 했던 말이 마음에 걸렸다. 그는 아내를 사랑했으나 한편으로 자신이 정당하게 느껴지기도 했다. "아이도 없는 사람이 항상 이렇게 늦는다는 건 정상이 아니야." 그런 생각이 들었다. 하나님께 자신의 감정을 아뢰다 보니 마음이 슬퍼졌다. 슬픔을 더 탐색해 보니 문득 깨달아지는 게 있었다. 하나님도 이번 싸움과 지난날의 모든 상한 감정을 슬퍼하시는 것 같았다. "하나님, 아내를 사랑하고 싶습니다. 도와주십시오." 버트는 조용히 기도했다.

기도를 마치자마자 오래된 사진 한 장이 떠올랐다. 메리앤이 아버지와 오빠들과 함께 찍은 사진이었다. 버트는 어머니가 알코올 중독자였던 그녀가 자란 가정의 혼돈을 생각해 보았다. 아무도 손찌검을 당하지 않으면 그날은 좋은 날이었다. 아무도 배를 곯으며 잠자리에 드는 사람이 없으면 다행이었다.

예수님은 그에게 둘이 처음 만났을 때 반짝이던 메리앤의 눈빛을 상기시켜 주셨다. 지금도 그가 퇴근해서 집에 오면 아내의 눈이 밝게 빛났다. 그는 아내가 집 안을 정리하고 저녁식사를 시간 맞추어 준비하려고 얼마나 열심히 애쓰는지 보았다. 아무리 노력해도 제시간에 문밖을 나서지 못해 슬퍼하는 아내의 얼굴도 보였다. 아내를 향한 예수님의 마음, 아내의 사랑, 아내의 약점을 모두 한꺼번에 보노라니 새삼스럽게 아내가 정말 특별한 존재로 느껴졌다.

    그동안 자신이 아내의 사랑과 약점을 어떻게 대했는지 생각하자 버트는 부끄러웠다. 부끄러워 얼굴이 붉어지면서 이런 깨달음이 왔다. 예수님이 여전히 자기와 함께함을 즐거워하신다는 사실이었다. 그분은 그가 상사와의 저녁식사에 늦어 민망하고 속상했던 마음까지도 이해하시는 것 같았다. 문득 버트는 아내에게 용서와 사랑을 베풀 수 있음을 깨달았다. 그는 자리에서 벌떡 일어나며 말했다. "여보, 당신에게 할 말이 있어요." 하나님 시각 덕분에 버트는 아내, 자기 자신, 서로의 약점, 예수님을 더 분명히 볼 수 있었다. 이것이 임마누엘 생활방식이다.

학교에서 임마누엘 생활방식을 가꾼다

    쉴리아의 학생들 중 롤라(Lola)는 학교 폭력을 주제로 에세이를 써냈다. 롤라의 아픔 때문에 쉴리아의 마음에 슬픔이 밀려왔다. 롤라의 삶은 학교에서 피해를 입었다. 쉴리아는 롤라에게 치유와 재출발의 안전한 장이 필요하다고 생각했다. 그래서 롤라의 수업 시간표를 확인한 뒤 다음 과목을 들을 교실로 전화를 걸었다. 그 반의 교사가 롤라에게 전화를 바꿔 주었다. 쉴리아는 에세이를 읽고 나서 걱정된다며 혹시 도움이 필요하면 언제라도 돕겠다고 말했다. 목소리로 보아 롤라는 좀처럼 믿어지지 않는 눈치였다. 여태까지 아무도 시간을 내서 자기를 정말 보고 들어 준 사람이 없었던 것이다. 쉴리아는 마음이 아팠다. 하지만 덕분에 폭력 없는 학교를 만들려는 의욕이 더 강해졌.

    쉴리아는 자신의 교실과 학교에 보호자 정체성을 확산시키고 싶었다. 우리 뇌가 볼 수 있는 자신의 정체성이란 과거의 기억에만 의존할 뿐, 그 외의 가능성은 전혀 모른다. 연약한 학생은 폭력의 표적이 되지만, 반대로 연약함 때문에 폭력의 가해자가 되기도 한다. 교육자로서 쉴리아의 목표는 지식만 가르치는 게 아니라 학생들의 마음을 깨우는 것이다. 그들의 참 정체성이 출현하여 성장할 수 있는 장을 마련해 주는 것이다. 폭력의 피해자든 가해자든 양쪽 다 약점이 있다. 보호자도 가해자도 그것을 똑같이 알아본다. 아무도 폭력의 가해자나 피해자와 함께 있는 것을 기뻐하지 않는다. 피해자의 약점은 대개 혐오감과 경멸을 자아내고, 가해자의 약점은 대개 격한 분노를 불러일으킨다. 쉴리아는 학생들을 하나님의 눈으로 보고 싶었다.

교회에서 임마누엘 생활방식을 가꾼다

켄(Ken) 목사는 처음으로 15분 동안 임마누엘을 경험하고 나서 이렇게 고백했다. "내가 아는 모든 사람들 특히 가족들과 교인들도 이 깊은 기쁨을 느꼈으면 좋겠다!" 다음 주 일요일에 그는 교인들에게 자신이 경험한 임마누엘 이야기를 나누었다. 성경에서 사람들이 하나님의 능동적 임재를 자주 놓쳤던 사례들도 보여 주었다. 켄 목사는 임마누엘의 순간이 자신에게 큰 의미가 있었다며 기쁨을 표현했고, 하나님과 교류하는 삶이 생활방식이자 예배가 되어야 한다는 믿음도 전했다. 설교 중에 그는 교인들에게 각자 참된 기쁨을 느꼈던 때를 떠올려 보게 했다. "제가 그만하라고 할 때까지 몇 분 동안 그 기쁨의 기억에 집중하십시오." 교인들이 잠시 기쁨을 떠올린 후에 그는 말했다. "이번에는 오늘 나에게 하시려는 말씀이 있는지 주님께 여쭈어 보십시오."

교인들은 미소를 짓고, 눈물을 흘리고, 부둥켜안았다. 즐거워하는 사람들도 있었다. 켄 목사는 교인들에게 방금 경험한 내용을 서로 간단히 나누게 했다. 에너지의 수위가 급상승했다. 기쁨과 샬롬의 물결이 장내에 가득 퍼졌다. 이 예배가 있은 뒤로 켄 목사는 교역자 회의, 커피 시간, 중보기도 모임, 혼전 상담, 주일 예배 등에 두루 임마누엘 생활방식을 접목시켰다. 그는 또 임마누엘 의식이 교회 생활의 일부가 되도록 교역자들도 반드시 훈련을 받게 했다. 임마누엘 생활방식은 교인들을 연합시켜 줄 뿐 아니라 연령과 배경을 가리지 않고 미혼자, 부부, 그룹에도 효과가 좋다.

감사는 샬롬으로 가는 문

샬롬과 하나님의 임재 의식은 서로 붙어 다닌다. 하지만 둘 다 없을 때는 감사가 샬롬과 하나님의 임재 의식으로 되돌아가는 문이다. 누구나 너무 화가 나서 다 팽개치고 싶을 때가 있다. 그럴 때는 기도도 싫고, 성경 말씀도 귀에 들어오지 않고, 이전에 했던 혼인 서약도 소용없다. 우리의 사고가 관계 모드를 벗어나, 관계 회로가 아주 약해진 극단적인 경우다. 이와 반대되는 사고의 상태는 감사다. 감사의 상태에서는 쉽게 관심을 품고, 잘 베풀고, 주의 깊게 경청한다. 감사는 하나님의 임재를 지각하기에 가장 좋은 상태다. 혼자 있을 때나 공동체 안에 있을 때나 마찬가지다.

우리 삶에 동기화되지 않은 부분들이 있으면 샬롬이 사라진다. 샬롬에 도달하려면 먼저 감사부터 찾아야 한다. 샬롬과 감사는 문제 해결의 열쇠다. 샬롬과 감사가 있어야 우리 뇌가 최적의 상태에서 창의력을 발휘할 뿐만 아니라 하나님 및 사람들의 자원도 끌어다 쓸 수 있다. 개인이든 단체든 샬롬과 감사가 없으면 문제가 잘 해결되지 않는다. 샬롬이 없으면 우리의 사고가 혼란과 문제를 증폭시킨다. 그래서 문제가 더 커진다. 샬롬이 없으면 모든 문제가 사랑과 애착과 관계보다 더 중요해진다. 따라서 실생활 속에서 샬롬과 감사를 잃는 순간 우리는 멈추어 관계 회로를 회복해야 한다. 감사를 되찾고 하나님 및 사람들과 다시 소통해야 한다.

수치심과 샬롬

사람들이 가끔 하는 질문이 있다. "하나님은 내가 죄를 짓고 있을 때도 나와 함께하심을 즐거워하시는가?" 의사는 우리가 심장마비를 일으키고 있을 때 우리와 함께함을 즐거워할까? 우리가 심장마비의 실체를 받아들인다면 답은 "그렇다"이다. 그러나 우리가 어깨 통증으로 호흡이 가빠진 척한다면 의사는 답답하여 이렇게 말할 것이다. "내 말을 듣지 않으면 당신은 죽습니다." 이는 의사가 우리의 참 자아를 돕기 원하기 때문이다. 그런데 우리의 가짜 자아는 심장마비를 부인한다. 하나님이 우리와 함께하심을 즐거워하실 때, 그분을 기쁘시게 하는 것은 결코 거짓 자아가 아니라 거짓 자아의 이면에 숨어 있는 참 자아다. 거짓 자아가 성경에는 "옛사람"이나 "옛 정체성"로 표현되어 있다. 에드의 경우, 착해지려는 그의 고된 노력은 하나님께 기쁨을 드리지 못했다. 하나님은 '진짜 에드'와 함께하심을 즐거워하셨다.

그러므로 하나님은 거짓 자아를 향해서는 "너와 함께함이 즐겁지 않다"라고 반응하시고, 참 자아를 향해서는 기쁨으로 반응하신다. 수치심은 누군가가 나와 함께함을 즐거워하지 않을 때 내게 드는 감정이다. 수치심을 통해 우리는 내 행동이 나답지 못하거나 적어도 하나님이 지으신 본연의 나답지 못함을 깨닫는다. 수치심은 우리를 샬롬으로 다시 데려다준다. 우리가 상황을 임마누엘의 방식으로 본다면 그렇다. 그러나 우리에게 수치심을 유발하는 사람들이 항상 우리를 임마누엘의 방식으로 보는 것은 아니다. 어떤 때는 그들의 거짓 자아가 우리와 함께함을 원하지 않는다. 우리에게 약점이 있다는 이유로 말이다.

사람들이 수치심을 피하는 이유는 유해성 수치심을 생각하기 때문이거나, 수치심 이후에 친밀해지는 데 필요한 뇌의 기술이 없기 때문이다. 수치심을 피하면 재앙에 빠진다. 참 자아와 거짓 자아의 차이를 알려면 건강한 수치심이 필요하다. 수치심을 피하는 사람은 자아에 도취되고, 목이 곧아지고, 악착같이 자기를 정당화한다. 공동체의 연약한 구성원이든 강한 구성원이든 똑같이 자아에 도취될 수 있다. 그런 사람들은 언제나 공동체를 파괴한다. 공동체가 건강한 수치심을 활용할 줄 모르면 그렇게 된다. 이 문제에 대해서는 뒤에서 더 자세히 살펴볼 것이다.

우리가 흔히 샬롬으로 착각하는 것들

강한 사람은 자신의 도피처를 샬롬으로 착각한다. 우리는 자기 힘으로 도피처를 만들어 낸다. 즉 얌전히 있거나, 둔해지거나, 모든 것을 희생시켜 평화를 유지하거나, 관계를 청산하거나(애착을 거부함), 포악하게 남의 입을 막는다. 이 모두가 언뜻 보기에는 샬롬처럼 보일 수 있다.

하지만 사실은 성경의 표현대로 "평강하다, 평강하다 하나 평강이 없"는 상태다. 한편 피해자는 조용히 있어 누구의 심기도 건드리지 않는다. 그러면서 그냥 내려놓는 중이라고 말한다. 경박하게 "알게 뭐야"라고 내뱉으며 모든 감정을 시시하고 우습게 여기는 것도 샬롬이 아니다. 이런 것들은 다 "뭔가 잘못되어 있지만 나는 손 하나 까딱하지 않겠다"라는 말과 같다. 샬롬은 모든 것이 제대로 되어 있어 더 이상 어떤 조치도 필요하지 않다는 확신이다.

도피처에 머물 만한 자원을 갖춘 집단은 대개 샬롬을 그런 위안으로 대체한다. 인간은 몇 년이 가고 몇 세대가 지나도 변화되지 않고 위안을 복으로 착각할 수 있다. 강한 사람들은 그런 도피처로 서로를 대접한다. 그래서 중요한 변화가 전혀 일어날 수 없다. 도피처는 현 상태를 유지시킨다. 연약한 한 인간을 정말 인격적으로 돌보지 않는 한 우리는 그런 도피처에서 벗어날 수 없다. 다세대 공동체 안에 약자와 강자가 함께 있으면 우리의 성품이 변화된다. 임마누엘 경험을 통해 사람들을 하나님의 눈으로 볼 때마다 변화가 일어난다. 기쁨은 여기서 자란다.

나는 어떻게 하고 있는가?
- 나는 자기를 정당화하는가?
- 나는 샬롬 가운데 살고 있는가?
- 나는 하나님께 일방적으로 말하는 단계를 벗어나 내 일상의 경험과 관계에 대해 하나님과 교류하고 있는가?
- 나는 다른 사람들이 임마누엘의 눈으로 자신의 참 자아를 보도

록 그들을 돕고 있는가?
- 나의 참 자아가 거짓 자아를 밀어내고 꾸준히 성장하고 있는가?

부부 생활만큼 임마누엘 생활방식의 보상이 큰 곳은 별로 없다. 부부는 두 사람의 뇌 사이에서 정서적 증폭장치 속에 살아간다. 보호자의 관계 기술이 결여되거나 손상되어 있으면 모든 혼란이 끊임없이 증폭된다. 부부라면 누구나 잘 아는 사실이다. 약점을 공격하면 기쁨에 구멍이 뚫린다. 자신의 약점을 인정하지 않으면 거짓 자아가 서서히 기쁨을 질식시킨다. 우리는 자신과 배우자의 약점을 임마누엘의 눈으로 보는 연습을 해야 한다.

우리 개개인의 목표는 임마누엘 생활방식을 다른 사람들에게 퍼뜨리는 것이다. 처음에 가해자들로 시작했더라도 보호자의 무리가 될 수 있다. 그러려면 아직도 가해자처럼 반응하는 순간들을 서로 지적해 주어야 한다. 나의 약점을 털어놓아도 유해성 수치심으로 되갚지 않을 친구들이 필요하다. 기쁨은 약점에 애정으로 반응할 때 찾아온다. 기쁨은 하나님이 보시는 우리의 참 정체성과 운명을 깊이 인식할 때 찾아온다. 사람이 변화되려면 약점을 임마누엘의 순간 속에서 보아야 한다.

나의 연약함 속에 하나님이 거하셔야 한다. 나는 그분께 그럴 기회를 드릴 것인가? 샬롬은 그만한 가치가 있는가?

하나님을 아는 지식에 대해 잘못 들었던 내용을 고치자

하나님은 바로 여기에 우리와 함께하시며, 우리와 교류하기를 원하신다. 그런데 그리스도인들은 세 가지 흔한 두려움 때문에 그 사실을 잘 생각하지 못한다. 첫 번째는 어차피 아무 일도 일어나지 않을 거라는 두려움이다. 두 번째는 우리가 잘못된 길로 빠져 모종의 신비 체험으로 성경을 대체할 거라는 두려움이다. 세 번째는 하나님이 뭐라고 말씀하실지 우리가 이미 알고 있다는 두려움이다.

어차피 아무 일도 없을 거라는 첫 번째 두려움은 그대로 실현될 때가 많다. 우리가 관계와 무관한 상태로 하나님을 경험하려 하기 때문이다. 뇌의 관계 회로가 꺼져 있으니 하나님의 임재가 느껴지지 않는 건 당연하다. 관계 회로가 꺼진 채로 종교 체험을 하면, 그 시간 동안 자의식이 없다. 그래서 그 체험이 자기가 만들어 낸 것인지, 마약의 약기운인지, 하나님이 아닌 다른 영에게서 온 것인지 분간이 안 된다. 경험이 많은 다세대 공동체 안에서 하나님의 음성을 듣는 법을 배우는 것이 가장 좋다. 그런 공동체는 하나님과 교제하는 데 필요한 관계 기술을 갖추고 있다. 하나님과의 교제는 어렵지 않지만, 그렇다고 아무 방법으로나 다 되는 것은 아니다. '형성' 과목은 하나님과 교류하는 법을 훈련하는 과정이다. 우리는 감사의 마음, 이전에 하나님과의 관계를 누렸던 시간, 성경에 관한 대화 등을 통해 하나님과 교류하는 법을 훈련한다.

하나님의 음성을 듣는 일이 성경을 내 버전대로 쓰려는 일과 같다는 두 번째 두려움은 정당한 우려다. 사람들은 진리를 사사롭게 해석하여 그것으로 성경을 대체할 수 있다. 하나님에게서 오는 감화는 대부분 사고 공유 상태를 통해 우리에게 온다. 그 상태는 우리 뇌의 관계 회로에서 만들어진다. 사고 공유 상태에서는 어떤 특정한 생각이 내 것인지 상대의 것인지 확실히 알 수 없다. 사고 공유 상태를 통해 우리는 관계적 정체성을 형성하고, 감정을 인정하고, 다른 사람들을 돌본다. 하나님이 우리와 함께 사고 공유 상태에 계시면 우리는 방금 든 생각에 약간 놀라게 된다. 그 생각을 잘 숙고해 보면 우리가 받아들여야 할 새로운 통찰이 보인다. 사고 공유 상태에서 하나님의 음성을 들으면 정체성이 형성되는 것이지, 결코 성경을 대체하지는 않는다.

세 번째 두려움은 굳이 우리가 묻지 않아도 하나님이 뭐라고 말씀하실지 뻔하다는 것이다. 하나님이 하시려는 대답을 이미 아는 사람들은 누가 이끌어 주지 않는 한 스스로는 절대로 하나님께 여쭙지 않는다. 그들은 하나님이 노하시거나 질색하시거나 실망하시거나 정죄하실 거라고 생각한다. 하지만 조금만 격려해 주면 그들도 자신의 두려움에 대해 하나님께 질문할 수 있다. 대부분의 사람들은 어느 주제에 대해서든 하나님의 생각을 자신이 지레짐작해 버린다. 하지만 그들이 생각하는 하나님의 대답은 희한하게도 샬롬의 시험에 결코 통과하지 못한다. 질문에 우리 스스로 답하려 한다면 하나님에게서 난 것을 하나도 얻지 못할 소지가 높다.

하나님을 바로 알면 그분 및 사람들과의 사이에 기쁜 애착이 든든해진다. 샬롬이 우리의 정체성을 변화시키면 하나님이 이 순간 속에 우리와 함께하신다. 그리하여 우리의 공동체에 미소가 번진다.

기쁨의 행동

가정: 나의 가족들을 하나님이 각각 어떻게 보시는지 그분께 여쭙는다. 나의 사고 공유 상태를 말로 표현한다.

학교: 학교에서 자주 보는 사람 셋을 골라 하나님이 그들을 각각 어떻게 보시는지 그분께 여쭙는다. 나의 사고 공유 상태를 말로 표현한다.

교회: 교회에서 자주 보는 사람 셋을 골라 하나님이 그들을 각각 어떻게 보시는지 그분께 여쭙는다. 나의 사고 공유 상태를 말로 표현한다.

임마누엘 샬롬에 대한 평가서

1. 나는 꺼림칙한 문제가 있을 때마다 마음이 좋아질 때까지 하나님과 대화한다.

   좀처럼 그렇지 않다 0 1 2 3 4 5 6 7 8 9 10 거의 항상 그렇다

2. 교회에서 우리는 일이 틀어져도 여전히 평안을 느낀다.

   그럴 리가 없다 0 1 2 3 4 5 6 7 8 9 10 우리의 평안은 확고하다

3. 나와 함께하시는 하나님이 느껴진다.

   전혀 아니다 0 1 2 3 4 5 6 7 8 9 10 항상 그렇다

4. 나의 내면은 대체로 아주 평안하다.

   그럴 리가 없다 0 1 2 3 4 5 6 7 8 9 10 나의 평안은 확고하다

5. 작년에 기도를 통해 사람들을 보는 눈이 달라진 적이 많이 있었다.

   전혀 아니다 0 1 2 3 4 5 6 7 8 9 10 항상 그랬다

6. 우리 교회 가족은 내가 괴로울 때 하나님의 시각을 찾도록 도와준다.

   전혀 도움이 없다 0 1 2 3 4 5 6 7 8 9 10 확실하다

7. 나는 나 자신이 대체로 마음에 든다.

   전혀 아니다 0 1 2 3 4 5 6 7 8 9 10 거의 항상 그렇다

8. 하나님이 나의 시각을 고쳐 주셨던 때를 분명히 말할 수 있다.

   전혀 아니다 0 1 2 3 4 5 6 7 8 9 10 그런 기억이 많다.

9. 나는 거의 온종일 감사를 느낀다.

   전혀 아니다 0 1 2 3 4 5 6 7 8 9 10 대체로 그렇다

10. 나는 사랑 때문에 도피처 밖으로 나갈 때가 많이 있다.

    전혀 아니다 0 1 2 3 4 5 6 7 8 9 10 대체로 그렇다

이 총점을 아래의 해당 지점에 표시한다

0 10 20 30 40 50 60 70 80 90 100   나의 총점 _____

나와 함께하시는 하나님의 기쁘신 임재에 대한 성경공부

감사한 일을 한 가지 떠올리고 잠시 그 감사에 젖어 보라. 그 다음에 이 공부가 재미있게 해 달라고 하나님께 기도하라. 그러고 나서 서신서에서 다음 본문을 읽으라.

골로새서 3:1-17
하나님은 우리의 사고가 하나님의 임재("위의 것," 2절)로 충만할 때 현재의 삶에 어떤 영향을 미친다고 말씀하시는가?

연약함과 기쁨과 샬롬에 대한 질문:
1. 본문에서 연약한 사람과 강한 사람은 누구인가?
2. 하나님은 연약한 사람과 강한 사람 사이에 어떤 교류가 있기를 원하시는가?
3. 본문에서 기쁨과 샬롬(모든 것이 합력한다)에 대해 무엇을 배울 수 있는가?

임마누엘에 대한 질문:
1. 본문에서 '우리와 함께하시는 하나님'을 지각한 결과는 무엇인가?
2. 그룹 공부를 위한 활동: 하나님은 언제나 임재하시며 애써 더 분명히 깨우쳐 주신다. 지금 그룹 토의 중에도 그분은 우리가 이 본문을 깨닫도록 돕고 계신다. 이를 어떻게 지각하거나 짐작할 수 있는가?
(주의: 하나님의 능동적 임재에 대한 생각이 처음에는 낯설게 느껴질 수 있다. 일반적으로 사람들이 현재를 관찰하기보다 과거를 더 화제로 삼기 때문이다. 간단히 답하라. 얼마든지 추측해도 좋다. 매주 이 작업을 할 것이다.)

개인적 질문:
상황을 하나님의 눈으로 다르게 보고 나서 당신의 태도나 관점이나 기분이 달라졌던 때를 말해 보라.

성경 전체에 대한 질문:
성경에서 하나님의 임재를 뜻밖에 경험한 이야기들은 무엇인가? 그분이 곁에 계심을 깨닫는 순간 어떤 결과가 나타났는가?

마무리 질문:
금주의 공부를 하기 전에는 몰랐으나 이제 새롭게 알게 된 것은 무엇인가?

인생모델: 하나님과 함께하는 나의 기쁨 연습

개인: 샬롬을 보충하기
1. 오늘 하루 중에 혹시 샬롬이 부족했던 때가 있었는가?
2. 당신이 가장 좋아하는 감사의 기억 중 하나를 3분 동안 회상하라. 당신에게 샬롬을 가져다주는 것이 무엇인지 예수께 잠시 여쭈어 보라. 당신의 사고 공유 상태를 말로 표현하라.
3. 남은 하루나 내일 중에 혹시 샬롬을 보충해야 할 순간이 예상되는가? 그 순간의 샬롬을 보충하기 위해 당신이 취할 수 있는 조치는 무엇인가? 당신의 생각과 전략에 대해 하나님과 대화하라.

그룹: 샬롬을 시작하기

그룹으로 다음 질문을 토의하라.
1. 여태까지 삶과 관계 속에서 샬롬에 대해 배운 내용은 무엇인가?
2. 평범한 날을 기준으로 당신은 얼마나 자주 샬롬을 느끼는가?
3. 당신의 샬롬의 수준에 영향을 미친다고 생각되는 사람(이름은 밝히지 않는다), 사건, 상황은 무엇인가? (샬롬이란 고통이나 갈등이나 문제의 부재가 아님을 명심하라. 샬롬은 평안과 기쁨이 존재하는 상태, 모든 것이 제대로 합력하는 상태, 꼭 있어야 할 것이 제자리에 정량으로 존재하여 모든 것이 하나님을 기쁘시게 하는 상태다.)
4. 특정한 순간에 샬롬을 유지하기 위해 당신이 취할 수 있는 조치는 무엇인가?
5. 잠시 함께 기도하라. 하나님의 샬롬을 구하라. 당신에게 주시려는 생각이 더 있는지 여쭈어 보라. 각자의 생각과 깨달음을 서로 나누라.

Chapter 8

기쁨을 찾을 수 없는 연약한 자들의 보호자가 되라

가해자의 공격과 피해자의 반응이 우리의 개인 정체성과 그룹 정체성을 끊임없이 축소시키면 그 손실이 누적될 수 있다. 사라지는 것은 관계적, 정서적 기술만이 아니다. 정체성의 극히 중요한 부분들까지 사라진다. 우리의 정체성은 여기저기 잘못되거나 결여된 채로 스스로 알아서 자라야 한다. 온유한 보호자 기술이 상실되면 모두 가해자가 되어 서로 물어뜯는다. 멘토들마저 다 결함이 있는 상황에서 우리는 어떻게 재건할 것인가?

곳곳의 문화 전체가 수치나 분노를 느끼는 능력을 상실했고, 끝까지 온유한 보호자로 남아 연약함을 보호해 주는 능력을 상실했다. 이 세상에는 화날 때 폭발하여 공격을 퍼붓기로 유명한 지역도 있고, 기를 쓰고 치부를 가리느라 진을 빼는 지역도 있다. 문제들이 점증하고 있다는 사실은 그만큼 집단의 기분과 에너지를 조절해 주어야 할 정서적, 관계적 기술이 결여되어 있다는 증거다. 현실을 똑바로 보면 온갖 이상한 방법들로 정체성의 결손을 보충하려는 사람들이 보인다. 그러면서도 그들은 그것을 정상이라 부른다.

이번 장에서는 이미 관계 기술을 상실한 상태에서 우리의 정체성을 회복하는 법을 살펴볼 것이다. 이 회복을 가장 간단하게 표현하면 이렇다. 우리는 인간을 재건하되 예수님의 성숙한 성품을 닮은 정체성과 인격으로 재건한다. 임마누엘의 삶을 통해 우리와 함께하시는 하나님은 우리의 정체성에서 결손 부위를 찾아내실 뿐 아니라 우리를 훈련시켜 변화된 성품을 표출하게 하신다.

'우리와 함께하시는 하나님'을 체험하면 개인 정체성과 그룹 정체성이 달라진다. 교회는 처음에 가해자와 피해자의 모임으로 시작된다. 그들은 자신의 모습이 지금과 달라지기를 바라면서도, 때로 연약함을 외면하고 타인을 이용하려 안간힘을 쓴다. 하지만 하나님은 우리가 보지 못하는 부분을 보시며 기뻐하신다. 연약함을 대하는 애정과 임마누엘의 시각을 통해 우리도 그 기쁨을 발견하고 나눌 수 있다. 우리가 그렇게 변화되면 교회의 정상 기능이 되살아나 성품을 길러 내고 기쁨을 전파하게 된다.

짐의 이야기

　나의 어머니는 학교에 들어갈 때까지 노르웨이어밖에 할 줄 몰랐다. 어머니는 영어를 말하는 사람과 결혼했고, 아버지의 조부모는 프랑스어와 독일어를 했다. 자녀들인 우리는 스페인어를 쓰는 남아메리카에 살았다. 나는 자라면서 스페인어와 영어를 썼다. 나중에 미국으로 이주하여 키티와 결혼했는데, 그녀는 영어와 하우사어(서아프리카의 하우사 부족의 언어-옮긴이)를 했다. 자녀들이 태어난 뒤로 나는 헬라어도 배웠으나 우리 아이들은 영어밖에 배우지 못했다. 집안에 많은 언어 기술이 있었으나 대부분은 자녀들에게 제대로 전수되지 못했다.

　나는 계산자를 사용할 줄 알고, 인두에 숯을 담아 옷을 다림질할 줄 알고, 기타로 밤부코(남미의 전통 음악-옮긴이)를 연주할 줄 안다. 어머니는 내게 옷감으로 옷을 만드는 법과 발판 재봉틀이나 손으로 바느질하는 법을 가르쳐 주었다. 아버지는 내게 톱날을 날카롭게 가는 법, 목재를 대패질하여 가구를 만드는 법, 사진기의 노출계를 읽어 필름의 적절한 노출량을 계산하는 법을 가르쳐 주었다. 나의 아들들은 스마트폰으로 옷과 가구도 구입하고 사진도 찍는다. 나는 아직 스마트폰에 숙달되지 못했다.

　기술이 다음 세대로 전수되지 못하는 데는 기회, 필요성, 그 기술을 전수하는 능력 등 많은 이유가 있다. 나의 자녀들이 밤부코의 리듬이나 동작을 배우지 못한 것은 그 춤을 추는 사람이 아무도 없었기 때문이다. 그들은 밤부코가 연주되어도 그 장단을 식별하거나 애착을 느끼거나 별다른 흥취를 느끼지 못한다. 불과 한 세대 만에 벌어진 변화다. 몸을 움직이거나 춤추고 싶은 마음이 없으니 동기도 사라진다. 노르웨이의 전통 음식인 레프세와 루테피스크가 나의 자녀들에게는 아무런 맛도 없을뿐더러, 기쁨을 더해 주기는커녕 오히려 떨어뜨린다.

우리의 기쁨의 정체성은 어떻게 되었는가?

많은 그리스도인들이 하나님과 관계된 것들에 감동하지 못한다. 무미건조하다 못해 기쁨을 떨어뜨리기까지 한다. 자녀 세대에도 마찬가지다. 지난 4백여 년 동안 교회는 교육과 바른 교리와 바른 선택을 통해 그리스도인의 성품을 회복시키려 했다. 이는 마치 노르웨이어로 말하는 기준을 정하고 그 기준을 잘 설명함으로써 자녀들에게 노르웨이어 회화를 회복시키려는 일과 비슷하다. 말할 때 영어식 발음이 없어야 한다. 어휘를 제대로 골라야 한다. 문법이 정확해야 한다. 누가 말을 걸면 금방 대답이 나와야 한다. 항상 사실대로 똑똑히 자신을 표현해야 한다. 이런 규정이야 누구나 다 이해할 수 있다. 하지만 그렇다고 우리 가족들이 나의 자녀들이 모두 노르웨이로 말하게 될까?

마찬가지로 그리스도인들도 삶의 기준과 믿어야 할 교리를 완벽하게 정리하려고 수백 년 동안 애썼다. 하지만 거기에 수긍하는 다른 그리스도인들은 별로 없었고, 실제로 아무도 그 기준에 부합할 수 없었다.

그러자 그리스도인들은 그 실패를 여러 가지로 설명했다. 1)우리의 믿음이 더 좋아져야 한다. 2)하나님은 성령 충만을 통해 변화를 이루시는데 우리에게 그것이 부족하다. 3)자신을 훈련하여 하나님께 더 순종해야 한다. 4)결국 하나님의 자비만이 우리같이 타락한 절망적 죄인을 구원할 수 있으니 우리는 꾸준히 회개하는 수밖에 없다. 5)성경의 기준은 좋은 이상이자 우리의 꿈과 희망의 방향일 뿐 실생활에는 별로 해당되지 않는다. 예컨대 우리는 빈민을 돕는 선한 사마리아인들을 모범으로 내세워, 길거리에서 돈을 구걸하는 이들에 대한 우리의 태도를 고쳐 보려 했다. 하지만 원수를 사랑해야 함을 알면서도 우리는 원수를 보면 두렵고 원수가 떠나거나 패하면 안도한다. 진정한 성품의 변화가 없어서 많은 사람들이 교회를 떠난다. 교회에 남아 있는 많은 사람들도 결핍된 기쁨으로 힘들어한다. 가식을 행하거나 반감을 품는 사람들도 있다.

  열여덟 살 때 나는 기독교가 나에게 맞지 않지 않다는 확신에 차서 잠시 신앙을 버렸다. 그전까지는 그럴듯한 그리스도인의 가면 뒤에 숨어 있었다. 나를 하나님께 나아가게 만든 것도 사실 그 가면이었다. 가식을 버리기가 두려워서였다. 정작 믿지도 않으면서 그리스도인 행세를 하려니 그것도 괴로운 일이었다. 그래서 여태까지 해보지 않은 방법을 시도하기로 했다. 주변 사람들을 무조건 흉내 낼 게 아니라 신약성경을 읽고 거기에 나와 있는 대로만 해 보기로 했다. 하나님이 계시다면 그 방법이 통할 것이고, 그렇지 않다면 나중에 그만두면 될 것이었다.

  신약성경을 통독하다 보니 세 가지가 계속해서 튀어나왔다. 첫째로, 매사에 하나님과 교류하라. 둘째로, 어떤 일도 두려움 때문에 해서는 안 된다. 셋째로, 사람들을 깊이 사랑하라. 그때까지 나는 기도를 많이 했지만 하나님과 진정한 교류를 한 적이 없었다. 또한 모든 일을 두려움 때문에 했다. 게다가 나의 가장 큰 두려움은 사람들을 사랑하는 일이었다.

아무래도 일이 순탄할 것 같지 않았다. 나의 실생활이 성경에서 읽는 바와 전혀 달랐기 때문이다. 하지만 모든 것은 내가 매사에 하나님과 교류할 수 있을지 여부에 달려 있었다. 그 물음이 내 머릿속에는 다르게 다가왔다. 하나님이 과연 나와 교류해 주시겠느냐는 것이었다. 일단 나는 사람에게 하듯 천장에 대고 소리를 지른 뒤 한동안 멈추어 들었다. 머릿속에 떠오르는 생각에 주목했다. 불쑥 떠오르는 생각에 놀라기도 하고 의심도 들었다. 어떤 생각들은 처음에는 이해가 가지 않았으나 점차 깊어지면서 샬롬을 가져다주었다. 뜻하지도 못했던 방식들로 모든 게 잘 맞아들었다. 이런 변화를 통해 나는 차츰 두려움이 줄어 들었고, 주변의 사람들을 깊이 사랑하려는 열망이 커졌다.

그 무렵에 키티를 처음 만났다. 처음에 우리는 서로 좋아하지 않았다. 정확히 말해서 그녀는 나의 가면을 썩 좋아하지 않았다. 나는 여전히 종종 가면을 쓰고 다녔다. 나도 그녀의 가면이 싫었다. 당시에 나는 이웃 사랑에 대한 성경 말씀을 시험하려고 사람들에게 다가가던 참이었다. 그래서 키티와의 만남에 대해서도 하나님과 대화했다. 마침 그때는 1960년대라서 사랑이란 "네가 나를 사랑한다면 나와 동침할 것이다"라는 뜻이었다. 그것이 소위 '사랑을 시험하는 기준'이었다. 어느 날 나는 그 기준이 다분히 두려움의 산물이라는 생각이 들었다. 남자친구를 잃을까 봐 두려워 일단 동침하는 여자들이 많았다. 둘의 관계가 정말 진지해졌을 때 나는 키티에게 이런 말을 했다. 행여 내가 그녀와 동침하려 하거든 내가 그녀보다 나의 욕망을 더 사랑한다는 증거라고 말이다. 하나님과의 교류를 통해 내 안에 온유한 보호자의 징후가 싹트고 있었다. 주변에 이런 면에서 모범이 되는 사람이 거의 없었지만, 하나님과 교류하며 인간에 대한 그분의 생각을 전수받는 사이에 사람들을 대하는 나의 반응이 점차 변했다.

하나님이 내 안에 뭔가를 가꾸고 계셨고, 내가 사람들을 상대로 연습할 때마다 더 강해졌다. 나는 생전 처음 보는 사람으로 변해 갔다. 하지만 사람들과 가까워질수록 내게 많은 관계 기술이 결여되어 있음이 괴로우리만치 명백해졌다.

온유한 보호자가 되는 데 필요한 복합적 기술은 언어 기술이나 문화적 기술보다 훨씬 더 소멸되기 쉽다. 예컨대 부모가 기쁨이 풍성한 사람들이라 해도 전쟁 통에 자라나는 아이들은 기쁨이 별로 개발되지 않을 수 있다. 그들의 아버지는 전쟁터에 나가 있거나 전사했을 수 있다. 적군의 치하에 있는 동안 어머니는 병들거나 다치거나 굶주릴 수 있다. 날마다 흉흉한 소식이 들려오고 많은 사람들이 사방에서 끔찍한 광경을 목격한다. 아이들은 가족들과 떨어져 몇 달이나 몇 년씩 애착의 고통을 경험할 수도 있다. 잃어버린 언어 기술이 저절로 돌아오지 않는 것처럼 관계 기술도 한번 실종되면 결코 저절로 돌아오지 않는다.

그룹의 임마누엘 생활방식―패러다임 전환

지난 4백 년 동안 교회는 정확한 신학과 바른 교리로 그리스도인들을 더 나은 존재로 만들려 했다. 그러나 그 결과는 현재 우리의 모습이다. 그렇다면 대안은 무엇인가? 우리가 읽거나 배울 수 있는 새로운 것, 능히 변화를 가져다줄 만한 것이 과연 있는가? 하지만 이렇게 생각해 보라. 우리는 무엇을 아는가를 통해 변화되기보다 누구를 사랑하는가를 통해 변화된다.

본래 우리 뇌는 기쁨의 유대를 맺은 사람들끼리 서로의 정체성을 변화시킬 재량을 허락하도록 되어 있다. 따라서 기쁨을 더 많이 가꾸는 것이 변화를 더 많이 낳는 길일 수 있다. 그리스도인들은 잠시 멈추어 생각해 보아야 한다.

상상해 보자. 우리는 자기 내면의 진정한 자아를 볼 수 있다. 다른 사람 안의 연약함도 볼 수 있고, 참 자아를 망각한 사람도 분간할 수 있다. 우리 눈에 보이는 모든 연약함은 상대방을 도와 참 자아를 발견하게 하는 기회가 된다. 우리는 그저 사람들을 하나님이 보시는 대로 보기만 하면 된다. 이번에는 공동체의 모든 사람들이 그런 식으로 살아간다고 상상해 보라. 경험이 많고 나이든 구성원들은 자기보다 젊고 새로운 구성원들을 도와 각자의 정체성을 발견하게 한다. 처음 온 사람들은 끊임없이 역기능을 보인다. 자신의 참 정체성을 거의 모르고 있기 때문이다. 하지만 그들의 연약함에 애정으로 반응해 주면 그들도 거기에 이끌려 기쁨을 회복한다. 타인의 정체성을 볼 줄 아는 것도 기술이다. 연장자들은 다년간 그 온유한 기술을 발견하고 길러주는 일을 했다. 그들은 인간의 실패와 기형과 범과를 그 사람의 참 정체성으로 간주하지 않는다. 오히려 그런 연약함을 우리의 기쁨과 샬롬을 앗아 가는 문제로 바로 인식한다.

하지만 강한 척하는 가면의 이면을 무슨 수로 볼 것인가? 진정한 자아를 가리고 있는 연막을 어떻게 꿰뚫어 볼 것인가? 그런 삶의 비결은 우리의 일상생활 속에 거하시는 하나님의 능동적 임재다. 그분의 임재가 우리에게 무엇이 진짜인지 알려 준다. 그렇게 하나씩 알아 갈 때마다 기쁨과 감사가 싹튼다. 젊은 구성원들은 이 새롭고 놀라운 정체성의 특성과 활약을 나이든 구성원들을 보고 배운다. 이것을 가리켜 임마누엘 생활방식이라 한다.

두 가지만 빼고는 누구나 임마누엘 생활방식을 좋아할 것이다. 첫째로, 하나님과의 교류는 많은 이유로 사람들을 불안하게 한다. 철두철미 옳은 교리를 사수하는 일이 4백 년 동안 기독교의 습성을 지배해 왔다. 그러다 보니 대부분의 사람들은 자신이 하나님의 음성을 올바르게 듣지 못할까 봐 걱정한다. 스스로 '지어내는' 게 아닌가 하는 의문이 든다. 앞서 보았듯이 어떤 사람들은 자신이 성경과 교회를 하나님께 받은 사사로운 해석으로 대체할까 봐 걱정한다. 하나님의 직통 계시를 받았다고 생각하는 미친 사람들을 누구나 알고 있다. 우리는 그렇게 이상해지고 싶은 마음이 없다. 그런가하면 정반대로 아무것도 듣지 못해 자신이 영적 실패자로 드러날까 봐 걱정되기도 한다.

임마누엘 생활방식을 가로막는 두 번째 요인은 두려움이다. 사람이 가면을 쓰는 데는 그만한 이유가 있다. 빕스(BEEPS)를 탐하고 가상의 세계에 빠지는 데도 그만한 이유가 있다. 관계 기술이 실종될 때마다 고통이 따른다. 고통은 원인도 되고 결과도 된다. 자신의 참 정체성을 발견하려면 지금의 상처가 왜 생겨났는지 알아야 한다. 그런데 사람들은 과거로 돌아가 고통을 대면하는 것을 싫어한다. 그뿐 아니라 지금 우리가 말하는 고통은 대부분 애착의 고통이다. 자아의 일부를 잃었거나 사랑하는 이와의 소통이 끊겼을 때 찾아오는 고통은 가슴이 찢어지고 사지가 떨어져 나가는 것처럼 느껴진다.

애착의 고통 때문에 우리는 다시는 남자를 믿지 않겠다고 다짐하고, 온 세상을 뒤져서라도 이상형의 여자를 찾으려 하고, 자기 자식에게 총을 쏘고, 전 아내를 스토커처럼 쫓아다니고, 초콜릿을 탐하고, 모든 일을 내 힘으로 하려 한다. 우리는 애착의 고통을 이용하여 남들을 통제한다. 예컨대 상대를 버리겠다고 위협하거나 거부한다. 애착의 고통을 가하겠다는 위협은 어디서나 가해자들이 즐겨 쓰는 수법이다. 애착의 고통이 클수록 기쁨은 매우 빈약해진다.

요컨대 인간의 많은 역기능은 애착의 고통과 맞물려 있다. 아내가 바람을 피운다면 내 애착의 고통으로 돌아가야 한다. 거기서 하나님께 원수를 용서하고 사랑하는 법을 들어야 한다. 온유한 보호자가 되는 법을 배우려면, 나 자신과 아내와 아내의 공범을 볼 때 우리의 연약함과 역기능을 보시는 하나님의 눈으로 보아야 한다. 이런 고통이 싫어서 우리는 사람들을 밀쳐 낸다.

그룹 정체성은 어떻게 기쁨을 되찾는가?

하나님은 우리가 알아볼 수 있는 방식들로 우리와 교류하신다. 하나님과의 교류는 대부분 사고 공유 상태에서 이루어진다. 그 상태는 의식적 생각보다 더 빨리 작동하기 때문에 나 자신의 생각과 얼른 구별되지 않는다. 앞장에서 보았듯이 임마누엘 순간의 가장 좋은 징후는 단연 샬롬이다. 샬롬은 모든 것이 맞아들어 의미가 통한다는 느낌이다. 모든 것이 제대로 되어 있다는 이 느낌은 대개 우리의 지각보다 더 깊이 흐른다. 그래서 우리는 평안이 느껴질 때 놀란다. 함께하시는 하나님의 임재를 샬롬으로 느낄 때마다 우리는 상황을 하나님의 눈으로 보고 있는 것이다. 하나님은 우리 모두와 함께하심을 기뻐하신다. 따라서 우리도 샬롬이 있으면 서로 함께 기쁨을 경험한다.

그룹 정체성이 기쁨을 되찾는 방법은 샬롬을 경험하는 횟수, 샬롬을 경험하는 사람 수, 함께 샬롬을 발견하는 횟수를 늘리는 것이다. 그러면 샬롬을 느끼는 순간의 빈도가 극적으로 증가한다. 이러한 샬롬의 순간을 임마누엘 경험이라고도 한다. 그 순간에 우리가 하나님의 함께하심을 의식하고 하나님의 심안을 공유하기 때문이다. 우리의 한계가 많고 지각이 부족하지만, 그래도 평안이 떠나지 않는다. 삶이 괴로울 때도 모든 것이 합력하여 선을 이룰 것을 안다.

그렇다면 당연히 이런 생각이 들 만하다. 도처에서 그리스도인들이 모일 때마다 다른 일은 거의 제쳐두고 시종 하나님의 생각을 나누고, 샬롬을 경험하고, 함께 기쁨을 가꾸지 않겠느냐고 말이다. 자신의 삶이 영광에서 영광으로 변화되고 있다면 누구라도 그 기쁜 소식을 나누지 않겠는가. 하지만 대부분의 그리스도인들은 기쁨보다 샬롬을 더 모른다. 이유는 앞 단락에 말한 것과 같다. 샬롬과 기쁨은 바른 교리를 믿는다고 생겨나는 게 아니다. 샬롬과 기쁨은 유대 관계를 떠나서는 존재할 수 없다. 즉 하나님과의 교류와 인간간의 교류가 있어야 한다. 게다가 우리는 샬롬을 잃었을 때는 문제를 해결하여 샬롬을 되찾아야 한다고 배웠다. 그런데 우리가 해결해야 할 대부분의 문제에는 나를 혼란에 빠뜨리는 사람들이 개입되어 있다. 그들을 임마누엘의 시각으로 보지 못하면 그 순간 샬롬을 잃는다. 우리의 관계 기술이 적을수록 상황은 더 악화된다. 샬롬이 그룹 정체성을 형성하지 못하면 교회에 기쁨 대신 대립과 분열이 발생한다.

기쁨의 그룹 정체성을 가꾸는 일을 이렇게 생각할 수도 있다. 기쁨의 그룹 정체성은 얼마나 많은 구성원들에게 샬롬이 있는가에 정비례하여 형성된다. 따라서 그룹 전체에 샬롬을 퍼뜨리는 게 좋다. 샬롬은 임마누엘의 순간에 생겨나고, 하나님의 심안을 공유할 때에만 지속된다. 따라서 샬롬을 퍼뜨리는 방법은 우리가 경험한 임마누엘의 순간을 나누는 것이다. 우리의 임마누엘 경험을 분명한 이야기로 들려주면 다른 사람들이 1)샬롬이 무엇인지 이해할 수 있고, 2)우리가 어떻게 샬롬에 도달했는지 배울 수 있고, 3)그들 자신도 샬롬을 구하게 된다.

크리스와 짐은 임마누엘 경험을 나누도록 사람들을 돕고자 《임마누엘을 나누라》(Share Immanuel)라는 소책자를 썼다. 그들이 책자에 지적했듯이 임마누엘을 전파하는 열쇠는 샬롬의 경험을 말하되 남들이 충분히 이해할 수 있는 방식들로 말하는 것이다. 서구 문화는 우리에게 고통을 말하도록 가르쳤다. 하지만 고통을 말하는 사람은 고통을 퍼뜨린다. 그룹 정체성을 변화시키려면 샬롬을 퍼뜨리고 기쁨을 가꾸어야 한다. 우리는 감사를 불러일으키는 법과 서로 평안을 나누는 법을 배울 수 있다. 내 삶이 임마누엘의 순간들을 통해 어떻게 변화되었는지 나누면 된다.

하나님의 임재를 지각하면 간단하면서도 심오한 깨달음을 얻는다. 예수께서 나와 함께하심을 즐거워하신다는 사실이다. 임마누엘의 순간에 우리는 하나님의 은혜를 경험한다. 그 은혜는 이렇게 표현된다. "나는 너와 함께함이 즐겁다. 너와 함께하는 시간을 고대한다. 그러니 최대한 자주 만나자!" 창조주께서 나 혼자나 우리 모두를 즐거워하실 때 우리는 자신의 엄청난 가치를 발견한다. 주변의 상황이 무섭고 괴롭고 위압적이고 절망적일 때도 우리는 샬롬을 얻는다. 스데반은 그리스도를 따르던 무리 중 최초로 신앙 때문에 순교한 사람인데, 그는 공격당하는 중에도 임마누엘의 임재를 생생히 느꼈다. 마지막 순간까지 그는 박해자들을 하나님의 눈으로 보며 그들을 위해 기도했다. 바울도 고린도후서 5장에 사람들을 하나님의 눈으로 보아야 한다고 말했다. 즉, 더 이상 사람들을 세상적 관점에서 보아서는 안 된다.

로버트(Robert) 목사는 자기 교회의 여자 교인 하나가 무서웠다. 메리(Mary)는 열심히 봉사했고 일도 잘했지만, 일이 뜻대로 되지 않으면 노발대발하곤 했다. 어느 날 로버트 목사는 메리의 잘못을 지적해 달라는 요청을 받았다. 그녀의 분노가 또 불같이 폭발했던 것이다. 목사는 그 일을 생각만 해도 두려움이 밀려왔다. 그래서 임마누엘 하나님께 샬롬을 구했다. "주님, 메리와 관련하여 주께서 보시는 것은 무엇입니까? 제게 보이는 거라고는 저를 모욕하려는 무서운 여자뿐입니다." 잠시 후에 로버트 목사의 머릿속에 또렷한 영상이 떠올랐다. 작고 어린 소녀가 울고 소리 지르며 바닥에 드러누워 신경질을 부리고 있었다. 아무도 달래 주는 이 없이 달랑 아이 혼자였다. 목사에게 임마누엘의 감화가 느껴졌다. "이것이 내가 보는 모습이다." 이 장면 덕분에 그가 메리를 보고 대하는 방식이 달라졌다. 그는 무서운 괴물 대신 상처받고 겁에 질린 어린 소녀를 보았다. 그녀에게 사랑과 수용과 지도와 은혜가 필요했다. 그는 아버지 같은 보호자의 기술로 이 도전에 잘 대처했다. 메리도 자신이 타인의 약점에 애정으로 반응할 수 있음을 배울 필요가 있었다.

임마누엘 경험을 나누면 놀랍게도 공동체 안에 감사가 살아난다. 하나님을 만난 순간과 서로의 감사를 이야기로 나눌 때 우리는 새로운 그룹 정체성 속에 들어간다. 바울은 빌립보서에 "무엇에든지 참되며 무엇에든지 경건하며 무엇에든지 옳으며 무엇에든지 정결하며 무엇에든지 사랑받을 만하며 무엇에든지 칭찬받을 만하며 무슨 덕이 있든지 무슨 기림이 있든지 이것들을 생각하라"(4:8)고 권면했다. 임마누엘을 경험한 이야기야말로 '이것들'의 아주 좋은 예다.

임마누엘 경험은 해결되지 않은 외상을 치유하여 우리의 그룹 정체성을 회복시켜 준다. A형 외상을 처리하지 못한 사람은 "나는 본래 이렇다"든지 "옛날에는 다 그랬다"는 식으로 빈약한 기쁨을 정당화한다. 사람들을 돌보시는 예수님을 보면 우리 성품의 균열이 메워진다. 그분은 발을 씻어 주셨고, 빵을 떼어 주셨고, 섬기셨고, 용서하셨고, 치유해 주셨고, 복을 주셨다. 그분은 다른 차원의 사랑을 계속 보여 주셨다.

임마누엘의 순간은 B형 외상 즉 우리 삶에 있었던 나쁜 일도 해결해 준다. 고통은 가해자와 피해자를 만들어 내는데, 임마누엘과 교류하면 그 고통이 치유된다. 우리의 개인 정체성과 그룹 정체성의 뿌리는 더 이상 고통, 역기능, 수치심, 비난, 따돌림 등에 있지 않다. 이 이유 하나만으로도 임마누엘에 대한 훈련과 경험은 교회의 일부가 되어야 한다.

임마누엘의 순간은 음식을 주시는 하나님과의 기쁨도 회복시켜 준다. 음식 자체에 대한 강한 애착은 그 기쁨에 밀려난다. 음식에 대한 애착은 예수님이나 기쁨의 경쟁 상대가 못 된다. 그래서 두려움과 수치심이 사라진다. 음식에 대한 경험을 임마누엘 하나님께 가져가면 그때부터 음식을 하나님이 본래 의도하신 방식대로 쓰게 된다. 음식은 하나님 및 사람들과 유대를 맺는 수단이다. 음식을 먹을 때나 좋아하는 위안용 음식이 생각날 때마다 우리는 임마누엘의 임재를 의식하게 해 달라고 기도한다. 예수님은 그분께 대한 우리의 애착이 깊어지게 하신다. 그러면 음식은 본래의 제자리로 돌아간다. 음식은 하나님 및 사람들에 대한 애착을 촉진하는 역할을 한다. 식사는 즐거운 관계의 자리, 예수님 및 서로와 기쁨을 나누는 자리가 된다.

임마누엘의 기쁨은 음식에 대한 애착을 음식을 주시는 분에 대한 애착으로 바꾸어 놓는다. 그러면 가해자와 피해자 양쪽 모두에게 흥미로운 변화가 일어난다. 임마누엘 하나님이 날마다 우리에게 생명의 떡과 생수를 먹여 주시면, 우리는 더 이상 서로를 먹거나 서로에게 먹힐 필요가 없다. 가해자는 기쁨이 권력과 통제보다 훨씬 나음을 깨닫는다. 피해자도 남에게 나누어 줄 선물을 발견한다. 변화된 피해자는 자신의 정체성을 가해자가 마음대로 규정하도록 두지 않고, 임마누엘의 실체에 근거한 참 정체성으로 깨어난다. 가해자와 피해자도 임마누엘 하나님께 배워 온유한 보호자가 되면, 서로 함께하는 가운데 샬롬과 기쁨을 얻을 줄 알게 된다.

연약함은 어째서 필수인가?

하나님을 구하는 그룹인데도 기쁨의 정체성을 이루지 못할 때가 있다. 그런 경우에는 반드시 자아도취가 고쳐지지 않은 채로 그대로 섞여 있다. 자아에 도취된 사람이 누구인지는 별로 중요하지 않다. 어차피 피해는 발생하게 되어 있다. 자아에 도취된 사람은 자신의 결점을 부인하고 남들의 결점을 캐낸다. 타인의 연약함을 애정으로 대할 줄 모르는 자신을 그런 방식으로 정당화한다. "그 사람은 목사라면서 어떻게 전화를 그렇게 받는가? 그리스도를 닮은 모습과는 거리가 멀다." 이는 약점을 공격하는 많은 방법 중 하나일 뿐이다. 약점을 인정하면 당연히 생명과 성장이 촉진된다. 하지만 가해자는 약점을 벌한다. 가해자는 약점의 징후를 찾고자 늘 주변을 살핀다. 그것을 이용하여 사리를 챙기기 위해서다. 자아도취에 대해서는 이 책의 다른 부분과 기타 인생모델 자료에 더 자세히 다루었다. 다만 여기서 하려는 말은 이것이다. 공동체 내에 자아에 도취된 가해자가 어슬렁거리는 한 사람들은 거짓된 가면을 벗으려 하지 않는다.

자아도취에 빠진 사람은 자신의 약점을 인정해야 한다. 타인의 약점에 대한 애정이 없음도 인정해야 한다. 그래야 자신이 변화될 수 있다. 어떤 사람이 공동체의 연약한 구성원들을 귀히 여기기 시작한다면, 이로써 우리는 예수께서 한 가해자의 마음을 변화시키셨음을 알 수 있다. 자아에 도취된 사람은 자신과 자신의 가면이 서로 다름을 알아야 한다. 임마누엘의 시각이 우리에게 평안을 가져다주듯이, 자아도취에서 회복 중인 사람도 임마누엘의 시각이 필요하다. 그래야 남들이 자기를 즐거워하지 않음을 알 수 있다.

가해자도 칼을 내려놓으면 보호자들의 공동체 안에 환영받을 수 있다. 남들을 통제하려는 자세를 버리면 다함께 기뻐할 수 있다. 연약함을 애정으로 대하면 보호자 정체성이 개발되어 약자와 강자가 함께 있을 수 있다. 하나님이 이미 주셨으나 아직 활성화되지 못한 부분이 누구에게나 있다. 가해자도 드디어 다른 사람들의 그런 부분을 보게 된다.

어린아이처럼 하나님 나라에 들어가려면 가해자와 피해자만 아니라 사실 우리 모두가 고백해야 할 것이 있다. 우리는 자신의 참 자아를 모른다는 사실이다. 그런 고백이 있어야만 하나님이 우리를 어떻게 보시는지 알 수 있다. 연약한 부분이야말로 하나님이 우리를 가장 많이 빚으실 수 있는 부분이다.

빈약한 샬롬을 바로잡아야 한다

교회에 기쁨의 수위가 낮다는 것은 잘 눈에 띄지 않더라도, 그로 인한 연합의 결핍과 동요는 당연히 눈에 띈다. 각종 문제가 주요 화제이자 대부분의 감정의 출처라면, 그런 교회나 학교나 가정은 금방 시선을 끈다. 어떤 가정이 싸우다가 교회에 도착하면 그 긴장과 침묵이 그대로 느껴진다. 교사가 교실에서 학생들에게 지르는 소리는 잘 들린다. 비판적인 분위기나 사기가 저하된 모습도 잘 보인다. 그런 장소에 있는 사람들의 뇌 기능을 볼 수 있다면, 많은 관계 회로가 손상되어 있을 것이다. 그들을 영적으로 검사해 본다면, 그 순간 하나님의 임재를 의식하는 사람이 거의 없거나 전무할 것이다. 하나님의 임재 대신 사람마다 문제를 생각하고 있을 것이다. 싸우다가 교회에 도착하는 가정은 여전히 싸움이 진행 중이다. "가만히 앉아 있어! 그만 좀 싸워! 성경책 가져오라고 했잖아!" 온 식구가 여차하면 입씨름을 벌일 기세다. 그러면서도 자신들의 기쁨이 빈약하고, 관계 회로가 꺼져 있고, 샬롬을 잃었고, 하나님의 임재 의식이 없다는 사실은 알아차리지 못한다. 게다가 그 순간 교회에 있으면서도 "우리는 지금 꼭 있어야 할 곳에 제대로 와 있다"라고 생각하는 가정은 드물다. 즉 교회가 자신들의 연약함을 받아 주고 더 나은 방법을 가르쳐 줄 곳이라는 생각이 없다. 싸우다가도 하나님의 임재를 경험하면 샬롬이 찾아오건만, 그렇게 생각하는 가정이나 교회는 더더욱 없다.

기쁨처럼 샬롬도 세 사람이 그룹으로 배울 때 가장 잘 확산된다. 세 방향의 유대라는 뇌 구조를 활용하는 것이다. 샬롬을 가장 잘 배우려면 세 사람 이상이 함께 모여 하나님의 음성을 들어야 한다. 그분이 우리 가운데 어디에 계시며 상황을 어떻게 보시는지 들어야 한다. 각자 '들은' 것을 비교하며 샬롬을 확인하고, 그 샬롬을 어떻게 얻었는지 서로 나누면 좋다. 그러면 다음번에 샬롬을 잃었을 때는 더 빨리 샬롬을 구하게 된다.

샬롬을 키우는 여정에 들어서려면 샬롬이 무엇인지 알아야 하고, 그 여정이 깊어지려면 샬롬이 부재할 때마다 알아차려야 한다. 그룹에서도 누군가 샬롬이 사라진 것을 알아차리고 구성원들에게 알려야 한다. 그래야 잠시 멈추어 감사를 회복할 수 있다. 감사가 회복되면 관계 회로가 다시 돌아간다. 그때부터 하나님의 임재를 지각하게 해 달라고 함께 기도한다. 하나님의 임재 의식이 되살아나면 그 다음에는 이 상황을 하나님의 눈으로 보게 해 달라고 기도한다. 구성원들이 샬롬을 경험하기 시작하면, 무엇이 달라져 모든 것이 합력하게 되었는지 서로 나눈다. 이런 식으로 샬롬의 수위가 올라간다. 하지만 이 과정이 우리의 고통에 효력을 잘 발하려면, 평소에 서로 간에 갈등이나 문제가 없을 때 함께 샬롬을 찾는 연습이 되어 있어야 한다.

임마누엘 샬롬

그렇다면 가정과 학교와 교회에서 어떻게 함께 샬롬을 구할 것인가? 지금부터 몇 가지 예를 살펴보자. 다른 사람들의 이야기를 들으면 우리가 샬롬을 얻는 법을 배우는 데 큰 도움이 된다. 그들은 어떻게 샬롬을 얻었고 무엇이 달라졌는가? 샬롬이 퍼져 나가려면 우리도 다른 사람들에게 샬롬의 이야기를 해 주어야 한다.

가정의 임마누엘 샬롬

크리스의 이야기: 43시간의 진통 끝에 젠은 녹초가 되었다. 우리는 꼬박 이틀을 대기하고 기도하며 지독한 산통에 시달렸다. 절망감이 밀려왔다. 어서 해방되고 싶었다. 특히 젠은 더했다. 자연분만을 하려던 젠의 꿈이 속속 스러져 가고 있었다. 게다가 의사가 피토신(진통 촉진제인 합성 옥시토신)을 주사하자 금세 통증이 더 심해졌다. 만아들 매튜의 자세가 비뚤어져 있다는 것도 그때까지 아무도 모르고 있었다. 나는 젠과 태아가 걱정되었지만 의료진의 다급한 조치를 무력하게 지켜보는 수밖에 없었다. 기적적으로 47시간 만에 젠은 아들

을 품에 안았다. 우리의 뺨에 기쁨의 눈물이 흘러내렸다.

피토신의 약효로 통증이 극에 달했던 두 시간 동안, 나는 임마누엘에 대한 의식과 샬롬을 잃었다. 그때도 그 사실을 분명히 인식했다. 분만 후에 돌아보니 감정이 격해졌던 시간과 샬롬이 부재했던 시간이 일치했다. 아이를 더 낳고 싶던 마음이 갑자기 싹 없어졌다. 다시는 그런 일을 겪고 싶지 않았다! 샬롬이 상실되고 두려운 저항감이 생겨났다는 것은 내가 외상을 입었다는 징후였다. 나는 임마누엘의 인도를 구했다. 예수님과의 소통을 회복하고자 그분과 교류가 잘 되던 때를 떠올렸다. 서서히 그분의 임재가 다시 느껴졌다. 나는 이렇게 기도했다. "주님, 젠이 위급한 상황에 처했을 때 주님이 어디에 계셨으며 무엇을 하셨는지 잘 모르겠습니다. 아내와 아들이 잘못될까 봐 두려웠습니다. 철저히 무력감이 들었고 저 혼자처럼 느껴졌습니다. 저에게 주님이 필요했을 때 주님은 어디에 계셨습니까?"

슬픔을 털어놓고 나자 하나님의 위로와 임재가 느껴지면서 이런 생각이 들었다. "크리스야, 무서웠구나. 나는 그곳에 간호사들과 의사들의 팀을 보내 그들을 통해 일하고 있었다. 그들은 극한상황 속에서도 본분을 다하도록 훈련된 사람들이다. 너는 어찌해야 할지 몰랐지만 그들은 알고 있었다." 그 사실만 가지고도 내 영혼에 꽤 샬롬이 돌아왔고 숨을 가라앉힐 수 있었다.

그래도 피토신이 주사된 뒤의 몇 시간을 생각하면 아직 긴장과 두려움이 느껴졌다. 샬롬이 부족하다는 것은 문제가 더 있다는 징후였다. "주님, 그들을 보내 주셔서 감사합니다. 도움이 되었습니다. 하지만 전체의 고된 시련에 대해 아직도 제게 상처와 두려움과 분노가 있습니다. 고통이 그렇게까지 심해야 했던 이유가 무엇입니까? 너무 무서웠습니다, 주님!"

그때 내 머릿속에 신기한 영상이 하나 나타났다. 최대한 가깝게 표현해 본다면, 앞뒤로 거울이 있어 거울 속에 내 모습이 끝없이 반사되는 광경과 비슷했다. 머릿속에 그 모습이 떠오르면서 임마누엘의 음성이 계속되었다. "크리스야, 그 간호사들과 의사들이 태어나기도 전부터 매튜는 내 마음속에 있었다. 그들의 부모가 태어나기도 전부터 매튜는 내 마음속에 있었다. 그들의 조부모가 태어나기도 전부터 매튜는 내 마음속에 있었다." 그렇게 계속 거슬러 올라가 마침내 나는 진리의 중력에 압도되고 말았다. 예수님은 내 아들이 영원 전부터 그분의 마음속에 있었다고 확언하고 계셨다. 그분은 내 아내가 무사히 아들을 분만하게 하시려고 이 특정하고 특별한 사람들을 준비해 두셨다!

나의 사고와 몸에 샬롬과 기쁨의 수위가 다시 높아졌다. 자녀를 더 낳고 싶은 마음도 되돌아왔다. 아들의 출산과 관련된 불안과 긴장 대신, 예수께서 우리 가정의 필요를 채워 주시는 평화로운 그림이 내 머릿속에 각인되었다. 이 임마누엘의 이야기를 젠에게 해 주었다. 우리는 함께 기뻐했다. 임마누엘이 나의 샬롬을 회복시켜 주셨으니 이제 나는 젠과 다른 사람들에게 샬롬을 나눌 수 있었다.

내가 경험한 샬롬을 나누어 주고 싶은 사람이 또 있었다. 젠의 출산을 곁에서 돕던 셰리(Sherri)라는 젊은 여자였다. 셰리도 우리와 함께 격한 감정의 롤러코스터를 탔다. 젠이 힘들어할 때 걱정해 주던 셰리의 모습이 지금도 기억난다. 셰리는 임마누엘의 넘치는 애정과 보호에 대한 나의 이야기를 듣고 깊은 감동을 받았다. 그녀는 임마누엘이 그려 주신 위로의 그림에서 희망과 평안을 얻었다. 그녀가 그리스도인이 아니라서 우리는 더더욱 샬롬을 나누어 주고 싶었다. 기뻐하던 셰리의 얼굴 표정을 생각하면 지금도 씩 웃음이 난다.

학교의 임마누엘 샬롬

쉴리아의 이야기: 우리 학교는 정부의 기금으로 운영되는 공립학교다. 그래서 교사들이 교실에서 기쁨의 정체성을 형성하고 빈약한 샬롬을 바로잡는 일이 불가능해 보일 수 있다. 하지만 공립학교 환경이라 해서 교사가 지레 포기할 필요는 없다. 나는 샬롬을 키우는 경험을 장려하기로 결심했다. 학생들에게 서로 소통하고, 지역사회와 소통하고, 넓은 세상과 소통할 기회를 주기로 했다. 한 예로 우리 학교는 해마다 추수감사절에 통조림 음식을 모아 가난한 이들을 돕고 있다.

나는 가난하게 자랐는데, 우리 집 문간에 배달되던 통조림 음식 몇 봉지로는 명절 기분이 나지 않던 기억이 있다. 물론 감사했지만 어려운 가정을 돕는 더 창의적인 방법이 필요하다고 생각했다. 그래서 학생들에게 기존의 틀을 탈피해 보라고 도전했다. 학생들은 신이 나서 통조림 음식 캠페인을 벗어나 여러 가능성에 대해 난상토론을 벌였다. 결국 다섯 가정을 맡아 추수감사절 식사를 반찬까지 곁들여 푸짐하게 대접하기로 했다. 여분의 음식 덕분에 추수감사절 주말이 즐거웠다는 일부 학생들의 말에 따라, 그들은 추수감사절 이튿날에 먹을 칠면조고기 샌드위치까지 넉넉히 준비하기로 했다. 우리 학년의 다섯 학급이 각각 한 가정씩 맡았다.

　근처 가톨릭교회에서 학생들에게 어려운 다섯 가정의 이름과 주소를 알려 주었다. 학생들은 요리사가 아니므로 요리는 추수감사절의 전통 음식 일체를 취급하는 업소에 맡기기로 했다. 그들은 각 가정에 연락하여 필요한 음식의 규모를 결정하고, 여분까지 감안하여 메뉴를 계획하고, 예산을 짜고, 모금 행사를 벌였다. 회계 장부도 만들고 업소에 팩스로 주문도 넣었다. 정감을 더하기 위해 학생들은 반별로 단체 사진을 찍고, 대형 포스터 크기의 카드 5장을 손수 만들었다. 모두들 일일이 카드에 좋은 말을 한마디씩 쓰고 서명했다. 카드의 취지는 각 가정에게 이 행사의 배후에 있는 학생들을 조금 알리고 36명의 개인적 메시지를 전하는 것이었다. 추수감사절 전날에 각 반 대표들이 다섯 대의 차에 나누어 타고 업소로 향했다. 전적으로 학생들이 주관해서 하는 행사였지만 나도 따라갔다. 칠면조고기 저녁식사와 반찬을 가득 실은 다섯 대의 차가 각기 다른 가정으로 배달을 나갔다.

　행사를 진행하는 동안 우리 학년의 전체 분위기가 달라졌다. 스스로 기획하고 수행하는 일인 만큼 학생들은 진지하게 동참했다. 아마도 난생처음으로 그들은 단체의 노력으로 약자를 돕는 강자가 되었다. 그들이 창출해 낸 기쁨은 통조림 음식과 포장된 감자가루를 문간에 떨구어 주는 것에 댈 게 아니었다. 자기보다 약한 사람들을 애정으로 돌보면서 그들의 샬롬이 증폭되었다. 학생들은 자신들이 세상을 더 아름답게 만드는 데 한몫했음을 알았다.

교회의 임마누엘 샬롬

앞장에 소개했듯이 임마누엘을 통한 켄 목사의 개인적 변화는 삶 전체와 교인들에게로 퍼져 나갔다. 하지만 그전까지 그는 목회를 열심히 했지만 만족은 별로 없었다. 그는 교회 활동, 교역자 회의, 외부 강연, 환자 심방, 가정 및 부부 상담 등 끝없는 업무와 바쁜 스케줄 속에서 정신이 없었다. 집에 오면 인터넷의 세계로 빠져들었다. 가족들과 함께 지내야 할 시간에 스마트폰을 손에서 내려놓지 못했다. 아무리 노력해도 기쁨과 샬롬이 점점 사라졌다. 결국 그는 삶을 흉내만 내는 사람이 되었다. 외롭고 허전해서 밤마다 큰 사발로 아이스크림을 먹으며 위안을 얻었다. 머잖아 아이스크림만으로 양이 차지 않았다. 아내가 잠자리에 들면 켄 목사는 인터넷의 어두운 세계로 들어가 포르노 사이트를 뒤졌다. 겉으로는 행복해 보였지만 속으로는 자꾸만 수렁으로 빠져드는 심정이었다. 죄책감을 달래려고 그는 좋아하는 탄산음료를 네댓 캔씩 들이켰고, 책상 서랍에 감추어 둔 사탕과 함께 커피도 여러 잔씩 마셨다. 점점 뱃살이 나오면서 수치심의 수위도 높아졌다.

임마누엘 경험을 처음 배울 때쯤, 그의 상태는 절박해져 있었다. 임마누엘과 교류하면서 그는 자신의 역기능과 기만에도 불구하고 예수께서 자기를 사랑하심을 실감했다. 그분이 자기와 함께하심을 진정 기뻐하신다는 사실도 깨달았다. 하나님은 그에게 십대 시절에 그가 고통 중에 외로웠던 순간들을 상기시켜 주셨다. 외로웠다는 말은 임마누엘을 의식하지 못했고, 샬롬도 없었고, 애착의 고통만 깊었다는 뜻이다. 그것을 깨닫고 나니 자신의 해로운 습성이 보였다. 외로울 때마다 그는 빕스(BEEPS)에서 위안을 얻으려 했다. 한번은 예수께서 그를 매우 자랑스러워하신다고 말씀하시는 것 같았다. 그는 깜짝 놀라 반문했다. "주님, 어떻게 저를 자랑스러워하실 수 있습니까? 제가 저지른 모든 나쁜 짓들을 보십시오!" 그런데 예수님의 이런 반응이 느껴졌다. "나에게 도움을 받으러 오는 네가 자랑스럽다." 켄 목사는 눈물을 흘렸다. 임마누엘과의 이런 대화는 깊은 치유를 가져다주었다. 샬롬이 좀 더 깊어지자 엉뚱한 것들에 대한 끈질긴 욕구가 가라앉았다. 켄 목사는 아이스크림을 끊고 탄산음료와 사탕을 건강식으로 대체했다. 인터넷의 탈선에 대해서도 다른 사람에게 감시를 부탁했고, 운동도 시작했다. 드디어 매일의 삶에 명료한 사고와 기쁨과 평안이 찾아왔다. 그의 정체성도 더 건강해지면서 분주한 일 대신 기쁨에 그 닻을 내렸다. 부부 관계도 더 좋아졌다. 머잖아 교역자들과 교인들도 그가 경험한 임마누엘 샬롬의 이야기를 통해 임마누엘 생활방식을 발견하게 되었다. 현재 켄 목사는 자신의 삶에 나타난 변화에 대해 그리고 왕 되신 하나님과 교류할 때 찾아오는 샬롬과 기쁨에 대해 글도 쓰고 강연도 하고 있다. 샬롬이 퍼져 나가고 있다.

교회의 기쁨과 임마누엘

로마서 12장 15절에 보면 즐거워하는 자들과 함께 즐거워하고 우는 자들과 함께 울라는 말씀이 있다. 기쁨과 약점을 함께 나누는 교회는 부족한 샬롬을 털어놓기에 좋은 곳이다. 크리스가 젠의 진통 중에 그랬듯이, 우리도 감정이 너무 격해지면 하나님의 임재를 놓칠 수 있다. 그럴 때는 그 순간 하나님의 임재를 더 강하게 의식하는 사람들에게 가면 된다. 그들이 우리를 도와줄 수 있다. 우는 자들과 함께 울 때, 우리는 고통 중에도 예수님과의 교류를 유지하도록 서로 도울 수 있다. 또 기쁨이 빈약한 시기를 지나 다시 기쁨과 샬롬에 이르도록 서로 이끌어 줄 수 있다. 가정이나 교회가 임마누엘의 순간과 기억을 함께 나누면, 다음번에 교류를 유지할 수 있는 능력이 자란다.

그룹으로 임마누엘을 연습하려면 우선 각자가 기쁨의 이야기를 할 수 있어야 한다. 교회에 기쁨을 가꾸는 간단한 방법은 감사의 이야기를 나누는 것이다. 각자의 삶 속에 거하시는 하나님의 임재에 대해 감사의 제목을 나누면, 관계 회로가 활성화 상태를 유지한다. 서로에 대한 감사를 표현하면 기쁨이 싹튼다. 강자가 약자에게 감사하면 좋은 쪽으로 변화가 나타난다. 어떤 사람들은 이때 처음으로 기쁨을 인식한다. 하나님이 함께하심을 알면 언제나 기쁨이 있다. 내가 임마누엘을 어떻게 발견했는지 말해 주면 그룹 구성원들이 장애물을 극복하고 소망을 얻을 수 있다. 기쁨을 나누면 그룹 정체성이 가꾸어진다.

하나님은 우리의 연약함과 고통 중에도 함께하신다. 그런 그분을 경험하려면 명심할 것이 있다. 우선 보호자들을 식별해야 한다. 또한 가해자들에게 지도자의 직분을 맡긴다든지 겁먹은 피해자 곁에 쉽게 접근하게 해서는 안 된다. 지도자도 사람들을 하나님의 눈으로 보는 연습을 해야 한다. 가해자의 문제는, 자기가 생각하는 하나님의 관점을 신나게 떠벌인다는 것이다. 하지만 가해자의 말은 샬롬을 가져다주지 못한다. 반면 우리에 대한 하나님의 말씀은 늘 샬롬을 가져다준다.

함께 임마누엘을 연습하면 그 결과로 샬롬이 자란다. 그런데 우리는 타인이나 자신으로 인해 마음이 어지러울 때, 잠시 멈추어 임마누엘 샬롬을 구하는 습관이 되어 있지 않다. 그거야말로 우리가 기쁨으로 복귀하지 못하는 가장 흔한 이유다. 나의 관계 회로가 꺼져 있어 샬롬을 막아도 우리는 알아차리지 못한다. 함께 있는 사람이 연약하여 평정심을 잃고 도움이 필요해도 우리는 알아차리지 못한다. 나까지 덩달아 샬롬을 잃기 때문이다. 함께 임마누엘을 연습할 때 우리는 샬롬의 존재 여부를 알아차리는 법부터 먼저 배운다. 샬롬이 없으면 무엇보다 먼저 잠시 멈추어 임마누엘을 향한 감사부터 회복해야 한다.

내가 임마누엘을 발견하고 변화된 이야기를 해 주면 다른 사람들도 샬롬의 존재나 부재를 식별할 수 있다. 아울러 우리는 샬롬을 키우는 데 필요한 기술도 함께 실습을 통해 배운다. 즉 함께 진정하는 법, 필요시 관계 회로의 기능을 회복하는 법, 인정(認定)과 위로를 통해 서로의 슬픔을 받아 주는 법 등을 배운다. 이런 기술을 체계적으로 가르치려는 사람들을 위해 우리가 개발한 것이 커넥서스 프로그램이다. 약자와 강자가 기쁨을 중심으로 교류하며 그룹 정체성을 가꿀 수 있는 전략적 방법이 그 안에 있다.

당신이 보기에 이것이 이치에 맞는 일인데 당신의 교회에서 이런 성숙하고 온유한 보호자 기술이 학습되거나 실행되지 않고 있다면, 이는 약자와 강자가 교류하여 기쁨을 퍼뜨려야 할 필요성을 잘 대변해 준다. 그동안 이런 기쁨과 샬롬의 실천을 교회에 접목할 수 있는 많은 연습과 방법과 자료를 개발했다. 그것을 '인생모델 전집'에 소개했다. 그중 커넥서스에 주된 자료가 모여 있다. 당신의 교회가 온유한 보호자들을 이미 충분히 길러 내고 있다면, 현재 하고 있는 일을 다른 그룹들에게 가르칠 때 인생모델의 어휘와 설명을 활용하면 좋다.

나룻배인가 돛단배인가

　기쁨이 빈약하게 살면서 열심히 사람들의 비위를 맞추어야 했던 사람은 하나님께 나아갈 때도 그분의 비위를 맞추려 하기 쉽다. 내 힘으로 하나님의 비위를 맞추려는 노력은 율법주의다. 내가 생각하는 하나님의 뜻대로 모든 일을 적시에 정량으로 올바르게 하려 애쓴다. 실제로 하나님이 상황을 어떻게 보시는지는 안중에도 없다. 이런 상황에 처한 사람들이 흔히 하는 말이 있다. "하나님이 이 일을 어떻게 보시는지 굳이 여쭈어 볼 것도 없다. 내가 이미 알고 있다!" 과연 그럴까? 사실 하나님만큼 지혜롭지 않은 한 우리는 알 수 없다. 마치 죄 없이 살 수 있기라도 하다는 냥 억지로 규율을 지키려 든다면, 거기에는 샬롬과 인정과 위로가 없다. 하나님이 나를 알아주시며 특별하고 귀한 존재로 대해 주신다는 느낌도 없다. 하나님에 대해 아무리 많이 알아도 애착의 고통에서 헤어날 수 없다. 애착의 고통은 이런 이상한 방식으로 율법주의를 낳는다.

　'형성' 과목은 커넥서스 프로그램의 초급반 중 하나다. 이 과목의 취지는 하나님의 음성을 더 자주 들도록 돕는 것이다. 아무리 강한 교인들도 거기서 예외가 될 수 없다. '형성' 과목에서 데이비드 테이클은 그리스도인의 성품이 계발되는 과정을 두 종류의 배에 비유했다. 노를 저어야 하는 '나룻배'는 바른 생각, 바른 교리, 충분한 믿음, 바른 영적 체험 등을 갖추려는 우리의 노력이다. 반면에 바람을 받아 스스로 나아가는 '돛단배'는 하나님의 생각과 동기와 성품이라는 동력으로 우리를 실어 나른다. 후자의 경우 우리는 고상한 생각과 올바른 행동에 힘쓰기보다 일상사 속에서 하나님의 임재에 관계적으로 반응한다. 그러다 보면 우리도 하나님처럼 반응하게 된다. 솔직히 약간 더딜 때도 있지만, 놀랍게도 우리는 점점 예수님을 닮아 간다.

너무 쉽게 들리는가? 말로만 들으면 그렇다. 하지만 실생활의 스트레스 속에서는 하나님의 임재를 경험하기가 훨씬 어렵다. 게다가 빈약한 기쁨, 가면, 부족한 샬롬, 결여된 관계 기술 때문에 더 어려워진다. 관계 회로가 닫히기 시작하면 관계가 싫어지고 무엇 하나도 하나님의 눈으로 보기가 힘들다. 설령 하나님을 경험하려는 생각이 있더라도 정말 만사가 귀찮아진다. 사람이란 본래 도움이 필요할수록 그 도움을 받을 능력이 떨어지는 법이다. 주변에 하나님의 눈으로 보려고 연습하는 다른 사람들이 없다면 우리는 답보 상태를 면할 수 없을 것이다. 그런 사람들의 그룹을 교회라 한다. 교회는 기쁨이 풍성할 때나 빈약할 때나 하나님과 함께 동기화의 기술을 연습해야 한다. 남들보다 강한 사람이 우리 중에 늘 있게 마련이다. 서로의 연약함에 애정으로 반응하면 모든 것이 달라진다.

몇 사람이 폭설 속에 갇혔다고 하자. 모두 휴대전화를 꺼냈으나 하나는 신호가 잡히지 않고 하나는 배터리가 죽어 있다. 세 번째 전화기에 배터리도 충분하고 신호도 잡힌다면 어떻게 할까? 답은 뻔하다. 이것은 각자가 자신의 빈약한 배터리나 열악한 수신 상태를 기꺼이 나눈 결과다. 결국 그래서 신호가 잘 잡히는 사람이 밝혀졌다. 약점과 강점을 나누면 그룹 전체가 전화를 걸어 목숨을 건질 수 있다.

고통과 괴로움 중에도 하나님의 임재를 지각하는 것은 기술이다. 우리는 그 기술을 경험하고 전수해야 한다. 그런데 영적 성숙이란 따로따로 한 사람씩 이루어질 수 없다. 두 사람 사이의 개인 상담을 통해서는 임마누엘 생활방식을 기를 수 없다. 하나보다는 둘이 훨씬 낫지만, 최선의 결과를 내려면 세 사람의 기쁜 유대가 필요하다. 여기서 정확한 과학적 원리를 설명할 수는 없지만, 세 사람 사이의 유대는 의식적 사고의 속도로 작동한다. 그래서 우리는 하나님을 아는 최선의 지식을 하나님 및 사람들과의 유대와 결합시킬 수 있다. 관계가 회복되려면 하나님을 믿는 믿음과 하나님 및 사람들과의 사랑의 유대가 둘 다 필요하다. 오랜 세월에 걸쳐 정립된 기독교의 여러 고백과 신조와 결론이 있다. 그 바른 신학이 하나님을 사랑하는 체험과 서로 손잡으려면 세 방향의 유대가 필요하다. 이 일이 어떻게 이루어질 수 있으며 그것이 왜 기쁜 교회 정체성을 가꾸는 방법인지, 지금부터 실제적으로 살펴보기로 하자.

기쁨을 회복하는 교회

9장과 10장에서 살펴보겠지만, 기쁨을 회복한다는 말은 혼란스러운 일이 발생한 후에 다시 함께함을 즐거워하기까지 걸리는 시간을 뜻한다. 성숙한 사람은 불과 몇 초 만에 기쁨을 회복할 수 있다. 이런 능력과 속도를 기르려면 가정이나 학교나 교회에 다음과 같은 문화가 있어야 한다. 즉 우는 사람들을 외면하거나 따돌리거나 비판하거나 비난하지 않고 그들과 함께 울 줄 알아야 한다. 인생모델이 제창하는 방법은 수년간의 정서적 재교육이 아니라 교회 공동체가 기쁨을 회복하는 법을 배우는 것이다. 그러려면 우선 그룹으로 임마누엘 의식을 연습하여 하나님과의 샬롬으로 돌아가야 한다. 예수님은 우리 주변의 고통 중에 있는 사람들과 함께하심을 즐거워하신다. 그런 그분을 경험하면 우리도 똑같이 할 수 있다. 시간이 가면서 우리는 사람들을 고통 중에 혼자 두고 싶은 마음이 없어진다. 단기간 내에도 그렇게 될 수 있다.

하지만 교회와 공동체의 다른 사람들에게 샬롬을 전파하려면, 고통의 자리에 함께하시는 하나님을 경험할 때 어떤 일이 벌어지는지 그들이 알아야 한다. 그래서 우리는 이야기를 하는 법을 배워야 한다. 무엇이 달라져서 임마누엘을 경험하고 기쁨으로 복귀했는지 나누어야 한다. 이야기를 나누는 일이 교회 생활의 정상적 일부가 되어야 한다.

교회 생활의 그림을 완성하려면 먼저 관계 기술의 역할을 살펴볼 필요가 있다. 아울러 온유한 보호자 기술이 퍼져 나가는 방식도 알아야 한다. 관계 기술은 제3부에서 살펴볼 것이다. 교회에 기쁨과 변화를 가꾸는 기본 원리를 이 책에 제시했지만, 실제로 사람들과 함께 기쁨을 키우려면 잘 계획된 훈련이 필요하다. 이 책의 원리를 설교하고 가르치는 것만으로는 지금 말하는 변화가 일어날 수 없다. 그래서 우리는 다양한 자료를 개발했다. 이런 자료에 힘입어 교회는 기쁨을 회복하는 법, 임마누엘을 구하는 법, 이야기를 하는 법 등을 배울 수 있다. 우리의 이야기를 통해 다른 사람들도 동일한 기쁨을 경험하고 싶어진다. '인생모델 전집'에 수록된 각종 훈련과 온라인 강좌와 자료를 당신의 그룹에 활용하면 된다. 우선 시작으로 부록4에 몇 가지 자원을 안내했다. 우리는 여러 방법을 시험하여, 약자와 강자가 유익하게 함께할 수 있는 틀을 개발했다. 이런 틀이 없으면 고통과 괴로움과 문제가 급격히 증폭된다. 관계 회로가 꺼져 있는 사람들이 아주 많기 때문이다. 일단 사람들이 괴로움을 증폭시키기 시작하면 서로를 문제로만 본다. 거기에는 기쁨이나 샬롬이 없다!

의로운 야고보가 지혜롭게 말했듯이, 자유롭게 하는 온전한 율법에서 선한 일들을 배우고 실천하면 자기성찰이 생명을 가져다준다(약 1장). 참된 경건을 이루려면 보호자들이 고아와 과부와 나그네를 돌보아야 한다. 이번 장에 말한 대로 교회를 비롯한 다세대 공동체는 혹시 자아도취에 빠져 자기정당화를 일삼는 구성원들이 없는지 잘 살펴야 한다. 우리는 지도자까지 포함해서 누구에게나 문제를 말할 수 있는가? 그래도 상대가 내 약점을 들추어내 나를 '나쁜 놈'으로 만들 거라는 두려움이 없는가? 가장 중요하게, 자기정당화를 일삼는 그 사람이 혹시 나는 아닌가? 나의 어느 행동이 그룹에 기쁨을 주지 못할 수 있다. 사람들에게 알려 달라고 부탁할 수 있는가? 상대의 삶 속에 명백한 약점이 있다면, 그 사람은 나를 바로잡아 줄 자격이 없는가?

속해 있는 공동체의 기쁨과 샬롬이 어떤 수준인지 아직 점검하지 않았다면, 이제라도 늦지 않았다. 우리는 함께 샬롬을 찾는 연습을 하고 있는가? 임마누엘의 순간을 경험하고 있는가? 임마누엘을 만나는 동안 내가 어떻게 달라졌는지 사람들에게 말해 주고 있는가? 우리는 함께 있을 때 정말 평안을 퍼뜨리는가(샬롬이 전파되는가), 아니면 서로 가면을 과시하는가? 임마누엘과의 접촉이 희미해질 때 우리는 누구를 도우며 누가 우리를 돕는가? 변화의 현장에서 살아가려는 공동체는 이런 문제들로 함께 고민해야 한다.

우리는 어떻게 하고 있는가?
- 우리는 그룹의 임마누엘 생활방식을 목격한 적이 있는가?

- 나의 사람들이 된 기쁜 그룹들은 누구인가?
- 우리의 영적 삶에 나룻배와 돛단배의 요소는 각각 얼마나 되는가?
- 우리는 사람들에게 내 삶에 대해 말할 수 있는 재량을 주는가?
- 우리는 사람들과 교류하는 중에나 교류한 후에 샬롬을 느끼는가?

우리는 자신의 정체성을 더 성숙시켜 달라고 기꺼이 임마누엘 하나님께 청하는가?

그리스도인의 성품 계발에 대해 잘못 들었던 내용을 고치자

성품 계발의 근본적 필요성에 대해서는 모든 그리스도인들의 의견이 일치한다. 우리의 삶 속에 그리고 우리의 삶을 통해 그리스도의 모습이 나타나야 한다. 하지만 일치와 명료한 의미는 거기서 끝난다. 어떤 접근들은 하나님을 기쁘시게 하는 데 초점을 맞추고, 어떤 접근들은 지구를 더 잘 보존하는 데 초점을 맞춘다. 하나님을 기쁘시게 하고 사람들을 복되게 하는 성품을 계발하려면 좋을 때나 궂을 때나 한결같이 표현될 수 있는 관계적 성숙이 필요하다. 정서적 난관의 때야말로 우리의 성품을 측정할 수 있는 최적의 기회다. 공동체의 지도자이든 구성원이든 힘들 때 성품이 드러나게 마련이다. 오해, 갈등, 상처, 좌절, 비난, 무력감, 아픔, 난관에 부딪칠 때 우리는 어떻게 하는가? 그때의 반응과 행동과 생각과 말을 성찰해 보면 어느 부분에 성장이 필요한지 대번 알 수 있다. 그리스도인의 성품 형성에 대한 몇 가지 통념을 생각해 보자.

통념1: 영적 성숙은 정서적, 관계적 성숙과 다른 별개의 문제다. 흔히 우리가 영적으로 성숙하다고 자부하는 이유는 교회에 충실하기 때문이고 웬만한 내용은 다 이미 들어서 알고 있기 때문이다. 세상이 나를 어떻게 보든 그것을 무시하는 것도 우리가 생각하는 영적 성숙에 포함된다. 하지만 인간의 의견을 무시하면 관계적 성숙이나 정서적 성숙에 별로 힘쓸 필요가 없다는 결론이 나온다. 하나님과의 관계에만 신경 쓰면 된다. 성경 읽기와 기도 같은 일반적 영성 훈련이 중요하긴 하지만, 그것이 늘 관계와 성품의 기쁜 변화를 낳는 것은 아니다. 어찌된 일인지 우리는 삶을 영성, 관계, 정체성 따위로 구분한다. 하지만 영적 성숙을 정체성의 나머지와 분리시키면 바울이 로마서 6장에 한 말을 무시하게 된다. 우리 몸의 지체를 의의 무기로 드려야 한다는 말씀이다. 이 말씀은 영적으로, 정서적으로, 정신적으로, 신체적으로 우리의 전 존재를 하나님께 드려야 한다는 뜻이다.

재능이 뛰어난 지도자인데 영적 성숙과 정서적 성숙이 통합되지 않아 실패하는 사례는 얼마든지 많이 있다. 그중에서도 최근에 유명해진 한 기독교 지도자의 실패가 좋은 예가 될 것이다. 실력 있는 그 목사가 지하실에 개척한 교회가 평판도 아주 좋고 교인도 1만4천 명이 넘는 교회로 성장했다. 그런데 한 남창(男娼)이 자기와 그 목사와의 성적인 관계를 폭로하는 바람에 목사는 교회와 일자리를 잃었다. 자신이 성적으로 부도덕했고, 마약을 구입했고, 신앙에 어긋나는 감정들과 오랫동안 싸워 왔음을 본인도 시인했다. 그는 자신에게 닥쳐오는 유혹을 "오늘은 안 먹겠다고 말해 놓고 또 먹는" 다이어트 중인 사람의 고충에 비유했다. 이 스캔들은 그 교회와 인근 지역을 충격에 빠뜨렸다. 신학교 교육,

카리스마, 신학, 굳센 믿음, 하나님 나라에 대한 열망에도 불구하고 이 목사의 성숙에는 중요한 부분이 빠져 있었다. 앞에 소개했던 켄 목사와 달리 그는 자신의 약점과 거짓 기쁨을 숨기다가 몰락했다. 영적 성숙을 정서적, 관계적 성숙과 분리시키면 결국 우리의 정체성은 팔다리가 잘려 나가고 만다.

통념2: 좋은 설교를 들으면 내 정체성이 변화되어야 한다. 따라서 나는 들은 대로 믿기만 하면 된다. 이런 개념을 드러내놓고 말하는 경우는 별로 없으며, 설령 설교자가 그렇게 주장한다 해도 잘 받아들여지지 않을 것이다. 하지만 진리인 냥 살아가는 사람들이 많이 있다. 우리 중 많은 사람들이 자신의 삶에 기적과 기름 부음과 치유와 소망이 임하기를 바라는 마음으로, 교회당과 대형 운동장에 운집하여 기독교 지도자의 강연과 기도와 설교를 듣는다. 하지만 시간이 가면서 결과에 낙심한다. 설교와 운동장 집회는 종종 깊은 회개와 방향 전환과 치유를 낳지만 성숙을 낳지는 못한다. 성숙은 기쁨과 고난을 함께 나누는 삶을 통해 이루어진다. 그래서 우리는 하나님의 샬롬 아래서 더불어 살아가야 한다.

통념3: 성숙에 필요한 것은 회개와 순종뿐이다. 그리스도와 진실하고 진정한 관계를 맺으려면 회개와 순종이 반드시 필요하다. 회개는 역기능에 대한 가책까지 포함하여 마음에서 우러나는 변화다. 순종은 주님과의 사랑의 관계와 그분을 높이려는 열망의 표현이다. 성숙의 요소가 회개와 순종뿐이라면 누구나 자기 힘으로 성숙해질 수 있다. 하지만 매사를 올바르게 하려다가 불쾌해지고 완고해지고 기쁨이 빈약해진 사람들이 우리 중에 많이 있다. 반면에 임마누엘의 순간을 꾸준히 구하며 다세대 공동체 안에 살아가는 사람들에게서 볼 수 있는 특유의 성품이 있다. 기쁨을 희생시켜 매사를 올바르게 해서는 그런 성품이 계발될 수 없다.

통념4: 굳이 그룹에 참여하지 않아도 은혜로 성숙할 수 있다. 나 혼자 성장해도 아무런 문제가 없다. 예수님만 계시면 된다. 그러나 지혜가 무한하신 하나님은 인간을 회복의 도구로 쓰신다. 인간이 고통과 괴로움을 유발해 왔음에도 그분은 그 방법을 택하신다. 온유한 보호자 기술이 없는 사람에게 상처와 모욕과 좌절과 낭패를 당해 본 사람은 그룹을 피하는 경향이 있다. 하지만 하나님의 사람들을 사랑하지 않고서 어떻게 하나님을 사랑한다 말할 수 있겠는가?

통념5: 우리 모두가 감정과 고민을 털어놓으면 다함께 치유될 것이다. 하나님만 계시면 된다는 생각의 반대쪽 극단에는 교회를 일종의 '치유 환경'으로 보는 관점이 있다. 치유 교회는 점점 더 인기를 끌고 있으며, 가장 진보적인 경우에는 아예 하나님의 필요성마저 없애 버렸다. 치유 교회에서 감정과 고민을 털어놓는 데는 문제점이 많은데, 그중 하나는 고통이 증폭된다는 점이다. 고통을 증폭시켜서는 성숙해질 수 없다! 그룹별로 솔직한 나눔과 자기성찰을 실행하는 일부 회복 단체들이 대부분의 교회들보다 더 많은 성품의 변화를 보여 주고 있다. 인생모델이 제창하는 것은 치유 교회가 아니라 가면을 벗을 수 있는 솔직함과 서로의 연약함에 대한 온유한 반응이다. 그것이 없이는 치유 단체든 교회든 영속적 변화는 요원하다. 하지만 성숙을 가져다주는 것은 고민을 털어놓는 일 자체가 아니다. 고민 앞에서 함께 임마누엘을 구하고 그분과 교류할 때, 샬롬과 기쁨이 퍼져 나가면서 우리가 변화된다.

기쁨의 행동

가정: 가족이나 친구 중에서 가장 적합한 사람을 하나 골라, 임마누엘 하나님이 나의 가족들을 어떻게 보시는지 둘이 함께 그분께 여쭙는다. 나의 사고 공유 상태를 말로 표현한다.

학교: 학교 공동체에서 가장 적합한 사람에게 부탁하여, 임마누엘 하나님이 우리 학교에 대해 무엇을 알려 주려 하시는지 둘이 함께 그분께 여쭙는다. 나의 사고 공유 상태를 말로 표현한다.

교회: 영적 가족 중에서 가장 적합한 사람을 하나 골라, 임마누엘 하나님이 우리 교회를 어떻게 보시는지 둘이 함께 그분께 여쭙는다. 나의 사고 공유 상태를 말로 표현한다.

환경적 거짓 샬롬에 대한 평가서

1. 나는 평화를 지키려고 '굴복'한다.

    좀처럼 그렇지 않다 0 1 2 3 4 5 6 7 8 9 10   대체로 그렇다

2. 우리는 다른 사람들의 시선을 굉장히 의식한다.

    전혀 아니다 0 1 2 3 4 5 6 7 8 9 10   대체로 그렇다

3. 나는 거슬리는 사람들을 어떻게든 피하려 한다.

    전혀 아니다 0 1 2 3 4 5 6 7 8 9 10   항상 그렇다

4. 나는 기도할 때 하나님이 들으신다는 확신조차 없다.

    하나님이 가깝게 느껴진다 0 1 2 3 4 5 6 7 8 9 10   하나님이 멀리 계신 것 같다

5. 나는 사람들을 화나게 하지 않으려고 애쓴다.

    전혀 아니다 0 1 2 3 4 5 6 7 8 9 10   항상 그렇다

6. 우리는 상황을 실제보다 나아 보이게 부풀릴 때가 많다.

    전혀 아니다 0 1 2 3 4 5 6 7 8 9 10   대체로 그렇다

7. 내 마음은 내가 알고 있는 옳은 길과 잘 일치되지 않는다.

    전혀 아니다 0 1 2 3 4 5 6 7 8 9 10   대체로 그렇다

8. 우리는 누군가의 심기를 건드리느니 차라리 문제를 그냥 덮어 둔다.

    문제를 해결한다 0 1 2 3 4 5 6 7 8 9 10   대체로 그렇다

9. 나는 사람들 옆에 있으면 살얼음을 걷는 기분일 때가 많다.

    전혀 아니다 0 1 2 3 4 5 6 7 8 9 10   대체로 그렇다

10. 나는 감정을 내보이지 않는다.

    감정을 표현한다 0 1 2 3 4 5 6 7 8 9 10   비밀이 많다

이 총점을 아래의 해당 지점에 표시한다

0 10 20 30 40 50 60 70 80 90 100   나의 총점 _____

우리와 함께하시는 하나님의 기쁘신 임재에 대한 성경공부

감사한 일을 한 가지 떠올리고 잠시 그 감사에 젖어 보라. 그 다음에 이 공부가 재미있게 해 달라고 하나님께 기도하라. 그러고 나서 율법서에서 다음 본문을 읽으라.

신명기 12:5-12
우리가 음식을 주시는 하나님 앞에서 함께 먹을 때(7절) 하나님은 어떤 일이 벌어지리라고 내다보셨는가?

연약함과 기쁨과 샬롬에 대한 질문:
1. 본문에서 연약한 사람과 강한 사람은 누구인가?
2. 하나님은 연약한 사람과 강한 사람 사이에 어떤 교류가 있기를 원하시는가?
3. 본문에서 기쁨과 샬롬(모든 것이 합력한다)에 대해 무엇을 배울 수 있는가?

임마누엘에 대한 질문:
1. 본문에서 '우리와 함께하시는 하나님'을 지각한 결과는 무엇인가?
2. 그룹 공부를 위한 활동: 하나님은 언제나 임재하시며 애써 더 분명히 깨우쳐 주신다. 지금 그룹 토의 중에도 그분은 우리가 이 본문을 깨닫도록 돕고 계신다. 이를 어떻게 지각하거나 짐작할 수 있는가?

(주의: 하나님의 능동적 임재에 대한 생각이 처음에는 낯설게 느껴질 수 있다. 일반적으로 사람들이 현재를 관찰하기보다 과거를 더 화제로 삼기 때문이다. 간단히 답하라. 얼마든지 추측해도 좋다. 매주 이 작업을 할 것이다.)

개인적 질문:
당신의 경우 하나님 및 사람들과의 기쁜 유대에 음식이 어떤 역할을 하는가?

성경 전체에 대한 질문:
성경에서 하나님의 백성이나 다른 사람들에게 기쁨을 가져다준 인물들은 누구인가? 그들은 어떻게 그렇게 했는가?

마무리 질문:
금주의 공부를 하기 전에는 몰랐으나 이제 새롭게 알게 된 것은 무엇인가?

인생모델: 하나님과 함께하는 우리의 기쁨 연습

관계의 샌드위치를 활용하여 샬롬을 회복하기
관계의 샌드위치란 문제도 처리하고 관계도 유지하면서 샬롬과 기쁨을 회복할 수 있는 실제적 방법이다. 개인 연습과 그룹 연습을 하기 전에 다음 페이지의 '관계의 샌드위치 만들기'를 먼저 읽으라.

개인: 하나님을 상대로 연습하는 관계의 샌드위치
1. 이번 주 동안 매일 기도 시간에 하나님을 상대로 관계의 샌드위치를 연습하라. 당신의 기도 제목, 두려움, 상황 등에 대해 하나님과 대화하라. 다음 보기와 같이 하면 된다.
    1) "주님, 저의 모든 필요를 늘 신실하게 채워 주시니 감사합니다."

신실하신 하나님과의 관계가 그동안 당신에게 얼마나 중요했는지 몇 가지 예를 들어 아뢴다.

2) "주님, 이번 달의 생활비 때문에 걱정되는 마음을 고백합니다." 현재의 상태가 어떻게 느껴지는 하나님께 말씀드린다.

3) "주님, 주님은 먹여 주시고 공급하시고 보호하시는 하나님이십니다. 여태까지 저를 돌보아 주셨습니다. 지금 이 상황 속에서도 다시 주님의 인도하심에 의지합니다." 당신에게 필요한 샬롬에 하나님과의 관계가 왜 중요한지 말씀드린다.

2. 매일 연습할 때마다 나타나는 변화에 주목하라.
3. 그룹에서 나눌 수 있도록 변화를 기록하라.

그룹: 샌드위치와 성숙

1. 하나님을 상대로 관계의 샌드위치를 연습하면서 나타났던 변화를 각자 나누라.
2. 은사, 기름 부음, 교육 등을 성숙으로 착각하는 우리의 성향에 대해 토의하라. 토의하는 동안 연약함에 애정으로 반응하는 것을 잊지 말라.

관계의 샌드위치 만들기

관계의 샌드위치는 문제가 관계보다 커지지 않게 하려고 마련된 실제적 연습이다. 시편 기자들과 선지자들은 자주 '샌드위치를 만들어' 불만과 기도와 찬양을 표현했다. 이런 틀은 히브리인들의 사고와 시(詩)의 자연스러운 일부가 되었다. 먹는 샌드위치와 비슷하게 먼저 관계로 시작하여 중간에 문제를 끼워 넣은 뒤 다시 관계로 마무리하면 된다.

샌드위치를 만드는 순서:
1. 관계의 중요성(과거)
2. 현재의 상태(문제)
3. 관계의 중요성(결과적 관계)

샌드위치의 세 번째 부분은 당신이 바라는 문제의 해결 방식이 아니라 당신이 바라는 결과적 관계다.

대인관계에 적용하는 예:
1. 우리는 오랫동안 친구로 지냈고 나는 너와 함께 있는 게 좋다.
2. 하지만 네가 내 말을 중간에 끊으면 나는 네가 듣고 있지 않은 것처럼 느껴진다.
3. 우리의 관계가 정말 서로를 이해하는 관계가 되었으면 좋겠다. (초점이 문제의 해결 방식에 있지 않고 그들이 바라는 관계에 있음에 주목하라.)

시편 51편의 예:
1. "하나님이여, 주의 인자를 따라 내게 은혜를 베푸시며 주의 많은 긍휼을 따라 내 죄악을 지워 주소서"(1절).
2. "무릇 나는 내 죄과를 아오니 내 죄가 항상 내 앞에 있나이다"(3절).
3. "주의 구원의 즐거움을 내게 회복시켜 주시고 자원하는 심령을 주사 나를 붙드소서"(12절).

PART 4

기쁨으로 돌아가는 길 3, 뇌의 관계 기술

삶의 상처에서 기쁨의 자리로 복귀하라

온순한 혀는 곧 생명나무이지만
패역한 혀는 마음을
상하게 하느니라
(잠 15:4).

JOY STARTS HERE

　　지속성 있는 기쁨을 이루는 인생모델의 기초는 다세대 공동체, 임마누엘 생활방식, 뇌의 관계 기술 등 여간해서 함께 보기 힘든 세 가지다. 셋 중 하나라도 없으면 기쁨의 수위가 금방 떨어진다. 기쁨이 자라나서 퍼져 나가기를 원한다면 훈련과 실습과 기술이 필요하다. 왜 그런지 제4부에서 살펴볼 것이다.

　　기쁨과 샬롬이 퍼져 나가려면, 온갖 부정적 요인이 피해를 퍼뜨리는 것보다 더 빠른 속도로 우리의 관계가 기쁨을 표현하고 확산시켜야 한다. 우리 뇌는 감정의 증폭기라서 무엇이든 입력되는 대로 증폭시키게 되어 있다. 훈련되지 않은 뇌는 괴로움을 증폭시킨다. 그래서 두 사람이 만나자마자 문제와 갈등과 분노와 두려움과 절망이 더 커진다. 그러나 우리 뇌가 기쁨과 샬롬에 훈련되어 있으면, 잔뜩 흥분하는 게 아니라 기쁨과 평정심을 증폭시킨다. 주변의 아는 사람들을 생각해 보면 누가 기쁨에 훈련되어 있고 누가 그렇지 않은지 금방 알 수 있다.

    제4부의 9장에서는 일이 틀어진 후에 기쁨으로 복귀하는 법을 알아볼 것이다. 10장에서는 지난 백 년 동안의 많은 변화가 기쁜 관계 기술을 급속도로 소멸시키고 있음을 살펴볼 것이다.

Chapter 9

뇌에
기쁨의 기술을
새기라

우리는 기쁨의 정체성을 이루도록 지음받았다. 거기에 조금이라도 못 미치면 불행한 사람이 된다. 가정에서는 기쁨을 배우고, 학교에서는 다른 사람들과 함께 기쁘게 살아가는 법을 훈련받고, 교회에서는 무엇이든 우리의 기쁨에 결여된 요소가 회복된다. 우리의 목표는 이 기쁨의 정체성을 대대로 물려주는 것이다. 전 세계 22억의 그리스도인들은 세상에 기쁨의 메시지를 전해야 한다. 하지만 우리가 사람들 안에 기쁨에 대한 욕구까지 불러일으킬 필요는 없다. 본래 기쁨은 만인이 원하는 바다. 이 책의 제2부에서는 기쁨이 어떻게 세대에서 세대로 전수되는지 배웠다. 제3부에서는 하나님의 임재와 교류할 때 우리의 기쁨과 정체성이 회복됨을 살펴보았다. 지금부터는 인간다운 인간이 되려면 여러 가지 구체적인 관계 기술이 전수되어야 함을 알아볼 것이다. 지난 백 년 동안 인류의 삶이 격변하면서 일부 중요한 기술이 소멸의 위기로 내몰리고 있다. 중요한 기술이야 아주 많지만 우리는 '일이 틀어졌을 때 기쁨으로 복귀하는' 기술에 중점을 둘 것이다. 어차피 우리의 기쁨은 늘 어딘가 틀어지게 마련이다. 따라서 진정한 승자는 일이 틀어지지 않게 열심히 막는 사람이 아니라 일이 틀어졌을 때 신속히 기쁨으로 복귀하는 사람이다.

크리스의 이야기

책상에 앉아 있는데 속이 울렁거리기 시작했다. 어깨와 등의 근육도 뻣뻣해졌다. 이마에 땀방울이 맺히고 심장박동이 빨라졌다. 그날은 내가 다니던 전문대학에서 연설 수업이 있는 첫날이었다. 준학사 학위를 받고 주립대학으로 편입하려면 모든 학생이 그 과목을 수강해야 했다. 결국 나도 앞에 나가 연설을 해야 했다. 겁부터 났다! 어떻게 급우들 앞에서 2분, 3분, 4분 동안 아무렇지도 않게 말을 한단 말인가? 친구들이 나를 어떻게 생각할까? 비웃거나 조롱하지는 않을까? 함께하는 기쁨이 모두 사라졌고 기쁨을 되찾는 법도 몰랐다. 긴장감은 점점 고조되었다. 갑자기 강사가 우리에게 연설을 실습할 기회를 주겠다고 했다. 모두가 2분 동안 앞에 나가 자기를 소개해야 했다. 공포가 엄습해 왔다. 나는 재빨리 물건을 챙겨 자리에서 일어나 교실을 나와 그 과목의 수강을 취소해 버렸다. 그 아찔한 두려움을 나의 의지력으로는 당해 낼 수 없었다. 나는 겉으로는 강해 보였지만 속으로는 아주 약했다. 다른 사람들은 두려움을 금세 가라앉히고 기쁨으로 복귀하는 법을 이미 배운 상태였지만, 나는 그 사실을 몰랐다.

사실 내게는 두 가지 주된 온유한 보호자 기술이 결여되어 있었다. 첫째로, 수치심이 들 때 나답게 행동할 줄을 몰랐다. 둘째로, 남들이 나와 함께함을 즐거워하지 않을 때 기쁨으로 복귀할 줄을 몰랐다. 수치심이 들면 외롭고 버림받고 거부당한 심정이 되었다. 사람들이 나와 함께함을 즐거워하지 않는다고 생각했기 때문이었다. 한 번의 수치심은 영원한 수치심이라는 생각이 내 뇌리에 박혀 있었다. 그것이 죽음만큼이나 기정사실로 느껴졌다. 나는 관계를 유지하는 상태에서 혼란스러운 감정을 가라앉히는 법을 몰랐다. 그래서 그런 감정을 무조건 피했다. 수치심이 들면 홧김에 가해자처럼 행동하여 남들에게 죄책감을 유발할 때도 있었고, 반대로 피해자가 되어 패배감에 빠질 때도 있었다.

지도 교수의 권유로 이를 악물고 연설 과목을 다시 신청했다. 하지만 이번에도 첫날에 교실을 빠져나와 수강을 취소했다! 그 말을 듣고 지도 교수의 얼굴이 벌게지던 일이 기억난다. 두 가지 관계 기술이 없었던 탓에 나는 손해를 감수하고 학교를 옮겨야 했다. 이전의 대학에는 나에게 그런 기술이 결여되어 있음을 아는 사람이 아무도 없었다. 그러니 가르쳐 줄 사람도 당연히 없었다.

새로 편입한 대학에서 그 과목을 들었다. 힘들었지만 합격점을 받았다. 거기서 만난 강한 학생들의 모범을 보고 배운 것이 성공에 도움에 되었다. 그 학생들은 수치심을 잘 처리할 줄 알았다. 그들은 아는데 나는 모르는 게 있었다. 당시에는 그게 무엇인지 몰랐다. 어쨌든 그들의 본보기 덕분에 나도 약점 부분에서 힘을 얻었다. 또한 나의 고민을 관심 있게 들어 주고 공감해 주는 어른들도 만났다. 그들의 애정 어린 반응을 보며 내가 주목받고 인정받는다는 느낌이 들었다. 덕분에 더 이상 외롭지 않았다. 사람들은 자신이 수치심을 느꼈던 이야기를 내게 들려주었고, 어떻게 혼란 속에서 안식하고 심지어 기쁨을 찾을 수 있었는지 말해 주었다. 나는 격한 감정을 가라앉히는 법을 배웠다. 결여되어 있던 두 가지 온유한 보호자 기술도 시간이 가면서 습득했다. 이로써 내 뇌는 성공적 회복에 필요한 훈련을 받았다. 나는 성장기의 고통스럽던 수치의 순간들에 임마누엘 하나님이 나와 함께 계셨음도 깨달았다. 지금 생각해도 신기하지만, 이제 나는 대중 앞에서 말하는 데 전혀 문제가 없다. 전에는 수치심이 밑 빠진 독처럼 나의 관계를 수렁에 빠뜨렸으나 이제는 노상의 작은 돌멩이에 지나지 않는다. 수치심에 부닥쳐도 겁먹지 않고 샬롬을 느낄 뿐 아니라 회복도 전보다 훨씬 빨라졌다. 나의 두 아들에게도 수치심을 느끼는 법과 기쁨을 되찾는 법을 적극적으로 훈련시키고 있다. 나처럼 고뇌의 세월을 견딜 필요가 없도록 말이다. 두 아들은 아직 어리기 때문에 기술을 하나씩 익히고 연습할 기회가 많이 있다. 아이러니지만 요즘은 강연할 때 자꾸만 시간을 초과하는 버릇이 생겼다!

뇌의 기쁨의 기술이 나의 관계 정체성을 형성한다

기쁨은 사고 공유 상태다. 이 상태가 시작되고 발전되고 지속되려면 당장의 감정에도 불구하고 둘 사이에 사고의 소통이 원활히 이루어져야 한다. 사고 공유 상태에 있으면 아주 깊이 이해받는 느낌이 든다. 그래서 나의 사고는 상대의 사고가 일러 주는 나의 참 정체성을 기꺼이 듣는다. 그 결과로 든든한 안전감이 생겨난다. 기쁨의 정체성을 이루려면 지속적 연습이 필요하다.

기쁨은 인간의 타고난 상태이며 우리의 정체성을 형성한다. 기쁨은 유대의 기초이자 힘의 원천이다. 기쁨의 강도는 실제로 뇌 구조를 통해 발달된다. 그래서 뇌 구조가 사랑의 관계 속에 형성되고 성장해야 한다. 기쁨의 유대가 맺어져 있으면 고통에 부닥칠 때도 참 자아답게 행동할 수 있다. 뇌 구조의 기쁨이 얼마나 강한가에 따라 얼마나 외상에 붕괴되지 않고 견딜 수 있는지가 정해진다. 하지만 이런 인내력은 힘의 문제만이 아니라 기술의 문제이기도 하다. 무게 50킬로그램의 자루를 받자마자 쌓으면 1분씩 들고 있다가 쌓을 때보다 훨씬 덜 피곤하다. 자루가 120개라면 양쪽 다 총 6천 킬로그램을 쌓기는 마찬가지다. 하지만 하나에 1분씩 들고 있으면 50킬로그램의 무게를 두 시간 동안 들고 있는 셈이다. 곧바로 쌓는 사람은 그럴 필요가 없다. 마찬가지로 기쁨을 회복하는 시간이 오래 걸릴수록 정서적으로 그만큼 더 탈진된다.

탈진을 유발하는 또 다른 요인이 있다. 남의 약점을 공격하는 버릇이 있는 사람은 자기도 힘들 때 감정을 털어놓지 못한다. 평소에 감정을 혼자 느끼고 있다면, 자신과 타인의 약점에 대해 비판적인가부터 점검해 보아야 한다. 비판을 통해서는 변화가 일어날 수 없고 뇌의 관계 기술도 개발되지 않는다.

뇌의 관계 기술이란 무엇인가?

우리는 많은 관계 기술을 배운다. 어떤 기술은 문화와 밀접한 관계가 있다. 예컨대 예의가 그렇다. 적어도 우리 중 일부는 예의를 배웠다. 우리는 또 절제라는 기술도 배웠다. 밤새 이불을 적시지 않고 자는 법, 때로 남의 생각을 추측하는 법, 미소를 짓는 법, 남이 말할 때까지 기다리는 법, 화난 친구를 달래는 법, 눈에 띄지 않게 가만히 있는 법, 남을 귀찮게 하지 않는 법 등 많은 관계 기술을 배웠다. 모든 기술 중에서 우리의 정체성 형성에 없어서는 안 될 기술을 우리는 19가지로 본다. 그것이 없이는 우리 몸과 사고를 제대로 구사할 수 없다. 크리스의 경우처럼 수업 시간에 연설 실력을 쌓는 게 아니라 자제력을 잃고 사람들 앞에서 죽을 것처럼 되고 만다. 감정을 제대로 처리할 수 없다.

19가지 기술을 다 설명하는 것은 이 책의 범주를 벗어나지만 부록 2에 간단히 요약해 놓았다. 여기서는 세 가지 기술만 골라, 그 기술이 있을 때와 없을 때의 삶을 예시하려 한다. 그 다음에 이번 장의 나머지에서는 기쁨으로 복귀하는 기술을 배울 것이다.

기술9: 멈추어야 할 때를 안다. 이 기술이 있는 사람은 자신과 타인의 경고 신호를 감지할 줄 안다. 경고 신호는 탈진이 코앞에 와 있으므로 잠시 멈추어 진정해야 할 때임을 알려 준다. 이 기술이 있으면 고통을 가라앉히고 숨을 고를 수 있다. 한도를 넘어서지 않고 관계를 유지할 수 있다. 다른 사람이 한계에 도달했거나 도달하려 할 때도 우리가 알아보고 잠시 중단시켜 준다. 그러면 둘 다 쉴 수 있다. 때로 우리는 민감하지 못하여 신호와 휴식을 무시한 채 이렇게 말한다. "네가 많이 지친 것 같은데 버티려면 무엇이 필요하지?" 그보다 이렇게 물어야 한다. "너 괜찮아? 휴식이 필요하지 않아? 힘들어 보이는데 잠깐 쉬었다 가자!" 우리는 눈에 보이고 귀에 들리는 신호를 제대로 해석한다. 상대방은 정점에 거의 다 왔으므로 이제 휴식을 취해야 할 때다. 이 중요한 단계는 몇 분밖에 지속되지 않을 수 있지만, 그래도 고통의 악화를 예방하여 모두를 안전하게 지켜 준다. 우리는 심안에 의지하여 다른 사람들의 입장이 된다. 그들의 감정을 정확히 측정하고, 그들에게 필요한 것과 멈추어 쉬어야 할 때를 파악한다. 우리는 사람들을 귀히 여기기에 서로의 한계와 제한된 인내력을 존중한다.

멈추어야 할 때를 아는 기술이 없으면 상대를 기가 질리게 만들고 자신도 기가 질린다. 작지만 명확한 단서를 무시하면 더 극단적인 탈진의 신호가 온다. 예컨대 상대가 울음을 터뜨리거나 아예 폭발해 버린다. 그들은 결국 우리를 경계하고, 우리는 결국 탈진과 외로움에 빠진다. 우리의 표정, 목소리, 어휘, 격한 감정, 사생활 침해 때문에 사람들은 경계를 늦추지 못한다. 탈진의 신호는 상대에게 휴식이 필요함을 알려 준다. 그 신호를 제대로 해석하지 못할 때 우리는 경고등을 무시한다. 그래서 상대에게 격노하고, 때리고, 언성을 높이고, 무조건 대답을 강요하고, 욕하고, 학대하고, 부상을 입히고, 때로는 죽이기까지 한다. 흔히들 그런 우리를 보고 '폭발했다'고 표현한다. 성숙한 사람들은 우리에게 분명히 말한다. "지금은 네 감정이 격해 있다. 제발 멈출 수 없는가!" 어린아이들과 노인들과 약자들은 우리에게 마음을 닫아 버린다. 멈추어야 할 때 멈추지 않으면 언제나 기쁨의 수위가 떨어진다.

기술13: 영안(靈眼)으로 본다. 이 기술이 있는 사람은 매사를 하나님의 눈으로 보아 평안을 얻는다. 상황이나 감정이 그에 일치하지 않을 때도 마찬가지다. 시선을 하나님께 돌려 "주님, 여기서 제가 무엇을 보기를 원하십니까?"라고 여쭐 때, 우리는 소망과 목적과 샬롬으로 충만한 삶을 발견한다. 우리의 자원이 축소되고 역량이 고갈되고 힘이 사라질지라도, 이 기술은 하늘에 계신 우리 아버지께서 여전히 가까우시고 친밀하심을 일깨워 준다. 다윗은 영안을 이렇게 시적으로 묘사했다. "내가 사망의 음침한 골짜기로 다닐지라도 해를 두려워하지 않을 것은 주께서 나와 함께하심이라"(시 23:4). 스데반은 이렇게 표현했다. "보라, 하늘이 열리고 인자가 하나님 우편에 서신 것을 보노라"(행 7:56). 이런 사례들은 얼마든지 많이 있다. 요컨대 영안이란 현실을 왜곡하지 않고 하나님의 눈으로 지각하는 것이다. 그러면 우리와 교류하시며 우리의 삶과 슬픔과 관계에 동참하시는 기쁘신 하나님을 만나게 된다. 이 기술이 있는 사람은 설령 사람들이 좌절과 고통을 안겨 줄지라도 그들을 하나님의 눈으로 본다. 임마누엘 하나님이 은혜로 휘장을 걷으시고, 기존의 우리 생각보다 더 많은 것들을 보여 주신다. 우리는 관계적 하나님이 좋을 때나 궂을 때나 우리를 사랑하시고 돌보아 주심을 배운다. 본래 삶이란 임마누엘의 시각과 가치관에 맞추어 동기화를 이루도록 되어 있다.

영안으로 보는 기술이 없으면 역기능과 왜곡만 보고 기억한다. 그러면 샬롬을 누릴 수 없고 고통에서 아주 회복될 수도 없다. 우리의 초점은 사람들이 작위나 무작위로 유발한 상처와 고통에서 벗어나지 못한다. 영안이 없으면 모욕감, 상처, 용서하지 않는 마음, 원한, 좌절, 아픔에서 헤어날 수 없다. 그리하여 근심과 두려움과 불안과 많은 혼란을 경험한다. 나에게 상처를 준 사람과 사건에 연연해 있으면 갈등이 풀리지 않는다. "자기가 뭔데 나한테 감히 그럴 수 있어?" 이런 말로 상처를 계속 품고 있을 권리를 정당화한다. 우리는 자꾸 오감으로 감지되는 것에만 집중한다. 하지만 모든 상황에는 오감으로 알 수 없는 부분도 있다. 사람들이 고통을 주면 비난을 퍼붓거나 도망쳐 버린다. 상대가 내가 사랑하는 사람일 때도 마찬가지다. 고통을 처리하지 않으면 그것이 우리의 현재를 앗아 가고 미래에까지 영향을 미친다. 영안을 구사하지 않으면 그렇다. 하나님은 우리와 함께하시고 우리와 세상을 상대하며 교류하신다. 그런데 우리는 너무나 쉽게 그분을 놓친다. 함께하시는 하나님을 이론적으로 안다 해서 그것이 영안은 아니다. 바울은 거의 한평생을 다 바쳐 하나님에 대해 공부했지만, 살아 계신 하나님을 만나기 전에는 삶의 변화가 없었다. 영안이 없으면 고통스러운 사건을 떠올릴 때 상처만 있고, 모든 것이 합력하여 선을 이루는 샬롬은 없다.

기술4: 감사를 불러일으킨다. 이 기술이 있는 사람은 어디를 가나 기쁨을 표현한다. 감사하는 사람은 늘 관계를 유지하며, 자신의 관계 회로가 고장 났을 때도 재빨리 관계로 복귀한다. 다른 사람들을 도와 관계로 복귀하게 할 때도 이 기술을 활용한다. 사람들에게 감사를 표현하면 그들은 자기가 즐거움의 대상이 되어 주목받는다고 느낀다. 기술4는 또한 소속감을 유발하므로 약자가 강자와 교류하기 시작한다. 이 기술은 "나는 너의 이런 점이 감사하다!"고 말하여, 불운한 하루나 언짢은 기분이나 서글픈 태도를 반대로 돌려놓는다. 감사는 후하신 하나님을 드러내 주므로, 자신이나 타인이나 상황을 대할 때 무엇이 중요한지 상기하게 된다. 감사는 인간의 뇌를 가장 이상적인 정신 상태에 들게 하고, 사람들을 서로 이어 준다. 이 점에 유념하여 우리는 기술4를 통해 의미를 부여하고, 사랑을 표현하고, 사람들의 참 가치를 일깨워 준다. 이 기술을 구사하면 "주목받는 기분이다!"라는 반응이 나온다. 늘 감사 제목에 주목하면 뇌가 훈련되어 좋은 쪽에 초점을 맞추게 되고, 그런 뇌가 활성화되면 우리를 하나로 묶어 준다. 감사의 수위가 높아질수록 문제가 점점 작아져 삶을 감당하기가 더 쉬워진다.

감사를 불러일으킬 줄 모르면 상황과 관계를 대할 때 중요한 부분을 놓친다. 결국 우리는 비관과 원한과 억울한 마음에 빠진다. 그뿐 아니라 사람들과 단절된 기분이 들고 자꾸 그들을 비판하게 된다. 문제가 가장 중요한 초점이고 화제이며 기억 내용이 된다. 기술4가 덜 개발되어 있으면 우리는 늘 분주하고 산만하고 짓눌리고 단절된다. 그래서 주변 사람들은 자신이 왜소하게 느껴진다. 감사의 수위가 낮으면 우리 입에서 "될 대로 되라지"와 같은 말이 나온다. 부정적 감정이 우리의 세상과 현실을 지배한다. 이 기술이 없는 사람은 삶과 교류에서 관계와 무관한 전략에 익숙해진다. 보다시피 세상에는 감사가 모자라다.

건강한 가정과 기쁨의 공동체를 가꾸려면 다양한 관계 기술이 골고루 다 필요하다. 관계 기술을 길러서 퍼뜨리면 생명과 기쁨과 목적이 돌아온다. 관계 기술이 갖추어져 있으면 각 기술을 우리가 사랑하는 사람들에게 전수할 수 있다. 관계 기술은 저절로 자라지 않는다.

뇌의 관계 기술을 퍼뜨리는 데 기쁨이 어째서 필수인가?

기쁨은 새로운 뇌 기술을 배우고 기존의 약한 기술을 강화할 수 있는 이상적 조건이자 동기다. 우리가 배우는 게 자동차 운전이든 건배이든 식료품 구입이든, 관계적 기쁨이 있으면 매사가 더 즐거워진다. 기쁨은 온유한 보호자 기술을 새로 배우고 기를 수 있는 추진력을 더해 준다. 기쁨은 안전한 환경을 제공하고 풍성한 결실을 낳는다. 이런 기술이 우리 삶과 성품의 관계적 피륙이 된다.

뇌의 관계 기술이 결여되어 있으면 그 자리에 다른 것들이 자란다. 혼란스러운 감정을 인위적으로 조절하고 가라앉히는 데 뇌 기술 대신 빕스(BEEPS)가 큰 역할을 한다. 그러므로 아직 기술이 없더라도 사랑의 관계가 있는 사람들에게는 기쁨이 근본적으로 빕스(BEEPS)를 차단해 준다.

뇌 기술을 퍼뜨리는 데 기쁨이 필수인 가장 중요한 이유가 있다. 뇌 기술은 유대 관계가 없이는 퍼지지 않는데, 기쁨이 그 유대를 가져다주기 때문이다. 방금 전에 보았던 '멈출 줄 아는' 기술을 예로 들어 보자. 내가 멈출 줄을 모르는 사람이라고 하자. 즉 비언어적 신호를 제대로 읽지 못하거나, 신호를 보고도 부교감 미주(迷走) 신경을 제대로 활성화시키지 못한다고 하자. 그렇다면 다음번에 다른 사람이 아무리 멈추라고 지시해도 나에게 도움이 되지 않는다. 다음번에 나 자신이 멈추고 싶어도 소용없다. 다른 사람이 멈출 줄 알아도 나에게는 도움이 되지 않는다. 이 기술은 누가 시키거나 말로 가르친다고 해서 퍼져 나가는 게 아니다.

그리스도인들은 교습, 강의, 성경공부, 설교, 달라지겠다는 다짐 따위로 성품의 기술을 전수하려고 오랫동안 노력했다. 내가 만일 멈출 줄 아는 사람인데 단지 마음이 내키지 않는 경우라면, 그 모두가 도움이 된다. 일단 설득만 되면 나는 변화될 것이다. 하지만 기술이 없는 연약한 사람들에게는 무슨 수를 써도 부교감 미주 신경이 제대로 활성화되지 않는다. 따라서 그들은 멈출 수 없다. 남을 해치기 전에 분노를 멈추어야 한다고 1년 동안 성경공부에서 배워도 전혀 훈련되지 않는다. 멈추는 법을 배우려면 이미 멈출 줄 아는 사람과의 기쁨의 유대 관계를 통해서만 가능하다. 기술이 전파되려면 반드시 기쁨의 관계가 있어야 한다. 강자와 약자가 함께 있어 연약함을 애정으로 대해야 한다. 기쁨이 없이는 온유한 보호자 기술이 전파될 수 없다. 전혀 불가능하다.

관계 기술은 어떻게 전파되는가?

식물은 구근, 꺾꽂이, 종자 등 다양한 방법으로 번식한다. 각각 알맞은 방법을 써야지 그렇지 않으면 성과가 없다. 관계 기술도 한 사람에게서 다른 사람에게로 전파되려면 구체적인 방법이 필요하다. 온유한 보호자 기술 중 더 중요한 것들은 다음과 같은 방법으로 전파된다. 1)사람들 사이에 유대가 있어야 한다. 2)실시간에 얼굴을 마주 대하고 능동적으로 교류해야 한다. 3)사고 공유 상태가 이루어져야 한다. 4)훈련받는 사람의 머릿속에 습득될 때까지 기술을 반복해서 사용해야 한다. 5)기술의 의도적 전파를 장려하려면 교류의 이야기를 나누어야 한다.

이상의 전파 방법을 지면상 이 책에 자세히 다룰 수는 없다. 기술이 있는 사람은 마치 휘파람을 불듯이 기술을 보여 줄 수 있지만, 기이 없는 사람은 책에 아무리 자세히 말해도 배울 수 없다. 기술이 전파되려면 휘파람을 불 줄 아는 사람과 불 줄 모르는 사람 사이에 교류가 있어야 한다. 기술을 새로 배울 때는 기술을 실습할 때보다 교류가 더 많이 필요하다.

관계 기술을 배우려면 이미 기술을 갖추고 있는 사랑하는 사람들과 실시간의 교류를 나누어야 한다. 백 년 전만 해도 얼굴을 마주 대하는 교류는 개인적 친분을 나누는 몇 안 되는 방법 중 하나였다. 요즘은 편리한 방법이 아주 많아졌다. 이제 세상이 많이 변하여 하루 동안 얼굴을 마주 대한 상태로 사고를 공유하는 교류가 크게 줄었다. 여기에는 명백한 문제가 있다. 최고의 첨단 기기조차도 관계 기술의 전파에 필요한 사고 공유 상태를 방해한다는 것이다. 첨단 기기는 숙련된 사람들이 실습하는 데는 도움이 되지만, 미숙한 아이들이나 성인들이 관계 기술을 새로 배우는 데는 도움이 되지 못한다. 따라서 첨단 기기는 뇌 기술의 정상적 전수를 철저히 봉쇄하는 한편, 온유한 보호자 기술을 소멸의 위기로 몰아간다.

가족들이 함께 앉아서도 각자 스마트폰을 들여다보고, 동영상을 보고, 문자를 보내고, 전화를 걸고, SNS에 게시물을 올리는 경우가 얼마나 많은가! 인터넷은 필수적 관계 기술을 전파하는 데 백퍼센트 걸림돌이 된다. 인터넷은 뇌의 배선을 바꾸어 놓으며, 특히 기쁨이 빈약한 사람들에게 더욱 그렇다. 첨단 기기 때문에 배선이 달라진 뇌는 여간해서 멈추어 쉴 줄을 모른다. 이렇게 휴식이 부족하면 기쁨의 수위가 떨어진다.

아무리 스마트폰으로 이모티콘을 보내도 사랑하는 사람의 폭소를 직접 듣는 것과는 느낌이 다르다. 내 주변에 전염성 있는 웃음으로 나까지 웃게 만드는 사람이 있는가? 이런 느낌은 실시간의 교류에서 비롯된다. 기술이 전수되려면 기술을 갖춘 나이든 세대와 기술이 결여된 젊고 약한 그룹이 서로 교류해야 한다. 숙련된 집단과의 교류가 많이 필요하다. 그런 집단이 빠른 속도로 자취를 감추고 있다.

한 집안의 모든 식구들에게 특정한 기술이 결여된 경우도 흔히 있다. 애초에 그 기술을 배운 사람이 집안에 아무도 없기 때문이다. 이런 결손은 몇 세대 전으로까지 거슬러 올라갈 수 있다. 필수적 관계 기술이 결여된 가정은 분노, 알코올 중독, 자아도취, 마약 남용, 폭력, 방치, 취약성 따위를 전수한다. 누군가 기쁨을 시작하여 기쁨이 빈약한 가정, 학교, 교회에 기쁨을 다시 들여놓아야 한다.

연약함은 어째서 필수인가?

약자를 돌볼 필요가 없다면 약자와 강자의 교류가 부족해져 어떤 관계 기술도 전파될 수 없다. 바다거북은 알을 깨고 나오자마자 부모 없이 바다로 간다. 하지만 우리는 바다거북과 달리 연약하여 스스로 자랄 수 없다. 약자가 스스로 돌볼 수 있다면 관계 기술은 한 세대 만에 사라질 것이다. 약자를 도우려는 기쁜 열망은 교류를 낳고, 그 교류를 통해 무엇이든 내게 있는 기술이 전파된다. 관계 기술이 없어도 기쁨이라도 있으면, 최소한 약자를 도우려는 그 기쁨이 기쁨을 퍼뜨린다.

다행히도 연약함은 어디에나 있다. 게다가 자신의 참 자아를 망각하는 우리의 성향보다 더 고질적인 연약함이 또 있을까? 그런 자기답지 못한 모습에 서로 보호자처럼 애정으로 반응해 주면, 임마누엘이 임재하셔서 우리의 정체성을 알려 주시고 기쁨을 회복할 길을 보여 주신다. 다른 사람들을 훈련시켜 기쁨으로 돌아가게 하려면 애정과 임마누엘이 반드시 필요하다. 바울은 이렇게 표현했다. "형제들아, 사람이 만일 무슨 범죄한 일이 드러나거든 신령한 너희는 온유한 심령으로 그러한 자를 바로잡고"(갈 6:1).

가정이나 학교나 교회 공동체에서 지독한 모욕을 몇 번만 경험하면, 웬만한 사람은 빗장을 지르고 안으로 숨는다. 하지만 강한 사람들이 자신의 연약함과 자기답지 못했던 행동을 털어놓으면, 다른 사람들도 용기를 얻어 똑같이 한다. 기쁨의 기술을 가꾸려면 그룹의 모든 구성원들이 연약함을 볼 때 조심해야 한다. 성장기에 기쁨이 빈약했던 사람들은 연약함을 보면 표정이나 말로 기쁨이 빈약한 반응부터 보일 때가 많다. 연약함을 무조건 벌하는 문화도 많이 있다. 그런 문화에서는 모든 사람이 실패를 비난한다. 부모들은 자녀를 기쁨의 다세대 공동체, 희망의 공동체에 적합하게 기르는 게 아니라 "세상에 부딪칠 준비를 시킨다"며 자꾸 혼낸다. 자칫 우리는 자신이 연약하다는 이유로 자신을 미워하기 쉽다.

지금까지 배운 내용을 모두 종합해 보자. 우선 우리 모두는 연약하고 미숙한 상태로 태어난다. 우리가 태어난 가정에는 어떤 기술은 있지만 다른 기술은 없다. 조상에게 외상이 있었다면 그때마다 그에 상응하는 온유한 보호자 기술이 상실되었을 가능성이 있다. 기술이 상실될 때마다 우리에게 가해자의 뇌 구조가 더 많이 표면화된다. 가해자의 뇌 구조는 기술과 훈련이 덜 필요하므로, 보호자 기술이 상실될 때마다 그 구조가 퍼져 나간다. 가해자들이 많아지면 우리 문화가 연약함에 애정으로 반응하지 못한다. 그리하여 기쁨의 수위가 떨어진다.

보호자는 어떻게 연약함을 통해 기쁨의 기술을 전파하는가?

보호자는 대체로 다른 사람들에게 접근할 때 먼저 자신의 연약한 면을 보인다. 그 일을 아주 매끄럽게 해서 웬만한 사람들은 알아차리지 못한다. 그만큼 보호자가 자신의 연약함에 대해 두려움과 걱정이 없기 때문이다. 동시에 보호자는 늘 상대에게 주목한다. 예컨대 우물가의 사마리아 여인에게 다가가신 예수님은 그녀의 삶을 변화시키실 수 있는 능력의 소유자이셨다. 하지만 그녀가 만난 사람은 자신에게 물을 청하는 배고프고 목마른 나그네였다. 능력 있는 지도자가 앉아서 듣다가 이렇게 말하는 것을 우리도 본 적이 있다. "이 부분이 잘 이해가 가지 않아 도움이 필요합니다. 당신이 좀 설명해 주시겠습니까?" 그들은 자신에게 이해가 부족함을 내보인다. 알아야 할 게 많지만 아직 다 알지 못함을 드러낸다. 덕분에 연약한 구성원이 값진 기여를 할 수 있다.

보호자는 자기와 함께함이 남들에게 별로 즐겁지 못할 수도 있음을 안다. 그래서 그 이유에 대해 그들에게 수치심의 메시지를 청해 듣는다. "당신 마음에 들지 않는 내 모습이 무엇인지 말해 주십시오. 이 상황이나 나의 통제에 대해서도 마찬가지입니다." 이런 말을 통해 소통의 문의 열린다. 그러려면 그전에 먼저 신뢰가 쌓여 있어야 한다. 일부 가해자들도 상대의 의심을 없애려고 이런 전략을 쓴다. 그러다 보니 강한 사람에게 우리 마음에 들지 않는 것을 말하기가 대개 두렵다. 따라서 조금이라도 진전이 있으려면 보호자의 투명성이 매우 중요하다. 온유한 보호자는 투명한 사람으로 알려져 있다. 보호자는 자신의 약점을 얼마든지 숨길 수 있는데도 기꺼이 취약한 모습을 보인다.

보호자는 문제에 대해 말하기보다 관계와 그룹 정체성의 중요성을 더 많이 말한다. 예컨대 어느 캠프장의 요리에 문제가 있다고 하자. 보호자는 이런 식으로 운을 뗀다. "이용자들이 나중에 우리 캠프장을 생각하며 얼마나 감사하게 될지는 우리 요리사들이 어떻게 하느냐에 달려 있습니다." 그 다음에 문제를 거론하고 나서 끝으로 이렇게 말한다. "우리는 이런 문제에 관심을 쏟는 사람들입니다." 앞서 말했듯이 이를 관계의 샌드위치라 부른다. 보호의 핵심은 다음 사실을 기억하는 것이다. 즉 우리는 기쁨과 샬롬을 앗아 가는 문제들로부터 관계를 보호한다.

기쁨을 회복하는 기술에는 6가지 감정이 개입된다

앞서 말했듯이 우리 뇌는 6가지 불쾌한 감정을 느끼게 되어 있다. 그런 감정에서 기쁨으로 복귀할 줄 모르는 사람은 감정을 증폭시키거나 회피한다. 6가지 감정이란 분노, 두려움, 슬픔, 수치심, 혐오감, 절망감이다. 이들 각 감정에 대해 기쁨을 회복하는 기술을 따로따로 연습해야 한다. 누구든지 기쁨으로 복귀할 줄 모르는 사람은 감정에 혼란이 오면 위험해진다. 어떤 사람은 공격하고 어떤 사람은 뒤로 빼지만, 양쪽 다 피해를 유발하기는 마찬가지다. 이 기술이 없다면 우리가 취할 수 있는 최선의 조치는 사랑하는 사람들에게 이렇게 경고하는 것이다. "나를 화나게 하지 마!" "너무 심하게 굴지 마!"

온유한 보호자는 기쁨으로 복귀할 줄 알며, 상대에게 6가지 감정 중 하나가 있으면 상대를 애정으로 돕는다. 똑같은 감정을 자기도 함께 겪고 있더라도 마찬가지다. 슬픔을 예로 들어 보자. 온유한 보호자는 슬픈 사람을 보면 상대에게 다가가 이해하고 인정하고 위로하고 싶어진다. 다가가고 싶은 강한 인력(引力)이 내면에 느껴진다. 자신 또한 슬플 때도 마찬가지다.

분노는 6가지 감정 중 더 힘든 경우다. 그래도 분노에서 기쁨으로 복귀할 줄 아는 온유한 보호자는 성난 사람을 보면 상대에게 다가가 이해하고 인정하고 위로하고 싶어진다. 보호자 자신까지 성난 경우라도 마찬가지다. 분노에서 기쁨으로 복귀할 줄 모르면 이런 예가 전혀 무의미하다. 본능적으로 우리는 성난 사람을 피하려 한다. 자신이 성났을 때도 일단 사람들에게 거리를 두려 한다. 분노는 기쁨을 낳는 게 아니라 상처를 낳기 때문이다. 훈련되지 않은 뇌에는 그런 두려움이 정당한 것이다. 훈련이 없다면 홧김에 기쁨이 아니라 가해자와 피해자의 습성을 퍼뜨리고 만다. 사실 분노는 전혀 위험하지 않을 수도 있다. 하지만 사람들은 여간해서 이를 믿으려 하지 않는다.

기쁨을 회복하는 기술을 배운 사람은 늘 예리한 관심을 가지고 상대를 하나님의 눈으로 본다. 또 분노 중에도 샬롬에 이르러 하나님의 임재를 경험한다. 보호자는 자신의 강점을 살려 성난 사람을 능동적으로 상대하되 관계를 중시한다. 그러나 성난 사람이 관계 회로의 작동을 재개하지 않으면, 보호자는 조치를 취하여 모든 사람에게 미칠 피해를 최대한 예방하고 줄인다. 이는 마치 통제력을 잃어버린 운전자를 상대하는 일과 같다. 조심해야 하지만 그렇다고 차를 겁낼 것까지는 없다. 피해를 피하면서 안전하게 운전하면 된다.

　6가지 불쾌한 감정 중에 수치심이라는 게 있다. 수치심은 기쁨의 반대이지만 우리의 성장에 꼭 필요하다. 그래서 여기서 잠시 이 주제를 다시 논하고자 한다. 수치심은 사람들이 나와 함께함을 즐거워하지 않을 때 내게 드는 느낌이다. 수치심은 나답지 않은 행동을 고통스럽게 경고해 준다. 상대가 진정한 자아로 행동하지 않으면 우리에게 기쁨이 없다. 예컨대 어떤 사람이 우리에게 상스러운 말을 한다고 하자. 우리는 혐오감을 느끼고 상대는 수치심을 느낀다. 이를 통해 상대는 자신이 참 자아로 살아가고 있지 않음을 배울 수 있다. 우리는 상대를 도와 참 자아를 되찾아 주는 기쁨을 누릴 수 있다. 우리는 임마누엘의 도움으로 상대의 참 정체성을 볼 수 있다.

　상대의 참 자아를 보지 못하면 유해성 수치심을 안겨 주게 된다. "너는 순전히 거짓말쟁이야"라는 식으로 상대의 참 정체성에 대해 거짓말을 하게 된다. 이는 역기능을 사람의 정체성으로 착각하는 행위다. 상대에게 건강한 수치심을 주었더라도 1분 이상 기쁨의 회복을 막으면, 그때도 유해성 수치심이 생겨난다. 그러면 우리도 기쁨을 잃고 금방 연약해진다. 1분이 넘도록 상대를 기쁨으로 돌아가지 못하게 막는 것은 연약함에 대한 온유한 애정의 반응이 아니다. 많은 사람들이 관계와 기쁨을 거두어 애착의 고통을 유발한다. 그런 식으로 자기 뜻을 관철시키고 통제권을 유지하려는 것이다. 이는 타인의 약점을 애정으로 대하는 게 아니라 오히려 가해자의 반응이다.

　앞서 배웠듯이 수치심을 받아들이지 않는 사람은 자아에 도취된 사람이다. 성경의 표현으로 "목이 곧은" 사람이다. 전혀 부끄러움을 모르기 때문이다. 자아에 도취된 사람은 대개 남의 약점에 분노와 경멸을 보인다. 그런 식으로 유해성 수치심을 유발하여 주변 사람들을 통제한다. 자아도취에 빠진 사람은 기쁨과 거리가 먼데도, 마치 자기가 늘 기쁨을 가져다주는 것처럼 대우받으려 한다. 수치심에서 기쁨으로 복귀할 줄 모르는 그룹은 결국 자아에 도취된 한 사람 때문에 망한다.

기쁨이 결핍된 뿌리에서 파생된 문화가 많이 있다. 이런 문화에서 수치심은 피해야 할 대상이지 기쁨으로 복귀하는 길이 아니다. 수치심에서 기쁨으로 복귀하는 기술을 갖춘 사람도 거의 없다. 예컨대 우리가 수치심을 회피하는 문화 속에서 자랐다고 하자. 수치심에서 기쁨으로 복귀하는 기술이 있음을 아무도 상상조차 하지 못한다. 문화 전체가 수치심을 피하려고 안간힘을 쓴다. 수치심에 대한 두려움을 이용하여 자신과 남의 행동을 통제할 때도 많다. 수치심을 회피하는 일이 다분히 삶의 동력이자 가치관이 되고 만다. 이런 가치관을 보호하면서 동시에 기쁨의 수위를 높이기란 몹시 힘들다.

우리가 기쁨의 회복으로 착각하는 것들

감정을 차단하는 사람은 비교적 상황에 잘 대처하는 것처럼 보인다. 그래서 현실과의 단절을 기쁨의 회복으로 착각하기 쉽다. 또 겉보기에 고통이 없다고 해서 혼란스러운 감정에서 기쁨으로 복귀할 줄 안다는 뜻은 아니다. 애착을 거부하는 습성이 있는 사람은 인터넷과 온갖 취미 속에 고립되어 있으면서 모든 일이 잘되고 있다고 생각한다. 그들은 고통이 마치 남의 문제인 냥 이런 식으로 말한다. "진정해! 과잉 반응하지 마!" 그러다 고통이 사라지거나 다시 견딜 만해지면 그제야 한숨 돌리고 교류를 시작한다. 애착을 거부하는 사람이 기쁨으로 복귀하는 기술을 갖춘 보호자와 교류하면, 다음과 같은 즐거운 깨달음을 얻는다. 감정이 우리를 삼키거나 질식시키지 않는다는 사실이다. 그래서 더 이상 고통을 피하거나 축소할 필요가 없다. 오히려 감정을 나누고 기쁨으로 복귀하는 법을 배울 수 있다.

남을 돌보며 미소를 짓는 것도 고통에서 기쁨으로 복귀하는 일과 같지 않다. 겉으로 행복해 보이려는 것도 기쁨의 회복과 다르다. 남에게 억지를 부려 내 기분을 살리는 것도 기쁨의 회복이 아니다. 온유한 보호자 기술을 구사하는 사람은 거짓 자아를 조종하는 두려움을 무력하게 만든다. 남을 이용해서 내 기분을 살리는 데 익숙해진 사람도 더 이상 겉으로만 행복해 보일 게 아니라 보호자의 도움을 통해 기쁨으로 복귀할 수 있다.

아무도 화나지 않게 하려고 긁어 부스럼을 두려워하는 것은 기쁨의 회복이 아니다. 두려워하는 사람은 상대를 회유하며 비위를 맞춘다. 관계의 배가 뒤집혀 고통의 물속에 빠지는 사람이 없도록 안간힘을 쓴다. 혼란을 두려워하면 감정을 속에 묻어두고 자신의 참 기분을 숨긴다. 겉으로는 그것이 힘과 안정처럼 보인다. 하지만 고통에서 기쁨으로 신속히 복귀하는 기쁨의 사람은 고통이나 혼란을 두려워하지 않는다. 그 상태가 오래가지 않기 때문이다. 기쁨을 회복하는 기술을 갖춘 보호자와 교류하고 그런 보호자에게 훈련을 받으면, 힘과 신뢰가 생겨난다. 보호자는 일관성이 있고, 감정을 솔직히 내보이며, 불안해하지 않는다. 거기서 새로운 기술을 배울 수 있는 견고한 유대가 싹튼다.

기쁨으로 복귀하는 작업

기쁨이란 함께함을 즐거워한다는 뜻이다. 따라서 가정과 학교와 교회에서 일이 틀어질 때 우리에게 필요한 것은 기쁨의 회복이다. 누군가 나에게 감정이 좋지 않을 때 우리는 관계를 회복시켜 기쁨으로 복귀할 줄 알아야 한다. 그러면 함께 문제를 해결할 수 있다.

<u>가정에서 기쁨으로 복귀한다</u>

기쁨의 회복은 한 가정에 갖추어진 기술의 총량에 달려 있다. 우리 각자는 부모나 가까운 친척들이 내게 썼던 기술들을 물려받았을 수 있다. 두 사람이 결혼하면 양가에서 썼던 기술들이 하나로 모아질 가능성이 있다. 예컨대 신부의 집안은 슬픈 사람을 깊은 애정으로 대하지만 신랑의 집안은 슬픔을 약점으로 볼 수 있다. 이것은 부부에게 갈등의 소재가 된다. 슬픔을 냉정하게 대하는 남편의 성향과 애정으로 기쁨을 표현하는 아내의 성향이 서로 부딪친다. 남편이 아내에게서 기술을 배울 수도 있고, 남편의 외상이 자녀에게 기술의 결손으로 전수될 수도 있다. 자녀는 슬픔에서 기쁨으로 복귀하는 기술을 배울 수도 있고 그렇지 못할 수도 있다.

이 예를 계속 생각해 보자. 아내의 집안은 분노에서 기쁨으로 복귀하는 법을 몰랐다. 그 집에서는 누가 화가 났다 하면 기쁨이 모두 사라졌다. 분노를 유발한 문제가 언제나 가족 관계보다 더 중요했다. 상처받는 것은 정말 위험한 일이었다. 엄마가 되어서도 그녀는 어떻게든 분노를 피하려 한다. 그래서 아이들에게도 자기를 화나게 하지 말라고 경고한다. 온 가족이 분노를 두려워하고 피해야 한다. 남편의 집안은 분노에 다르게 대응했으나 결과는 똑같았다. 결국 이 가정에는 화날 때 함께함을 즐거워할 사람이 아무도 없다. 이 기술이 결여되어 있는 한 언제나 분노가 이 집의 기쁨을 몰아낼 것이다.

그런데 양쪽 모두 농사짓는 집안 출신이다 보니 혐오감의 경우에는 관계를 유지하기가 어렵지 않다. 예컨대 여자들은 아기의 똥 기저귀를 갈고 구토물을 치우고 병수발을 하는 데 혐오감이 들지만, 그래도 상부상조하여 병들고 다친 사람들을 애정으로 수발한다. 남자들은 직업상 소떼를 치면서 미끄럽고 지저분한 곳에도 들어가야 한다. 그들은 혐오 식품을 먹으며 서로 웃어넘기기도 한다. 혐오감 때문에 함께함을 즐거워하지 않을 수 있다는 것은 양쪽 집안 모두 상상할 수도 없다.

브라이언(Brian)과 셸리(Shelly)는 친구들과 이웃들에게 나무랄 데 없는 가정처럼 보인다. 둘 다 좋은 직장에 다니고 있고 연비가 좋은 차를 몰고 있다. 안전한 동네에 좋은 주택도 장만했다. 세 자녀는 스포츠와 다양한 학교 활동에 열심이다. 친구들도 많아서 주말에는 어울려 놀기도 한다. 브라이언은 열심히 일하며 가족들을 사랑한다. 셸리도 사랑받으며 자랐으나 결국 부모가 지저분하게 이혼했다. 그녀는 연약함을 잘 용납하지 못하며 가해자의 위협으로 자녀를 통제한다. 자기가 조용히 텔레비전을 보려고 자녀들에게 질서와 정숙을 요구한다. 그녀는 가족들에게 친절한 말을 하지 못한다. 가족들이 그녀를 기쁘게 하려고 열심히 노력해도 소용없다. 그녀는 남편과 자녀를 안아 주거나 말로 세워 주거나 애정을 표현할 줄 모른다. 브라이언이 지적하면 셸리는 이렇게 자신을 정당화한다. "굳이 말하지 않아도 내가 사랑한다는 걸 다들 알아야지." 그것으로 대화는 끝이다.

문제를 대하는 브라이언은 영락없는 피해자다. 소통을 끊은 채 침묵으로 일관한다. 때로는 문제에 가해자처럼 반응하여 버럭 화를 내기도 한다. 그러면 온 가족이 기가 죽는다. 그는 지긋지긋하다는 말로 자신의 격노를 정당화하며, 혼자 생각 좀 하게 다들 입 좀 닥치라고 쏘아붙인다. 대개 이런 일은 직장에서 힘든 하루를 보냈거나 술을 너무 많이 마셨을 때 발생한다. 브라이언은 속으로 지쳐 있고 삶과 결혼 생활에 대해 절망감이 든다.

이들의 큰딸 티나(Tina)는 점점 완고해지고 남을 통제하려 든다. 수치심의 메시지도 받아들이지 않는다. 티나는 자기가 예쁘고 학교에서 인기가 좋다는 것을 권력으로 삼아 다른 사람들을 거부하고 상처를 입힌다.

브라이언과 셸리는 '승리: 기쁨을 회복하는 부부 수련회'에서 기쁨을 회복하는 기술과 온유한 보호자 기술을 접했다. 처음에는 내키지 않았으나 점점 연습에 마음을 열고 기쁨을 가꾸기 시작했다. 한번은 연습 중에 브라이언이 셸리에게 그동안 자신이 분노를 터뜨린 것을 용서해 달라고 했다. 셸리는 자기도 모르게 울음을 터뜨렸다. 성장기에 그녀는 안심하고 감정을 내보일 수 없었다. 그 주말은 결국 기쁨과 치유의 시간이 되었다. 자녀들도 알아차리고 "엄마 아빠가 그 주말에 교회에 다녀온 뒤로 훨씬 다정해졌다"고 말했다. 이 부부가 해야 할 일은 아직도 많지만, 가정의 기쁨 수위가 높아진 것만은 분명하다. 티나도 자기가 그동안 학교 친구들에게 상처를 주어 슬프다고 엄마에게 털어놓았다. 결국 티나는 친구들에게 사과했고, 그때부터 학교에서 밝은 표정을 지었다. 브라이언과 셸리와 티나는 가정에서 관계를 문제보다 더 크고 중요하게 지키는 법을 배우고 있다.

학교에서 기쁨으로 복귀한다

평범한 자녀가 부모 중 한 쪽의 관계 기술로부터 얻을 수 있는 혜택은 제한적이다. 기쁨이 결핍된 부부들일수록 이혼율이 더 높은데다, 부부 중 적어도 한쪽은 기쁨으로 신속하게 복귀할 줄을 모른다. 따라서 위험 요소가 더 많은 아이들일수록 이미 편부모 가정에 있을 소지가 높다. 새로운 것을 배울 수 있는 최고의 기회는 학교에 있다. 학교에서 아이들은 또래 친구들과 교사들을 만나고, 가정에서 상상할 수도 없던 가능성을 접한다.

많은 아이들이 교사에게 강한 영향을 받아 학교에서 처음으로 기쁨을 발견한다. 그래서 각 세대마다 교사들은 관계 기술의 전략적 통로가 된다. 교사들이 아이와 함께하는 기쁨을 보여 주어야 한다. 그렇지 않으면 관계 기술이 전수될 수 없다. 일부 최고의 교사들이 교직을 선택한 이유는 가정에서 경험하지 못했던 기쁨과 온유한 보호자 기술을 일찍이 자신의 어느 한 교사가 보여 주었기 때문이다.

4학년 때 담임인 플라워즈 선생님이 내가 교실에 들어설 때마다 웃어 주며 내 이름을 기억한다고 하자. 그녀는 내가 잘한 일을 기억하며 기뻐하지만, 또한 나의 약점들도 신중히 찾아낸다. 그녀는 내 철자법이 형편없다는 것도 알고, 내가 구구단의 제9단을 모른다는 것도 알고, 공을 찰 때 헛발질이 잦다는 것도 안다. 아이들도 다 알고 웃지만 선생님은 아이들이 그런 식으로 웃는 것을 좋아하지 않는다. 반대로 우리에게 서로를 존중하도록 가르친다. 그녀는 내가 잘 못하는 모든 일을 아주 즐겁게 지도해 준다. 하지만 플라워즈 선생님이 가장 훌륭한 점은 따로 있다. 그녀는 나나 다른 아이들에게 화를 내지만, 아무도 상처를 입지 않는다. 그녀는 이런 식으로 말한다. "아만다! 너는 일주일 동안 반장 일을 훌륭하게 잘했다. 하지만 네가 숙제를 하지 않고도 했다고 거짓말할 때는 선생님은 화가 난다! 어떻게 된 일인지 말해 보렴. 네가 숙제를 하는 것도 중요하고, 우리가 서로를 신뢰할 수 있는 것도 중요하단다." 앞서 설명했듯이 이것이 관계의 샌드위치다.

이 교사는 화가 났을 때도 아이들과 즐거이 함께하는 법을 되풀이해 보여 주었다. 분노에서 기쁨으로 복귀하는 법을 가르친 것이다. 학교마다 계획적으로 기쁨의 기술을 배우고 전파한다면 학교의 효율성이 얼마나 더 높아질지 생각해 보라. 앰블사이드 국제학교는 산하의 학교들이 기쁨의 보호자 기술을 실습하고 강화하도록 계획적으로 운영하고 있다. 기쁨과 샬롬의 수위가 높은 아이들이 무엇이든 훨씬 잘 배운다.

우리가 만난 캐럴(Carol)이라는 교사는 두려움과 수치심과 불안이 만연한 학교에서 근무하고 있다. 그녀는 의지적으로 자신의 관계 회로를 켜두어야 하고, 하나님이 창조하신 본연의 자신을 늘 떠올려야 한다. 모든 인간이 그렇듯이 캐럴도 특히 두려움과 수치심 같은 큰 감정에 부딪칠 때면 자기답게 행동하지 못할 때가 많다. 그녀는 상사들을 대할 때도 보호자가 되고 싶다. 하지만 직업적 관계란 다분히 기쁨에 기초하지 않기 때문에 힘든 일이다. 문제보다 관계가 더 중요함을 기억하기가 힘들다. 그래서 캐럴은 자신에게 이렇게 묻는 버릇을 들였다. "지금 내가 이렇게 화나거나 두렵거나 불안하지 않다면 나는 어떻게 반응할까?" 이 질문을 통해 그녀의 신경계가 가라앉고 관계 회로가 다시 켜진다. 이제 캐럴은 윗사람들의 언행을 초월하여 자기답게 행동하기로 선택할 수 있다. 말처럼 쉬운 일은 아니다. 그러려면 기쁨의 수위를 높게 유지해야 하고, 다른 사람들과 소통을 유지해야 한다. 그녀는 위쪽으로 세 명의 멘토들과 또한 자기를 지지해 주는 몇몇 동료들로 더불어 꾸준히 교류하고 있다. 그들은 모두 캐럴의 감정 상태와 관계없이 그녀와 함께함을 즐거워한다.

캐럴은 아랫사람들 쪽으로 변화를 일으키는 게 더 효과적임을 깨달았다. 그래서 학생들에게 뇌의 관계 기술을 가르치고 모범을 보인다. 뇌의 관계 기술이 작용하는 원리를 강조하는 한 가지 방법으로, 캐럴은 스티븐(Steven)이라는 학생이 수업 과정을 방해할 때를 잘 활용한다. 평소에 캐럴은 학생들의 행동을 고쳐 줄 때 퉁명스러웠다. 관계 회로가 꺼져 있다 보니, 말썽을 일으킨 학생과의 관계는 물론 전체 학생들과의 관계도 잃곤 했다.

이제 캐럴은 그럴 때 얼른 마음을 진정시키고 학생들에게 투명성의 모범을 보인다. 자기 내면에서 벌어지는 과정을 이렇게 설명해 준다. "스티븐이 수업을 방해했을 때 나는 화가 나서 그에게 똑바로 행동하라고 소리를 질렀습니다. 하지만 언성을 높이는 그 순간 내 머릿속에서 스티브 자신보다 그의 문제가 더 크고 중요해졌습니다. 스티븐은 나에게 소중한 학생인데 말이지요. 나의 관계 회로가 꺼져서 더 이상 내가 참 자아일 수 없었다는 뜻입니다." 이렇게 캐럴은 자신의 취약한 면을 솔직히 내보이며 퉁명스러운 반응을 사과했다. 그리하여 스티븐 및 전체 학생들과의 상황을 개선할 수 있었다. 교사가 눈에 보이지 않는 내면의 과정을 차근차근 설명해 준 덕분에 학생들도 그 모습을 눈으로 보고 본받을 수 있었다.

아울러 스티븐은 자신이 학급의 소중한 일원임을 깨달았다. 그가 수업을 방해하여 일으키는 문제보다 그들의 관계가 더 중요함을 캐럴이 상기시켰기 때문이다. 이런 교류의 결과로 스티븐의 방해가 줄어들었다. 이런 식으로 개입하고 모범을 보이려면 시간과 인내와 은혜와 많은 용기가 필요하다. 하지만 캐럴의 목표는 분명했다. 그녀는 자신의 보호자 정체성을 가꾸어 학급 공동체의 기쁨의 정체성을 장려하고 싶었다. 또 학생들을 훈련하여 관계 회로를 늘 켜두게 하고 싶었다. 캐럴이 이런 노력을 지속할 수 있는 길은 윗사람들과 아랫사람들로 더불어 친밀한 소통을 유지하는 것뿐이다.

교회에서 기쁨으로 복귀한다

가정과 학교에서 기쁨을 배우지 못했다면 기쁨을 회복할 수 있는 마지막 기회는 교회에 있다. 예수님은 "내가 이것을 너희에게 이름은 내 기쁨이 너희 안에 있어 너희 기쁨을 충만하게 하려 함이라"(요 15:11)라고 말씀하셨다. 기쁨을 가꾸는 곳이자 기쁨을 회복하는 법을 아는 곳이 정녕 세상에 존재한다면, 교회와 교회의 사람들이다. 기쁨은 여기 예수님과 그분의 사명으로부터 시작되고, 그분을 따르는 모든 사람들로부터 시작된다. 사실 이 책의 요점은 기쁨이 우리에게서 시작됨을 전 세계 22억의 그리스도인들에게 일깨우는 데 있다고 해도 과언이 아니다. 그리스도인들은 가장 큰 종교 집단으로 세계 인구의 거의 3분의 1을 차지한다. 모든 그리스도인이 기쁨을 시작한다면, 한 사람 당 두 명에게만 다가가면 온 세상이 기쁨으로 충만해질 것이다. 기쁨은 예수님을 따르는 사람들의 장자권이자 인간 뇌의 가장 깊은 갈망이다. 우리가 1)기쁨을 가꾸는 법, 2)일이 틀어졌을 때 기쁨을 회복하는 법, 3)사람들을 하나님의 눈으로 보는 법을 배울 수 있다면, 기쁨은 들불처럼 번지게 되어 있다. 이 셋은 인생모델을 통해 개발하는 19가지 뇌 기술의 일부다.

다음은 크리스가 쓴 글이다. 우리가 비행기에 탑승하려고 줄을 서 있는데 기내가 만석이라는 안내 방송이 나왔다. 마지막 비행기였으므로 하룻밤을 묵어야 하는 상황이었다. 줄을 서 있던 한 승객이 갑자기 화를 냈다. 그는 격노하여 자신의 가방을 내던지며 욕설을 퍼부었다. 고함 소리가 터미널 안에 울려 퍼졌다. 승객들은 흩어졌다. 이 남자는 더 이상 관계의 모드에 있지 않았다. 내가 매표창구로 걸어갈 때도 그는 터미널 안을 돌아다니며 아무나 제복을 입은 사람에게 소리를 질러댔다. 사람들은 그의 시뻘게진 얼굴과 격한 감정에 겁을 먹는 기색이 역력했다. 어느새 그는 눈을 부릅뜬 채 땀을 뻘뻘 흘리고 있었다. 그가 매표창구에 가까이 왔을 때 나는 그에게 다가가야겠다는 강한 부담을 느꼈다. 이 남자는 수렁으로 빠져들고 있었다. 기쁨을 되찾도록 누가 진지하게 도와주어야 했다. 그래서 나는 심호흡을 한 뒤 그에게로 걸어갔다. 그가 나를 때려눕히지나 않을까 하는 생각도 잠시 들었다.

"일진이 아주 안 좋아 보입니다." 내가 인정하는 투로 말하자 그는 "정말 (비속어) 안 좋네요"라고 쏘아붙였다. 잠시 서로 눈길이 마주쳤다. 내가 다시 말했다. "어, 저는 예수님을 따르는 목사입니다. 함께 기도해도 된다면 영광이겠습니다." 다행히 그가 "뭐, 그러시던가요"

라고 중얼거리는 바람에 안도했다. 우리는 터미널 한복판에 서서 고개를 숙였다. 나는 그의 어깨에 손을 얹고 잠시 가만히 있었다(기술 2). 그 다음에 임마누엘 하나님께 우리의 고통에 함께해 주시고, 그분의 눈으로 보게 해 달라고 청했다(기술13).

그는 눈물을 주르르 흘리며 이렇게 설명했다. "저는 치료차 여행하던 중이었습니다. 최근에 중증 암 진단을 받았거든요. 하루가 귀한데 비행기가 취소되는 바람에 아내와 딸들과 함께 보낼 값진 시간을 잃었습니다." 우리는 잠시 슬픔을 함께 나누었다. 갑자기 그가 "잠깐만요! 할 일이 있습니다"라고 말했다. 그러더니 자기가 돌아다닌 경로를 되밟으면서 아까 기분 상하게 했던 항공사 직원들에게 일일이 사과했다. 그는 몇 분 후에 돌아와 내게 말했다. "그러잖아도 하나님과의 관계를 회복해야겠다는 생각이 늘 있었습니다. 이번 시련 전체가 혹시 하나님의 음성이 아닌가 모르겠네요." 그의 눈은 기쁨으로 반짝거렸고 안면 근육도 풀렸다. 이튿날 아침에 보니 그는 새 성경책을 옆구리에 끼고 환하게 웃으며 비행기에 오르고 있었다.

보호자 기술을 전략적으로 구사하면 모든 개인적 만남이 기술을 실습하고 전파하는 기회가 된다. 실습과 훈련을 통해 우리는 기쁨을 효과적으로 나눌 수 있고, 각각의 6대 감정에서 기쁨으로 복귀하는 길을 보여 줄 수 있다.

교회에서 기쁨으로 복귀하는 법을 배우려면 사람들이 약점을 교회에 가져와 솔직히 드러내야 한다. 약점을 애정으로 대할 때에만 가능한 일이다. 문제를 정죄하거나 외면하거나 비판하거나 훈계하거나 이용하거나 증폭시켜서는 안 된다. 교회는 사람들이 변화의 소망 없이 계속 문제에 파묻혀 있는 곳이 되어서는 안 된다. 교회야말로 임마누엘의 경험이 모든 것을 변화시키는 곳이다. 기쁨 속에서 우리는 자신이 옛 방식대로 살아갈 필요가 없는 새로운 피조물임을 발견한다.

인생모델 전집: 가정과 학교와 교회를 위한 자원

뇌의 관계 기술은 주목받지 못하다가 최근에 뇌 과학의 연구 결과를 통해 설명되었다. 대부분 이미 어느 정도 알고 있었으나 설명할 용어가 부족했었다. 이제 학교, 교회, 가정, 공동체에서 보호자 기술을 전파하는 데 쓸 어휘가 생겼다. 다음 몇 가지 질문을 통해 보호자 기술을 가꾸기 위한 지침을 좀 더 깊이 살펴보자.

온유한 보호자 기술을 이미 갖춘 사람을 어떻게 알아볼 수 있는가? 우선 19가지 보호자 기술과 관계된 어휘를 구비하고 정황을 파악해야 한다. 그러면 기술을 갖춘 사람들을 물색하여 찾아낼 수 있다. 온유한 보호자 기술을 이미 갖춘 사람들은 자상하고, 따뜻하고, 남을 끌어들이고, 누구나 다가가기 쉽고, 관계적이고, 즐겁다. 그들은 언행이 일치하고 투명하므로 알아보기 쉽다. 보호자는 진실하며 자기 모습 그대로 편안하다. 보호자는 소속감을 유발하며, 늘 민감하게 기회를 포착하여 자신의 기쁨을 나눈다. 강자는 혼자 독점하거나 약자의 것을 빼앗지 않는다. 강자는 후히 베푼다. 지치거나 압도되거나 배고프거나 비난당하거나 혼란스러울 때는 잠시 멈춘다. 6대 감정이 하나라도 느껴질 때도 마찬가지다. 강자는 교회 현관에서 사람들에게 인사하고, 노인들을 돌보고, 아이들과 함께 놀아 준다. 어떤 때는 주방에서 커피를 끓이는 조용한 사람일 수도 있다. 우리는 자기 교회의 지도자들에게 이렇게 물어보아도 된다. "당신이 아는 교인들 중에 가장 믿을 만하고 기쁨의 사람을 다섯 명만 꼽는다면 누구입니까?"

어떻게 기술을 배울 수 있는가? 특정한 기술이 결여되어 있을 때는 강자들과 약자들이 만나는 곳을 찾으면 좋다. 기술을 연습할 만한 활동의 장을 근처에서 찾아보라. 예컨대 더 깊고 기쁨이 충만한 소통을 위해 소그룹을 운영하는 교회들이 많이 있다. 학교에는 특정 분야에 초점을 맞춘 동아리와 그룹이 있다. 위기가 터질 때 자주 나서서 돕는 사람들을 찾아도 좋다. 방문자에게 소속감을 주는 보호자들을 눈여겨보라. 온유한 보호자 기술이 있는 사람을 알아 가려면 단순히 함께 차나 커피를 마시고 점심을 먹기만 해도 된다. 기도 그룹이나 소그룹에 들어가도 좋다. 강자들을 토론에 참석시켜 온유한 보호자 기술이 학습되어야 하는 이유를 설명할 수도 있다. 보호자들을 초청하여 그들이 보호자 정체성을 어떻게 배우고 형성했는지 나누게 해도 좋다. 강자에게 접근할 때는 소속감을 유발하고 주변에 감사를 퍼뜨리면 된다.

우리는 인생모델 전집이라는 자원을 개발하여 관계 기술의 훈련을 한 차원 더 끌어올렸다. 가정들과 교회들은 굳이 필요한 훈련을 따로 만들어 내지 않아도 된다. 훈련 방안들에 대한 더 자세한 내용은 부록4를 참조하라.

어떻게 이야기로 기술을 전파할 수 있는가? 이야기를 통한 교류는 보호자 기술을 전파하는 최선의 방법 중 하나다. 따라서 우리는 이야기를 나누는 법을 배워야 한다. 개인적 이야기는 보호자들을 참여시키는 이상적 방법의 하나다. 사람들은 이야기 듣는 것을 즐거워한다. 특히 이야기가 기쁨을 가져다주고 우리를 기쁨으로 복귀시켜 주면 더 그렇다. 연습을 통해 누구나 숙달된 이야기꾼이 되어 기쁨을 퍼뜨릴 수 있다. 이야기는 짧고 초점이 분명해야 한다. 자신의 경험을 말하고, 감정을 표현하고, 공동체 안에 예수님을 닮은 기쁨의 삶과 성품을 이루려는 열정을 보이면 된다. 이야기는 충분히 자세해야 한다. 그래야 듣는 사람들이 우리가 하려는 말의 정황을 이해할 수 있다. 이야기는 연습과 피드백을 통해 개선된다. 그래서 듣는 사람들에게 부탁해서 소감을 듣는 게 좋다. 기술 훈련에는 질적인 단계가 있지만, 이야기는 연습을 통해 더 깊어질 수 있다.

  교회가 변화를 일으키려면 관계 기술을 갖춘 성숙한 사람들이 많이 필요하다. 그들은 공동체의 연약한 구성원들과 교류할 준비가 되어 있고, 초점이 명확한 연습들을 통해 성품 계발을 도울 준비가 되어 있다. 이런 연습들은 온유한 보호자 기술의 전파에 대한 지식을 성경의 핵심과 결합한 것이다. 그동안 우리는 교회용 자료들을 개발했다. 따라서 변화의 현장에 들어갈 마음이 있는 사람들은 수고에 좋은 결실을 낼 수 있다. 어떤 사람들은 열심히 일하고 희생적으로 사역에 임하는데, 그것이 오히려 기쁨의 기술의 전파를 방해한다. 자신에게 필요한 게 무엇인지 전혀 모르기 때문이다. 이보다 더 슬픈 일은 없다. 우리 웹사이트 www.joystartshere.com이나 이 책의 부록4에 다양한 자료가 소개되어 있다. 이런 자료를 활용하면 가정이나 학교나 교회에서 기쁨을 더 잘 전파할 수 있다.

나는 어떻게 하고 있는가?
- 내가 분노, 두려움, 슬픔, 수치심, 혐오감, 절망감을 느낄 때 어떤 일이 벌어지는가?
- 주변 사람들이 이 6가지 감정을 느낄 때 나는 어떻게 반응하는가?
- 누군가가 혼란에 빠져 있을 때 나는 기쁨의 수위를 높여 주는가?

기쁨을 회복하는 기술을 향상시키도록 나를 도와줄 수 있는 사람들은 누구인가? 나에게 필요한 자원들은 어디에 있는가?

뇌의 훈련에 대해 잘못 들었던 내용을 고치자

뇌에 대한 기존의 문헌은 다분히 지난 4백 년간 서구 교회가 과용해 온 내용의 개정판이다. 지난 4백 년간 서구 교회의 결론은, 더 좋은 생각을 품어 더 좋은 선택을 내려야 한다는 것이다. 뇌를 사고와 선택에 쓴다는 말은 지극히 논리적으로 보이며 즉시 호소력을 얻는다. 한편 뇌에 대한 새로운 문헌에는 감정이 뇌와 몸의 기본이라는 관측이 더해졌다. 경험을 제대로 처리하려면 뇌에 감정이 필요하다는 것이다. 그래서 많은 신간 서적에 보면 더 나은 생각과 더 나은 선택이라는 기존의 해법에 감정이 새로운 성분으로 첨가되어 있다. 즉 생각을 신중하게 선택하면 뇌와 인체를 지배하는 감정을 통제할 수 있다는 것이다. 생각과 선택은 감정을 통제하는 해법이 되었다. 하지만 우리가 이 책에서 가르치는 것은 그게 아니다.

'생각과 선택'이라는 기존의 해법에 새로운 뇌 과학을 첨가한 예를 캐롤린 리프(Caroline Leaf) 박사의 책 《누가 내 뇌를 껐나: 유해성 사고와 감정의 통제》(Who Switched Off My Brain: controlling toxic thoughts and emotions)라는 책에서 볼 수 있다. 그녀는 자신의 해법을 이렇게 설명한다. "생각을 의식적으로 통제하는 일은 이 과정의 첫 단계 정도가 아니라 핵심 단계다". 리프는 사고와 선택을 우리 정체성의 중심으로 본다. 그녀는 정체성을 이렇게 설명한다. "우리는 각자 자신의 사고와 태도에 기초하여 선택을 내린다. 그래서 우리가 만들어 내는 반응은 서로 다르며, 거기서 각 사람의 개성이 생겨난다". 그럴 듯하게 들린다. 선택이 사람에게 영향을 미치는 것도 사실이다. 하지만 인간의 정체성을 형성하는 것은 선택이 아니라 우리가 경험하는 유대다. 누구와 함께 사고 공유 상태를 경험하고 누구를 사랑하느냐에 따라 우리의 선택이 결정된다. 그 반대가 아니다. 정체성의 핵심은 애착이다. 단순히 사고와 선택을 다르게 하여 변화를 이루기란 극히 어렵다. 청년들의 식습관을 바꾼답시고 그들에게 영양을 더 고려해서 선택을 더 잘하라고 말해 보라. 반대로 그들이 누군가를 사랑하여 애착을 느낄 때 어떻게 되는지 잘 보라. 사고와 감정과 선택이 금방 바뀐다. 사랑에 빠진 사람을 생각해 보라. 그들은 학교와 정당과 친구도 바꾸고, 갑자기 일본 예술에까지 관심을 보인다!

뇌는 우리가 무엇을 생각하느냐보다 누구를 사랑하느냐에 훨씬 더 관심이 많다. 감정과 애착은 신속히 우리의 실체를 변화시킨다. "사람이 뭔가를 믿으려면 먼저 대뇌변연계(감정을 관장하는 부위)에서 사실로 느껴져야 한다"라는 리프의 말은 옳다. 우뇌의 감정과 애착 기능은 우리의 정체성과 감정을 직접 통제하지만, 사고와 선택은 간접적 영향밖에 미치지 못한다. 사고나 선택이 애착 기능을 지배하는 게 아니라 그 반대다. 최종 통제소인 애착 기능에 막대한 영향을 미치는 것은 기쁨과 샬롬이다. 기쁨과 샬롬은 관계와 애착을 통해 자라난다.

좋은 생각을 품고 좋은 선택을 내릴 이유야 얼마든지 많지만, 성숙하고 경건한 성품을 가꾸는 비결은 아니다. 관계 정체성에 해당하는 뇌 부위가 훈련을 통해 기쁨과 샬롬 속에 살면, 효과가 직접 나타난다. 사고와 선택은 정체성의 변화에 간접적이고 비효율적인 역할밖에 할 수 없다.

기쁨의 행동

가정: 임마누엘의 도움으로, 그동안 내가 기쁨으로 복귀하지 못했던 때를 하나 떠올린 다음 사과한다.

학교: 임마누엘의 도움으로, 그동안 내가 기쁨으로 복귀하지 못했던 때를 하나 떠올린 다음 사과한다.

교회: 임마누엘의 도움으로, 그동안 내가 기쁨으로 복귀하지 못했던 때를 하나 떠올린 다음 사과한다.

기쁨의 환경적 거짓 회복에 대한 평가서

1. 나는 수치심이 들 때 혼자 있고 싶다.
   마음을 연다 0 1 2 3 4 5 6 7 8 9 10 뒤로 숨는다

2. 나는 사람들이 화나게 해도 내색하지 않는다.
   바뀌려고 노력한다 0 1 2 3 4 5 6 7 8 9 10 분노를 숨긴다

3. 내 행동은 두려움에 좌우되거나 제약을 입을 때가 많다.
   전혀 아니다 0 1 2 3 4 5 6 7 8 9 10 항상 그렇다

4. 겉으로는 서로 웃지만 남몰래 원한을 품고 있는 사람들을 알고 있다.
   아무도 그렇지 않다 0 1 2 3 4 5 6 7 8 9 10 어디를 가나 그렇다

5. 나는 혼자가 되느니 차라리 상처를 받는 게 낫다.
   상처를 받는 게 낫다 0 1 2 3 4 5 6 7 8 9 10 혼자가 되는 게 낫다

6. 교회에 몇 년째 서로 말을 하지 않고 지내는 사람들이 있다.
   모두 따뜻하다 0 1 2 3 4 5 6 7 8 9 10 큰 벽이 있다

7. 나는 감정이 상하면 하나님께 맡기고 잊어버리려 한다.
   전혀 아니다 0 1 2 3 4 5 6 7 8 9 10 대체로 그렇다.

8. 우리 가족은 사람들 앞에서 다 괜찮은 척한다.
   아주 투명하다 0 1 2 3 4 5 6 7 8 9 10 잘 보이려 한다

9. 나는 망신당하지 않으려고 열심히 일한다.
   전혀 아니다 0 1 2 3 4 5 6 7 8 9 10 대체로 그렇다

10. 화나거나 두려울 때 내가 하려는 행동이 싫다.
    나는 모범을 보인다 0 1 2 3 4 5 6 7 8 9 10 내 행동이 싫다

이 총점을 아래의 해당 지점에 표시한다
0 10 20 30 40 50 60 70 80 90 100   나의 총점 _____

기쁨의 사람 형성 과정에 대한 성경공부

감사한 일을 한 가지 떠올리고 잠시 그 감사에 젖어 보라. 그 다음에 이 공부가 재미있게 해 달라고 하나님께 기도하라. 그러고 나서 역사서에서 다음 본문을 읽으라.

사무엘상 1:1-2:26
본문의 등장인물들이 각각 타인의 감정에 어떻게 반응하는지 생각해 보라. 그들은 각각 기쁨의 수위를 어떻게 높이거나 낮추는가? 문제를 더 크게 만든 사람은 누구인가? 관계를 더 좋아지게 한 사람은 누구인가?

연약함과 기쁨과 샬롬에 대한 질문:
1. 본문에서 연약한 사람과 강한 사람은 누구인가?
2. 하나님은 연약한 사람과 강한 사람 사이에 어떤 교류가 있기를 원하시는가?
3. 본문에서 기쁨과 샬롬(모든 것이 합력한다)에 대해 무엇을 배울 수 있는가?

임마누엘에 대한 질문:
1. 본문에서 '우리와 함께하시는 하나님'을 지각한 결과는 무엇인가?
2. 그룹 공부를 위한 활동: 하나님은 언제나 임재하시며 애써 더 분명히 깨우쳐 주신다. 지금 그룹 토의 중에도 그분은 우리가 이 본문을 깨닫도록 돕고 계신다. 이를 어떻게 지각하거나 짐작할 수 있는가?
   (주의: 하나님의 능동적 임재에 대한 생각이 처음에는 낯설게 느껴질 수 있다. 일반적으로 사람들이 현재를 관찰하기보다 과거를 더 화제로 삼기 때문이다. 간단히 답하라. 얼마든지 추측해도 좋다. 매주 이 작업을 할 것이다.)

개인적 질문:
그동안 당신의 삶 속에 모범이 되어 준 온유한 보호자(직접 아는 사람 또는 성경이나 책이나 매체 속의 인물)들은 누구인가?

성경 전체에 대한 질문:
성경에서 연약함에 애정으로 반응하여 사람들의 삶이 변화된 이야기들은 무엇인가?

마무리 질문:
금주의 공부를 하기 전에는 몰랐으나 이제 새롭게 알게 된 것은 무엇인가?

인생모델: 나의 기쁨의 기술 연습

개인: 관계의 모드
1. 한 주 동안 매일 잠시 시간을 내서 아래 목록을 가지고 당신이 관계의 모드에 있는지 점검해 보라.
2. 아래 목록 중 하나에라도 "예"라는 대답이 나오면 관계 회로가 꺼져 있는 것이다. 관계 회로를 다시 켜면 모든 갈등 관계가 호전될 것이다.*
   1) 문제나 사람이나 감정이 그냥 없어지면 좋겠다.
   2) 다른 사람들의 감정이나 말을 듣고 싶지 않다.
   3) 한 번 감정이 상하면 그 생각에서 헤어나지 못한다.
   4) 아무개(평소에 내가 좋아하는 사람)를 상대하고 싶지 않다.
   5) 공격 아니면 도피로 반응하고 싶다. 또는 그냥 어쩌지도 못한다.
   6) 더 집요하게 캐물어 다른 사람들을 비판하고 본때를 보인다.

3. 3분 동안 당신이 가장 좋아하는 감사의 기억을 떠올려 보라. 다 끝나거든 위의 목록을 다시 훑어내려 가면서 대답이 달라지는지 보라.
4. 오늘 하루나 어제를 돌아보며 당신이 분명히 관계 모드에 있었던 때와 분명히 관계 모드를 벗어났던 때에 주목해 보라. 어떤 습성이 보이는가?

*이 점검 목록은 원래 칼 리먼 박사와 샬럿 리먼이 개발한 것을 성장 훈련과 소속 과목에서 수정하여 사용하고 있다.

그룹: 기쁨을 회복하는 연습

1. 관계 모드에 대한 개인적 연습에서 드러난 습성을 서로 나누라.
2. 기쁨을 회복할 수 있는 방법과 기쁨이 회복될 때 가정과 학교와 교회가 누리게 될 유익에 대해 토의하라.
3. 관계가 문제보다 중요하게 남아 있으면 어떤 유익이 있는가?
4. 각자 3분 동안 가장 좋아하는 감사의 기억이나 임마누엘의 순간을 떠올려 보라. 이런 주제들에 대해 예수님과 대화하라. 임마누엘 하나님이 오늘 당신에게 알려 주시려는 것이 있는가? 각자 생각과 깨달음을 서로 나누라.

Chapter 10

문제에서
벗어날 수 있는
기쁨의 능력을 익히라

많은 기술들이 소멸되어 가고 있다. 투창 사냥, 사냥물의 내장 바르기, 물레질, 톱날 갈기, 소젖 짜기, 서예, 통조림 만들기, 손바느질, 팽이 돌리기, 빵 굽기, 목공예, 연 날리기 등은 모두 웬만한 아이들이 배웠거나 적어도 보고 알았던 기술이다. 과거에는 이런 단순한 기술들이 아주 유용했지만 이제는 대부분 없어도 아쉽지 않다. 하지만 인간의 정체성이 형성되려면 일련의 특정한 뇌 기술이 필요하며, 뇌 기술의 성공적 전수는 인간의 교류 방식에 달려 있다. 인간의 모든 교류 중에서 관계 기술이 전파될 기회가 가장 많은 때는 단연 함께 식사하는 시간이다. 본래 우리는 음식을 중심으로 유대를 맺도록 되어 있다. 한 세기 전만 해도 아이들과 대부분의 일꾼들은 한낮의 휴식 시간에 집에 돌아와 가족들과 함께 식사했다. 아침밥도 집에서 지어 함께 즐겼고 저녁도 함께 먹었다. 그들은 식탁에 마주앉아 텔레비전이나 라디오 없이 대화를 나누었다. 대개 집에 조명과 난방이 한 군데밖에 없었으므로 가을과 겨울과 봄 내내 온 가족이 저녁 시간을 같은 방에서 지냈다. 가족끼리 얼굴을 마주 대하는 교류의 시간이 그 정도로 엄청나게 많았다. 그 속에서 그들은 관계 기술을 배웠다. 그런데 이런 교류 방식이 지난 백 년 사이에 완전히 바뀌었다. 이제 아이들이 가족들과 교류하는 시간은 옛날의 1퍼센트도 못 된다. 요즘 아이들은 백 년 전에 관계 기술을 익히며 살았던 사람들에 대해 전혀 문외한이다. 관계적 환경이 1퍼센트 이하로 줄어들면서, 이전에 존재했던 흔한 기술들이 소멸의 위기를 맞고 있다.

쉴리아의 이야기

아빠는 내가 네 살 반이 되었을 때 세상을 떠났다. 우리는 거의 아빠에 대해 말한 적이 없지만, 아빠의 부재는 손에 만져질 듯한 '존재'로 남아 있었다. 그레이스와 아빠가 일찍 죽은 뒤로, 남은 가족은 정서적으로 메마른 엄마와 두 오빠와 나의 이란성 쌍둥이 자매와 나였다.

엄마는 기쁨이 빈약했고 생활력도 약했다. 그래서 아빠 쪽의 할머니 할아버지가 우리를 키우는 데 중요한 역할을 했다. 아빠가 없었으므로 아빠 쪽 집안에서 혹시 기쁨이나 관계 기술이 전수될 게 있었다면 그 통로는 할머니 할아버지뿐이었다. 그들은 때맞춘 식사, 가욋돈, 옷, 신앙적 환경 등 기본적 필요를 일부 채워 주었다. 하지만 필수적인 관계 기술을 가르칠 능력은 없었다. 할아버지는 아빠가 돌아가신 지 얼마 안 되어 나를 성폭행했고, 할머니는 두려움과 불안에 잠겨 있을 때가 많았다. 많은 주말을 함께 지내는 동안 그들은 말과 행동으로 나의 관계적 기쁨을 막았다.

주말을 보내고 집에 돌아오면 나는 쌍둥이 자매인 엘라와 싸웠다. 엄마에 대한 분노를 차마 입 밖에 내지 못하고 그렇게 엉뚱하게 터뜨렸다. 나는 엄마가 자살할까 봐 너무 두려워 살얼음을 걷듯이 지냈다. 조금이라도 심기를 건드리면 엄마가 자제력을 잃을 것만 같았다. 정말 끔찍한 삶이었지만 "그 정도로 나쁜 건 아니야"라는 말이 나의 방어기제가 되었다.

내가 여덟 살 때 엄마는 둘이 결혼한 사이라며 제리라는 남자를 집에 데려왔다. 그는 흉악한 남자였다. 집 안에 가해자를 풀어 놓은 셈이었다. 야비한 술주정뱅이인 그는 엄마를 때리고 욕했다. 나까지 혁대로 어찌나 심하게 때렸던지 두 다리가 위아래로 온통 멍들었다. 그는 또한 나를 성폭행했다. 엘라는 조용한 편이고 내가 똑똑한 체했으므로 그는 나를 공격했다. 6년 동안 우리 집을 쑥대밭으로 만들던 그는 엘라와 내가 열네 살 때 사라져 버렸다. 이미 두 오빠는 결혼하여 독립한 후였다. 생계를 꾸리는 일은 엘라와 나의 몫이 되었다. 열네 살 때 엘라는 근처 신발 가게에 취직했고 몇 달 후에 나도 합류했다. 우리는 고등학교를 마칠 때까지 거기서 일했다. 매달 할머니 할아버지의 사회보장 연금이 나왔지만 우리가 일해서 거기에 보태야 했다.

나는 학교생활에 꽤 성공했지만 진정한 기쁨을 느껴 본 적은 거의 없다. 내가 성취한 일은 대부분 참모습을 숨기고 가면을 써서 강한 척하기 위해서였다. 너무 두려움과 염려에 찌들어 있어 무엇을 해도 재미가 없었다. 그럭저럭 성적이 좋아 졸업반 때 5등 안에 들었다. 점프가 높거나 동작이 예리하지 못했지만 학교 대표 팀의 응원단에도 뽑혔다. 응원단 일은 엘라의 특기였다. 나는 엉성하고 서툴러서 응원단원 체질이 아니었다. 하지만 대표 팀의 글자가 찍힌 재킷은 나도 뭔가 잘하는 게 있다는 '증거'였다.

엘라와 나는 거짓된 가면을 잘도 쓰고 지냈다. 그러자 엄마는 우리가 "다 잘 알아서 한다"며 어떤 트럭 운전사와 눈이 맞아 달아났다. 몇 주 동안 우리 둘만 남았다. 우리는 엄마가 살았는지 죽었는지도 몰랐다. 그러다 1월의 어느 날 엄마는 불쑥 돌아왔다. 그해 추수감사절과 크리스마스는 그렇게 엄마 없이 지나갔지만, 그래도 나는 엄마가 돌아온 것만으로도 다행이라 전혀 서운한 내색을 하지 않았다.

엄마가 워낙 가냘프게 느껴졌으므로 나는 엄마를 향한 분노를 무시하고 억눌렀다. 대신 그 분노를 점점 나에게로 돌렸다. 안으로 향한 분노는 부정할 수 없는 자기혐오를 낳았다. 내면화된 분노 때문에 나는 금방 깊은 우울증에 빠졌다.

나는 엘라와 싸웠다. 우리는 서로 때리고 머리끄덩이를 잡아당기고 할퀴고 서로의 물건을 부수었다. 그러고 나서는 금방 화해하고 아무 일도 없었던 듯이 행동하곤 했다. 우리는 기쁨으로 복귀하는 법을 전혀 몰랐다. 둘의 관계에서 나는 피해자 역할에 길들여졌다. 그래서 늘 자신이 초라하게 느껴지고 한심해 보였다. 함께 기쁨을 가꾼다는 개념은 우리의 머릿속에 존재하지 않았다. 살아남으려면 둘 다 거짓 정체성과 거짓 성숙이 필요했다. 그래야 그나마 '괜찮아 보일' 수 있었다. 하지만 아무 일도 없었던 듯이 행동했는데도, 그런 거짓 샬롬은 전혀 위안이 되지 못했다. 거의 밤마다 나는 울다가 잠이 들었다.

이처럼 나의 가정이나 교회에는 기쁨, 샬롬, 기쁨의 회복, 보호자 기술이 없었다. 거기서 조금이나마 벗어날 수 있었던 곳은 학교였다. 물론 내가 기쁨을 배운 것은 오랜 세월이 지나서였다. 온 사방에 관계적 기쁨이 없을 때 나타나는 참담한 결과를 나는 평생 동안 목격했다.

최근에 엘라와 나는 우리의 유년기에 대해 시시콜콜한 대화를 나누었다. 어렸을 때부터 성인이 된 지금까지 유년기가 우리 관계에 미친 영향에 대해서도 말했다. 우리는 함께 울었고 서로에게 사랑과 감사를 표현했다. 둘 다 힘든 기억과 그에 얽힌 고통스러운 감정을 소통하는 능력에 꽤 진전을 이루었다. 또한 유년기의 일부 세세한 내용에 대한 서로의 이견을 존중하면서 기억의 공백을 메워 주기도 했다. 내가 계속 치유될 수 있는 최선의 길은 나 자신의 연약함에 대해 애정을 품고 엄마와 형제자매들에게 애정으로 반응하는 것임을 깨달았다.

무엇이 관계 기술을 소멸의 위기로 몰아넣었는가?

관계 기술이 한 세대에서 다음 세대로 제대로 전수되지 않는 데는 많은 이유가 있다. 우선 기술이 시작될 만한 올바른 조건이 갖추어져 있지 않으면 '습득의 문제'가 발생한다. '강화의 문제'는 기술이 유용한 수준으로 개발되지 못하게 막는다. 마치 아이가 책을 읽을 줄은 아는데 너무 더듬거리는 수준이라 아예 읽지 않는 것과 같다. 그런가 하면 기술이 있는데도 정작 사용하지 않으면 이는 '실행의 문제'다. 끝으로 '전파의 문제'가 있으면 기술이 다른 사람들에게 전수되지 않는다. 앞서 보았듯이 전파의 문제는 매일의 유대 관계 속에 인격적 교류의 횟수가 급격히 줄어든 것에서도 원인을 찾을 수 있다.

온유한 보호자 기술의 전파를 막는 사회적 요인이 많이 있다. 그중 일부만 꼽자면 노예제도, 인신매매, 전쟁, 산업혁명 후의 작업 환경, 외상, 빕스(BEEPS), 상실(애착의 고통), 도시로의 이주, 편부모의 양육, 출퇴근, 시험 점수와 정보 습득을 위한 교육, 텔레비전 앞에서 자라는 자녀, 빈민가의 폭력, 인터넷에 낭비하는 시간, 집단 학살(부족·정치·종교로 인한 종족 말살), 약점이나 가족 유대에 대한 문화적·종교적·정치적 공격, 에이즈, 전염병, 분노와 두려움을 이용한 집단 통제, 포르노, 조직폭력, 아동학대, 가정폭력, 남존여비, 자아도취의 문화, 자기정당화, 비정상적 자녀양육 방식, 정치적 공정성, 공안 정부 등이 있다. 그밖에도 약자와 강자 사이의 애정 어린 교류의 횟수를 감소시키는 각종 이념들이 많이 있다.

문화 전반에 연약함을 멸시하는 풍조가 만연해질 수 있다. 그런 문화는 완고해지고 기쁨이 사라진다. 문화가 약자를 말살하기 시작하면 평화로운 보호자 기술이 급격히 감소한다. 나치는 유태인을 말살하는 일을 열성 인자를 제거하는 수단으로 보았다. 정치적, 인종적 대량학살이 벌어지면 연약한 집단이 대량으로 죽는다. 그 과정에서 살해자들은 가해자가 되며, 살해되지 않은 사람들도 여러 세대에 걸쳐 피해를 입는다.

연약함을 두려워하고 경멸하고 숨기고 조종하게 만드는 많은 환경적, 문화적 요인들이 기쁨의 기술의 전파를 방해한다. 그래서 온유한 보호자 기술이 다음 세대로 원활하게 전수되지 못한다. 결국 우리에게 남는 것은 고질화된 가해자의 사고다. 가해자들은 또한 진정한 보호자들을 겨냥하여 죽인다. 그래서 보호자는 멸종 위기의 생물이 되었다. 모든 종류의 폭군은 보호자들을 증오한다.

하지만 이렇게 말할지 모른다. "이런 문제들은 언제나 있지 않았는가?" 대체로 맞는 말이다. 기쁨의 기술은 언제나 턱없이 부족했다. 하지만 지난 세기에 발생한 여러 가지 급격한 변화가 지금 기쁨의 기술을 소멸의 위기로 몰아가고 있다. 우리 앞에 닥친 위협은 인류 역사상 유례가 없던 것이다. 제반 조건이 훨씬 열악해져 기쁨의 기술을 전파하기가 힘들어졌을 뿐 아니라, 전수해 줄 기술이 있는 사람들도 노화하여 그 수가 급감하고 있다. 우리는 지금 위기에 처해 있다.

얼굴을 마주 대하는 교류가 사라져 가고 있다

지금 우리의 세상과 백 년 전의 세상은 굳이 상상할 것도 없이 다르다. 그때만 해도 가족들이 함께 먹었고 많은 시간을 한 방에서 보냈다. 친척들도 가까이 살았다. 첨단 기기는 존재하지 않았다. 사람들은 하루의 대부분을 다른 사람들과 얼굴을 마주 대하며 지냈다. 물론 그때도 기쁨이 빈약한 곳들이 많이 있었고, 보호자 기술을 전파하는 데도 문제가 적지 않았다. 하지만 얼굴을 마주 대하는 교류의 횟수 자체가 많았기 때문에 기술이 전수될 가망성이 꽤 있었다.

장애와 연약함도 가족과 공동체가 보살폈다. 45세가 되면 대다수 사람들이 더 이상 일을 할 수 없었다. 나이 든 사람들은 아이를 보고, 정원을 가꾸고, 물건을 만들거나 수리하고, 이야기로 사람들을 즐겁게 하는 등 가정과 공동체에 유용한 존재였다. 노인들과 젊은 사람들은 뇌의 관계 기술을 사용하여 끊임없이 교류했다. 아이들은 늘 그들 주변에 있는 것만으로도 기술을 터득했다. 스마트폰의 문자 메시지가 교류를 방해하는 일은 없었다.

지난 세기의 새로운 도전들로 인해 약자와 강자의 교류는 전혀 새로운 차원의 문제에 봉착했다. 모든 아이는 세상에 태어날 때 관계 능력이 거의 전무하다는 약점을 안고 있다. 이렇게 약점을 타고난 아이들이 한때는 노인들에게서 관계 능력을 배웠다. 노인들은 노동력은 약했지만 관계 역량은 강했다. 더 이상 논밭으로 나갈 수 없는 마을의 노인들은 집에 남아 아이들과 함께 지냈다. 비록 기력은 쇠했으나 아이들과 교류하며 기쁨을 얻었다. 당시 상황에서는 늘 누군가가 연약한 사람들을 직접 돌보아야 했다. 오락도 함께 즐기는 일 외에는 별로 없었다.

대중매체와 오락. 지금은 매주 엄청난 시간이 오락에 소모된다. 이제 운전하거나 일하는 시간 외에도 온라인, 텔레비전, 영화, 비디오게임, 문자, 헤드폰으로 듣는 음악, 이메일, 뉴스, 컴퓨터 등에 빠지는 시간이 더해졌다. 사람과의 교류를 방해하는 이런 오락은 비단 어른들만의 문제가 아니다. 아이들도 어려서부터 텔레비전이나 인터넷을 본다. 60년 전만 해도 아이들은 사실상 모든 시간을 사람들과 함께 교류하고 놀고 실력을 겨루며 보냈다. 그런데 지금은 대부분의 시간을 기계에 빠져서 지낸다. 물론 기계는 관계 기술도 없고 아이의 존재를 의식하지도 못한다. 심지어 아기들도 텔레비전을 본다. 유아원, 탁아소, 교회, 가정 등 어디를 가나 아기들에게 영화를 틀어 준다. 베이비시터들도 마찬가지다. 인터넷이 우리의 삶을 삼키고 있다.

사람들의 교류를 화면상에서 보아도 아이는 관계 기술을 습득하지 못한다. 관계 기술이 습득되려면 사고 공유 상태가 필요한데, 인터넷이나 영화 따위는 그 상태를 만들어 낼 수 없기 때문이다. 관계 기술을 퍼뜨릴 만큼 강한 사고 공유 상태는 오직 기술을 갖춘 사람과 얼굴을 마주 대하는 교류 중에만 생겨난다. 게다가 사고 공유 상태는 두 사람 사이에만 가능하다. 어떤 교사도 한꺼번에 두 학생과 더불어 사고 공유 상태에 들어갈 수는 없다. 이것은 고도의 시간과 관계를 요하는 과정이다. 관계 기술을 한 사람에게라도 제대로 전해 주려면 많은 교류가 필요하다. 자세한 내용은 인생모델 전집(부록4 참조)과 2003년 이후의 신경과학 문헌에서 볼 수 있다. 요컨대 온유한 보호자 기술을 성공적으로 전수하려면 그 요건이 매우 까다롭다. 텔레비전, 컴퓨터, 영화, 책, 비디오게임은 관계 기술을 퍼뜨릴 수 없다. 전에는 대중매체가 메시지 자체였는데, 이제는 많은 훈련과 교육의 수단으로 바뀌었다. 그래도 기쁨의 기술은 대중매체, 인터넷, 웹캠, 이동통신을 통해서는 전파되지 않는다. 인터넷이나 텔레비전으로 아기를 만들 수 없듯이 한 아기를 인간으로 기르는 일도 그런 방법으로는 절대로 안 된다.

하지만 문제는 아기들과 아이들이 몇 시간씩 화면 앞에 앉아 있는 데서 끝나지 않는다. 노인들도 똑같이 한다. 설령 아이들이 교류하려 한다 해도 할머니 할아버지는 양로원에서 텔레비전을 보고 있다. 설령 대중매체로 관계 기술을 전수할 수 있다 해도 그런 내용의 프로그램은 거의 방영되지 않는다. 가해자들이 어디에나 넘쳐난다. 대중매체는 오히려 가해자의 전략을 퍼뜨리기에 유용한 통로다.

이런 여러 이유 때문에 가정에서 기쁨의 기술이 전수되지 않고 있다. 세대간의 약자와 강자가 더 이상 늘 돌보거나 함께 연습하지 않는다. 학교도 대개 온유한 보호자 기술을 새로 가르치기는커녕 기존의 기술을 잘 강화해 주지도 않는다. 관계 기술을 좀처럼 가르치지 않기는 교회도 마찬가지다. 많은 그리스도인의 경우 약자와 강자가 함께 있으면서 관계와 변화를 증진시키는 시간이 거의 없다. 대부분의 교인들은 각자의 도피처에 남아 무난한 거짓 자아를 내보인다. 또 하나 주목할 것이 있다. 자칭 그리스도인들도 교회를 기술이나 관계의 출처로 보는 경우는 거의 없다.

기동성. 내연기관의 발명으로 사람들은 기쁨이 결핍된 곳을 벗어날 수 있게 되었다. 무수히 많은 사람들이 일자리를 찾아 농장과 시골과 동네를 떠나 타지로 갔다. 떠나려면 약자들과 노인들과 어린아이들을 두고 가야 한다. 가장 강한 자들만 도시나 다른 나라로 이주하여 취직도 하고 더 나은 삶도 얻는다. 하지만 더 좋은 미래를 찾아 이주하려면 노인과 젊은이, 약자와 강자 사이의 끊임없는 교류를 두고 가야 한다. 약자들에게는 그런 교류가 하루의 대부분을 차지한다. 애정 어린 순간은 연례행사가 되거나 일하러 간 사람들이 귀향할 때만 가능하다.

작업 환경은 대체로 기쁨이 빈약하며 약점에 우호적이지 않다. 고용주는 강한 직원을 선호한다. 웬만한 일자리는 직원의 강점을 취하고 그 대가로 보수를 지급한다. 그러다 직원의 강점이 바닥나거나 일하다가 망가지면 고용주는 그 직원을 버린다. 연약한 이들을 돌보는 게 목표인 사역기관까지도 교역자나 직원의 삶에 대해 가혹해질 수 있다. 그리스도인들과 기독교 기관들은 직원과 지도자에게 약점을 없앨 것과 기동성을 요구할 때가 많다.

그런가 하면 문화적 기동성 덕분에 사람들은 문제와 책임을 모면할 수 있게 되었다. 이제 결혼과 자녀 출산은 누구나 피할 수 있는 약점이 되었다. 결혼하고 자녀를 낳으면 장기간의 '책임'이 발생한다. 누군가의 연약함을 돌보아야 할 수도 있다. 사실 누구에게든 장기적으로 헌신하면 언젠가는 연약함을 상대해야 한다.

전문화된 보호. 서구 사회에서는 부모가 일하면서 가정을 지키려면 아이는 방과후학교에 맡기고 노인은 양로원에 보내야 한다. 연약한 사람들은 대개 시설에 맡겨져 전문화된 보호를 받는다. 산업혁명이 시작되고 얼마 안 되어서부터 아기들은 유모에게, 병자들은 의료진에게, 노인들은 요양원에, 죽어 가는 사람들은 병원에, 죽은 사람들은 장의사에게 맡겨졌다. 만성적 약점을 지닌 사람들의 양식과 주거까지도 가족과 교회와 이웃 대신 정부의 부담이 되었다. 물론 그런 요인들은 수시로 변하지만, 한 가지 변하지 않는 것이 있다. 약자와 강자의 지속적 교류가 갈수록 더 줄어든다는 사실이다. 그래서 관계 기술이 전수될 기회가 없어진다.

전문화된 보호의 주체들은 대개 특수 기술은 있지만 기쁨을 퍼뜨리는 기술은 없다. 공무원들과 정부 프로그램들은 약자를 애정으로 대하려고 존재하는 게 아니다. 관건은 예산에 맞추어 정부의 비용을 줄이는 것이다. 학교에서 배출하려는 인력도 온유한 보호자들이 아니라 강한 일꾼들이다. 연약한 데가 없는 사람들, 늘 사회의 생산성을 높여 줄 사람들이다.

패스트푸드. 알다시피 음식다운 음식을 요리하려면 시간이 많이 걸린다. 하지만 우리가 보지 못하는 부분이 있다. 음식을 준비하는 긴 시간 동안 세대간에 교류가 이루어졌다. 아이들은 음식 대신 사람과 유대를 맺었고, 함께 먹는 사람들은 수고에 감사했다. 식사를 기다리면서 식욕을 제어하는 법도 배웠다. 요리를 하다 보면 손을 다칠 수도 있다. 그래서 사람들은 아픔을 달래고, 문제를 해결하고, 기쁨을 회복했다. 그러나 집 안팎을 패스트푸드가 점령하면서 이런 교류의 시간이 사라졌다. 줄어든 요리 시간, 중앙난방, 각 방의 조명 시설, 오락, 기동성, 자원의 상실 등 원인이 무엇이든 결과는 똑같다. 관계 기술을 보고 배우고 연습할 기회가 현저히 줄어들었다. 한때 저절로 전수되던 기술이 이제 북극곰보다도 더 멸종의 위기를 맞고 있다.

우리의 인식 부족. 더 중요하게, 서구 세계의 지난 두 세대는 우리가 지금 말하는 내용을 사실상 모른다. 2차 세계대전 이전에만 해도 아이들은 어디서나 관계적 세계를 접했다. 그 세계를 벗어난 지 3대 째인 요즘 사람들은 옛날 삶도 지금과 똑같았을 거라고 생각한다. 어차피 요즘 사람들도 직장에서 퇴근하여 아이들을 축구 연습과 댄스 강습에 데려가지 않는가? 함께 텔레비전을 보지 않는가? 꾸준히 서로 문자를 주고받지 않는가? 어떻게 다를 수 있단 말인가? 물론 그들도 조부모에게서 옛날 삶에 대한 이야기를 들었다. 하지만 옛날은 매력이 없다.

연약함을 견디느라 '낭비한' 모든 시간 동안 어떤 일이 이루어졌는지 노인들 자신도 모른다. 그들이 열심히 일한 것은 연약함을 면하고 자식들에게 더 나은 삶을 주기 위해서였다. 자녀에게만은 어떤 약점이나 고통도 물려줄 수 없었다. 자녀들은 오로지 건강하고 강해야 했다. 노인들은 관계 기술이 어떻게 학습되었는지 말로 설명하지는 못하지만, '요즘 젊은 사람들'에게서 뭔가가 사라지고 있음은 안다. 노인들이 어렸을 때는 삶이 더 많은 것을 요구했다. 하지만 전쟁과 대공황을 견뎌낸 이 노인들도 강해지기를 원한다. 그러니 성품이 형성되고 감정의 절제가 학습되고 온유한 보호자 기술이 개발된 것이 다 연약함을 끊임없이 접했기 때문임을 누가 짐작이나 하겠는가? 노인들은 이제 연약하지만, 자신의 연약함이 더 이상 아무런 가치가 없음을 안다. 그들은 결국 양로원으로 옮겨질 일밖에 없고, 가벼운 심장마비로 죽는 행운이 없다면 거기서 텔레비전을 볼 것이다.

약자를 돌보는 일이 관계 기술의 구심점이다

눈 위쪽으로 우리 뇌 안에 있는 복내측 전전두피질(VMPFC)은 각 상황에서 가장 덜 해로운 해법을 찾아내는 아주 중요한 일을 맡고 있다. 피해 조절장치인 이 부위는 모든 기쁨의 기술을 통해 훈련되어야 한다. 기쁨을 회복하는 능력도 피해 조절의 일부다. 사람들이 나와 함께함을 즐거워하지 않을 때 우리는 기쁨의 회복을 통해 관계를 지킬 수 있다. 예컨대 반 친구가 "네 헤어스타일은 멍청해 보여"라고 말하면 교실에서 내 기쁨이 사라진다. 이때 복내측 전전두피질은 그동안 우리가 가정이나 학교나 교회에서 역할 모델들로부터 배웠던 내용을 보고 반응을 결정한다. 우리는 거칠게 대꾸할 수도 있고, 뒤로 물러날 수도 있고, 교사나 엄마에게 이를 수도 있다. 뇌의 정체성 중추는 그동안 우리가 보았던 본보기들을 고려하여 가장 덜 고통스러운 해법을 찾아낸다. 그런데 이 조절장치는 비언어적이기 때문에 부모가 했던 말이나 교회에서 들었던 말은 고려하지 않고, 눈으로 보아서 알고 있는 본보기만 고려한다. 물론 최선의 해법은 우리의 기쁨을 회복시켜 준다. 하지만 우리 뇌는 그 사실을 배우지 못했을 수 있다. 그래서 우리는 이렇게 받아칠 수 있다. "멍청한 네가 그걸 어떻게 알아?" 그러면 친구들은 웃을 것이다.

하지만 그렇게 받아침으로써 우리는 참 자아답게 행동하여 샬롬에 이르렀는가? 나를 모욕한 급우와 함께 기쁨을 회복할 물꼬를 텄는가? 온유한 보호자가 되는 법을 배웠는가? 자신의 정체성을 이런 맥락에서 생각할 줄 모른다면, 복내측 전전두피질의 피해 조절 컴퓨터는 그런 반응을 대안으로 고려하지 않는다. 하지만 이 똑똑한 컴퓨터는 이제라도 배워, 자신에게 없는 대안을 찾을 수 있다. 온유한 보호자 기술을 전부 갖추지 못했을지라도 우리는 보호자의 새로운 방식을 찾을 수 있다. 연약함을 애정으로 대하는 정체성을 기르면 된다. 연약함을 애정으로 대하는 사람은 연약함을 접할 때마다 더 나은 반응을 배우고 싶어진다. 단 우리의 관계 회로가 켜져 있어야 한다.

기쁨을 제대로 회복하는 기술이 없더라도 이런 생각은 가능하다. "애정으로 친절하게 반응하는 방식이 반드시 있을 것이다." 하나님이 늘 우리와 함께하시므로 우리는 임마누엘 경험을 통해 새로운 반응을 습득할 수 있다. 하나님으로부터 그런 기술을 습득할 수 있다. 가정과 학교와 교회가 남긴 균열을 예수께서 구속(救贖)적으로 우회하여, 우리에게 기쁨을 회복하는 길을 가르쳐 주신다. 덕분에 우리는 사람들과 함께 기술을 연습할 수 있다. 때로는 자신이 속해 있는 공동체의 사람들에게 청하여 다른 가능성을 듣는 것도 답을 찾는 방법이다. 아울러 성경을 검토하고, 온유한 보호자들의 전기를 읽고, 인생모델의 훈련을 받는 방법도 있다.

이렇게 가정해 보자. 반 친구에게 헤어스타일이 멍청해 보인다는 말을 듣는 순간, 우리는 임마누엘 하나님께 여쭙는 일을 까맣게 잊는다. 우리의 관계 회로가 꺼진다. 그렇다면 나중에 방과후에라도 그 사건으로 다시 돌아갈 수 있다. 샬롬이 없어지고 친구의 말이 자꾸 머릿속에 맴돌 때 그렇게 하면 된다. 집에 가서 가족들에게 그들이라면 어떻게 대답했을지 물을 수도 있다. 잠시 조용히 하나님과 함께 앉아 그 사건을 돌아보며 더 나은 길을 배울 수도 있다. 온유한 보호자 정체성을 원하는데 아직 그 방법을 모른다면, 사건의 이전과 도중과 이후 중 언제라도 우리는 기술을 배울 수 있다.

헤어스타일에 대한 그 말은 상대의 연약함에서 비롯되었다. 왜 그런지 아직도 의아할 수 있다. 그 말 자체는 공격적이고 적대적이었다. 나를 놀린 그 친구는 강해지려 했다. 그런데 어떻게 그것이 연약함일 수 있는가? 그 친구가 아무리 우쭐대며 말했을지라도 참된 힘은 기쁨에서 오는 법이다. 당연히 그 친구는 기쁨의 수위가 낮다! 기쁨은 우리 뇌와 정신의 연료다. 상대의 기쁨이 빈약하거나 상대가 내 삶의 기쁨을 앗아갈 때, 우리는 인간에게 있을 수 있는 가장 큰 연약함을 마주하고 있는 것이다. 이럴 때 우리는 애정에 이끌려 그 자리에서 기쁨을 시작할 수 있다.

관계 기술이 사라질 때 예상되는 결과들

관계 기술이 저하되면 사람들의 관계 방식에 많은 변화가 줄을 잇는다. 당대의 사람들에게는 그런 변화가 거의 눈에 띄지 않는다. 그들은 사람들이 본래 다 그런 줄로 안다. 관계 기술이 없으면 권력에 더 솔깃해진다. '힘이 있다'는 말로 거의 모든 일이 정당화된다. 권력에 대한 관심이 높아질수록 기쁨의 수위는 더 떨어진다. 사람들이 이권 다툼을 벌이기 때문이다. 복수하는 범죄가 증가한다. 관계 기술이 없으면 인간이 돌봄의 대상이 아니라 문제가 된다. 게다가 복수는 가해자에게 권력을 상징한다. 관계 기술이 부족하면 언제나 폭력과 가해자의 행동이 증가한다.

옷차림부터 말투까지 사람들이 모여서 하는 일마다 감정이 더욱 과격해진다. 그들은 과격한 감정과 공격을 부끄러운 줄 모르고 '과시'한다. 절제와 상식은 위축된다. 자신을 다스릴 줄 모르니 기쁨의 수위가 떨어짐은 물론이다. 부자들은 '한적한' 휴양지를 찾아다니며 재력을 과시한다. 그만큼 한적함이 점점 희귀해진다. 강한 사람들은 관습법을 무시한 채 더욱 배타적이 되어 간다.

자폐적 행동과 반응이 증가하고 성숙의 수준은 떨어진다. 음식과 기타 빕스(BEEPS)에 대한 애착이 늘면서 그로 인한 건강 문제와 체중 문제도 함께 증가한다. 감정을 제어하고 주의력을 유지하려면 약물 요법처럼 관계와 무관한 해법이 더 많이 필요해진다. 사람들은 자신에게 만족을 주는 것이 무엇이며 어떻게 해야 기쁨이 지속되는지 전혀 모르거나 거의 모른다. 그래서 기쁨의 수위가 떨어진다.

관계의 논리는 기능의 논리에 밀려난다. 예컨대 "이 사람은 나의 아내다"라는 말에는 유대가 담겨 있지만, 이제 누구든지 아내의 기능만 수행할 수 있으면 아내와 동등한 가치를 부여받는다. 사람 사이에 서로 돌보는 기준도 애정이나 친절에서 전문성으로 바뀐다. 쓸모없는 인간은 버려져도 된다는 인간관이 확산된다. 이 모두의 결과로 기쁨의 수위는 더욱 낮아진다. 몇 가지 구체적인 문제를 생각해 보자.

기쁨의 거짓 회복이 증가한다

관계 기술이 사라질 때 특히 더 해로운 결과 중 하나는 기쁨의 거짓 회복이다. 쉴리아와 엘라는 마치 아무 일도 없었던 것처럼 행동해야 했다. 어머니가 3개월 동안 잠적했다 돌아왔는데도 쉴리아는 괜찮은 척했다. 겉으로는 기쁨처럼 보이지만 이면에는 뭔가 잘못되어 있다. 쉴리아는 감정과 문제가 존재하지 않는 척 행동했던 그때를 '살얼음을 걷는다'는 말로 표현했다. 불행한 감정은 관계를 세우지 못한다. 기쁨을 회복하는 진정한 기술이 없으면 그렇다. 그런 교류는 더 이상 기쁘고 평화로운 순간으로 끝나지 않는다. 즐겁게 함께하는 순간으로 끝나지 않는다. 기쁨의 수위가 떨어진다.

기쁨을 회복하기보다 문제를 관리한다

관계 기술이 부족해지면 인간과 인간의 문제를 대량으로 관리하는 일이 사회의 초점이 된다. 문제 해결이 기쁨의 회복보다 우선된다. 국민의 화합보다 누가 권력을 쥐느냐가 더 중요해진다. 사람들은 무조건 문제를 피하려고 에너지와 자원을 경직되게 사용한다. 사회 문제를 해결하는 방법으로 법률과 규제가 점점 많아진다. 여기서는 사회 문제 중에서 학교와 관련된 부분을 자세히 살펴보려 한다.

학교는 인간을 길러 내기보다 문제를 관리한다. 학교는 대부분의 시간을 아이들과 부모들과 교직원들이 저지르는 폭력과 약탈 행동을 관리하는 데 소비한다. 그러면서도 문제를 부인한다. 교실 안에서 모두가 주목받으려고 경쟁한다. 관계 기술이 없으면 가장 주목받는 사람이 권력을 차지한다. 아이들의 식사도 대부분 학교 급식으로 해결된다. 이는 아이들이 사람 대신 음식과 유대를 맺는 확실한 길이다. 비만 등 그와 관계된 건강 문제도 전염병처럼 확산된다.

학교의 가해자들. 기쁨을 회복하는 법을 배우지 못한 아이들은 자신의 권력을 키우려고 애쓴다. 그래서 다른 사람들을 깎아내린다. 총이나 칼을 쓰는 아이들도 있지만 대부분의 아이들은 말과 수치심과 애착의 고통을 총알로 사용한다. 기쁨을 회복하지 못하는 아이들은 자주 복수를 공상한다. 자신의 약탈 충동을 애완동물이나 동생에게 해소하기도 하고 다른 아이들을 괴롭히기도 한다.

개인들이 기쁨을 회복하는 기술을 배우지 못한 경우, 학교 현장에서 다양한 반응이 나타난다. 예컨대 사람들은 감정을 속에 쌓아 둔 채 남을 욕하고 놀리고 괴롭힌다. 피해자는 자신의 진짜 감정을 묻어 두고, 다른 사람들에게 깊은 아픔을 내보이지 않는다. 연약함은 숨겨져 있다.

학교 폭력은 교내의 기쁨의 수위를 바닥으로 떨어뜨린다. 폭력의 피해자에게 복도는 잔인한 농담과 고문의 터널로 변한다. 점심시간은 놀림당하는 무서운 시간이다. 사물함은 악몽의 현장이다. 화장실은 숨는 곳일 수도 있지만 호되게 당하는 곳일 수도 있다. 리자(Lisa)는 화장실에서 여학생 패거리인 가해자들에게 공격당한 일을 잊지 못한다. 그 끔찍한 일을 떠올리면 지금도 등골이 오싹해진다. 사이버 폭력은 학교의 담장을 넘어 유행처럼 끝없이 번지고 있다. 어떤 때는 부모들까지 가해자로 가세한다.

학생들은 소속감과 그룹 정체성을 얻으려는 강한 욕구에 떠밀린다. 그래서 때로는 극단적 대가도 마다하지 않고 실세들 틈에 끼려 한다. 그 무리 안에 받아들여지려면 외모와 말투와 행동을 똑같이 따라해야 한다. 배척당하면 죽음처럼 느껴진다. 따돌림 받으면 고통의 세계 속에서 살아가야 한다. 애착의 고통은 현실을 왜곡시키고 두려움을 유발한다. 줄리(Julie)는 고등학교 친구들한테 받았던 쓰라린 상처가 지금도 느껴진다. 그들은 줄리를 깍쟁이라고 불렀다. 줄리를 모욕하는 것임을 친구들도 다 알았다.

기쁨으로 복귀하는 기술이 부족한 사람들은 음식과 당분 같은 빕스(BEEPS)에 의존할 때가 많다. 비만은 점점 심각한 문제가 되고 있다. 하지만 아이들에게 건강한 식생활의 중요성을 말해 주어서는 뇌의 관계조절중추에 거의 아무런 훈련도 되지 않는다. 아이들은 인위적 기쁨으로 위안을 삼는다.

사람들은 자신의 이익을 위해 약자를 배척한다. 그렇게라도 해서 특별한 존재가 되려는 것이다. 하지만 자신이 특별하다는 느낌은 기쁨에 기초한 진정한 관계 속에서 얻을 수 있다. 기쁨은 결국 만인이 원하는 것이자 만인에게 필요한 것이다. 마이크(Mike)는 가해자 유형은 아니었지만 거부당하는 게 두려워 다른 아이들과 함께 트리나(Trina)를 놀렸다. 트리나는 가난한 집에 살았고 옷차림도 깔끔하거나 멋있지 못했다. 마이크의 패거리는 쉬는 시간에 그 아이를 괴롭혔다. 그때 트리나의 얼굴에 퍼지던 고통스러운 표정이 지금도 마이크의 기억 속에 깊이 남아 있다.

팀(Tim)은 학교에서 네이턴(Nathan)을 뚱뚱하다고 자주 놀렸다. 네이턴이 얼마나 거구인지 기회 있을 때마다 네이턴과 모든 급우들에게 온갖 방법으로 일깨워 주었다. 하지만 아이들이 모르는 것이 있었다. 팀도 집에서 의붓아버지에게 그와 비슷한 조롱과 학대를 당하고 있었다. 네이턴은 학교에서 팀에게 놀림을 당할 때마다 무력감을 느꼈다. 그래서 집에서 여동생을 정서적으로 학대하기 시작했다.

마크(Mark)는 고등학교 때 급우들을 보기가 무서웠다. 많은 아이들이 갱단에 속해 있었고 신발 상자에 총을 담아 학교에 가져왔다. 두려움과 긴장 때문에 기쁨과 평화가 이루어질 가망이 전혀 없었다. 이제 마크는 어른이 되어 자녀를 학교에 보내고 있다. 금속 탐지기가 설치되어 총기의 교내 반입을 막고 있다는 사실에 그는 안도한다. 하지만 문제는 남아 있다. 금속 탐지기는 성품을 변화시키지 못한다. 총이 없어도 학생들은 자신의 힘을 입증하려고 위협적으로 행동한다.

폭력 조직

연약함이 더 이상 용납되지 않고 뇌의 관계 기술이 사라지면, 우리는 서서히 괴물들을 길러 낸다. 뇌의 관계 기술이 결여된 채로 소속감의 욕구가 채워지지 않으면 폭력 조직이 등장한다. 아이들이 폭력 조직에 들어가는 시기는 그룹 정체성이 형성되는 시기와 얼추 맞물린다. 12세나 13세 아이들은 대개 압박감에 못 이겨 갱단에 들어간다. 권력, 기쁨, 수용, 존중, 소속, 사랑, 보호, 소통을 얻고 싶은 깊은 갈망 때문이다. 내 기쁨이 빈약하거나 부재할 때는 나와 함께함을 즐거워하는 친구들이라도 있으면 기분이 좋다. 그 과정에서 법을 어기고 목숨이 위태로워질지라도 말이다. 조직폭력배들은 흔히 자신들을 가족이라 불러 유대를 굳히고 충성심을 부추긴다.

참으로 안타까운 일이다. 가정과 학교와 교회에서 남녀 보호자들을 통해 온유한 보호자 기술이 학습되면 그런 기본 욕구가 채워질 수 있다. 아이가 초등학교에 들어갈 때까지 기쁨을 회복하는 기술이 결여되어 있거나 덜 발달되어 있다면, 교사들과 친구들과 코치들과 다른 부모들로부터 온유한 보호자 기술을 배울 새로운 기회가 있다. 학교는 온유한 보호자 기술을 배우고 기르는 옥토가 될 수도 있고, 강자가 힘으로 약자를 지배하는 적대적 놀이터가 될 수도 있다. 기쁨의 사람들이 이제부터라도 각자의 학교와 교회에 기쁨을 퍼뜨리지 않는다면 기쁨은 계속 줄어들고 적대감은 커질 것이다.

행동의 자기정당화

가해자는 그럴듯한 이유로 자신의 잔인한 행동을 정당화한다. 예컨대 이런 식이다. "그는 당해도 싸다!" "그는 너무 아는 척한다." "그녀 때문에 우리가 게임에 졌으니 내가 한 수 가르쳐야 한다." "그는 멍청하다." "그녀는 못생겼다." 능숙한 가해자일수록 남을 공격하는 행위를 정당화할 그럴싸한 이유가 늘 있다. 인생모델의 첫 교재인《예수님의 마음으로 생활하기》에 지적했듯이, 이런 자기정당화는 헬라어로 육신(sarx)이라 하여 늘 하나님의 뜻에 어긋난다. 자기를 정당화하는 삶은 늘 기쁨 대신 죽음을 낳는다.

거짓 정체성

참 자아는 언제나 관계적이다. 우리의 정체성이 이념이나 종교나 문제나 성공이나 권력과 결부되어 있으면, 거기서 거짓 정체성이 생겨난다. 우리는 그것을 참 자아로 지각하며, 그 거짓 정체성 속에서 행복감과 자존감과 소속감을 얻으려 한다. 안타깝게도 이런 겉모습은 사상누각과 같아서 역경이 닥치면 결국 무너질 수밖에 없다. 관계 기술이 없는 사람은 갈수록 더 많은 돈과 수고를 들여 자신의 이미지를 만들어 내고 이미지를 좋게 유지하려 한다.

관계 기술이 없는 교회

기쁨을 회복하는 기술이 없는 교회는 세 가지 방식 중 하나로 자체 붕괴한다. 첫째로, 역기능과 미성숙 때문에 분열이 일어난다. 기쁨을 회복할 줄 모른다는 말은 특히 지도자들에게 온유한 보호자 기술이 없다는 뜻이다. 그래서 그들은 자신의 감정을 추스르거나 관계를 유지하거나 혼란으로부터 회복하지 못한다. 감정은 신속히 증폭되고 문제는 걷잡을 수 없이 비화된다.

둘째로, 관계 기술이 없는 사람들은 자꾸 규율을 만들어 낸다. 다른 사람들은 그런 경직된 규율에 통제당하는 기분이 든다. 기쁨을 회복하는 기술이 없는 사람들은 융통성과 적응력이 없고 혼란으로부터 회복하지 못한다. 경직된 지도자들은 유익하고 기쁜 관계적 해법을 찾아 문제를 해결하려 하기보다 무조건 통제를 일삼는다. 그 결과 기쁨이 고갈되고 움직임이 제한되고 창의력이 박탈된다. 위기와 변화의 시기가 닥치면 규율을 가장 잘 만들고 지키는 사람들이 이긴다. 하지만 그 대가로 수많은 사람들이 교회를 떠나야 한다.

셋째로, 영성지도와 봉사와 사역을 가장하여 두려움이 퍼져 나간다. 두려움에 이끌리는 지도자는 뭔가에 반응하고 결정할 때 사람이나 방법을 제한하는 경향이 있다. 기쁨을 회복할 줄 모르는 사람은 일관성이 부족하며, 심하면 정직성이 부족할 수도 있다. 결국 교회는 중립화되어 만인을 행복하고 편안하게 해 주려고 노력한다. 이런 교회는 죽을 때까지 도피처를 벗어나지 못한다.

이상 세 가지의 공통된 결과는 사람들의 삶에 변화가 없다는 것이다. 관계 기술이 없으면 약자와 강자가 삶을 나누지 않는다. 신앙이 있는 사람들도 신앙만으로는 안 되는 게 아닌가 하는 의문이 든다. 결국 젊은 사람들은 교회에 대한 믿음을 잃는다. 그들에게 교회는 더 이상 진정한 자원이 아니다.

자아도취의 확산

관계 기술이 쇠퇴하면 자아도취가 증가할 수밖에 없다. 수치심에서 기쁨으로 복귀할 줄 모르고 실수로부터 배울 줄 모르는 사람들이 점점 많아지고 있다. 게다가 기쁨을 찾으려면 서로 협력해야 하는데, 관계 기술이 없으면 누구나 스스로 알아서 해야 한다. 연약함에 대해 애정이 있는 일부 사람들은 일부러 자신을 제쳐 두고 남들을 챙기겠지만, 그래 봐야 재앙의 종류만 바뀔 뿐이다. 자아에 도취된 사람은 자신의 약점을 숨기고 남들의 약점을 이용한다. 그러면서 자신의 그런 행동을 무조건 정당화한다.

해결되지 않은 갈등의 수가 늘어난다

온유한 보호자 기술이 없다면 아무리 의도가 선하고 확신이 강해도 긴장과 고통을 당해 낼 재간이 없다. 교회를 다니든 그렇지 않든, 교육을 받았든 그렇지 않든, 도시에 살든 시골에 살든 누구나 마찬가지다. 2012년 현재 미국의 신혼부부들은 결혼생활을 8년 이상 지속할 확률이 반반이다. 이혼, 교회 분열, 가정과 단체의 해결되지 않은 불화 등은 기술의 결손이 우리의 삶과 관계에 입히는 타격을 여실히 보여 준다.

갈등이 해결되지 않으면 악감정, 원한, 고집, 양육권 다툼, 교회 분열, 친구와의 소원함, 끝없는 소송 따위가 뒤를 잇는다. 갈등을 해결할 줄 모르는 사람들은 대부분 기쁨의 회복에 필요한 관계 기술이 없다. 이런 상황에서 가장 피해를 보는 사람은 늘 약자다. 비난, 모욕, 권리 의식, 다툼 등은 우리가 성숙하지 못했고 기쁨을 회복하는 기술이 없다는 뼈아픈 증거다. 결과는 비참하다. 특히 아이들이 아빠나 엄마가 없는 가정에서 자라야 한다. 긴장을 이기지 못해 가정이 깨지기 때문이다. 기쁨이 빈약한 부부는 부부 관계에 재앙을 자초한다. 그러면 아이들이 눈치껏 조숙해질 수밖에 없는데, 이는 거짓 성숙을 조장한다. 빈약한 기쁨은 계속 대물림된다. 하지만 고통은 거기서 끝나지 않는다. 강자가 가장 가까운 약자들에게 폭력을 휘두르면서 아동학대와 가정폭력이 퍼져 나간다.

그리하여 가해자와 피해자가 더 많아진다.

해결되지 않은 갈등은 전 세계적으로 확산되고 있다. 부유한 가해자 문화들이 사상 최초로 대량살상 무기를 구입할 수 있게 되었다. 그들의 사회 구조는 응집력과 낙관성이 부족하기 때문에 복잡한 무기를 자체 개발할 수는 없다. 결과적으로 많은 가해자들에게 테러와 대테러는 권력을 장악하는 수단이 되었다. 한 문화의 우호적 가해자가 다른 문화에는 해적이나 테러리스트나 혁명가가 된다. 우리가 아이들과 문화들 속에 보호자 기술을 다시 심어 주지 않는 한, 가해자 문화는 그 문화의 특징인 빈약한 기쁨과 함께 계속 퍼져 나갈 것이다. 보호자들이 생겨나려면 연약함을 향한 애정과 관계 기술이 있어야 한다.

거짓 기쁨, 빕스(BEEPS)의 증가

부모의 이혼과 죽음과 외도와 정서적 부재와 유기(遺棄) 등은 우리에게 둔탁한 아픔, 외로움, 상처, 위압감, 버림받은 기분을 남긴다. 이런 애착의 고통은 대뇌피질 하부에 있는 감정 조절중추 속에서 생겨난다. 관계 회로가 있는 대뇌변연계의 이 부위는 주관적 현실을 만들어 내고 동기화한다. 따라서 애착의 고통으로 아플 때는 세상과 현실이 온통 고통뿐이다. 애착의 고통은 격렬하여 우리 삶과 관계를 모두 삼켜 버린다. 이 고통이 있을 때는 어디론가 증발해 버리고 싶어진다. 단절되거나 마비되거나 식물인간이 되거나 차라리 죽고 싶어진다. 그 감정을 "너 없이는 못 산다!"라는 말로 표현할 수 있다. 어디서 많이 듣던 노래 가사 같지 않은가?

애착의 고통은 간접적으로 강한 욕구와 격한 충동으로 나타난다.

우리는 고통스러운 감정을 처리하는 법을 배우지 않았기 때문에 어떻게든 피하려 한다. 고통스러운 감정을 빨리 해소하지 않으면 왠지 폭발하거나 죽을 것만 같다. 머잖아 아이들은 사탕, 초콜릿, 도넛, 탄산음료, 포르노, 성적인 행동 등을 통해 고통을 일시적으로 해소한다. 이때부터 빕스(BEEPS)가 생활방식으로 이용된다. 애착의 고통은 음식 중독과 성 중독을 지배하는 배후 세력이다. 우리는 자꾸 이런 거짓 기쁨의 쾌감으로 기분을 달랜다. 나를 산 채로 삼켜 버릴 것만 같은 외로움을 그렇게 피하려는 것이다. 우리가 찾는 해소란 참된 기쁨이라기보다 고통을 막는 차단 밸브다. 하지만 결국 영속적 해소에 필요한 것은 참되고 의미 있는 관계적 기쁨이다. 어쨌든 도중에 우리는 애착의 고통으로부터 수많은 무익한 교훈을 배운다. 예컨대 이런 식이다. "사랑은 아프다." "너무 가까이 가면 불에 덴다." "애착이 너무 심하지만 않으면 안전하다." 이런 거짓말들 때문에 우리는 관계와 무관한 쾌락과 위안을 찾아다닌다.

관계 기술이 없는 사람들의 과녁이 된 가정과 학교와 교회

학교와 교회에서 끊임없이 폭력 사태가 발생하면서 두 곳은 수많은 대량살상의 과녁이 되었다. 폭력이 가장 일어나기 쉬운 곳은 가정이다. 가정 내에서 벌어지는 폭력과 학대와 살인의 수위를 보면 가정 안팎의 약탈 행위를 가늠할 수 있다. 실제 폭력은 애착의 고통에서 유발될 때가 많다. 여러 살인 사건과 학내 총기 사고를 생각해 보라. 대개는 원한, 악감정, 고립, 외도, 상실, 질투 등 애착의 고통이 원인이다. 가해자는 억울함과 무력감을 호소할 때가 아주 많다.

학교와 교회는 대개 폭력을 유발하지는 않지만 그래도 과녁이 되곤 한다. 아마도 이는 희망의 자리여야 할 학교와 교회가 막상 관계 기술이 없는 성난 젊은이들에게 별로 내줄 것이 없기 때문일 것이다. 학내 총기 사고는 온유한 보호자 기술의 정반대를 보여 준다. 교내에서 총칼로 사람을 죽이는 행위가 이토록 빈번하다는 것은 학교에 마땅히 관심을 쏟아야 한다는 신호다. 학내 총기 사고는 세계적으로 역사가 오래되었다. 캐나다 11건과 유럽 20건을 비롯하여 다른 지역에도 더 많이 있다. 백 년 이상 계속된 학내 폭력 사태는 특히 근년 들어 많은 비극을 낳았다.

미국의 학내 총기 사고는 족히 150건을 넘는다. 칼부림과 인질극과 그밖의 폭력은 제외한 것이다. 애착의 고통을 해결하지 못하고 기쁨을 회복하지 못한 것이 많은 사건의 배후 원인이다. 그럴 때 공격자는 특정인을 노려서 살해한다. 대량살상 사건들을 보면 대체로 공격자는 강해지려 하고, 자기를 정당화하며, 범행을 치밀하게 준비한다. 심지어 공격의 위력과 효과를 더하려고 가해자의 전략을 연구하기도 한다.

24세의 매튜 J. 머레이(Matthew J. Murray)는 2007년에 학교와 교회를 둘 다 과녁으로 삼았던 콜로라도의 총기 난사범이다. 그는 관계 기술이 부족했다고 한다. 총기 난사범치고 관계 기술이 좋은 사람은 찾아보기 힘들다. 그의 컴퓨터에는 상당량의 포르노가 들어 있었다. 빕스(BEEPS)의 거짓 기쁨에 의지하여 살아갔음을 알 수 있다. 그는 예수전도단의 훈련 학교에 다니다가 쫓겨났는데, 바로 그 학교로 돌아가 총기를 난사했다. 그는 그리스도인 부모에게 홈스쿨링을 받았다. 머레이의 사례가 비참하게 증언해 주듯이, 가정과 학교와 교회를 다 경험하고도 온유한 보호자의 성품이 길러지지 않을 수도 있다.

가해자가 되지 않고 보호자가 되려면 연약함을 애정으로 대하려는 다짐만으로는 부족하고 관계 기술의 훈련이 필요하다. 앰블사이드 국제학교 같은 소수의 학교들은 학교생활의 모든 면을 통해 온유한 보호자 기술을 직접 훈련시키고 있다. 하지만 대다수의 가정과 학교와 교회는 보호자가 되는 데 필요한 관계 기술을 아이들에게 훈련시킬 준비가 되어 있지 못하다. 종교가 없는 부모들이 자녀를 기독교 학교에 입학시키는 사례가 증가하고 있다. 자녀에게 인품을 가르쳐 주고 싶어서다. 관계 기술이 없고 정서적으로 성숙하지 못한 젊은이들도 예수전도단, 수도회, 기독교 학교, 선교회 같은 프로그램을 찾는 사례가 증가하고 있다. 인간성과 기쁨의 관계와 규모 있는 삶을 배우기 위해서다. 그런 단체들 중 대부분은 이타적 섬김과 베푸는 삶을 가르쳐 줄 준비는 되어 있다. 하지만 지원자들의 빈자리인 관계적 성숙을 채워 주는 것은 전혀 다른 문제다. 관계 기술이 없는 젊은이들이 도처에 넘쳐나고 있지만 이는 시작에 불과하다. 관계 기술이 계속 소멸되고 있기 때문이다.

기쁨을 회복하는 기술은 연약함을 통해 회복된다

연약함을 존중하는 사람은 기술을 이미 갖춘 사람들과만 아니라 기술이 필요한 사람들과도 관계를 맺는다. 약점을 인정하면 내 삶의 현장에 어떤 보호자 기술이 부족한지 파악할 수 있다. 분노, 두려움, 슬픔, 수치심, 혐오감, 절망감을 상대할 때 우리는 보호자로서 행동할 수 있어야 한다. 그렇게 행동할 능력이나 의향이 없는 사람은 정체성이 연약하다는 뜻이다. 문제에 파묻혀 관계를 망각하는 사람이나 눈앞의 문제 때문에 혼란을 증폭시키는 사람도 마찬가지다. 특히 다른 사람의 약점을 공격하거나 비난하거나 망신주거나 이용하는 사람이 있다면 바로 그것이 그의 약점임을 알아차려야 한다. 이는 빈약한 기쁨을 부르는 먹구름이다. 사실은 빈약한 기쁨이야말로 약점이다. 이런 시각이 있다면 우리는 기쁨을 시작할 수 있고 다른 동참자들을 찾아낼 수 있다.

연약함이 오히려 우리의 강점이 되기도 한다. 우리는 다 작고 연약하고 취약한 존재들이며, 누군가가 애정으로 대해 주어야만 기쁨으로 승리할 수 있다. 이 사실을 인정하는 사람은 우리 사회의 기쁨을 만성적으로 고갈시키는 온갖 무리한 행동을 삼간다. 강해지려 하고 내 힘으로 하려 하면 기쁨이 고갈되고 점차 가해자가 되어 간다. 반대로 자신의 연약함을 인정하면 임마누엘과 늘 교제할 수밖에 없다. 그러면 그분이 우리의 참 자아를 회복시켜 주시고 서로를 늘 애정으로 대하게 하신다.

연약함을 존중하는 사람은 다른 사람을 훈련할 때 상대의 학습 속도에 맞춘다. 기쁨과 관계 기술을 배우는 역량과 능력은 사람마다 다르다. 너무 무리하게 또는 너무 빨리 가르치려 하면 상대가 더 이상 배우지 않으려고 피한다. 기쁨을 회복하려는 사람은 먼저 사람들을 쉬게 해 주어야 하고, 그들이 지칠 때마다 다시 쉬게 해야 한다.

다행히도 연약함을 나누면 이를 통해 기쁨을 회복하는 기술을 퍼뜨릴 수 있다. 연습을 통해 우리는 믿을 만한 사람들에게 자신의 연약함과 결핍을 나누고 표현하는 법을 배울 수 있다. 그러면 거기서 신뢰와 투명성에 기초한 든든한 유대가 싹튼다. 연약함은 더 이상 숨겨져 있거나 가면에 가려져 있지 않다. 우리는 연약한 사람들을 하나님의 선물로 보고 귀히 여긴다. 사람들이 고립되거나 떨어져 나가지 않고 관계 속으로 돌아올 때 우리는 기뻐한다. 우리 삶과 이야기 속에 임마누엘의 임재가 보이기 시작한다. 우리는 결핍에 애정으로 반응한다. 옆에서 보던 사람들도 이제 용기를 얻고 경계를 늦춘다. 아픔과 슬픔과 고난을 함께 나누면 믿음과 소망의 공동체가 사랑의 공동체로 자란다.

기쁨은 그리스도인의 삶과 정체성의 핵심이다. 기쁨은 관계 기술을 키우는 성장 호르몬이다. 세계 인구의 3분의 1인 우리 그리스도인들이 삶의 현장에서 기쁨을 시작한다면 각자의 가정과 학교와 교회가 달라질 것이다. 세상의 나머지 3분의 2도 기쁨에 동참하도록 우리가 그들을 초대하면 어떨까?

자아도취와 분노를 고친다

자아도취의 치명적 위험은 아무리 강조해도 지나치지 않다. 더 중요한 것은 자아도취에 빠진 사람들과 그들의 공동체를 새로운 삶으로 초대하는 일이다. 자아에 도취된 사람은 건강한 수치심으로부터 배우는 게 아니라 강해 보이려고 자기를 정당화한다. 공동체의 소실과 빈약한 기쁨의 가장 큰 원인은 자아도취다. 온유한 보호자는 자아도취로부터 공동체를 지켜야 한다. 그러려면 참된 성숙과 즐거이 함께하는 삶이 무엇인지 보고 느끼게 해야 한다. 우리는 기쁨에 대해 말만 하는 게 아니라 연약한 사람들을 위해 소속감을 유발한다. 보호자는 인간을 볼 때 역기능 이상을 본다. 영안(靈眼) 같은 온유한 보호자 기술을 통해 전해지는 메시지가 있다. 인간은 실수의 총합 이상이라는 것이다. 기쁨의 성품은 소속감을 유발하며, 강하고 기쁜 사람들을 통해 개발된다. 그들은 연약한 사람들 속에 기쁨을 가꾸고 퍼뜨린다. 그러려면 자아에 도취된 사람들과 가해자들에게 그들이 약자를 공격하는 일이 정당화될 수 없음을 확실히 알려 주어야 한다. 사랑과 구속(救贖)의 공동체에서 자아도취는 환영받지 못한다. 우리는 서로 도와가며 저마다 하나님이 부르신 본연의 삶으로 자라 간다.

자아에 도취된 우리는 기쁨을 회복하는 기술을 배워야 한다. 정체성이 분노에 고착되어 있는 사람도 기쁨으로 복귀하는 법을 배워야 한다. 분노의 사람은 위협으로 자기 뜻을 관철시키는 데 익숙해져 있지만, 보호자는 이면에 그 이상이 있음을 안다. 보호자는 성난 사람에게 자신의 연약함을 인정하도록 이끌고, 강한 척하는 행동을 그만두도록 권한다. 약점을 겸손히 인정하면 자유를 얻는다.

가정에서 기쁨을 회복한다

부모는 자녀에게 온유한 보호자 기술을 길러 주기에 가장 좋은 위치에 있다. 관계 기술이 있는 부모는 온유한 보호자 기술을 미리 '다운로드해' 줄 수 있다. 그러면 자녀가 19가지 기술을 모두 배워 활용할 수 있다. 관계 기술의 개발도 악기 연습과 비슷하게 시간이 걸린다. 부모는 기술을 구사하여 아이들과 손님들에게 고통, 피곤, 흥분, 갈등의 순간에 '이렇게 하는' 거라고 보여 줄 수 있다. 아이들은 엄마 아빠의 모범을 통해 가장 잘 배운다.

기술이 결여된 부모는 다른 부모들로부터 새로운 기술을 배운 다음, 집에서 연습할 수 있다. 부모가 친구들과 가족들을 집으로 초대하면 온유한 보호자의 훈련이 인근 지역사회로 퍼져 나간다. 그들은 함께 교류하고, 기쁨을 주고받고, 일이 틀어질 때 회복할 수 있다. 기술을 이미 갖춘 강자들과 기술이 없는 약자들이 건강하게 섞이면 가정이 변화의 현장으로 변한다. 그 두 그룹이 교류하면 다양한 상황 속에서 보호자 기술이 '라이브'로 훈련된다.

보호자 기술을 기르고 연습하는 일은 단순히 저녁식사와 교제 시간을 통해서도 가능하다. 함께 먹으며 나누는 교류는 성경 전체에 가장 많이 언급된 활동 중 하나인데, 거기에는 그만한 이유가 있다. 예수님은 사람들과 함께 식사를 즐기시던 자리에서 이야기를 자주 하셨다. 존(John)과 에이미(Amy) 부부는 매주 금요일마다 집에서 피자의 밤을 연다. 자녀들도 두세 명의 친구를 집으로 초대하여 피자도 먹고 게임도 즐기며 교류를 나눈다. 이 시간은 재미와 웃음과 기쁨으로 가득 찬 고에너지(High-Energy)의 시간이다. 존과 에이미가 가족의 전통으로 시작한 일이 이제 지역사회로 확장되고 있다. 그들은 일부러 직장과 학교에 대한 이야기들을 서로 나눈다. 그룹으로 관계 기술을 연습하고 서로를 위해 기도한다. 기쁨의 수위가 늘 높다. 이야기들에 감정이 개입될 때마다 듣는 사람들이 기쁨으로 복귀하는 법을 연습하기 때문이다. 대부분의 경우에 교류가 어찌나 재미있는지, 자신들이 온유한 보호자 기술을 새로 배우고 있고 기존의 기술을 강화하고 있음조차 잊어버린다. 존과 에이미는 자녀들과 지역사회를 위해 기쁨의 유산을 창출하고 있다.

학교에서 기쁨을 회복한다

쉴리아는 기쁨을 전파하고 보호자를 길러 내고 싶은 마음에서 졸업반 프로젝트를 기획했다. 이를 통해 고등학교 3학년 학생들은 학교 폭력과 관련하여 피해자와 가해자와 보호자의 역할을 각각 파악한다. 쉴리아는 졸업반 학생들에게 보호자 기술을 기르는 법과 그들 자신의 가해자 같은 반응과 피해자 같은 반응을 인식하는 법을 가르쳤다. 각 반의 학생 36명은 6명씩 6개조로 나누어졌다. 프로젝트의 목표는 졸업반 학생들이 자신의 보호자 정체성을 활성화하고, 중학교 3학년과 고등학교 1학년 후배들에게 학교 폭력의 악영향을 가르치는 것이었다. 아울러 약자들을 대할 때 애정으로 행동하는 법도 가르쳤다. 사흘 동안 하급반에 '출장 수업'을 다니며 학교 폭력에 관한 교육 세미나를 열었는데, 조별로 세 반씩을 맡아 총 18개 반을 돌았다. 쉴리아는 졸업반의 3개 반을 담당하고 있으므로, 그 학생들이 총 54개 반의 후배들을 찾아다니며 학교 폭력과 그 영향에 대한 메시지를 퍼뜨릴 수 있다는 계산이 나온다.

　이 프로젝트를 계기로 졸업반 학생들은 졸업하기 전에 학교에서 '중요한 일을 시작할' 수 있었다. 그들은 학교 폭력에 관한 자신들의 이야기를 통해 후배들에게 모교를 더 기쁜 곳으로 만드는 법을 열심히 가르쳤다. 이 프로젝트는 학교 폭력을 근절하자는 캠페인 정도가 아니라 그 이상이었다. 가해자와 피해자와 보호자에 대한 교육, 기쁨을 회복하고 관계를 유지하는 방법 등이 포함되었기 때문이다. 쉴리아가 그런 요소들을 커리큘럼에 새로 추가한 덕분에 학생들은 전에 접해 보지 못했던 관계 기능의 핵심 개념을 배울 수 있었다. 각 조는 또한 담당 하급생들에게 최소한 한 번의 의미 있는 감사 연습을 시행해야 했다. 그들은 이를 통해 기쁨이 퍼져 나가기를 바랐다. 아울러 후배들에게 분노, 슬픔, 절망 등의 감정을 조절할 수 있는 실제적 방법도 알려 주었다.

　총 10주간에 걸친 이 교육 과정은 쉴리아와 졸업반 학생들의 용기를 요하는 방대한 작업이었다. 학생들은 많은 연구 자료와 교육 비디오를 통해 공부해야 했고, 가해자와 피해자와 보호자의 행동을 파악해야 했고, 기쁨의 회복을 통해 관계와 소통을 유지하는 법을 연습해야 했다. 각 조는 1)후배들에게 가르칠 내용을 시각 자료로 만들어 발표했고, 2)영상물을 제작하여 관계가 문제보다 중요함을 보여 주며 도전했고, 3)최소한 한 번의 감사 연습을 시행하여 학생들에게 뇌의 관계 기술을 실습할 기회를 주었다. 만연한 학교 폭력에 맞서 싸우려면 관계 기술이 필요하기 때문이다. 기쁨을 회복하려면 관계를 유지하고 약자에게 애정을 표현해야 한다. 졸업반 선배들은 후배들에게 적극적으로 가르쳤고, 이를 계기로 기쁨을 전교에 퍼뜨리는 과정이 시작되었다. 쉴리아의 힘이 닿는 한 이것이 새로운 규범이 될 것이다!

교회에서 기쁨을 회복한다

교회는 여러 가지 방법으로 약자와 강자를 한데 모을 수 있다. 예컨대 멕시코 북부의 사막에 있는 한 고아원에는 학대당한 아동들과 헌신적인 봉사자들이 함께 모여 있다. 청년들과 나이 든 부부들이 안정된 장기적인 집에서 고아들과 더불어 살아간다. 이 공동체는 고아원과 교회 등 어디에나 일부러 약자와 강자를 늘 함께 둔다. 그 모든 곳에서 약자에게 애정을 보인다. 공동체의 한 부분으로 훈련을 지속하고, 기쁨과 샬롬과 온유한 보호자의 뇌 기술도 의지적으로 연습한다. 많은 직원들도 그 과정 중에 자기 삶의 약점과 외상을 발견한다. 그래서 애정은 고아들만의 몫이 아니다. 모두가 도움을 받아 치유되고 변화된다. 공동체가 함께 변화된다. 고아원에 학교도 부설되어 있어 거기서 샬롬을 배운다. 일이 원활하지 않을 때 임마누엘 하나님의 임재를 구하는 연습도 자주 이루어지고 있다.

캐나다의 한 교회는 식당을 만들어 미혼모들에게 일자리와 숙소와 공동체와 훈련을 제공하고 있다. 약자와 강자가 연약함을 긍휼히 여기는 마음으로 삶을 나눈다. 그 결과 양쪽 모두의 삶이 변화된다.

캘리포니아 남부의 로스앤젤레스 지역에 있는 한 교회는 커넥서스 훈련을 교회 생활에 조심스럽게 도입했다. 그전에 몇몇 교인들의 삶이 인생모델을 통해 변화되었다. 그 결과로 그들은 '형성' 과목을 활용하여 하나님과 더 분명히 교류했다. '재출발' 과목을 통해서는 기쁨을 배웠고 하나님이 어떻게 상처를 치유하시는지도 배웠다. '소속' 과목의 도움으로 감사와 기쁨도 생겨났다. 하지만 처음 몇 년 동안에는 약자와 강자를 한데 모으려는 의지적 노력은 전혀 없었다. 그들은 대체로 이런 경험을 좋아했지만, 변화의 수위는 낮았고 대개 각자 사적인 변화에 그쳤다.

그러나 자신들의 모임을 기쁨의 변화 현장으로 만들자는 생각이 뿌리를 내리면서 이 교회 그룹에 전혀 다른 일이 벌어졌다. 인도자의 말을 들어 보자. "반응이 정말 놀라웠다! 사람들은 모임이 끝난 후에도 그대로 탁자에 둘러앉아 그날 배운 내용과 각자의 삶에 대해 이야기를 나누었다. 그러다 10시나 되어야 돌아갔다. 이렇게 열띤 반응은 처음 겪어 본다." 그녀는 "가장 좋은 점은 사람들이 변화 현장의 필요성을 깨달았다는 것이다"라고 말을 맺었다. 그룹 내의 학교 교사들은 즉시 이런 개념을 자기 학급에 적용했고, 기쁨이 빈약한 아이들을 돕는 법을 함께 모색했다. 한 베테랑 교사는 학생들의 비행 문제 때문에 교단을 떠나려다가 완전히 변화되어 몇 주 만에 교직이 즐겁다고 고백하기도 했다. 그룹 구성원들은 더 이상 자녀와 배우자와 가족의 약점을 공격하지 않게 되었다. 다시 인도자의 말이다. "많은 사람들이 자기 삶의 강점과 약점에 새롭게 눈떴다. 여태까지 우리 모두가 배웠던 내용이 전복되었다." 이것이 변화 현장의 삶이다. 약자와 강자가 교류하여 연약함을 애정으로 대하고 임마누엘의 인도하심을 받는다. 그들이 변화의 현장에 머무는 한 변화는 계속되고 기쁨은 퍼져 나간다.

교회학교는 19가지 온유한 보호자 기술까지 합하여 아이들에게 사랑과 기쁨과 임마누엘 생활방식을 가르칠 수 있는 또 다른 장이다. 모든 학생이 초등학교 3학년을 마치기 전에 6대 감정에서 기쁨으로 복귀하는 기술을 익힌다면 어떻게 될까? 주일학교는 온유한 보호자 기술을 그룹으로 배우고 연습할 수 있는 이상적 환경이다. 여름성경학교, 여성 공부반, 젊은 엄마 모임 등 많은 교회 활동도 변화의 자리가 될 수 있다.

우리는 어떻게 하고 있는가?

- 지난 백 년 동안 우리의 가정, 학교, 교회, 문화에 어떤 변화들이 있었는가?
- 이런 변화들은 우리를 어디로 데려가고 있다고 보는가?

우리의 가정과 학교와 교회에서 온유한 보호자 기술이 소멸되고 있다는 징후들은 무엇인가? 이를 회복하기 위해 우리가 해야 할 몫은 무엇인가?

구원에 대해 잘못 들었던 내용을 고치자

일반적으로 그리스도인들은 구원을 사후의 삶으로 생각하는 경향이 있다. 사후의 삶에서는 천국에 들어가는 게 곧 구원이다. 어떤 사람들은 지옥과 형벌을 면하는 데 초점을 맞춘다. 죄인은 누구나 지옥과 형벌을 당해야 하기 때문이다. 이런 개념의 연장선에서 많은 사람들이 나중에 형벌을 면하려고 이 땅에서 하나님의 규율을 지키려 애쓴다. 하지만 구원의 방법은 오직 그리스도이시다. 여기서 잠깐 살펴보려는 것은 구원의 방법이 아니라 구원의 목적이다. 구원의 관건은 영생이다. 그런데 영생이란 사후의 삶을 뜻하지 않는다. 영생이란 우리의 삶 전체를 뜻한다. 구원은 우리의 삶 전체, 즉 현세와 내세 둘 다를 위한 것이다. 구원이란 거짓 자아를 즉시 버리고 참 자아를 받아들이는 것이다. 구원이란 삶다운 삶을 발견하고 늘 기쁨의 출처로 살아가되, 지금부터 즉시 시작한다는 뜻이다. 우리는 하나님께 그리고 삶다운 삶을 갈망하는 모든 사람들에게 기쁨의 출처가 될 수 있다. 비록 우리가 연약함에 휩싸여 있으나 구원을 경험하지 못하게 막는 것은 우리의 연약함이 아니다. 오히려 강해지려는 노력이 우리를 막아 새 생명을 얻지 못하게 한다. 구원은 우리의 연약함에 대한 하나님의 애정 어린 반응을 계속 받아들이는 것인데, 이는 하나님의 큰 능력과 온유한 보호를 통해서만 가능하다. 우리는 자신의 기형과 단점을 숨기지 않는다. 하나님을 관계와 무관하게 대하는 순간들이 있음을 부정하지 않는다. 오히려 그런 것들을 인정하면서 기쁨을 회복하려 하고, 함께하시는 하나님으로부터 배우려 한다. 우리는 관계와 무관한 사람들이나 나보다 연약한 사람들과도 똑같이 함께 살아가는 법을 배운다. 구원은 지금 여기서 시작되는 기쁨이다. 우리가 전하는 기쁜 소식은, 이 기쁨의 삶이 예수님을 닮고자 하는 사람이라면 누구에게나 열려 있다는 것이다. 그분의 삶은 "온 백성에게 미칠 큰 기쁨"이다.

삶을 변화시키는 기독교의 능력을 회복하자

역사적으로 그리스도인들은 여러 모로 약자들을 도왔다. 아이들을 보호했고 세상에 많은 학교와 병원을 세웠다. 이제 우리에게 영혼의 학교와 병원이 필요하다. 근자에 사람들은 인간다운 관계 능력을 급속도로 상실했다. 그것을 부각시키는 것이 이번 장의 요점이다. 대중매체, 기동성, 다세대 공동체의 소실, 인격적 교류의 급감 등은 일상생활 속에서 젊은 세대와 노년 세대의 직접적 교류를 크게 감소시켰다. 그리하여 온유한 관계 기술을 소멸의 위기로 몰아넣고 있다. 과거에는 그리스도인들이 문맹을 퇴치하고 병을 치료해 주었지만, 이제는 온 세상을 상대로 기쁨의 관계 기술을 훈련시켜야 한다. 우리가 그 일을 하지 않으면 세계적으로 모든 가정과 학교와 교회에 가해자의 수위가 가파르게 상승할 것이다. 이미 그런 현상을 우리 눈으로 보고 있다.

도피처나 만들고 있을 여유가 없다. 본래 우리는 자신의 부족한 성품을 숨기려고 내 마음에 드는 사람들과만 함께 지내는 경향이 있다. 또한 하나님께 자신을 더 강하게 해 달라고 기도한다. 하지만 삶과 성품이 변화되려면 최소한 강자와 약자가 함께 있어야 한다. 영적 성숙과 정서적 성숙은 장기간에 걸쳐 기쁜 교류가 자주 있어야만 깊어진다. 연약할 때 즐거이 함께하려면 서로를 '천국의 눈'으로 보아야 한다.

대다수 그리스도인들의 성품이 변화되지 않는 이유는 하나님과 함께하는 기쁨이나 사람들과 함께하는 기쁨이 부족하기 때문이다. 우리부터 먼저 변화의 현장으로 들어가자.

- 우리의 기쁨을 표현하자.
- 연약한 사람들과 더불어 기쁜 교제를 유지하자. 기쁨은 연약함을 강하게 한다.
- 기쁨이나 샬롬을 잃을 때마다 임마누엘을 구하고 기쁨을 회복하자.
- 가정과 학교와 교회에 기쁨을 지속시키자.

온유한 보호자 기술을 전파할 수 있는 최고의 관계망은 단연 교회다. 하지만 가장 전략적인 표적은 학교다. 그리스도인 교사와 부모와 학생은 어디에나 있다. 기쁨을 요소요소에 퍼뜨리는 최선의 방법은 모든 교실에 기쁨을 들여놓는 것이다. 관계적, 정서적 성숙의 기술을 훈련시켜 학교 문화를 바꾸려는 시도들은 일반 세상에도 있다. 이런 프로그램들은 엄청난 영향을 미치고 있지만, 늘 학교의 예외적 현상으로 남을 것이다. 교사와 부모와 학생이 모든 교실에 기쁨을 가져가 열심히 퍼뜨린다면 영향력이 더 커질 것이다. 기쁨은 언제나 인격적이다. 그러므로 우리는 만나는 학생, 부모, 교사, 학교 직원 하나하나에게 기쁨을 건네자. 기쁨에 대해 배워 이 꿈을 다른 사람들에게도 옮겨 주자. 기쁨은 인간의 모든 동기 중에서 가장 강한 동기다. 누구나 기쁨이 필요하다.

기쁨이 빈약한 곳을 찾아내 그곳에 뛰어들어 기쁨을 퍼뜨리자. 우리는 기쁨이나 샬롬을 잃을 때마다 임마누엘 하나님과 대화한다. 관계 기술이 있는 사람들에게 도움을 청한다. 강해지려 하지 않고 임마누엘 하나님께 연약함을 가져가면 성품이 변화된다. 강해지려 하면 기쁨이 죽는다. 연약함을 피해도 기쁨이 죽는다. 하나님이 우리를 현재의 자리에 두신 것은 그분이 보시기에 거기가 우리가 기쁨을 시작하기에 가장 좋은 곳이기 때문이다. 기쁨은 여기서 시작된다.

기쁨의 행동

가정: 내 주변에서 이미 변화의 현장에 있는 사람들, 기쁨을 시작할 만한 사람들을 떠올린다. 이 책의 내용을 그들에게 나누고 기쁨을 시작한다.

학교: 교사나 학교 직원이나 부모나 학생 하나를 찾아내 이 책의 비전을 나눈다. 기쁨을 시작한다.

교회: 우리 교회에서 기쁨을 시작할 만한 유초등부 목사나 중고등부 지도자에게 이 책을 준다. 기쁨을 시작한다.

가정과 학교와 교회의 비교 평가서

어디서부터 시작해야 할지 막막할 수 있다. 우리의 정체성이 형성되고 변화되는 가장 보편적인 곳은 가정과 학교와 교회다. 그래서 우리는 변화에 대한 이 세 곳의 준비성을 비교하는 도구를 만들었다. 우리가 의도한 평가 대상은 당신이 지금 살고 있는 가정, 당신이 근무 중인 학교, 당신이 현재 다니는 교회다. 점수를 비교해 보면 어디부터 변화에 힘써야 할지 결정하는 데 도움이 될 것이다.

물론 혼자 살거나 학교와 전혀 무관하거나 교회 생활에 활동적이지 못한 사람들도 많이 있다. 그런 경우에는 가정 대신 친구들을, 학교 대신 직장을, 교회 대신 다른 소속 단체를 평가하면 된다. 동일한 그룹을 염두에 두고 모든 문항에 답하기만 하면 된다.

이 비교 평가서를 또 다른 방법으로 사용할 수도 있다. 과거에 당신의 삶이 어땠는지 알아보는 것이다. 이 경우에는 유년기의 가정, 유년기의 학교, 초기의 교회 경험을 평가하면 된다.

1. 우리는 이곳이 우리의 삶을 좋게 변화시켰다는 말을 자주 한다.
    (0=전혀 아니다 10=항상 그렇다)
    가정 0 1 2 3 4 5 6 7 8 9 10
    학교 0 1 2 3 4 5 6 7 8 9 10
    교회 0 1 2 3 4 5 6 7 8 9 10

2. 여기서는 날마다 쉽게 감사 제목을 찾을 수 있다.
    (0=전혀 아니다 10=항상 감사하다)
    가정 0 1 2 3 4 5 6 7 8 9 10
    학교 0 1 2 3 4 5 6 7 8 9 10
    교회 0 1 2 3 4 5 6 7 8 9 10

3. 이곳 사람들은 나의 약점에 대해 당연히 친절하게 말한다.

    (0=전혀 아니다 10=모두가 항상 친절하다)

    가정   0   1   2   3   4   5   6   7   8   9   10

    학교   0   1   2   3   4   5   6   7   8   9   10

    교회   0   1   2   3   4   5   6   7   8   9   10

4. 우리는 이곳에 오면 대개 더 기뻐진다.

    (0=전혀 아니다 10=모두가 항상 그렇다)

    가정   0   1   2   3   4   5   6   7   8   9   10

    학교   0   1   2   3   4   5   6   7   8   9   10

    교회   0   1   2   3   4   5   6   7   8   9   10

5. 여기서는 일이 잘못되어도 여전히 내 마음이 평안하다.

    (0=전혀 아니다 10=항상 평안하다)

    가정   0   1   2   3   4   5   6   7   8   9   10

    학교   0   1   2   3   4   5   6   7   8   9   10

    교회   0   1   2   3   4   5   6   7   8   9   10

6. 나는 상처받은 사람들을 보면 이곳으로 데려오고 싶다.

    (0=전혀 아니다 10=그런 마음이 아주 강하다)

    가정   0   1   2   3   4   5   6   7   8   9   10

    학교   0   1   2   3   4   5   6   7   8   9   10

    교회   0   1   2   3   4   5   6   7   8   9   10

7. 여기서는 인생 경험이 나보다 많은 사람들과 교류할 수 있다.

    (0=전혀 아니다 10=그러기가 쉽다)

    가정   0   1   2   3   4   5   6   7   8   9   10

    학교   0   1   2   3   4   5   6   7   8   9   10

    교회   0   1   2   3   4   5   6   7   8   9   10

8. 여기서 나에게 맡겨진 일은 가치 있는 일이다.

   (0=내 에너지만 낭비된다 10=정말 가치 있는 일이다)

   가정 0 1 2 3 4 5 6 7 8 9 10

   학교 0 1 2 3 4 5 6 7 8 9 10

   교회 0 1 2 3 4 5 6 7 8 9 10

9. 우리가 여기서 하는 일은 주변 사람들에게 긍정적 영향을 미친다.

   (0=전혀 아니다 10=매일 그렇다)

   가정 0 1 2 3 4 5 6 7 8 9 10

   학교 0 1 2 3 4 5 6 7 8 9 10

   교회 0 1 2 3 4 5 6 7 8 9 10

10. 나는 여기서 이해받는다는 느낌이 든다.

    (0=전혀 아니다 10=모두가 이해해 준다)

    가정 0 1 2 3 4 5 6 7 8 9 10

    학교 0 1 2 3 4 5 6 7 8 9 10

    교회 0 1 2 3 4 5 6 7 8 9 10

이 총점을 아래의 해당 지점에 표시한다

0 10 20 30 40 50 60 70 80 90 100   가정 총점 _____

0 10 20 30 40 50 60 70 80 90 100   학교 총점 _____

0 10 20 30 40 50 60 70 80 90 100   교회 총점 _____

보호자 기술의 전파를 방해하는 요소에 대한 평가서

1. 그동안 내가 당한 일들 때문에 사람들을 신뢰하기가 힘들다
   아주 잘 신뢰한다 0 1 2 3 4 5 6 7 8 9 10 **아무도 신뢰하지 않는다**

2. 우리 교회에는 문제가 많은 사람들이 자기들끼리만 지낸다.
   남들과 섞여 잘 어울린다 0 1 2 3 4 5 6 7 8 9 10 **고립되어 있다**

3. 사람들과 더 잘 지내는 법을 내게 가르쳐 준 사람은 몇 명이나 되는가?
   0 1 2 3 4 5 6 7 8 9 10명 이상

4. 내가 텔레비전이나 영화를 보는 시간은 하루에 평균 ___ 시간쯤 된다.
   0 1 2 3 4 5 6 7 8 9 10시간 이상

5. 남에게 도움을 청한다는 것은 그만큼 자신이 약하다는 증거다.
   전혀 아니다 0 1 2 3 4 5 6 7 8 9 10 **지극히 옳은 말이다**

6. 내가 도움을 청하면 사람들이 비웃거나 거부한다.
   전혀 아니다 0 1 2 3 4 5 6 7 8 9 10 **대체로 그렇다**

7. 어제 얼굴을 마주 대하며 시간을 보낸 사람은 직장을 제외하고 ___ 명이다.
   0 1 2 3 4 5 6 7 8 9 10명 이상

8. 우리 집에 하루에 ___ 시간을 컴퓨터나 인터넷 등에 보내는 사람이 있다.
   0 1 2 3 4 5 6 7 8 9 10시간 이상

9. 우리 집안은 지난 3대 동안 알코올 중독, 정신질환, 기타 중독이나 질환에 얼마나 많은 방해를 받았는가?
   전혀 없었다 0 1 2 3 4 5 6 7 8 9 10 **방해가 심했다**

10. 우리 집안은 지난 3대 동안 전쟁이나 범죄나 학대의 방해를 받았다.
    전혀 없었다 0 1 2 3 4 5 6 7 8 9 10 **방해가 심했다**

이 총점을 아래의 해당 지점에 표시한다

0 10 20 30 40 50 60 70 80 90 100   나의 총점 _____

기쁨의 기술의 소멸을 예방하기 위한 성경공부

감사한 일을 한 가지 떠올리고 잠시 그 감사에 젖어 보라. 그 다음에 이 공부가 재미있게 해 달라고 하나님께 기도하라. 그러고 나서 서신서에서 다음 본문을 읽으라.

에베소서 4:11-5:1
기쁜 유대를 맺은 하나님의 자녀들(5:1)은 정체성과 성품의 변화를 배워 자신의 대인관계에 통합한다. 그 변화의 내용은 무엇인가?

연약함과 기쁨과 샬롬에 대한 질문:
1. 본문에서 연약한 사람과 강한 사람은 누구인가?
2. 하나님은 연약한 사람과 강한 사람 사이에 어떤 교류가 있기를 원하시는가?
3. 본문에서 기쁨과 샬롬(모든 것이 합력한다)에 대해 무엇을 배울 수 있는가?

임마누엘에 대한 질문:
1. 본문에서 '우리와 함께하시는 하나님'을 지각한 결과는 무엇인가?
2. 그룹 공부를 위한 활동: 하나님은 언제나 임재하시며 애써 더 분명히 깨우쳐 주신다. 지금 그룹 토의 중에도 그분은 우리가 이 본문을 깨닫도록 돕고 계신다. 이를 어떻게 지각하거나 짐작할 수 있는가?
   (주의: 하나님의 능동적 임재에 대한 생각이 처음에는 낯설게 느껴질 수 있다. 일반적으로 사람들이 현재를 관찰하기보다 과거를 더 화제로 삼기 때문이다. 간단히 답하라. 얼마든지 추측해도 좋다.)

개인적 질문:
본문의 어느 대목에서 당신의 삶에 기쁨이 빈약함을 느끼고 그 연약한

부분에 하나님의 도움을 받고 싶었는가?

성경 전체에 대한 질문:
성경에서 누군가가 하나님이나 그분의 사람들로부터 남을 더 잘 대하는 방식을 배운 이야기들은 무엇인가?

마무리 질문:
금주의 공부를 하기 전에는 몰랐으나 이제 새롭게 알게 된 것은 무엇인가?

인생모델: 우리의 기쁨의 기술 연습

개인: 수치심에서 기쁨으로 복귀하기

1. 비난받거나 판단당하는 기분이 들 때 어떤 생각과 행동을 하는가? 그것이 몸에는 어떻게 느껴지는가? (예컨대 가슴이 답답하거나 배가 아플 수 있다.)
2. 당신의 잘못을 지적해 줄 재량이 있는 사람은 누구인가? 그럴 재량이 없는 사람은 누구인가? 왜 그런가?
3. 사람들이 피드백을 주고 잘못을 지적하려 할 때 당신이 느끼는 두려움이나 저항은 무엇인가?
4. 당신의 태도와 성격과 성품에서 사람들에게 기쁨을 주지 못하는 요소들은 무엇인가? 가정과 학교와 교회에서 그 대답을 가장 잘 뒷받침해 주는 증거는 무엇인가?
5. 사람들이 당신과 함께함을 즐거워하지 않을 때 제시하는 이유들은 무엇인가? 당신 때문에 그들의 기분이 상했을 때 당신은 얼마나 잘 입장

을 바꾸어 생각하는가? 다시 말해서 당신을 못마땅해 하는 그들의 관점을 이해할 수 있는가(심안의 기술)? 왜 그렇거나 그렇지 못한가?
6. 수치심의 메시지를 접했을 때 당신은 얼마나 오랫동안 거기에 파묻혀 있는가?
7. 설령 비판의 내용이 잘못되어 보일지라도, 수치심이 들 때 당신에게 필요한 것은 무엇인가? 사람들로부터 필요한 것과 하나님으로부터 필요한 것은 각각 무엇인가?
8. 당신에게 기쁨을 가져다주는 감사의 순간이나 임마누엘의 순간을 잠시 떠올려 보라. 샬롬이 느껴지거든 임마누엘 하나님께 당신을 어떻게 보시느냐고 여쭈어 보라. 기도하면서 떠오르는 생각에 주목하라.
9. 수치심을 건강하게 잘 처리하는 것 같은 사람 셋을 주변에서 찾아보라. 그들에게 누군가가 자기와 함께함을 즐거워하지 않는다고 느껴졌던 때에 대해 물어보라. 그때 어떻게 반응했는지도 들어 보라.

그룹: 내 안의 가해자와 피해자와 보호자

1. 아래의 세 질문에 대한 답을 각자 돌아가면서 나누라. 듣는 사람들은 말하는 사람을 임마누엘의 눈으로 보는 법을 연습하라. 피드백을 일체 제시하지 말라.
   1) 자신에게서 보이는 그래서 변화되기를 원하는 가해자의 특성은 무엇인가? 두려움이 거기에 어떤 역할을 하는가?
   2) 자신에게서 보이는 그래서 변화되기를 원하는 피해자의 특성은 무엇인가? 두려움이 거기에 어떤 역할을 하는가?
   3) 가정, 교회, 학교, 공동체에서 당신은 어떤 면에서 보호자인가? 예를 들어 보라. 기쁨이 거기에 어떤 역할을 하는가? 당신의 보호자 기술을 어떻게 강화할 수 있겠는가?
2. 각자 세 질문에 모두 답하고 나면 그 사람을 위해 기도하라. 그 사람이

말한 구체적인 필요들에 대해 기도하라. 여기까지 다 마쳤으면 함께 더 좋은 보호자들이 되기 위해 기쁨을 키울 수 있는 방법을 토의하라.

저자 소개

짐 와일더

짐 와일더(E. James Wilder, Ph.D.) 박사는 인생모델(Life Model)의 개발을 주도한 공저자다. 1988년부터 9개국에서 100회 이상의 집회와 학회에서 강연했다. 외상(트라우마)과 중독의 회복에 대한 그의 가르침은 학계 중진들에게 높은 평가를 받고 있다. 10권의 책(9개 언어로 번역되었다), 16종의 교육 세트, 많은 기사의 집필에 가담했다. 크리스와 젠 코시와 함께 성장 훈련(THRIVE Training) 프로그램을, 에드 쿠리와 함께 커넥서스(Connexus) 프로그램을 개발했다. 여러 대학에서 교수와 객원 강사로 활동했다. 여러 선교회의 자문위원이나 이사로 섬겼고 북미, 남미, 아시아, 아프리카, 유럽, 인도 등지에서 훈련 및 봉사활동을 했다.

와일더 박사는 1974년에 미네소타 주 북부의 버미지 주립대학에서 심리학 학사를, 1981년에 풀러 신학교에서 신학 석사를, 1982년에 풀러 대학원 심리학부에서 임상심리학 박사를 받았다. 1984년에 형제 교단에서 안수를 받았고 1994년에 나사렛교단의 장로가 되었다. 현재 고도의 전문 분야인 신경신학이라는 학문을 개발 중이다.

가정, 자녀, 사춘기, 성, 직업, 이중언어, 행동, 신경심리 등의 분야에서 평가와 치료를 훈련했다. 입원 환자, 외래 환자, 베트남전 참전용사, 바이오피드백, 알코올 중독 등의 병동에서 집단 치료를 한 경력도 있다. 1977년부터 2011년까지 여러 기독교 상담소에서 목양을 하면서 대표, 부대표, 임상대표, 훈련대표 등을 역임했다. 현재 셰퍼드 하우스(Shepherd's House)의 대표로 있다.

에드워드 쿠리

에드 쿠리(Edward M. Khouri Jr.)는 목회 상담자로 1980년부터 상처받은 이들을 섬기고 있다. 메릴랜드 대학교에서 학사를 받았고 1988년에 안수를 받았다. 비영리 사역기관 Equipping Hearts for the Harvest(추수를 위한 마음 훈련)의 공동설립자 겸 대표다. 이 단체의 취지는 지도자, 교회, 사역기관, 선교사, 일꾼 등을 훈련시켜 지역과 세계의 중독된 공동체와 고생하는 사람들을 효과적으로 섬기게 하는 것이다.

에드는 상담자와 훈련자와 작가로 폭넓게 활동해 왔다. 교회, 교도소, 홈리스 중독자 임시 시설, 각종 입주 치료 등 다양한 장에서 약물남용자 및 그들의 가족을 돕고 있다. 주정부 인가를 받은 96개 병상의 약물남용 치료 프로그램에서 치료 서비스와 전 직원을 매일 감독하는 일도 했다. 훈련자로서 많은 교회와 사역기관에서 워크숍을 인도하는 한편, 지역사회의 고생하는 남녀를 섬기도록 일꾼들을 훈련하고 있다. 그의 도움으로 개발된 커리큘럼이 주정부 인가를 받은 그리스도 중심의 여러 치료 프로그램에 사용되고 있다. 그는 《내가 옥에 갇혔을 때 네가 와서 보았느니라》(I Was in Prison and You Visited Me)의 주요 저자이기도 한데, 이 책은 여러 입주 프로그램과 교도소 등에서 사역 교재로 쓰이고 있다.

짐 와일더 박사와 함께 커넥서스 프로그램을 새로 개발했다. 그 프로그램의 책들 중에 에드는 《재출발》(Restarting)의 저자이자 《소속》(Belonging)의 공저자다. 여러 국제 훈련학교에서 널리 강사로 섬기고 있으며, 특히 학생들에게 중독과 외상의 회복에 대한 참신하고 효과적이고 혁신적인 접근들을 전문으로 가르치고 있다.

70여 개국에 회원을 두고 있는 국제 마약남용중독 연맹에서 아내 마리차(Maritza)와 함께 사무국원으로 활동하고 있다. 부부가 함께 예수전도단 산하 전 세계의 '중독 행동 상담학교'에서 중독과 외상 회복을 자주 가르치고 있다. 에드는 미국 외에도 유럽, 아시아, 남미, 아프리카 등지에서 가르치며 60여 개국 출신의 학생들을 돕고 있다.

크리스 코시

크리스 코시(Chris M. Coursey)는 사역 기간의 대부분을 인생모델 훈련의 전략을 개발하고 적용하는 일에 바쳤다. 목회 상담자, 리더십 자문위원, 출간 작가, 집회 강사다. 미국과 캐나다 전역의 학교와 사역기관과 교회를 자주 방문하며, 특히 관계의 기쁨을 키우고 전파하는 일에 대해 국내외에서 강연하고 있다.

코나, 밴쿠버, 뉴저지 등지의 예수전도단 학교에서 강사로 섬기고 있다. 미국 내 여러 기독교 라디오 프로그램에도 게스트로 출연하여 부부, 지도자, 목사에게 '온유한 보호자 기술'의 역할을 소개하곤 한다.

짐 와일더 박사와 함께 《임마누엘과 치유적 생활방식을 나누라》(Share Immanuel and The Healing Lifestyle)를 공저했다. 3개 과정의 대화식 훈련인 '성장 훈련'도 둘이 함께 개발했다. 이 훈련은 지도자들이 19가지 온유한 보호자 기술을 배우고 전파하도록 전략적으로 꾸며져 있다. 현재 아내 젠(Jen)과 함께 성장 훈련 행사들을 이끌고 있다. '승리: 기쁨을 회복하는 부부 수련회,' '승리: 기쁨으로 개발하는 당신의 잠재력' 등의 주말 집회와 세미나를 통해 지도자들과 목사들에게 19가지 온유한 보호자 기술과 임마누엘 생활방식을 훈련하고 있다.

1995년에 일리노이 센트럴 전문대학에서 준학사를 받은 뒤 1998년에 이스턴 일리노이 주립대학으로 편입하여 심리학 부전공에 사회학 학사를 받았다. 2007년 버지니아 주 햄튼의 M.B.I.(메시아 성경 연구소) 예시바에서 M.T.를 받았다. 복음주의 교회연맹의 안수 받은 목사이기도 하다. 현재 짐 와일더 박사의 멘토를 받으며 셰퍼드 하우스의 부대표로 일하고 있다.

쉴리아 서튼

쉴리아 서튼(Shelia D. Sutton)은 국가 교사자격증을 취득한 교사, UCLA 작문 프로젝트 회원, 외래 교수, 결혼 가정 치료 인턴이다. 지난 24년 동안 교육과 자문 활동을 하면서 교육의 관계적 측면에 초점을 맞추었고, 국가 교사자격증을 취득하려는 교사들을 양성하는 일도 거기에 입각하여 하고 있다.

1996년부터 로스앤젤레스 지역에서 광범위한 주제로 전문성 개발 워크숍을 실시하고 있다. 워크숍 주제로는 '사고의 지도(地圖), 작가 워크숍, 소크라테스식 세미나, 문학 서클, 성공하는 교실' 등이 있다. 내셔널 대학교의 외래 교수이며 미국 전역의 교사들을 교육하고 있다. 교사들을 지도하여 학생들의 학습과 성공과 전반적 만족을 촉진하는 교실 환경 및 공과를 개발하게 하는 데 주력하고 있다.

　　텍사스 대학교 오스틴에서 영어 교육으로 학사학위를 받고 캘리포니아 주립대학 로스앤젤레스에서 영어 수사학과 작문과 언어로, 퍼시피카 대학원에서 상담심리학으로 각각 석사학위를 받았다. 또 뉴멕시코 주 페코스의 페코스 베네딕트회 수도원에서 '영성지도'를, 스틸포인트 영성지도 센터에서 '영성계발'을, 예루살렘의 탄투르 대학교에서 '현지에 집중된 종교들'을, 셰퍼드 하우스에서 '성장 훈련'과 '인생모델'을 공부했다. 2003년부터 짐 와일더 박사의 멘토를 받고 있다.

　　상호 유대와 애착을 통한 기쁨의 전파, 뇌 기능이 자아상과 대인관계에 미치는 영향, 성숙과 개체화, 임마누엘 기도 방법을 통한 외상의 해결, 예술적 생활 기술인 공감과 경청, 심층 치유와 대인 소통의 통로인 글쓰기와 이야기하기 등에 관심이 있다. 고등학교에서 영어를 가르치고 교사들에게 전문성 개발을 교육하는 일 외에도 캘리포니아 주의 결혼 가정 치료 자격증을 취득하고자 공부하고 있다.

부록1—용어 설명

애착(attachment): 애착은 사람들 사이에 생겨나는 기본적 소통이자 정서적 유대다. 엄마와 아이의 관계에서 시작되며 모든 장기적 인간관계의 특징이다.

애착의 유형: 애착에는 안정된 애착과 불안정한 애착 두 종류가 있다. 안정된 애착의 특징은 신뢰감과 자율성이다. 엄마가 아이에게 반응하는 시간이 신속하고 일관되고 민감하다. 불안정한 애착은 다시 세 종류의 역기능으로 구분될 수 있다. 대개 아이와 주된 양육자(대개 엄마) 사이의 첫 애착에서 비롯되며, 양육자가 안정된 애착의 기초를 다져 주지 못한 경우다. 불안정한 애착의 세 종류는 산만함과 거부와 와해다. 초기 애착 관계의 이런 불안정은 계속 발달되고 자라서 결국 감정을 조절하는 능력과 사회적, 심리적 적응력을 저해한다.

- **애착이 산만함**(distracted attachment): 아이를 돌보는 엄마의 반응에 일관성이 없을 때 나타나는 결과다. 아이는 엄마의 반응을 갈망하며 거기에 집착한다. 엄마가 나타나 자기를 돌보아 줄 때를 유심히 살핀다. 엄마의 반응이 있을 때마다 아이는 새 희망을 얻는다. 그러나 엄마의 반응에 일관성이 없기 때문에 아이의 희망이 무산될 때가 더 많다. 이런 들쭉날쭉한 반응 유형 때문에 아이의 상태가 산만해진다. 성인의 이런 특성을 흔히 집착형 애착이라 한다.

- **애착을 거부함**(dismissive attachment): 엄마가 전혀 정을 주지 않을 때 나타나는 결과다. 엄마가 멀리 떨어져 아이에게 무반응으로 일관하므로 아이는 엄마와 단절된다. 아이 쪽에서도 똑같이 정서적 거리를 둔다. 아이는 자신의 필요가 채워지지 않으리라 믿고 애착을 거부한다. 이는 더 이상 애착의 고통이 없도록 자신을 보호하는 궁극적 방어기제가 된다. 아이의 이런 특성을 흔히 회피형 애착이라 한다.

- **애착이 와해됨**(disorganized attachmen): 아이의 필요에 엄마가 극단적으로 반응할 때 나타나는 결과다. 엄마는 이상한 행동으로 아이를 무섭게 한다. 아이는 대개 분노와 우울과 소극적 태도로 반응한다.

애착의 고통(attachment pain): 애착의 대상과 분리되거나 그 대상을 상실할 때 나타나는 결과다. 애착의 고통 원인으로는 이혼, 사별, 분리, 유기(遺棄) 등이 있고 애착의 고통 종류로는 외로움, 향수병, 거부당한 아픔, 비탄 등이 있다. 애착이 불안정할 때도 이런 고통이 나타날 수 있다. 인생 초기인 12세 이전에 이 고통을 겪으면 뇌의 배선이 달라질 수 있다. 그러면 애착의 고통이 의식 속에 느껴지지 않는다. 고통이 계속 자신의 삶에 막대한 영향을 미치고 있는데도 실제로 그 존재를 의식하지 못할 수 있다. 애착의 고통은 빕스(BEEPS)에 애착하게 만드는 주된 배후 요인이며, 모든 불쾌한 감정과 경험의 위력을 증폭시킨다.

빕스(BEEPS): 행동, 사건, 경험, 사람, 약물(Behaviors, Events, Experiences, People, Substances)을 줄인 말이다. 이를 통해 우리는 애착의 고통을 달래고, 부정적 감정을 처리하고, 쾌락을 늘리고, 고통을 줄인다. 진정한 관계와 기쁨과 샬롬을 밀어내고 그 자리를 대신 차지한다.

우호적 가해자(benevolent predator): 가해자의 주를 이루는 '일당의 우두머리'다. 외부인이나 위협 세력이나 잠재적 먹잇감을 대할 때는 가해자로 행세하면서 자신의 집단(부족, 일당, 패거리, 나라, 군대, 회사)을 보호한다. 하지만 내부인도 힘이 세지면 위협 세력으로 간주되어 공격받거나 제거된다. 내부인 중 특별히 매력 있거나 취약한 사람들이 이런 지도자의 먹잇감이 될 때가 많다. 정계, 재계, 군대, 스포츠, 노조, 법인, 사회, 종교 할 것 없이 지도자의 대다수가 이런 우호적 가해자에 속한다. 혁명가와 해방 전사도 대개 우호적 가해자로 시작하지만, 외부의 위협 세력이 없어지면 우호를 대부분 상실한다. 말로는 외부의 적을 비난하지만, 실제로는 내부의 '위협 세력'을 표적으로 삼아 자기네 사람들을 잡아먹는다.

유대(bonds): 정체성과 관계를 결합시켜 주는 관계적 '접착제'이며 애착이라고도 한다. 유대 형성의 기초가 되는 두 가지 감정은 두려움과 기쁨이다. 유대는 두 가지 현저히 다른 뇌 구조를 통해 유지되고 구사된다. 양방향의 뇌 구조는 신속하며 일부 무의식에 속하는 반면, 세 방향의 뇌 구조는 그보다 느리며 대부분 의식에 속한다. 유대는 아주 구체적인 애착이라서 다른 사람으로 대체될 수 없다. 유대에는 중대한 의미가 담겨 있다.

- **세 방향의 유대:** 전전두피질의 한 기능이다. 이 기능 덕분에 우리는 자신의 사고 속에 벌어지는 일만 아니라 두 외부인의 사고 속에 벌어지는 일도 인식할 수 있다. 예컨대 세 방향의 유대를 통해 나는 아빠와 딸이 함께 노는 모습을 보면서 그들 각자의 감정을 인식할 수 있다. 그들 각자의 생각과 의도도 어느 정도 알 수 있다. 세 방향의 유대에는 많은 기능이 있지만, 이 책에서 말하는 주된 기능은 다른 사람들이 나누는 기쁨에 나도 동참할 수 있다는 것이다. 세 방향

의 유대는 기쁜 그룹, 영적 가족, 안정된 정체성 등이 형성되는 기초다.

- **양방향의 유대:** 기쁨에 기초한 결속으로 한 번에 두 사람 사이에만 가능하다. 여기서 동기화(同期化)된 사고 상태가 생겨나는데, 이 상태는 의식적 생각보다 더 빨리 작동한다. 이런 유대는 우리의 정체감과 현실 인식에 깊은 영향을 미치며, 이를 통해 온유한 보호자 기술이 전수되고 친밀한 정서적 애착이 형성된다. 두 사람에게만 한정되며 평생 지속된다.

- **두려운 유대:** 비정상적 발달의 두드러진 징후는 삶과 사람을 두려운 마음으로 대하는 것이다. 나쁜 일이 벌어지지 않게 하려는 주된 동기가 두려움이다. 예컨대 성적이 나빠지지 않게 하려고 공부한다. 엄마를 화나지 않게 하려고 집에 간다. 창피당하지 않으려고 옷을 입는다. 몸무게가 늘지 않게 하려고 특정한 음식을 삼간다. 살찌지 않으려고 운동한다. 해고당하지 않으려고 열심히 일한다. 아빠의 고함 소리를 피하려고 물건 산 것을 숨긴다. 이 모두가 아주 흔하게 볼 수 있는 두려운 유대다. 이는 하나같이 우리의 정체성과 동기와 뇌의 발달에 결함이 있다는 징후다.

- **기쁨의 유대:** 바람직한 형태의 동기와 애착은 두 사람이 즐거이 함께할 때 생겨나는 결과다. 물론 기쁨의 유대라고 해서 다 유익한 것만은 아니다. 예컨대 유부남과 유부녀가 함께하려는 갈망이 그런 경우다. 그러나 기쁨은 모든 든든한 유대와 안정된 관계의 기초다. 함께함은 언제나 매우 귀한 일이며, 따라서 기쁨의 유대 덕분에 우리는 슬픔도 기쁨도 함께 나눌 수 있다.

역량(capacity): 관계적 자아답게 행동할 수 있는 신경학적 한계다. 감정과 스트레스를 감당하는 물리적 능력의 한계라 할 수 있다. 기쁨, 샬롬, 기쁨의 회복을 훈련하면 역량이 개발된다. 그런 훈련은 다른 사람들과의 관계 속에서 연습된다. 무리하게 역량을 벗어나면 뇌의 동기화가 상실되어 더 이상 경험이 제대로 처리되지 않는다. 이는 외상을 낳을 수 있고, 외상의 기억을 처리하지 못하게 방해한다. 관계 속에서 풍성한 기쁨과 샬롬의 경험이 번갈아 일어나면 우리의 역량이 증대될 수 있다.

인터넷(cloud): 기쁨의 성장을 방해하는 인터넷 기반의 모든 활동을 총칭하는 은유다. 무수한 일방적 메시지, 각종 기기의 중독성 기능들, 무리할 정도로 격한 감정과 취향과 소리와 감각을 모두 가리킨다. 한 세기 전만 해도 사람과의 교류에 들어가던 시간의 대부분을 잠식해 버렸다. 신경학적으로 말해서 가정, 동네, 학교, 교회에서 사람들 사이에 기쁨을 키우고 퍼뜨리려면 얼굴을 마주 대하는 교류가 필요한데, 그런 교류가 인터넷에 밀려나고 있다.

위안(comforting): 위안은 안정된 유대의 한 기능으로 전전두피질 내의 세 방향의 유대 구조를 통해 내면화된다. 위안이 이루어지려면 먼저 인정해 주어야 한다. 그렇지 않으면 별 효과가 없다. 인정이란 상대의 감정이 정말 중요하다고 동의하는 일이다. 우리 삶에는 아직도 감정의 경험 바깥에 방치되어 있는 부분이 많이 있다. 위안은 상대에게 그것을 알려 준다. 먼저 인정해 주지 않으면 위안의 시도가 오히려 대충 넘어가려는 행동으로 보인다.

공동체: 그룹 정체성을 공유하는 사람들의 집단이다.

다윗의 춤(Davidic Dance): 유대인 기독교 모임에서 흔히 볼 수 있는 독특한 형태의 그룹 댄스를 말한다. 기쁨의 수위를 높이고, 그룹 정체성을 가꾸고, 뇌를 훈련하는 효과적 방법이다. 그밖에 운동 등에도 좋다. 이 춤의 기원은 사무엘하 6장 14절에 언약궤를 보고 여호와 앞에서 춤을 추었던 다윗 왕이다. 그룹의 능력과 목표에 따라 춤의 스타일과 취향이 달라진다.

아랫사람(downstream): 우리로부터 생명을 받는 사람들을 표현하는 말이다. 우리도 다 누군가의 아랫사람이며, 또한 아랫사람에게 물려주어야 한다.

온유한 보호자 기술(gentle protector skills): A형 외상과 B형 외상은 온유한 보호자 기술을 파괴하거나 손상시킨다. 인생모델 연습을 통해 뇌의 19가지 관계 기술을 훈련하면 온유한 보호자 기술이 회복된다. 온유한 보호자 기술이 손상되거나 결여되어 있으면 가해자의 습성이 그대로 남아 우리의 관계를 지배한다.

은혜: 인간은 누구나 자신이 특별한 존재라는 절대적 인식이 없이는 잘 자라지 못하고 시들어 버린다. 헬라어에서 은혜라는 단어는 기쁨이라는 단어의 제3격 변화다. 모든 참된 기쁨은 자신이 누군가에게 특별한 존재라는 인식에서 비롯된다. 이런 인식은 우리 스스로 만들어 낼 수 없고 은혜로 주어진다.

희망의 딸들(hopeful daughters): 인간의 특정한 문화가 진보할 것인지 퇴보할 것인지를 보여 주는 주된 지표로, 1999년에 로이드 디모스(Llyod deMause)의 기사 "유년기와 문화 혁명"("Childhood and cultural evolution," *The Journal of Psychohistory*, vol. 26, no. 3, 1999년 겨울호)

에 처음 소개되었다. 디모스는 '희망의 딸'이라는 제하에 이렇게 썼다. "딸들의 정신에 영향을 미치는 문화적 특성들이야말로 가장 중요한 병목이며, 다른 모든 문화적 특성들은 그 좁은 병목을 통과해야 한다". 이어 그 말을 뒷받침하는 역사적 사례들을 제시했다.

정체성(identity): 내가 누구인지를 규정하는 복합적이고 종종 혼란스러운 일련의 애착과 특성이다. 인간에게 정체성이 특별히 어려운 이유는, 서서히 형성될 뿐만 아니라 정상적 성장(나는 이제 엄마다), 성취(나는 차를 운전할 줄 안다), 사고(나는 홀아비다) 등을 통해 늘 변하기 때문이다. 인간의 정체성에는 거의 변할 수 없는 부분(나는 여자다), 현재 변하고 있는 부분, 앞으로 성취될 부분(나는 증조할아버지다), 순전히 잘못된 부분(나는 쓸모없는 존재다) 등이 있다. 성인이 되면 자신의 정체성을 보호하는 일이 삶 자체보다 더 중요해진다. 정체성의 몇 가지 측면을 좀 더 살펴보자.

- **그룹 정체성**: 독립심을 중시하는 서구 문화에는 잘 인식되어 있지 않지만, 우리는 태어날 때부터 한 집단의 일원이 되어 관계와 언어를 배운다. 청소년기가 되면 또래 집단 정체성이 형성되어 스타일, 가치관, 생활방식까지 서로 동화된다. 청소년기에 뇌의 배선이 변화되어 개인의 생존보다 그룹의 생존이 더 중요해진다. 많은 부분에서 우리는 그룹 정체성과 똑같이 생각하고 느끼도록 되어 있다. 그런 영향력이 어디서 오는지도 의식하지 못한 채 말이다.

- **기쁨의 정체성**: 기쁨이 정체성 자체는 아니지만 정체성의 동기는 다분히 기쁨이나 두려움이다. 대다수 사람들의 행동을 더 정확히 예측하려면 그들이 중요하다고 말하는 것들보다 그들이 무엇을 두려워하는지를 보면 된다. 기쁨의 정체성의 동력은 기쁨이고 사람들과 교류하는 관계 방식이다. 기쁨의 정체성이 두려움의 정체성보다 복원력, 창의성, 생산성, 지구력을 더 잘 유지시켜 준다.

- **개인 정체성**: 우리가 품고 살아가는 정체성에는 참된 부분, 거짓된 부분, 미지의 부분이 섞여 있다. 그중 자신이 아는 부분이 개인 정체성이 된다. 모든 사람의 정체성에는 자기가 싫어하는 부분이 있으며, 그중 대부분은 연약함으로 간주된다. 나와 내 공동체가 연약함을 어떤 태도로 대하느냐에 따라 내가 샬롬과 기쁨을 얼마나 많이 경험할지가 다분히 결정된다. 우리의 정체성을 완전히 아시는 분은 하나님뿐이다. 하지만 그분은 하나님 나라의 사람들을 통해 우리의 참 자아를 빚어 주신다.

- **초인 정체성**: 가인이 아벨을 살해한 뒤로 초인(超人) 정체성이 인기를 얻었다. 이 거짓 자아가 이 책에서 특별히 중요한 이유가 있다. 초인은 가해자의 왕이며 모든 종류의 연약함을 무조건 피하기 때문이다. 초인은 고생을 잘 견디지 못하고, 고통 없는 실존을 원한다. 고통은 대체 약자들의 몫이 되어야 한다. 영적 초인은 능력에 집착한다. 늘 '하나님의 능력' 운운하며 능력을 강조하고, 능력을 더 달라고 기도하고, 모든 영적 사건에 '능력이 있다'는 표현을 쓴다. 하지만 아무리 영적 능력을 입에 달고 살아도 영적 초인은 하나님 나라와는 정반대다. "주여, 주여, 우리가 주의 이름으로 선지자 노릇 하며 주의 이름으로 귀신을 쫓아내며 주의 이름으로 많은 권능을 행하지 아니하였나이까"(마 7:22-23).

하나님과의 교류적 임재(interactive presence of God): 하나님과 교류하는 순간은 그분과 나 자신을 동시에 의식하는 시간이다. 이는 '내가 생각하는 하나님'만 의식하고 나 자신을 의식하지 못하는 많은 종교 체험과 대비된다. 하나님과 교류하는 순간, 예기치 못했던 생각과 그림과 개념과 어휘와 의식이 우리를 변화시킨다. 이 순간은 하나님의 음성이나 행동이나 모습을 상상하려 애쓰는 시간이 아니다. 진정한 교류가 온전히 이루어지면, 하나님의 이해와 샬롬과 사랑을 아는 관계적 느낌이 싹튼다. 하나님의 존재를 앎, 하나님을 믿음, 하나님을 사랑함, 성경공부, 기도 등도 그 순간의 일부일 수 있으나 그런 것들을 교류적 임재의 순간과 혼동해서는 안 된다.

임마누엘 접근(Immanuel approach): 칼 리먼 의학박사와 샬럿 리먼이 만들어 낸 용어로 상담 중의 한 기도 방법을 지칭한다(임마누엘 과정이라고도 한다). 충분히 처리되지 못한 경험 때문에 생겨나는 많은 종류의 정서적 고통을 해결하는 것이 목적이다. 임마누엘 과정의 핵심은 다음과 같은 믿음에 있다. 1)하나님은 늘 우리와 함께하신다. 2)하나님은 우리 삶에 대해 우리와 능동적으로 교류하신다. 3)혼란스러운 경험에 집중하기 전에 먼저 하나님과 소통해야 한다. 4)어떤 경험을 온전히 처리하려면 우리의 사고 속에 하나님과의 관계와 그 혼란스러운 경험이 동시에 활성화되어야 한다. 리먼 부부의 많은 DVD와 웹사이트(kclehman.com, immanuelapproach.com, outsmartingyourself.org)에서 더 자세한 내용을 볼 수 있다. 리먼 박사의 책 《제 꾀에 넘어가다》(*Outsamrting Yourself*)는 임마누엘 접근을 보여 주는 탁월한 자료다.

임마누엘 경험(Immanuel experience): 상담을 통해 임마누엘 접근을 경험한 많은 사람들이 임마누엘 접근을 자연스럽게 치료 환경 바깥으로 확대했다. 하나님과의 교류적 임재를 의식하는 임마누엘 경험은 기쁨을 가꾸고, 하루 중에 샬롬을 유지하고, 지도를 베풀고, 관계를 개선하고, 혼란스러운 감정을 처리하는 데 유익한 것으로 입증되었다. 임마누엘 경험은 칼 리먼 박사의 회고에 처음 기술되었으나 점차 짐 와일더 박사의 자체 전파식 형태로 발전되었다. 와일더는 그 경험의 종결부로 이야기를 추가했다. 임마누엘 이야기를 나누면 각자가 경험한 변화를 통합하는 능력과 임마누엘 생활방식을 다른 사람들에게 전파하는 능력이 향상된다.

임마누엘 생활방식(Immanuel lifestyle): 크리스 코시가 시작한 용어로 하나님의 지속적 임재 의식을 통해 계속 형성해 나가는 그리스도인의 생활방식을 가리킨다.

불의(iniquity): 형성이나 성장이나 발달이 잘못되어 생겨난 기형이다. 몸의 기형도 있지만 가장 중요한 것은 정체성의 기형이다. 정체성의 기형은 본인과 주변 사람들의 기쁨을 떨어뜨린다.

안락의 섬(islands of comfort): 대개 강자들은 끼리끼리 모여 안락한 환경을 만들어 내는 습성이 있다. 거기서 쉬고 성공하고 사익을 보호한다. 안락의 섬은 약점을 숨기고 위협 요소를 피하는 데 도움이 된다. 하지만 그리스도인의 성품 형성을 막고, 거짓 자아의 성장을 부추기며, 기쁨을 서서히 거짓 기쁨으로 대체한다.

기쁨: 기쁨이란 누군가의 반짝이는 눈빛, 마음 깊은 데서 우러나는 미소, 서로를 향해 달려가는 연인의 즐거움, 아기의 미소, 사랑하는 이들의 눈빛이 마주칠 때 깊어지는 순전한 쾌감, 우리에게 자신의 얼굴빛을 비추시는 하나님의 심정, 오랫동안 그리웠던 사람의 목소리를 들을 때 펄쩍 뛰는 마음이다. 기쁨은 우뇌 대 우뇌의 소통을 통해 증폭되는 관계적 경험이며, 이 소통은 말투를 제외하고는 다분히 비언어적이다. 기쁨은 생명을 주는 감정이요 서로를 향한 애정이다.

기쁨을 시작하는 사람: 우리 모두는 자신의 존재 자체로 주변에 기쁨을 시작하고 싶은 깊은 갈망이 있다. 외상의 영향으로 꿈을 피해 달아날 때도 많지만, 이제 우리는 다시 시작할 수 있다. 인간은 누구나 기쁨을 시작하는 사람이며, 조금 훈련을 받으면 열악한 환경에서도 기쁨을 유지할 수 있다. 그러니 오늘 기쁨을 시작하자!

기쁨이 빈약한(결핍된) 환경: 사람들이 그나마 당신을 기억한다면 당신이 잘못한 일, 당신이 할 수 없는 일, 당신의 약점을 기억하는 곳이다. 기쁨이 빈약한 환경에는 가해자의 교류가 많다. 온유한 보호자 기술이 소멸되기 직전이며, 임마누엘 하나님의 임재를 거의 의식하지 못한다.

기쁨의 역량이 부족함: 자신을 조절하여 온유한 보호자답게 행동하는 신경학적 역량은 기쁨을 훈련할 때 개발된다. 이를 '기쁨의 역량'이라 한다. 삶을 견디는 이 역량은 내면적이자 동시에 외면적이다. 기초는 그간 습득된 신경학적 역량과 우리 관계망 속의 기쁨이다. 기쁨은 개인 정체성과 그룹 정체성 양쪽 모두 안에 있다. 하지만 애착이 약하거나 삶이 불안하면 그 역량이 떨어진다. 그러면 쉽게 외상을 입거나 두려움에 빠진다. 기쁨이 빈약하면 가해자나 피해자의 반응이 나온다.

인생모델(Life Model): 잉태부터 죽음까지 인간의 발달을 설명한 이상적 지도(地圖)로, 1990년대에 셰퍼드 하우스에서 개발된 이래로 많은 책과 훈련 프로그램의 기초가 되었다. 인생모델은 성경과 최고의 과학에 기초하여 어느 문화에나 다 적용되도록 설계되었으며, 모델을 이해하고 사용하는 데 서구식 교육은 필요 없다. 개인 정체성과 그룹 정체성이 어떻게 회복되는지 설명하고자 개발되었다.

인생모델 연습: 정체성과 성숙의 진정한 변화는 새로운 정보의 산물이 아니라 관계 기술을 갖춘 사람들과 함께 그 기술을 연습할 때 찾아온다. 지난 수십 년에 걸쳐 우리는 기술의 전수와 강화에 도움이 될 연습들을 개발했다.

- **기술 습득 훈련**: 전혀 새로운 기술을 배우려면 구체적 조건들이 갖추어져야 한다. 생전 스케이트를 타 본 적도 없는 사람이 처음부터 공중 3회전을 연습할 수는 없다. 마찬가지로 내 심장박동을 상대와 일치시킨 뒤 상대의 심장박동을 늦추어 주는 일도 학습 없이 결심만으로 되는 일이 아니다. 기술을 이미 갖춘 사람과 함께 특수한 연습을 해서 배워야 한다.

- **기술 강화 훈련**: 일단 기술을 배웠으면 그 기술을 실습하여 더 발전시킬 수 있다. 코드를 배웠으면 기타를 칠 수 있고, 수영을 배웠으면 속도를 낼 수 있다. 기술을 강화할 때는 대개 가르침은 별로 필요 없고 동료 학습자들과 함께 또는 혼자서 실습하면 된다. 반복 연습을 통해 기술이 강화된다.

- **이상적 모델**: 인생모델은 기존 현실의 통계적 평균에 기초하지 않고 이상에 기초하여 만들어졌다. 인생모델의 이상은 성경과 신경과학에서 왔지만, 굳이 그 둘을 공부하지 않아도 누구나 이 모델을 사용할 수 있다.

- **인생모델 자료**: 인생모델의 각종 자료에 대한 설명이 이 책의 부록4와 우리의

여러 웹사이트에 나와 있다. 특히 lifemodel.org에는 인생모델 자료를 활용하고 개발하는 다른 많은 기관들의 링크도 나와 있다. 우리 자료의 목표는 그리스도인의 삶과 기독교 교회의 정상 기능인 자체 전파식 회복에 더 가까이 다가가는 것이다.

성숙: 우리는 이 단어를 두 가지 의미로 쓴다. 첫 번째는 온전한 정체성에 도달한 상태를 뜻한다. 모든 부분이 잘 발달되어 있으면 그게 곧 성숙이다. 두 번째는 현재의 발달 상태를 평가하는 의미다. 즉 발달 단계별로 우리가 어디까지 와 있는지 알 수 있다. 예컨대 무르익은 사과 꽃은 그 단계에서는 성숙이지만 분명히 잘 익은 사과는 아니다. 우리는 정체성의 한 부분에서는 아주 성숙한데 다른 부분에서는 발육이 부진할 수 있다.

- **정서적 성숙:** 성숙도는 늘 정서나 감정이나 고통이 강할 때 드러나는 법이다. 사랑의 관계를 유지하는 능력이 그럴 때 시험대에 오른다. 단순히 감정이나 고통을 잘 견디는지 여부로만 성숙을 평가하는 문화들이 많이 있는데, 이는 뇌의 작동 방식을 모르기 때문이다. 불행히도 그런 관점은 가해자들이 생겨나기 좋은 환경이다. 진정한 정서적 성숙이란 격한 감정과 갈망과 아픔과 고통의 수위가 올라가도 여전히 온유하게 약자를 보호하며 참 자아답게 행동하는 능력이다.

- **영적 성숙:** 영적 성숙이란 정서적 성숙에 필요한 모든 일을 행하여 남들의 온유한 보호자로 남아 있음과 동시에 하나님과의 분명한 관계적 소통까지 유지하는 능력이다. 영적으로 성숙한 사람은 자신과 타인을 하나님의 눈으로 볼 줄 안다. 이 새로운 정체성은 그리스도 자신의 온전한 성품이 표출된 것이며, 결코 인간적 성숙만으로는 이룰 수 없다. 많은 사람들이 관계는 즐겁지 못한 채로 교리만 엄격히 고수하여 잘못된 영적 성숙을 만들어 낸다.

- **성숙의 단계:** 성경 원어들을 포함하여 대부분의 인간 언어에는 1)태아, 2)유아, 3)아동, 4)성인, 5)부모, 6)노인 등 평생에 걸친 신경학적 발달 단계를 표현하는 어휘들이 있다. 대부분의 언어는 또한 단계가 시작되고 완결되는 시점에 각각 '초기'와 '후기'라는 말을 붙여 각 단계를 더 수식한다.

어긋난 주파수(misattunement): 한 사람이 다른 사람의 감정 상태를 따라가지 못하거나 거기에 공감하지 못하면 주파수가 어긋난다. 감정적 교류가 동기화되어 있지 못하면 친밀한 관계에 고통과 외상이 따른다.

다세대 공동체(multigenerational community): 기쁨이 지속되려면 적어도 3세대가 기쁘게 교류해야 한다. 이런 최소 단위의 구성 속에는 경험 많은 온유한 보호자들이 있고, 그들의 가르침을 또래들과 함께 연습하는 젊은 그룹이 있고, 삶을 새로 배우는 제3세대가 있다. 4세대라면 더 좋다. 그러면 가장 나이든 세대가 어떻게든 모두들 기쁨의 정체성을 가꾸게 할 것이다. 기쁨의 공동체는 모두의 관심을 모아 무엇이든 선하고 사랑받을 만하고 칭찬받을 만하고 정직한 것을 증폭시키되, 특히 연약한 사람들을 위해서 그렇게 한다.

사고 공유 상태(mutual mind state): 인간의 뇌는 주로 대상피질을 통해 동기화되는 여러 기능에 힘입어 공유 상태에 들어갈 수 있다. 공유 상태란 두 사람의 사고 또는 뇌가 공동으로 주관하는 상태다. 이런 사고 공유는 대개 사람들이 유대 관계 속에서 얼굴을 마주 대하고 감정을 솔직히 나눌 때로 국한된다. 사고 공유 상태는 뇌의 활동과 화학적 특성을 순식간에 동기화한다. 너무 빨리 작동하여 의식적 생각이나 선택으로 통제할 수 없다. 이 상태에서는 무엇이 '내' 생각과 감정이고 무엇이 '네' 생각과 감정인지 확실히 알 수 없다. 사고 공유 상태는 둘이 함께 만들지만, 주관적으로는 상대가 그것을 주관하는 것처럼 느껴진다. 더 강한 쪽의 뇌가 이 상태를 주도한다. 하나님도 사람들과 소통하실 때 아마 사고 공유 상태를 통해서 하실 것이다.

또래 집단의 연습(peer group practice): 또래 집단과 함께 놀고 연습하면 능력과 기술의 수준이 비슷한 사람들끼리 역량을 함께 개발할 수 있다. 역량을 함께 개발하면 약자와 강자의 차이가 최소화되므로 부족한 능력 때문에 상처를 입을 소지가 적다.

하나님을 지각함(perceive God): 대개 사람들은 하나님을 지각하는 경험을 "하나님의 음성을 들었다." 뭔가를 "보았다," 하나님이 "마음에 부담을 주셨다"는 식으로 표현한다. 하나님을 지각한 느낌은 대부분 어떤 말로나 이미지로도 표현되지 않는다. 대개 이런 교류는 생각의 공유처럼 느껴지며 하나님의 생각인지 내 생각인지 확실하지 않다. 하지만 중요한 특징이 있다. 이런 경험은 우리에게 뭔가 새로운 것이며 우리 스스로 생각해 낼 만한 게 아니다. 아울러 이런 새로운 생각이나 관점은 우리를 샬롬과 더 깊은 기쁨으로 인도하고, 하나님과의 사랑의 애착이 더 깊어지게 한다.

피해자(possum): 가해자처럼 생각하지만 가해자처럼 행동하고 싶지 않은 사람이다. 온유한 보호자가 될 기술이 없다. 공격을 피하는 일이 피해자의 가장 중요한 집착과 동기이자 심지어 정체성다.

가해자(predator): 사리를 챙기려고 남의 약점을 노리는 사람이다. 사람은 누구나 뇌 안에 가해자의 구조가 있으며, 훈련이 거의 혹은 전혀 없어도 발달된다. 관계 기술을 훈련하지 않고 안정된 유대가 형성되지 않으면 누구나 가해자가 된다. 가해자의 성격 특성은 훈련이 거의 혹은 전혀 없어도 쉽게 전파된다.

보호자(protector): 힘들 때에도 관계 정체성을 유지하도록 남을 도와주는 사람이다. (적을 공격하면서 자기 집단은 공격하지 않는 우호적 가해자와 혼동해서는 안 된다.)

거짓 정체성(pseudo-identity): 성경에 "옛사람"으로 표현된 이 정체성은 대개 실제보다 강해지려 하고 자신의 약점을 숨긴다. 이 정체성은 또한 자기정당화에 능하다. 자기를 정당화할 때는 대개 영적, 종교적 언어를 구사하며 그밖에도 문화적으로 강한 것이면 무엇이든 동원한다.

거짓 기쁨: 쾌락을 가져다주는 다양한 약물과 활동과 심지어 대인 교류를 말한다. 하지만 사람들 사이에 영속적 기쁜 유대를 심화시켜 주지 못한다.

거짓 성숙: 두려움이나 기타 감정에 기초한 성숙한 행동이다. 거짓 성숙의 확실한 증거는 그런 행동이 본인에게 기쁨을 가져다주지 못한다는 것이다.

기쁨의 거짓 회복: 문제의 해답이라지만 사실은 사람들을 문제 속에서 참 자아답게 행동하도록 돕는 게 아니라 무조건 기분만 좋게 해 주려 한다. 그래서 잘못된 일을 잊거나 용서하거나 대충 넘어가게 만든다. 기쁨을 진정으로 회복하면 사람들과 가까워지고 싶은 마음이 간절해진다. 그래서 그들과 함께하기 위해서라도 그들의 불쾌한 감정을 즐거이 공유한다. 그러나 기쁨을 거짓으로 회복하면 상대방은 이해받는다는 느낌보다 고립된 느낌이나 달램 받는다는 느낌을 받는다. 부모들도 아이들에게 그냥 얼른 화해하라고 시킬 때가 있다.

거짓 샬롬: 사람들은 평화를 유지하거나 문제를 회피하거나 감정을 대수롭지 않게 일축하는 것을 샬롬이라 생각한다. 그러면 갈등이 생기거나 감정이 고조되지 않기 때문이다. 특히 애착을 거부하는 사람들이 그런 식으로 생각한다. 하지만 조용한 상태는 샬롬과 같지 않다. 일부 폭군들은 반론이나 불만의 표출을 모조리 벌하여 거

짓 샬롬을 유지한다. 그러면서 평강이 없는데도 평강하다고 주장한다.

관계 회로(relational circuits): 애착, 감정, 주의력, 사고 공유 상태 등과 관련된 뇌 구조를 말한다. 많은 기능이 있지만 그중에 자신과 타인을 이해하고 돌보는 역량이 있다. 칼 리먼 박사는 이 구조를 뇌의 '관계 회로'라 부르면서, 경험을 관계적으로 처리하려면 뇌의 이 부위가 동기화되어야 함을 강조했다. 그는 또 관계 회로의 결함을 진단하는 간단한 기준을 최초로 개발했다(경험을 관계와 무관하게 처리하는 것은 외상과 뇌의 역기능이 있다는 증거다). 인생모델 훈련에서는 뇌의 관계 회로를 대개 줄여서 'RC'라 부른다. 관계 회로가 제대로 작동하지 않으면 인생모델의 세 가지 특징(다세대 공동체, 임마누엘 생활방식, 관계 기술의 훈련)이 모두 형편없어진다. 관계 회로는 그 기능의 수준이 아주 신속히 달라질 수 있으며, 사람에 따라 평생에 가깝도록 거의 작동하지 않는 경우도 있다.

관계 기술(relational skills): 여기서 말하는 '온유한 보호자' 기술은 우리의 정체성과 관계와 감정을 이어 주는 연결 고리다. 우리가 어떤 행실(정체성)과 대인 교류로 감정을 조절하고 공유하고 진정시키느냐에 따라 관계의 질이 결정된다. 관계 기술을 잘 배우는 사람은 남들을 대할 때 기쁨과 샬롬을 증폭시키지만, 관계 기술이 결여된 사람은 고통을 증폭시키고 문제를 더 키운다. 인생모델에는 우리의 정체성을 형성하는 뇌의 19가지 관계 기술이 들어 있다. 부록2에서 그 내용을 자세히 공부할 수 있다.

관계 기술의 훈련: 관계 기술을 관할하는 뇌 부위는 의식적 생각보다 빨리 작동하므로, 계획이나 의지나 선택을 통해서는 기술이 시행될 수 없다. 관계 기술은 책이나 비디오나 컴퓨터나 웹캠으로는 학습될 수 없고, 기술을 이미 갖춘 사람과 얼굴을 마주 대하는 교류를 통해서만 가능하다. 얼굴을 마주 대하고 교류할 때도, 관계 기술이 전수되려면 훈련하고 훈련받는 두 사람의 뇌 사이에 기쁨의 유대가 이루어져야만 한다. 인생모델 연습으로 기술을 훈련할 경우, 커넥서스 프로그램에는 세 방향의 유대가 활용되고 성장 훈련에는 양방향의 유대와 세 방향의 유대가 병용된다.

기쁨의 회복(returning to joy): 뇌의 온유한 보호자 기술은 불쾌한 감정 속에서도 사람들과 함께하려는 마음과 그럴 수 있는 능력을 회복하는 데 초점을 둔다. 관계를 돌보는 능력은 분노, 두려움, 슬픔, 수치심, 혐오감, 절망감 등 6가지 부정적 감정별로 각기 따로 학습되어야 한다. 기쁨을 회복하면 그 직접적 결과로 나 혼자가 아니라는 느낌이 들고, 그리하여 우리는 괴로움을 가라앉힐 수 있다. 괴로움을 가라앉히는 과정에서 우리는 여전히 괴로우며 분명히 아직 '기쁘지' 못하다. 그러나 이는 넘어졌을 때의 기분과 비슷하다. 혼자 일어날 수 없는데 누가 관심을 보여 주면 안도감이 든다. 상대에게 살짝 웃음을 보일 수도 있다. 그러나 고통 중에 기쁨을 회복하는 과정이지 아직 기쁨 자체는 아니다.

나룻배(rowing): 데이비드 테이클은 '형성' 과목에서 영적 '나룻배'와 '돛단배'를 대비시켰다. 스스로의 힘으로 성품을 변화시키려는 태도가 나룻배에 해당한다면, 성령과 교류하여 하나님과의 유대를 더욱 끈끈히 하려는 태도는 돛단배에 비유된다. 나룻배는 우리를 탈진시키지만 돛단배는 순전한 기쁨과 샬롬을 통해 우리의 성품을 변화시킨다. 순전한 기쁨과 샬롬은 하나님이 새로운 '참 나'에게 가져다주신다.

구원: 우리는 죽은 상태이자 치명적 상태에서 스스로 벗어날 수 없다. 하나님이 구해 주셔야 비로소 그분을 상대로 기쁨과 샬롬의 새로운 애착을 맺을 수 있다. 그분은 우리에게 양식을 먹여 주시고, 새로운 정체성을 주시며, 그분을 사랑하는 모든 이에게 우리를 기쁨의 출처로 삼아 주신다. 구원은 즉시 시작된다. 구원을 사후의 일로만 보고 행동한다면 이는 잘못된 일이다.

자체 전파식 회복(self-propagating recovery): 외상은 굳이 별다른 훈련이 없어도 다른 사람에게 퍼져 나간다. 마찬가지로 자체 전파식 회복은 기쁨을 시작하는 공동체의 꿈이다. 우리가 알아내서 실용화하려는 치유 방식은 수혜자가 선물을 사람들에게 퍼뜨리는 데 필요한 모든 것이 치유의 경험 자체 속에 들어 있다.

성매매: 약점을 이용하여 성적 가해자들에게 빕스(BEEPS)를 만들어 파는 행위다.

샬롬(shalom): 모든 것이 조화를 이루어 제대로 협력하는 상태가 되면 우리는 샬롬에 도달한 것이다. 즉 모든 것이 제자리에 정량으로 존재하여 하나님이 기뻐하시는 상태다. 샬롬의 상태에서는 하나님과 동기화를 이룬 사람들에게 모든 것이 합력하여 선을 이룬다.

수치심: 수치심은 단일한 현상이 아니라 실제로 두 가지 다른 감정을 가리킨다. 하나는 생각에서 비롯되는 수치심이고, 또 하나는 나를 기쁘게 대하지 않는 사람들을 향한 반응이다. 전자의 수치심은 대부분 우리의 정체성에 대한 거짓에서 기원한다. 후자의 수치심이 들면 나를 못마땅하게 보는 사람 앞에서 고개를 숙이고 숨고 싶

어진다. 신념에 기초한 수치심은 좌뇌에서 주로 이루어지며, 남이 거기에 동의하면 더 악화된다. 반면에 우뇌의 수치심은 누군가 나에게 감정을 나누면서 감정 속에서도 관계를 유지하는 법을 보여 주면 한결 나아진다.

> **건강한 수치심**: 건강한 수치심의 기초는 우리의 관계와 정체성에 대한 진실이다. 건강한 수치심은 사람을 고립시키지 않고 더 나은 자아로 돌아오도록 초대한다.

> **유해성 수치심**: 유해성 수치심은 본질상 사람을 고립시킨다. 유해성은 우리의 정체성에 대한 거짓에서 비롯된다. 수치심을 이용하여 권력을 얻어 내거나 수치심에 못 이겨 굴복하는 행위도 해롭기는 마찬가지다. 아울러 기쁨이 회복되지 않을 때도 수치심이 유해성으로 변한다.

죄: 하나님이 주신 잠재력에 도달하지 못하게 만드는 정체성의 역기능이다. 만성적으로 빈약한 기쁨도 그런 죄에 해당한다. 하나님이 주시려는 삶에 훨씬 못 미치기 때문이다. 샬롬에 도달하지 못하는 것도 죄다.

영적 성숙: 언제 어디서나 우리의 태도와 관계에서 그리스도의 온전한 성품을 개발하는 일이다. 영적 정체성은 인간의 완성이며 물리적 삶과 분리되지 않는다. 그러므로 영적 성숙은 성숙의 모든 면을 총망라하며, 흔히 말하는 신앙생활을 얼마나 잘 하느냐로 인위적으로 축소되어서는 안 된다. 영적 성숙의 요건은 인간이 성장해 감에 따라 계속 확대된다. 그래서 우리는 각 순간마다 온전히 하나님이 의도하신 존재가 될 수 있다.

양방향의 유대: '유대'를 보라.

세 방향의 유대: '유대'를 보라.

성장 훈련(THRIVE training): 인생모델의 멘토급 지도자들을 상대로 뇌의 19가지 관계 기술을 전략적으로 훈련하는 과정이다. 그들은 개인적으로 성장하거나 공동체를 감독하거나 인생모델 적용을 개발하려는 사람들이다. 성장 훈련은 3개 과정으로 되어 있고 각 과정은 5일간의 기술 훈련으로 구성된다. 유대를 맺은 파트너들이 관계의 19가지 '온유한 보호자' 기술을 체계적으로 배우고 전파하도록 되어 있다. 과정1에서는 기쁨의 기술과 쉬는 기술을 익히고, 과정2에서는 기쁨을 회복하는 기술을 배운다. 과정3에서는 전략의 응용으로 들어가 고통의 5단계에 대한 전략적 해법을 훈련한다. 성장 훈련 패키지에 들어 있는 3개의 온라인 코스를 통해 각 3개 과정의 훈련에 필요한 사전 준비를 일부 할 수 있다. 이론은 집에서도 배울 수 있지만 기술은 성장 훈련을 통해서만 학습될 수 있다. 더 자세한 내용은 부록4를 참고하기 바란다.

변화의 현장(transformation zone): 정체성의 변화에 필요한 조건을 말한다. 성품과 공동체가 변화되려면 세 가지 조건이 동시에 갖추어져야 한다. 그래야 삶이 바뀌고 성숙이 깊어지고 기쁨이 퍼질 수 있다.

1. 연약한 사람들과 강한 사람들이 함께 교류해야 한다.
2. 연약함에 애정으로 반응하는 것이 규범이 되어야 한다.
3. 하나님과의 교류적 임재(임마누엘)를 통해 샬롬이 유지되어야 한다.

범과(transgression): 가장 고의적이고 고집스럽게 하나님이 창조하신 본연의 모습이 되지 않는 행위다. 범과란 작위나 부작위를 통해 법을 어기는 일이다. 우리는 불의를 통해 기형이 되고 죄 때문에 목표에 도달하지 못하지만, 범과는 하나님의 기준과 규례를 위반한다. 하나님은 우리가 모르는 부분에 대해서는 책임을 묻지 않으시므로, 사실상 범과란 하나님이 무엇을 원하시는지 알면서도 그것을 어기는 일이다.

외상(trauma): 영향력 있는 사건을 통해 유발되는 피해로, 우리의 정체성이나 성품이나 기능을 부정적으로 바꾸어 놓는다. 전통적으로 외상은 사건의 규모로 정의되었다. 즉 평균 인간에게 피해가 가해지려면 어느 정도 큰 사건이 있어야 한다고 보았다. 하지만 우리가 정의하는 외상이란 사건의 영향력이 사람의 역량을 초과하는 순간에 발생하는 피해다. 우리의 역량을 초과하는 사건에는 두 종류가 있다. 하나는 인간에게 꼭 필요한 것을 박탈하는 사건이고, 또 하나는 누구에게도 필요 없는 사건이다. 전자는 늘 피해를 초래하지만, 후자는 사건 직후의 우리의 역량과 자원에 따라 피해를 초래할 수도 있고 그렇지 않을 수도 있다.

- **A형 외상**: 꼭 필요한 좋은 것들이 부재한 상태다. 흔히 A형 외상을 '방치 상태'라 칭하지만, 인생에 필수적인 기본 요건들이 결핍되어 있으면 그 자체로 외상의 효과를 낸다. A형 외상에는 영양실조, 유기(遺棄), 불안정한 유대, 가정 내 기쁨의 결핍 등이 있다.

- **B형 외상**: 우리의 역량을 초과하여 벌어지는 나쁜 일들이다. 우리에게 정서

적, 관계적 필수 자원이 없기 때문에 B형 외상은 다 처리되지 못한 채로 남아 있다. 그 결과 우리의 관계적 정체성이 축소되고 정체성의 일부가 손상된다.

- **외상의 요건**: 외상의 핵심은 그것이 관계적 정체성의 발달을 저해하거나 경험의 일면을 관계의 현실과 분리시킨다는 것이다. 외상은 경험의 일부가 관계적으로 처리되지 않고 있거나 아직 다 처리되지 않았다는 뜻이다. 외상을 입은 부분에 대해 우리는 사람들로부터 사랑의 돌봄을 받지 못하고 고립되어 있다는 느낌이 든다.

- **외상의 해법**: 개인이든 그룹이든 외상을 해결하려면 외상의 경험을 관계적으로 처리할 수 있는 역량을 높여야 한다. A형 외상의 경우 결핍된 필수 요소를 공급해 주어야 한다.

윗사람(upstream): 우리에게 생명을 주는 사람들을 표현하는 말이다. 우리도 다 남들에게 생명의 출처가 되어야 한다. 그렇지 않으면 승리할 수 없다.

인정(validation): 인정은 안정된 유대의 한 기능으로 전전두피질 내의 세 방향의 유대 구조를 통해 내면화된다. 인정이란 상대의 감정이 정말 중요하다고 동의하는 일이다. 인정해 주면 아무리 감정이 커 보여도 대인관계가 손상되지 않는다. 인정은 작은 감정까지도 정확히 지각하되 그 감정을 '큰 문제'로 만들지 않는다.

연약함: '연약함'으로 번역되는 헬라어 단어에는 '질병'이라는 뜻도 있다. 예수님은 병자들을 고쳐 주실 때 그들의 연약함을 치유해 주셨다. 연약함의 원인은 연소함, 부상, 사용이나 방치나 노화로 인한 쇠퇴 등 다양하다. 연약함은 신체, 영혼, 정신, 감정 등 인간의 다양한 측면에 영향을 미칠 수 있다. 풍요가 우리의 감당 능력을 초과할 때도 연약함이 발생할 수 있다. 예컨대 물고기가 풍성하게 잡혀 제자들의 그물이 찢어진 경우가 그렇다.

부록2—온유한 보호자 기술

성장 훈련의 19가지 성숙한 관계 기술

기술1: 기쁨을 나눈다. 비언어적인 얼굴 표정과 말투로 서로 기쁨을 증폭시키고, '함께해서 즐겁다'는 메시지를 전한다. 이 역량을 통해 유대가 맺어질 뿐 아니라 뇌도 강해진다.
전문적 설명: 인간이 가장 간절히 바라는 긍정적 감정 상태를 우뇌 대 우뇌로 소통한다.

기술2: 자신을 추슬러 가만히 진정시킨다. 기쁜 감정이든 혼란스러운 감정이든 감정 이후에 자신을 진정시키는 역량(샬롬)이야말로 평생의 정신건강을 예측할 수 있는 가장 확실한 지표다. 이런 사람은 스스로 에너지의 수위를 낮추고 필요한 휴식을 취한다. 스스로 안정감을 되찾는다. 자신을 추스르는 역량을 보면 평생의 좋은 정신건강을 가장 확실히 예측할 수 있다.
전문적 설명: 부교감신경계의 자율신경에서 세로토닌이 요구에 따라 분비된다. 그래서 긍정적 감정 상태와 괴로운 감정 상태를 둘 다 가라앉힌다.

기술3: 둘 사이에 유대를 형성하고 애착을 동기화한다. 두 사람이 사고 공유 상태를 통해 더 가까워짐과 동시에 독립적으로 움직일 수 있다. 둘 다 만족을 얻는다. 안정된 유대를 이룬 사람들은 서로의 애착 중추를 동기화할 수 있다. 그래서 둘 다 만족을 얻는 순간, 더 가까이 다가갈 수도 있고 더 멀리 떨어질 수도 있다. 둘의 애착 중추가 동기화되면 이를 기반으로 뇌 기술과 그간 학습된 특성을 원활하게 전수할 수 있다.
전문적 설명: 양방향의 유대가 이루어지면 두 사람의 애착 중추가 동시에 활성화된다(조절중추 제1단계). 그 활성화에 힘입어 대상피질에 사고 공유 상태가 형성된다(조절중추 제3단계). 사고 공유 상태는 한 번에 한 사람과의 직접적인 대면 접촉을 통해서만 유지될 수 있다.

기술4: 감사를 불러일으킨다. 감사의 수위가 높은 감정 상태는 뇌와 신경계가 건강하게 균형 잡힌 상태와 거의 일치한다. 자신이나 타인 안에 감사의 감정을 강하게 불러일으키면 불쾌한 상태와 스트레스가 해소된다. 수유할 때 젖이 흘러나오면서 엄마와 아기가 둘 다 푸근한 만족감을 경험하는 것을 모유 사출 반사라고 하는데, 감사는 이와 매우 비슷하다.

기술5: 나를 포함한 세 사람과 가족 같은 유대인 세 사람의 유대를 형성한다. 내가 사랑하는 사람들이 서로 관계가 좋을 때 우리는 가족 같은 유대를 통해 기쁨을 느낀다. 세 방향의 유대를 통해 그들의 감정을 나도 경험하고, 그들이 우리의 관계를 어떻게 보는지 나도 알 수 있다. 두 성인 사이의 기쁨의 유대는 커플 같은 유대다. 따라서 공동체에 기쁨을 가꾸려면 세 사람 이상의 유대가 필요하다.

전문적 설명: 전전두피질은 세 가지 관점을 동시에 보유할 수 있는 역량이 있다(조절중추 제4단계).

기술6: 고난과 주된 고통을 통해 마음의 특성과 핵심 가치를 파악한다. 애정이 깊으면 상처도 깊을 수 있다. 사람은 누구나 유난히 아프거나 껄끄러운 이슈들이 있게 마련이다. 거기에만 걸리면 늘 상처를 입기 쉽다. 이런 평생의 이슈들을 보면 각 개인의 독특한 정체성에 필요한 핵심 가치를 파악할 수 있다. 애정이 깊을수록 상처도 큰 법이다. 가장 가치 있게 여기는 것일수록 많은 고통을 유발한다. 그래서 대부분의 사람들은 그런 특성을 보물로 보지 않고 짐으로 여긴다.

기술7: 제4단계에서 더 나아가 동기화된 이야기를 한다. 뇌가 잘 훈련되어 있고 역량이 높고 과거에 끌려다니지 않으면, 뇌 전체가 협력한다. 간단한 시험 기준이자 뇌를 훈련하는 방법은 이야기를 하되 뇌 전체의 협력을 요하는 방식으로 하는 것이다.

전문적 설명: 우뇌 조절중추의 총 네 단계가 협력하면 덤으로 좌뇌의 언어까지 우리의 경험과 조화를 이룬다. 정서적, 영적으로 막혔던 곳이 뚫리면서 뇌 전체가 동기화된 방식으로 작동한다. 이야기를 잘 선택하여 뇌를 시험하고 훈련하면 삶과 관계의 특정한 면들을 처리할 수 있다.

기술8: 성숙의 수준을 파악한다. 성숙의 이상적 기준을 알아야 자신의 발달 상태에 결손이 있는지 알 수 있다. 전반적이고 기본적인 성숙의 기준을 알면 다음 발달 단계의 과제가 무엇인지 알 수 있다. 매순간 당면한 상황에서의 성숙의 기준을 알면 내가 방금 발생한 일에 자극되어 반사적으로 반응했는지 알 수 있다. 즉 내 발달 상태에 '구멍'이 있어 보충이 필요한지 알 수 있다. 자신의 성숙의 수준이 언제 떨어지는지도 잘 보아야 한다. 그러면 자신이나 타인의 정서적 역량이 언제 고갈되는지 알 수 있다.

기술9: 멈추어야 할 때를 알고 한숨 돌린다. 신뢰와 친밀한 관계를 유지하려면 상대가 짓눌리기 전에 또는 피곤해할 때 내 쪽에서 잠시 멈추어 쉬어야 한다. 잠시 멈추어 숨을 고르고 재충전하는 시간은 몇 초밖에 걸리지 않는다. 비언어적 단서를 읽고 사람들을 쉬게 해 주는 사람은 신뢰와 사랑을 보상으로 얻는다.

전문적 설명: 뇌를 훈련하고 관계를 가꾸면 이해와 사고 공유 상태가 생겨난다. 하지만 그것이 가능하려면 둘 중 한 쪽이 피곤하거나 거의 짓눌리거나 너무 격하게 흥분되어 있을 때, 둘 다 사고를 잠시 멈추어야 한다.

기술10: 비언어적 이야기를 한다. 관계를 강화하고 갈등을 해결하고 세대나 문화 사이에 다리를 놓으려면, 이야기의 비언어적 부분이 말보다 훨씬 효과가 좋다.

전문적 설명: 우뇌의 비언어적 조절중추를 훈련하면 모든 타이밍 기술과 표현력을 기를 수 있다. 이를 통해 정서적, 관계적 역량을 잘 가꿀 수 있다.

기술11: 6대 감정에서 기쁨으로 복귀한다. 우리는 삶의 대부분을 기쁨과 평안 속에 살아간다. 하지만 일이 틀어질 때도 관계를 유지하며 고통을 가라앉히는 법을 배워야 한다. 혼란스러울 때도 관계를 잘 돌보면 혼란이 오래가거나 사람들을 몰아내지 않는다. '함께해서 즐겁지 않은' 순간이 금방 해결된다.

전문적 설명: 우리 뇌는 6가지 불쾌한 감정을 느끼도록 되어 있다. 분노, 두려움, 슬픔, 수치심, 혐오감, 절망감은 뭔가 일이 잘못되고 있다는 신호. 관계를 유지하는 가운데 그런 감정을 진정시키는 법을 배워야 한다. 다만 회로가 각기 다르기 때문에 감정별로 따로따로 배워야 한다. 이 6가지 감정에 대해 훈련을 받으면 인간의 정서적 괴로움이 모두 망라된다.

기술12: 6대 감정 속에서 나답게 행동한다. 관계를 유지하려면, 혼란스러울 때도 즐거이 함께할 때와 똑같이 나답게 행동할 줄 알아야 한다. 분노, 두려움, 슬픔, 수치심, 혐오감, 절망감이 들 때 우리는 자칫 소중한 관계에 손상을 입히거나 관계를 회피할 수 있다. 훈련받지 못했거나 나쁜 본보기를 보았다면 그럴 수 있다.

기술13: 영안(靈眼)으로 하나님이 보시는 것을 본다. 희망과 방향을 얻으려면 상황과 자신과 타인을 볼 때 잘못된 모습만 볼 게 아니라 본연의 모습을 보아야 한다. 이런 영적 시각이 훈련과 회복의 길잡이가 된다. 용서도 사람들의 역기능보다 그들의 목적을 더 중요하게 보아야 가능하다. 용서할 때 우리는 비방 공동체가 아니라 회복 공동체가 된다. 하나님이 보시는 영적인 면들은 영안으로만 볼 수 있다.

기술14: '육신'을 멈춘다. 잘못된 '하나님 시각'은 그 순간 우리에게 옳아 보일 수 있으나 결국 비난, 탓, 정죄, 험담, 원한, 율법주의, 자기정당화, 독선을 낳는다. 헬라어로 육신(sarx)은 삶과 사람과 상황을 인간적 관점에서 본다는 뜻이다. 올바른 행위나 올바른 존재 양식을 내가 알고 있거나 규정할 수 있다는 이 확신은 기술13의 영안과 정반대다. 육신대로만 보면 인간은 자신의 행위 즉 실수의 총합이 되거나 남들의 기준에 맞추어지고 만다.

기술15: 교류를 지속하면서 자신을 진정시킨다. 얼굴에 나타나는 단서 특히 두려움을 보면 내가 언제 사람들을 너무 심하게 몰아붙이고 있는지 알 수 있다. '한도를 넘어서지' 않으면서 고에너지(High-Energy) 상태를 유지하고 싶을 때가 있다. 꼭 그래야만 할 때도 있다. 간지럼을 태우다가도 멈출 때를 알아야 재미가 지속되는 것과 같다. 얼굴의 단서를 빨리 인식하고 반응하면 최적의 교류와 에너지를 유지할 수 있다.

전문적 설명: 복내측 전전두피질의 사용은 제4단계의 일부인데, 여기에 부교감신경계의 지성 신경을 함께 사용하면 흥분 상태가 극단으로 가지 않게 조절할 수 있다. 자신을 완전히 가라앉히는 휴식과는 다르며, 높은 수준의 에너지로 활동하면서도 상대에게 위압감을 주지 않을 만큼만 자신을 진정시키는 것이다. 이런 방식을 쓰면 공격 충동, 성적 충동, 약탈 충동이 조절되어 해로운 행동을 피할 수 있다.

기술16: 교감신경과 부교감신경의 고에너지(High-Energy) 반응과 저에너지(Low-Energy) 반응을 인식한다. 사람마다 고에너지 반응 아니면 저에너지 반응을 보이는 성향이 있는데, 그 성향이 감정과 관계에 대한 많은 특징적 반응을 강하게 좌우한다. 고에너지(감정에 기초한 아드레날린)로 반응하는 성향이 있는 사람이 누구이고 자꾸 뒤로 물러나려는 사람이 누구인지 알면, 내 사고를 상대와 더 잘 일치시킬 수 있다. 또한 나 자신의 반응 성향이 다양해져 더 유익을 끼칠 수 있다.

기술17: 애착의 유형을 파악한다. 어렸을 때 애착을 얼마나 잘 동기화하는가(기술3)가 우리의 성격에 가장 영속적인 습성을 남긴다. 이런 습성은 현실을 경험하는 방식을 바꾸어 놓는다. 한쪽 극단으로 우리는 감정이나 관계를 거의 중시하지 않을 수 있다. 반대쪽 극단으로 거의 항상 상처를 받으며 오로지 감정과 사람들만 생각할 수 있다. 심지어 나에게 필요한 바로 그 사람들을 두려워할 수도 있다. 이런 모든 요인이 우리의 현실을 왜곡하지만, 그 순간에는 현실로 느껴진다. 이런 왜곡된 부분들을 짚어 낼 줄 알면 더 잘 보충할 수 있다.

기술18: 뇌의 고통과 부조화의 5단계에 따라 뇌가 정체되어 있는 부분에 개입한다. 뇌의 5단계 중 각 단계의 특징적 고통을 알고 있으면, 누군가가 정체되어 있을 때 문제를 정확히 짚어 내고 해법을 모색할 수 있다. 고통의 유형을 보면 어떤 해법이 필요한지 잘 알 수 있다. 사람이 '흐트러져' 있거나 '무너지는' 중이거나 '정체되어' 있을 때를 가리켜 흔히 동기화의 상실이라 한다.

전문적 설명: 뇌의 고통에는 5단계가 있는데 그중 네 단계는 우뇌의 조절중추에서 이루어지고 제5단계는 좌뇌에서 이루어진다. 각 단계의 특징을 알면 그중 한 단계에 정체되어 있는 때를 알 수 있다. 어떤 종류의 개입이 도움이 될지도 알 수 있다. 예컨대 설명은 제5단계에는 도움이 되지만 고소공포증 같은 제2단계의 두려움은 막아 주지 못한다.

기술19: 6대 감정이 섞인 복합적 감정을 처리하고 기쁨을 회복한다. 6대 부정적 감정 중 각각 하나씩으로부터 기쁨을 회복하고 나답게 행동할 수 있게 되었으면, 이제부터 6대 감정이 다양한 조합으로 섞여 있을 때도 기쁨을 회복하고 나답게 행동하는 법을 배울 수 있다. 수치심에 분노가 섞이면 굴욕감이 싹튼다. 두려움에 절망감(그밖의 거의 모든 감정도 마찬가지)이 섞이면 공포가 싹튼다. 이런 복합적 감정은 사람을 심히 고갈시킬 수 있고, 진정시키기가 어려울 수 있다.

부록3—성숙의 6단계

인간의 성숙을 이루는 6단계
성숙에 꼭 필요한 요소와 과제

- **태아 단계 이상적 연령** (잉태에서 출생까지)

  분명히 이 단계는 유대의 형성과 건강한 신체에 절대적으로 중요하다. 음성, 울음소리, 식성, 면역체계 기능 등 많은 학습된 습성에도 마찬가지다. 심지어 태아에게서 엄마의 몸속으로 풍부하게 전이되는 DNA는 줄기 세포를 제공하고, 엄마의 손상된 신체 부위를 치료해 주고, 엄마의 뇌 속에는 물론 삶을 공유하는 다른 깊은 변화들 속에 평생 남는다. 하지만 태아의 발달에 필요한 요소와 과제는 이 목록에 포함시키지 않는다.

- **유아 단계** (출생에서 4세까지)

  유아에게 필요한 요소

  부모 모두와 강하고 안정되고 사랑과 애정이 있는 기쁨의 유대가 형성되어야 한다
  달라고 하지 않아도 중요한 필요들이 채워져야 한다
  조용히 함께하는 시간이 필요하다
  괴로운 감정을 조절하도록 도와주어야 한다
  '천국의 눈'으로 보아야 한다
  삶을 주고받아야 한다
  다른 사람들 쪽에서 먼저 아기와 동기화해야 한다

  유아의 과제

  기쁨을 받는다
  다른 사람들과 동기화하는 법을 배운다
  모방을 통해 한 인간의 틀을 갖춘다
  감정을 조절하는 법을 배운다
  모든 감정에서 기쁨으로 복귀하는 법을 배운다

시간이 가도 동일인으로 있는 법을 배운다
자신을 돌보는 기술을 배운다
쉬는 법을 배운다

- 아동 단계 (4세부터 13세까지)

아동에게 필요한 요소
모유를 끊고 다른 음식물로 영양을 공급해야 한다
하고 싶지 않은 일도 하도록 도와주어야 한다
감정과 상상과 현실을 구분하게 해야 한다
추측과 시도와 실패에 피드백을 주어야 한다
가족의 역사를 가르쳐야 한다
하나님 가족의 역사를 가르쳐야 한다
삶의 '큰 그림'을 가르쳐야 한다
몸과 마음에 '가치 있는 일'을 하도록 가르쳐야 한다

아동의 과제
자신을 돌본다(지금은 한 사람을 돌보는 것으로 충분하다)
필요한 것을 달라고 하는 법을 배운다
자기를 표현하는 법을 배운다
자기만의 자원과 재능을 개발한다
다른 사람들에게 자기를 이해시키는 법을 배운다
힘든 일들을 하는 법을 배운다
무엇이 만족을 가져다주는지 파악한다
뇌의 측좌핵 부위 즉 자신의 욕심을 길들인다
자신을 '천국의 눈'으로 본다

- **성인 단계** (13세부터 맏이의 출생까지)

    성인에게 필요한 요소

    통과의례
    또래들과 유대를 맺고 그룹 정체성을 형성하는 시간
    동성 공동체에 소속되어야 한다
    공정한 권력 속에서 동성을 관찰할 수 있어야 한다
    공동체가 중요한 일을 맡겨야 한다
    역사에 자기만의 흔적을 남기도록 지도해 주어야 한다
    파트너와 함께 삶을 나눌 기회

    성인의 과제

    동시에 두 사람 이상을 돌본다
    자신의 마음의 주요 특성을 파악한다
    개인 정체성과 공동체(그룹) 정체성을 표현하고 옹호한다
    자신과 타인을 동시에 기쁨으로 복귀시킨다
    자신의 마음을 대변하는 자기만의 스타일을 개발한다
    자신으로부터 다른 사람들을 보호하는 법을 배운다
    다양한 역할을 병행하는 법을 배운다
    양쪽 다 만족하는 관계
    파트너 관계
    다른 사람들을 '천국의 눈'으로 본다

- **부모 단계** (맏이의 출생부터 막내가 13세 성인이 될 때까지)

    부모에게 필요한 요소
    삶을 베풀 수 있어야 한다
    격려해 주는 파트너
    노인들의 지도
    또래 집단인 다른 부모들의 평가
    안정되고 질서가 잡힌 환경

    부모의 과제
    보답을 바라지 않고 베푼다
    가정을 일군다
    가족들을 보호한다
    가족들을 섬긴다
    가족들을 즐거워한다
    자녀들을 도와 성숙에 이르게 한다
    자녀, 배우자, 가정, 직장, 교회 등의 필요에 동기화한다
    자녀를 '천국의 눈'으로 본다

- **노인 단계** (막내가 13세 성인이 된 이후)

    노인에게 필요한 요소
    소속할 수 있는 공동체
    공동체가 인정해 주어야 한다
    공동체의 구조 내에 적당한 자리가 있어야 한다
    다른 사람들이 신뢰해야 한다
    공동체가 존중하고 보호해야 한다

    노인의 과제
    후히 대접한다
    가족이 없는 사람들에게 삶을 베푼다
    공동체를 양육하고 성숙시킨다
    고통 중에도 자기답게 행동한다
    공동체의 각 사람을 하나님이 지으신 모습 그대로 즐거워한다
    (그들 각자를 '천국의 눈'으로 본다)
    자신의 투명성과 자발성으로 다른 사람들의 신뢰를 구축한다

    주의: 각 단계는 이전 단계 위에 세워진다. 따라서 각 단계에는 이전 단계에 필요한 요소와 과제가 포함된다. '이상적 연령'의 기점은 새로운 과제를 시도할 수 있는 가장 이른 나이다. 각 단계가 끝나면 어느 정도의 숙달을 보여야 한다. 성숙의 수준이 우리의 가치를 결정짓는 것은 결코 아니지만, 우리가 감당할 수 있는 책임의 수준을 결정하는 것은 맞다.

부록4—인생모델 자료

1. 기쁨의 운동을 온라인에서 이어가라! JoyStartsHere.com에서 인생모델 전집의 최신 자료를 볼 수 있다.

2. 인생모델 전집: 기쁨을 시작하는 사람을 위한 자료/ 훈련자를 위한 훈련 자료/ 멘토를 위한 자료.
성장 훈련(THRIVE Training): 성장 훈련은 뇌의 19가지 관계 기술에 기초한 혁신적 훈련 프로그램이다. 19가지 기술은 인생모델과 성경과 뇌 과학에서 온 것이다. 교육과 적용과 실습과 휴식이 완비된 특수한 환경에서 3개 과정을 각각 5일씩 훈련하도록 되어 있다. 성장 훈련은 관계 기술을 배우고 실습할 수 있는 최고의 자원이다. 지금부터 계획하여 믿을 만한 파트너와 함께 참석하라. 당신의 삶 속에 기쁨을 가꿀 수 있는 필수 요건을 배우라! 주말 동안의 성숙 수련회와 부부 수련회도 준비되어 있다. 자세한 내용과 일정은 JoyStartsHere.com에 나와 있다.

3. 승리하는 공동체를 위한 커넥서스(Connexus): 커넥서스는 인생모델과 관계적 기쁨에 기초하여 회복과 제자훈련을 통합한 획기적 프로그램이다. 둘씩 짝을 이루어 진행되는 '재출발' 과목과 '형성' 과목으로 시작되어 참여자들이 함께 모이는 '소속' 과목으로 마무리된다. 관계적 접근의 이 제자훈련을 통해 당신 그룹의 연약한 사람들과 강한 사람들이 함께 기쁨을 가꾸며 참으로 승리하는 공동체를 경험할 수 있다! 커넥서스는 JoyStartsHere.com에서 만날 수 있다.

4. 달라스 윌라드 박사의 《예수님의 마음으로 생활하기》: 10만 부 이상 판매된 이 책에 인생모델이 소개된다. 인생모델은 상담, 목양, 기도, 축사(逐邪), 내적 치유, 자녀양육, 몸의 건강, 마약 남용자의 회복 등 다양한 사역을 하나로 통합한 접근이다. 인생모델은 외상과 학대를 치유하는 미국 내 주요 사역기관들에서 교육의 일부로 사용되고 있다. 교회들과 선교단체들이 인생모델을 채택하는 이유는 강한 성숙을 길러 주기 때문이다. 최신판에 소그룹 공부를 위한 자료가 추가되어 있다. "인생모델은 기독교 교회의 붕괴되는 공동체를 그리스도 중심으로 상담하고 회복하는 최고의 모델이다."

5. 크리스 코시와 함께하는 목자들의 모임(Pastor's Weekly): 목사들과 지도자들이 온라인에서 교류하는 모임이다. 당신의 삶과 가정과 사역에 기쁨을 시작할 수 있는 최첨단의 방법을 제공하는 특별한 장이다. 여기서 다른 목사들과 대화하고, 초대 강사들과 교류하고, 인생모델의 해법을 적용할 수 있다. 이 모임은 진정한 기쁨을 가꾸는 길잡이다. 자세한 내용은 JoyStartsHere.com을 참고하라. 당신의 교회에 기쁨을 시작할 수 있는 필수 요건을 다른 목사들과 교류하며 배우라.

6. JIMTalks: 인생모델의 깊은 성경적 기초. 짐 와일더 박사와 함께하는 "예수님을 생각하라(Jesus In Mind): 하나님 나라의 삶에 대한 대화(JIMTalks)"는 창조와 뇌 과학의 융합을 통해 성경의 가장 난해한 본문들을 이해하도록 돕는 실제적인 오디오 자료다. JoyStartsHere.com에서 CD 전체를 구입할 수 있다.

7. 기쁨을 시작하라! JoyStarstHere.com에서만 판매하는 기쁨의 연을 구입하여 공동체 전체에 기쁨을 시작하라. 색깔별로 선택할 수 있다!

참고도서

deMause, L. (1999). "*Childhood and cultural evolution*," The Journal of Psychohistory, 26[(3)].

Friesen, J. G., Wilder, E. J., Bierling, A. M., Koepcke, R., & Poole, M. (2004). *Living from the heart Jesus gave you*. Pasadena, CA: Shepherd's House. (《예수님의 마음으로 생활하기》, 한국심리치료연구소 역간)

Leaf, C. (2007). *Who switched off my brain?* Rivonia, South Africa: Switch On Your Brain.

Lehman, Karl, M.D. (2010). *Outsmarting Yourself*. Libertyville, IL: This Joy Books.

Lord, D. (2012). *Choosing Joy*. Hungtington, IN: Our Sunday Division

Schore, Allan N. (1994). *Affect regulation and the origin of the self*. Hillsdale, NY: Lawrence Erlbaum Associates.

Thomas, A. (2011). *Choosing joy*. New York, NY: Howard Books.

Warren, K. (2012). *Choose joy*. Grand Rapids, MI: Revell. (《행복보다 기쁨을 선택하라》, 너의오월 역간)